21世纪高等院校
新闻学与传播学经典教材
JOURNALISM&COMMUNICATION

新媒体视听作品制作与运营

靳斌 著

中国国际广播出版社

目 录

第一章　剧情类视听作品制作

第一节　短视频制作

一、短视频概述

（一）短视频界定

1. 短视频基本概念

短视频是随着我国电信产业进入 4G 时代而发展起来的，信息技术的进步促使短视频可以实现即时传播，大大提升传播速度。短视频发展起步较晚，学术界和业界对其概念目前没有统一的定义：有学者认为短视频是基于移动智能终端，允许用户利用智能手机或平板电脑类移动终端设备拍摄的时长极短（一般为 8 至 30 秒）的视频[①]；也有研究者认为“短视频”概念是相对于传统的“长视频”而言，指的是拍摄时间在 30 秒内的视频[②]；又有学者认为短视频是基于智能手机使用软件拍摄的 10 秒内（时长在各款软件更新后也有 60 秒或是 5 分钟的选择），可直接编辑、美化、分享至社交平台的视频。[③] 前瞻产业研究院在发布的《2019 年中国短视频行业研究报告》中将短视频定义为在各种新媒体平台上播放，适合在移动

① 雷攀．社交网络进入短视频时代［J］．西部广播电视，2014（16）：4-5.
② 李昕怡．短视频时代，来了［J］．传播与版权，2016（2）：112-113，116.
③ 方方．社会化媒体时代短视频热潮解析［J］．新闻研究导刊，2016（10）：349.

状态和短时休闲状态下观看的高频推送视频内容，时长一般在 5 分钟以内。①

综合已有的研究和讨论，本书将短视频定义为在互联网新媒体平台播放、传播，适合在移动状态、碎片时间、休闲状态下观看的，高频推送的视频，其时长从几秒钟到几分钟不等，一般是 5 分钟左右，最长不超过 15 分钟，短视频是可单独成片或成系列的。

短视频还具有以下几点特征：

（1）制作相对简单，工序少、周期短，生产成本低，传播速度快，具有传播生产碎片化特征；

（2）信息密度大，在几秒钟至几分钟的短时间内，融入具有一定情趣性、精彩度的内容，将图案、音乐、文字集于一身；

（3）社交属性强，所发布的内容容易引发受众关注、模仿；

（4）生产者与消费者之间没有明确界限，是制造 KOL（Key Opinion Leader 的缩写，关键意见领袖）与成为 KOL 的重要场域；

（5）注重长效变现，受众在观看期间形成潜在的购买意向，借助 KOL 推荐，实现电商平台、线下场所等途径的变现。②

2. 短视频的类型

短视频内容多样、类型丰富，主要包含以下五种类型：

（1）纪录生活类，通过纪录片的形式记录事实，呈现生活。例如，国内较早制作、以短纪录片形式呈现生活的“一条”视频，以及每天“二更”发送视频的“二更”视频，将镜头对准现实生活中的普通人物，聚焦那些与生活息息相关却被忽略的事物；

（2）故事情景类，通过精彩有趣的故事情节吸引观众。短视频时长有限，容量有限，意味着剧情讨论不能太过深入，因此视频创作者大多会

---

① 前瞻产业研究院. 2019 年中国短视频行业研究报告［EB/OL］.（2019-09-09）［2020-05-21］.https：//bg.qianzhan.com/report/detail/1909091648561802.html.

② 宿志刚，谢辛. 视听新媒体概论［M］. 北京：人民邮电出版社，2019.

选择一个简单主题，如“青岛大姨张大霞”的主题是日常生活里孩子的偷懒与妈妈的严格管理，“七舅脑爷”的主题是男友用各种花样宠爱女友；

（3）休闲通俗类，通过来自生活中的灵感制作有趣味性的、娱乐性的内容，如电影片段创意合集、街头创意表演等，受众聚集在短视频平台是为了释放压力、娱乐休闲、打发碎片时间，具备平民属性的休闲通俗类短视频可以满足大部分观众的需求；

（4）技能经验类，通常带有教育、分享的功能，通过寓教于乐的形式，可以结合有趣的故事，展示某种具体事物，使受众从视频中获得某种经验、某种技能，如美妆技巧分享、舞蹈段落教学、旅游路线分享、美食制作教程等；

（5）新闻资讯类，主要由专业媒体人编辑、发布，以信息传达为主要功能，内容是多种类型的新闻事件，如公共领域的突发事件、网友亲历的新闻现场等，央视新闻、人民日报等主流媒体都有进驻相关短视频平台。

本章主要学习剧情类视听作品创作理念，因此故事情景类短视频是重点研究学习对象。

（二）短视频制作五要素

从移动传播角度来看，制作优质短视频有五要素，提高短视频传播力和影响力要对这些要素进行选择与优化结合：

1. 主题内容

短视频的主题内容通常离不开人物、事件、道理、自然等，受众希望通过观看短视频可以获得一定价值与趣味。与事物相关的主题，可以尝试用人的故事作为背景依托，如“papi 酱”系列短视频起初是以“大龄女青年”的形象，对日常生活的事情进行戏剧化创作。以单纯说理为主的评论性类短视频，也需要有一定人与自然的画面。

2. 叙事亮点

从目前各种在网络走红的短视频来看，短视频本身不一定要承载十分完整的故事内容，营造出一个引人关注、引起共鸣的亮点就可以带来需求的满足。短视频的叙事亮点可以从冲突、搞笑、奇幻入手，也可以从温情、感人里寻求，也可以是靓丽养眼、文艺清新等审美诉求，甚至是一些金句、实用性话语。因此短视频的标题也十分重要，对短视频的打开率有着决定性作用。因此在标题创作中，需要把短视频内容的核心问题提炼成亮点呈现出来。

3. 制作形式

短视频制作形式的选择可以从以下三方面进行考虑：

（1）横屏、竖屏：短视频制作选择横屏还是竖屏需要结合传播渠道考虑，如抖音、快手等平台更适合竖屏，微博则适合横屏，而目前多数短视频更适合以竖屏形式呈现；

（2）视频时长：每个短视频表达内容完整性所需要的时间不同，选择播放平台的最佳时长也不同，一些社交平台视频时长在 100 秒以内是比较好的，也有一些平台可以放宽到 5 分钟左右，需要考虑视频时长与内容叙事、播放平台的适配性；

（3）多媒体手段：多媒体手段指在短视频中增加字幕、图表、音频等元素，每种元素的选择也是要结合实际情况考虑的。在视频中作为语言信息的字幕，通常是必备的元素，可以协助用户在不便声音外放的场景下理解短视频内容。音频在视频中起到增强内容表现力的作用，但在伴随性场景下用户可能并不需要，而且对于新闻资讯类短视频来说，使用恰当可以调动情绪，使用不当可能会适得其反。

4. 互动模式

短视频互动模式除了评论、转发、收藏、点赞等常规模式以外，也可以存在其他互动模式，例如视频内容引发其他受众的模仿、跟风，形成与他们的挑战和竞争。例如被网友称作“鞋王”的 NBA 休斯敦火箭队球员 P.J. 塔克，在抖音平台上发起“鞋王之王”挑战，邀请网友粉丝参与，此条邀请视频发布一天就有 1.6 亿次播放量，其他用户发布的相关话题视频上千条。因此创作者可以研究那些能带来跟风、模仿、挑战的元素，并适当地借鉴、运用在自己的短视频里，提高视频的传播力、影响力。

5. 分发模式

短视频分发模式目前有算法推荐与社交分发两种，两者各有优点与缺点。算法推荐是根据机器算法，推测用户喜欢的内容并推荐至用户页面。算法推荐在用户使用初期能较快激起他们的兴趣，但使用长久之后便会失去新鲜感。社交分发是通过社交朋友推荐，实现智能地推送内容给用户，社交分发除了可以看到好友分发内容，还可以看到所处位置的其他用户内容。社交分发可以增强情绪感染力、提高趣味性和用户参与度。但社交圈会自发形成一种无形区隔，可能会使一些内容的传播受到限制。因此创作者要根据实际需求选择合适的分发模式，这样才能使短视频实现更好的传播。

（三）短视频平台

市面上短视频平台众多，根据相关数据显示：抖音、快手属于第一梯队，合计市场份额占比 54.2%；西瓜视频、火山小视频（现更名抖音火山版）属于第二梯队，合计市场份额占比 22%；美拍、秒拍、土豆小视频、好看视频、微视等其他短视频平台则属于第三梯队。[①] 本书主要选取市场份额占比前四的短视频平台进行简单介绍。

1. 抖音

抖音短视频是字节跳动旗下产品，孵化于今日头条，是一款专注于音乐创意、视频社交的社区分享平台。用户利用抖音短视频平台表达自我、记录生活的同时，可收获有同样兴趣爱好的朋友。用户在平台上选择歌曲、拍摄音乐短视频、形成自己的作品并完成发布。抖音也会根据用户的爱好习惯，分发用户喜爱的视频。

---

① 前瞻产业研究院 . 2019 年中国短视频行业研究报告［EB/OL］.（2019-09-09）［2020-05-21］.https：//bg.qianzhan.com/report/detail/1909091648561802.html.

2. 快手

快手，由一款制作、分享GIF图片的工具应用转型而来，是一个记录、分享生活的短视频社区平台。用户在快手平台上，可以用照片、短视频等形式记录日常生活，或者通过直播与粉丝进行实时互动。在快手上，用户可以看到真实有趣的世界，找到感兴趣的人，也让世界发现真实有趣的自己。①

3. 西瓜视频

西瓜视频是字节跳动旗下的短视频平台，其基于算法推荐为用户分发短视频内容，让用户的每一次刷新都发现新鲜、好看的短视频，并帮助原创视频的创作者向全世界分享自己的视频作品。②

4. 抖音火山版

抖音火山版是原本火山小视频的升级品牌，同样孵化于今日头条，是一款15秒原创生活小视频社区平台。在这个平台用户可以表达自己观点，也可以交到与自己志同道合的朋友。③

二、短视频脚本写作

视频脚本是故事的发展大纲，确定整个作品的主要发展方向和拍摄的具体细节。短视频拍摄脚本是拍摄短视频前拟定的拍摄大纲内容，用来指导短视频的主题内容和拍摄的剪辑处理。短视频拍摄脚本主要包括：画面的内容、景别、台词、拍摄方法和技巧等方面。创作者可以根据具体需求调节脚本的各方面内容。

（一）短视频脚本类型

1. 文学脚本

文学脚本，是各种小说、故事改版后，以蒙太奇表现手法，为准备拍

① 快手，官网 https://www.kuaishou.com/.

② 西瓜视频，官网 https://www.ixigua.com/.

③ 抖音火山版，官网 https://www.huoshanzhibo.com/.

摄的影视作品而创作的故事文本。详细描述影视作品的主题思想、故事情节、人物关系、场景环境、叙事风格等，主要有景别、镜头运动、台词、音乐等元素。

2. 分镜头脚本

分镜头脚本又可称为摄制工作台本，是将文学脚本进行研究分析后，运用电影化手段，以绘图或者表格的方式，分切成拍摄用的电影镜头。主要包括每个镜头的内容、景别、摄法、对白、音乐、特效等，意在把握作品的整体节奏与风格。分镜头脚本既是制作视频流程中前期拍摄的脚本、后期制作的依据，也是视频拍摄时长与经费预算的参考。

（二）如何写脚本

1. 写作要领

短视频虽然篇幅和时长都是相对较短的，但是在脚本创作中，需要写上包括场景“序号”，人物在什么“场景”，不同画面、景别所运用的“镜头”，场景“画面”的描绘，每个镜头拍摄的“时长”，人物对白、独白等内容。[①]

短视频脚本写作中需要注意抓住以下四点要领：

（1）注重标题创作。短视频的标题创作十分重要，决定着视频的传播范围、影响力度与关注程度。短视频标题创作要体现主题思想，带有引人好奇、不同一般、悬疑迷惑等元素，能勾起受众的了解欲，让他们忍不住点击观看。

（2）采用受众思维。短视频创作需要从受众角度出发，以受众的感兴趣点作为核心。只有站在受众的角度去思考、策划、创作，采用受众思维，才能创作出受众喜欢的视频。

（3）加强情绪表达。短视频需要在短时间内营造气氛、吸引受众，这样就要做到比传统长视频有更强烈、更密集的情绪表达。

（4）细化视频细节。短视频作为一种视听语言艺术，通过镜头讲述

① 喻彬．新媒体写作教程［M］．北京：中国传媒大学出版社，2018.

故事，只有流畅的情景才能感染受众情绪，吸引受众持续关注。因此镜头是否需要移动和切换、画面是否使用特效、选择什么背景音乐、什么位置嵌入字幕，这些细节都需要一一细化。

2. 范例分析

本书选取有 2422.7 万粉丝的抖音博主“爱与二歪”制作的《前女友找我复合，我一个举动让她无话可说》视频进行脚本分析，主要人物有求复合的“拜金”女主、被嫌弃穷而被分手的机智男主，还有一只能读懂人心的小猫。短视频里软性植入明治小熊饼干广告，这款产品也是视频创意的关键点。

（1）范例脚本。

表 1-1

镜号	景别	摄法	画面	台词	音乐	效果
1	全景	水平摇摄	白日，马路边停靠一辆奔驰汽车，男主抱着猫拉开车门，女主跑过来拉住男主的手。	女主：小宇。	伤感背景乐	
2	近景	固定镜头	女主隐隐想哭地求复合。	女主：那个男人把我甩了，我们还能重新在一起吗？	伤感背景乐	
3	特写	固定镜头	男主怀里的猫张嘴吐舌头。	猫（独白）：你不是嫌我老爹穷，把他甩了吗？	伤感背景乐	
4	近景	固定镜头	女主看了男主一眼，又往车内看一眼。		伤感背景乐	
5	特写	水平摇摄	女主看到打开车门的主驾驶上，方向盘标志是奔驰。	猫（独白）：噢！	伤感背景乐	
6	近景	固定镜头	女主继续哀求，希望复合。	女主：我现在不嫌弃你了，我知道你心里还有我，再给我最后一次机会吧！	伤感背景乐	

续表

镜号	景别	摄法	画面	台词	音乐	效果
7	近景	固定镜头	男主突然画风一转，拿出一盒饼干。	男主：这是我最爱吃的明治小熊饼干。	伤感背景乐	
8	特写	固定镜头	明治小熊饼干的特写。		伤感背景乐	
9	近景	固定镜头	男主把饼干递给女主，女主一脸惊讶。	男主：你摇一摇。	伤感背景乐	
10	特写	固定镜头	女主接过来，摇一摇小熊饼干。			
11	近景	固定镜头	女主摇了一摇，一副不懂的表情看男主。			
12	近景	固定镜头	男主得意地看着女主。	男主：摇 15 分钟不要停。		
13	特写	固定镜头	女主不停地摇。		欢乐背景乐	分屏画面
14	近景	固定镜头	15 分钟后，女主一边摇，一边问。	女主：现在可以了吗？	欢乐背景乐	
15	近景	固定镜头	男主仍旧一脸得意。	男主：打开它。	欢乐背景乐	
16	近景	固定镜头	女主打开，倒出发现饼干成球。		欢乐背景乐	
17	特写	固定镜头	女主手里成球的饼干。	女主：变成球了。	欢乐背景乐	
18	近景	固定镜头	女主拿着球状饼干，疑惑地问，男主伸手拿走饼干。	女主：你的意思是让我求你？	欢乐背景乐	
19	特写	固定镜头	男主拿走饼干，迅速上车，关门。		欢乐背景乐	
20	近景	固定镜头	男主吃着饼干，侧面看上去一脸享受。		欢乐背景乐	

续表

镜号	景别	摄法	画面	台词	音乐	效果
21	特写	固定镜头	男主抱着猫，猫睁着眼睛。	猫（独白）：我老爹是说让你自己团成球，滚蛋！	欢乐背景乐	
22	中景	固定镜头	男主开车走了，女主拿着盒子失望地看着。		欢乐背景乐	
总时长					29 秒	

（2）脚本分析。

① 视频标题带有引人好奇的元素，让受众忍不住点开视频，解开迷惑，看看男主究竟说了怎样的一句话，让来求复合的前女友无话可说；

② “前女友求复合”一直是年轻受众的热门话题，而大众往往不会原谅“拜金”的前女友，视频的剧情创作从受众的角度出发，男主只是戏弄了一下前女友，并没有答应复合，这样的故事结局能符合受众的预期，引起他们的情感共鸣；

③ 视频在短时间内为受众营造了各种情绪，看到“前女友被抛弃”的怜惜、获知“之前分手是嫌弃男主穷”的讶异、了解“前女友求复合是因为男主有钱”的鄙视、对最后男主“戏弄”前女友又产生了快感、笑点，密集的情绪表达牵引着受众想要看到故事的结局；

④ 视频的细节描写很到位，通过特写前女友看到男主的奔驰车标，告知受众前女友是一个拜金、不真心的人，特写小熊饼干和最后摇成球的饼干团，既宣传了明治产品、展示了小熊饼干也能这样玩的技巧，又与接下来让前女友离开的剧情有机连接起来，创意十足。

三、短视频拍摄技巧

（一）拍摄设备

创作者拍摄短视频需要完成的第一步工作就是选择设备。不同的拍摄规模，不同的拍摄预算，选择的设备也是不同的。

1. 单反相机

单反相机作为一种中高端拍摄设备，具有明显的优势：相机镜头可精确取景，所拍摄画面与实际画面几乎一样；更独特的拍摄效果、更自由的手调能力，创作者可根据实际需求调整光圈、曝光度、快门速度等；只要卡口匹配便可使镜头从广角到超长焦随意更换。但是单反相机体积比普通相机要大，便携性较差，缺乏自动变焦功能，变焦不流畅。

2. 摄像机

摄像机一般可以分为业务级和家用级两种。业务级摄像机电池蓄电量空间大，散热能力强，适合长时间使用，通常见于新闻采访现场。它还具有独立的光圈、快门以及白平衡等操作性简便的设置，但是画面质量较单反相机逊色一点。

家用级摄像机也叫 DV（数码摄像机），它小巧灵活、携带方便、清晰度高、稳定性强，适用于多种场合，方便记录生活。它操作简单，可以满足拍摄者的多样需求，内部强大的存储功能可以实现长时间录制。

3. 灯光设备

摄影是光影的艺术。相较于其他影视作品的复杂灯光布置来说，大部分短视频有基础三灯布光法便可满足基本拍摄需求。

（1）主灯：主灯也被称为主光，是一个场景中的基本光源，通常放在拍摄主体的侧前方，用柔光灯箱打亮拍摄主体的最亮部位或轮廓。

（2）辅灯：辅灯也被称为补光，主要对没有被主光覆盖的地方进行补光提亮，亮度要比主光小。

（3）轮廓光：轮廓光也被称为发光，对拍摄主体的头发、肩膀等轮廓起修饰作用，以增强画面的层次感、纵深感。通常与主光相对摆放，即在拍摄主体的后侧。

4. 其他辅助器材

（1）三脚架。三脚架可以稳定摄像机、稳定拍摄画面的输出，选购越稳定的三脚架越好。选购的时候也需要考虑其便捷性，可多角度流畅旋转的带轮三脚架是首选，避免移动镜头晃动的同时，可以平滑地运镜。

（2）话筒。短视频拍摄声音是否清晰是很重要的，因此选择配置的话筒很重要。如可以选择音质好、适配性强的 RODE VideoMicro，在多人录制或者外景录制的情况下，准备好吊杆就可以完成清晰的录音。

5. 手机拍摄与辅助设备

创作者选择手机进行短视频拍摄，可以选择已具备强大功能，满足剪辑、拍摄、发布需求的华为、iPhone 高端机型。选择手机拍摄的最大优势是设备方便携带，创作者在任何时候遇到精彩瞬间，都可第一时间拍摄保存下来。手机与专业摄像设备对比，缺点也是明显的，拍摄像素较低以至拍摄质量不高，光线不足的地方拍摄噪点较多，手握拍摄的时候容易出现颤抖。因此创作者选择手机拍摄的同时，也需要选择一些设备辅助完成。

（1）手持云台：专业的手持云台可以避免因手抖而造成画面晃动不清的现象；

（2）自拍杆：自拍杆可以通过遥控完成多种角度的动作拍摄；

（3）手机自动旋转器：手机自动旋转器可以使手机进行 360° 全方位全景拍摄；

（4）补光灯：补光灯可以为光线不足的拍摄点增添光源，使拍摄物更加自然；

（5）外置摄像镜头：手机增加外置摄像镜头，可以弥补本身拍摄像素低的不足，使拍摄画面质量提高，画面更加清晰；

（6）支架：支架可以让创作者在拍摄短视频期间释放双手，也可让手机固定在某个位置，避免摔倒。

（二）短视频拍摄技巧

1. 着重拍摄竖屏格式

MOVR 发布的《移动行业概述报告》相关研究显示，手机在 94% 的使用时间里是处于竖屏状态。Snapchat 的有关数据显示，竖屏视频广告相比横屏视频广告的完成播放率可以提高 9 倍，视觉注意力提升 2 倍。[①] 如今国内市场份额占比最大的两款短视频平台——抖音、快手，都是以竖屏格式呈现视频内容，因此，着重短视频的竖屏拍摄是必要的，也是必须顺应的趋势。

竖屏视频相较于横屏视频，除了能更方便手机用户观看、符合人手纵向生长的生理结构以外，还有着以下三点明显优势：

（1）竖屏视频迎合国人阅读、观赏习惯。在中国美术史上早就有竖幅画作，传统竖式山水画、春节对联以及古书籍的排版设计，纵向上的阅读观赏习惯早就留存在国人的基因里。而竖屏视频的纵深空间表现，也与中国传统竖式画作的散点透视、留白等美学特质有着异曲同工之妙。竖屏视频在景深上合理安排前、中、后景，可使相对较窄的视野范围营造出一种层次感和递进感，更能传递视频信息、情绪。

（2）竖屏构图可以增强亲近感、交流感。竖屏在构图上会着重展现人、景的纵向透视关系，往往在景框中放大人脸的比例，使受众有更好的沉浸体验，更能理解视频所承载的信息、情绪，受众与被摄主体之间的心理距离缩短，增强了受众对视频内容的亲近感、交流感，更好地产生情感共鸣。

（3）竖屏格式更能突出拍摄主体、重点。观看短视频是受众在碎片时间内的一种快餐式消费，受众需要直观的视觉冲击，这要求视频能够明确、直接地传达信息。竖屏侧重局部、放大细节，更能突出拍摄的主体、重点，将受众注意力集中聚焦在内容本身，竖屏格式也更能突出自带垂直属性的人、物、景。

① 朴迹产业研究 . 2018 年短视频与城市形象研究白皮书［EB/OL］.（2018-10-14）［2020-05-23］.https：//www.toutiao.com/a6612107950876000771/.

2. 灵活调整构图方法

作为传统横屏构图方法的对角线构图，能使画面得到很好的纵深效果、立体效果，在竖屏中仍然适用。但竖屏两边较窄，画幅呈竖向导向，且更擅长表现自带垂直属性的人、物、景，因此竖屏在构图上要兼顾更多角度、视点，要根据不同的拍摄对象进行调整，为受众带来更丰富的视觉感受。

（1）拍摄人物的时候，多点竖线条，少点横线条。虽然竖、横线条构图都能延伸视觉空间，但人物本身自带垂直属性，是一种“竖线条”，在狭窄的竖屏内过多出现横线条，会使受众感觉不协调、不舒服。在竖屏内要着重放大拍摄主体，背景删繁就简，还要适当地留白，突出主体视觉中心的同时，给受众留下更多的想象空间。

（2）拍摄风景的时候，可以借鉴中国传统山水画的“三七开”构图方式，即画面的上下、虚实、空满比例均是3∶7，巧妙的留白，使画面更有意味。

（3）拍摄静物的时候，可以选择放大细节、截取重点，充分展示拍摄物体的特点，也可以选择“之字形”“S形”等曲线构图法，使画面变得动态、柔美、和谐。

（4）拍摄演员对白的时候，若是两人的对话，可以选择对角构图，即两个人分别被安排在画面的左上角和右下角，这样可以避免人物挤占狭窄的画面空间，画面达到平衡的同时，还增强了前后透视感，呈现一种内在的节奏。若是三人及以上的对话，则选择纵向多点构图，将人物错落分散在不同景深、不同高低的多个点处，使画面更生动、富有韵律。

3. 适配小屏幕的景别

短视频的传播终端往往是小屏幕的手机，因此竖屏拍摄要更聚焦细节，侧重凸显人物。在景别的选择上，除了交代人与人、人与景的关系要用到全景、远景以外，中景、近景、特写是视频景别使用率最高的，这样才能更充分展现人物，符合受众的观看习惯。但值得注意的是，不能一味地使用一个镜头，要多个镜头灵活切换，尽量避免“一镜到底”，减少受众因审美疲劳而放弃观看的可能。

4. 使用纵向移动镜头

竖屏两边较窄，画幅呈竖向导向，因此横向移动在镜头运动中并不适合展示，应该选择横向运动幅度较小的镜头。竖屏更适合选择固定镜头，或者纵向移动的镜头，例如镜头的上下运动，人物的攀爬、跳跃，物体垂直坠落等画面，更能延伸视觉空间，给予受众画面更多的想象空间。

5. 还原生活化的场景

影视用语中的“场景”指的是在特定时空内，由发生的行动或人物关系构成的画面，是表现情节内容的一个个过程。竖屏视频的场景化构建，应该在充分利用竖向画幅的优势下，以创新手法，借助主观视角，高度还原生活，给受众一种最真实的场景体验，使受众在碎片化时间内能快速地得到情感共鸣，满足受众的快感需求。

四、短视频后期制作

影视作品的后期制作阶段是指对拍摄素材进行整理、剪辑、配音乐、加特效，使之成为一个完整的作品。后期制作的大致流程是初剪、正式剪辑、作曲选曲、特效录入、配音合成。短视频作为影视作品的一种，信息密度大、节奏强快，其竖屏格式两边较窄，呈竖向导向，因此在后期制作中要注意以下几点内容：

（一）横拍摄在竖画面呈现的应对策略

在短视频前期拍摄中，有一些素材是横屏拍摄的，在后期制作中可以选择将竖屏画面进行三等分，三格画面互相配合展示横拍内容，使线性叙事呈现一种层次感，如一格展示内容全貌、一格展示物体细节、一格补充说明信息，这样可以弥补竖屏在表现环境、关系上的劣势。这种情况下的竖屏画面划分还可参考漫画的分屏设置形式。

（二）每个镜头切换表达一个主体内容

观看短视频是受众在碎片时间里的一种“快餐式”消费，受众需要直观的视觉冲击，这要求竖屏传递的信息相比较横屏要更轻量化，受众不需倾注太多注意力，便能满足感官的情感需求。因此在竖屏短视频的后期镜头剪辑中，要做到一个镜头画面对应一个主体内容，这个主体可以是人，是物，是景，一定要清晰明了。每一个镜头切换都表达一个主体内容，假若主体过多，镜头切换频率太快，会导致受众对短时间内的内容记忆不深，记忆程度降低，视频想要传达的信息也会大打折扣。

（三）剪辑的节奏要明快、模式风格化

剪辑节奏是用剪辑手段处理视频结构、镜头长短后形成的一种韵律。短视频需要在短时间内传达明确、有效的信息，而且在此过程中要有趣味、有亮点。因此短视频的剪辑节奏要简洁明快，让受众快速获取信息内容的同时满足观看的情感需求。

互联网上每天更新的短视频数量庞大，如何能在碎片时间内抓住受众的眼球，并培育一批长期、稳定的观看用户，短视频的剪辑模式是否有特点、有风格是很重要的。如短视频品牌“一条”，它的短视频都是采用不连续剪辑，后期均把色调进行泛白、调亮处理，并加上一些特效手段丰富视频内容。因此，创作者要为自己的视频剪辑模式打造一种风格，或对色彩做一个锦上添花的处理，或调节画面曝光、对比度、亮度等参数来调整画面光线的明暗，或运用动画特效，带给受众更多美的享受，让受众留下更多对视频的记忆点。

（四）音乐起伏与画面节奏有机结合

声音能够直接渲染情感、传达内在信息，声音的元素很多，音乐是其中的重要部分。如今很多短视频为了提高输出效率，在视频里一首音乐几乎从头铺到尾，并没有实现音乐的起伏与画面的节奏相结合，只有适度的音乐运用，才可以更好地反映视频内容信息。音乐与感情是相辅相成的，点到为止、不过度渲染情感的音乐才不会让视频传递的信息大打折扣。因此，短视频在后期音乐运用上，要注意匹配画面节奏，不同的叙事内容匹

配不同的音乐，用音乐渲染主观情感更能提升视频的艺术趣味。

（五）正确的文字添加传递更有效信息

竖屏短视频两边较窄、画幅呈竖向导向，加上时长短，镜头切换较快，受众对文字信息的反应时间较少，文字承载信息的能力较弱，文字太多不仅会使传递的信息大打折扣，还会使受众感到疲劳。竖屏的拉伸是呈纵向的，在拍摄中着重聚焦中心，因此受众在观看过程中会把更多目光注意力放在屏幕中心，竖屏短视频的字幕在精简、放大的基础上，放在中间位置效果会更好，传递出的信息更容易被受众接收。

第二节　微电影制作

一、微电影概述

（一）微电影的界定

微电影是新媒体时代的产物，在开放、多元的互联网环境下，得到迅猛发展。微电影作为一种新的电影形态，从 2011 年才进入学界的研究视野，因此其准确概念无论是在业界，还是在学界，都没有一个统一而又权威的界定。

著名导演贾樟柯这样界定微电影："微电影我们以前都叫它短片，微电影是因为新媒体、视频网站和微博出现以后，改了一个名字叫微电影，实际上区别也不大。"[①] 有学者则这样认定微电影："时长不超 60 分钟，由数码设备摄制，主要在各种新媒体网络平台以及移动设备上完成播放，

---

① 张艳．贾樟柯：微电影之路——且草根，且精彩［EB/OL］.（2012-07-04）［2020-05-20］. http：//www.dzwww.com/2012/wdy/xw/201207/t20120704_7237334.htm.

是一种有着电影属性的短片。”[①]也有学者认为微电影“最终只有成为广告长片，或是成为文艺青年的习作阵地，这两种存在方式”。[②]以上业界、学界对微电影理解的概念都并非完全适用于微电影。作为新媒体时代的产物，微电影可以在碎片休闲时间内观看，它有着完整的策划、制作体系支撑，具有完整的故事情节，呈现观看时间短、制作周期短、制作投资小的特点。因此微电影的概念界定应该要更加宽泛，要结合其产生背景及所呈现的特点。

本书认为微电影是产生于互联网新媒体时代，播放于新媒体平台，区别于传统大电影制作，具有微时长（几分钟至 60 分钟）、微周期（7 至 15 天或数周）、微投资（几千至数万元）等特点的一种电影新形态。微电影成长于一个日新月异的互联网新媒体环境，其内涵和特点还会不断更新、发展，人们对于其的认识也会不断加深。

（二）微电影两大类型

传统银幕电影可以划分为喜剧片、恐怖片、科幻片、爱情片、动作片、惊悚片等常见类型。微电影有着电影的属性，是一种电影新形态，因此类型划分可以与传统银幕电影大概保持一致，但涵盖范围的划分还可以进一步扩大。微电影诞生在互联网新媒体时代，其发展、壮大与广告营销有着密切的联系，是一种新型的营销工具。区别于传统广告的直接推销与硬性植入，微电影以讲故事的软性方式传达情感信息、引起受众的共鸣，更能得到受众的青睐。因此在对微电影进行分类的时候，还需要考虑其营销的特性。

综合以上微电影的电影属性、营销特性，从功能上，本书将微电影大致划分为广告宣传类与艺术创作类两大类型。

1. 广告宣传类

广告宣传类根据其是否为经济利益而创作，又可划分为商业类与公益

---

① 杨晓林，等. 微电影艺术导论［M］. 北京：中国电影出版社，2015：10.

② 骆育红. “微电影”：网络时代的概念泡沫［J］. 名作欣赏，2012（30）：159-160.

类两种类型。

（1）商业类微电影。

商业类微电影，是为商业产品、公司品牌理念而创作的，旨在达到营销、宣传、推广的目的。在表现形态上，相较于其他类型，更加突出明星的作用，利用明星的影响力吸引受众的关注，增强与受众的情感联系。商业类微电影也存在高投入、高品质的电影化投入特点，这也更有利于提升品牌的美誉度、忠诚度。根据商业服务对象的不同，商业类微电影又可细分为广告微电影与预告片微电影。

①广告微电影。

广告微电影是将产品、品牌理念以讲故事的方式软性植入影片中，以叙事方式传达情感信息，增加受众对产品的认可和对品牌的认同，从而达到广告营销的目的。如康师傅茉莉花茶在2020年5月20日推出爱情广告微电影《茉茗我就喜欢你》，联合李现、春夏两位明星，讲述了一位卖茶男孩与一位卖花女孩围绕茉莉花茶的故事。影片展现了年轻人谈恋爱的不成熟与小打小闹的趣味，也巧妙引用女主角春夏的名字，突出“春夏宜喝茉莉花茶”的广告语，还创意地使用李现的“现男友”梗，这些元素的汇聚引起了受众的共鸣，受众对其认可度也增强了。

②预告片微电影。

预告片微电影是专为传统银幕电影宣传而拍摄的，区别于较简单、碎片化剪辑的传统预告片，预告片微电影以叙事方式为电影宣传造势，更能引起受众的观影欲望。如2019年春节档上映的《小猪佩奇过大年》，在上映之前推出了一支预告片微电影《啥是佩奇》，片中充满悬念又不失幽默、温情的故事吸引了广泛关注，引发了“病毒式”传播，主流媒体、各路明星都在微博转发、评论。而在当时，春节档还有《流浪地球》《飞驰人生》《疯狂的外星人》等多部影片上映，预告片微电影《啥是佩奇》的现象级营销协助《小猪佩奇过大年》实现了突围，获得了广泛的注意，被认为是微电影软性植入的典型案例。

（2）公益类微电影。

公益类微电影主要围绕公益话题展开故事叙述，以弘扬公益、传播正能量为目的，以通俗易懂的表现手法向社会所有人群展示。按照微电影发布者的身份又可以细分为社会公益微电影、企业公益微电影与个人公益微电影三种类型。

①社会公益微电影。

社会公益微电影是由媒体或专门的社会机构制作、发布的公益类微电影。在中国的第30个助残日，浙江海亮慈善基金会发布了中国首部关注自闭症孩子的公益微电影《大海小雨》，自闭症孩子又被称为“星星的孩子”“小雨人”，这部影片希望有更多人了解他们，消除对他们的偏见，更加关爱、包容、接受自闭症孩子及其家庭。

②企业公益微电影。

企业公益微电影是由一些著名企业以宣传、推广自身公益形象为目的而制作、发布的公益类微电影。如腾讯公益为自己打造十年的乡村数字平台“为村”推出了公益微电影《盼归》，讲述留守儿童小刚强编造各种谎言只为让在外打工的爸爸回家的故事，影片除展示了腾讯公益形象以外，也让更多人关注乡村留守儿童，关注贫困乡村的振兴发展。

③个人公益微电影。

个人公益微电影是由公众个人自发制作、发布的公益类微电影。2011年佛山小悦悦事件引发全民讨论，广州大学城10所高校的学生分别制作、推出10部纯公益、零成本的微电影，呼吁大众“拆掉心中的墙，拒绝冷漠”，反映了当代大学生对社会事件的关注和思考。

2. 艺术创作类

艺术创作类微电影若以内容题材为划分依据，与传统银幕电影大概一致，可以划分为喜剧片、恐怖片、科幻片、爱情片、动作片、惊悚片、歌舞片等常见类型。若以创作主体为划分依据，则可划分为专业人士类微电影与非专业人士类微电影。

（1）专业人士类微电影。

此类微电影与传统意义的短片类似，注重艺术表达、故事情节，制作精良，在品质和内涵上有很高的艺术追求。如被称为“微电影雏形”的《老男孩》，播出之时在网络收获了5000万的观看量，讲述的是两个平凡的“老男孩”重新登台找回梦想的故事。执导这部影片的导演肖央毕业于北京电影学院美术系影视广告导演专业，在此之后他也更多地参与到银幕大电影的制作中。再如张艺谋导演团队在2020年春节前夕推出了系列贺岁竖屏微电影，《遇见你》《陪伴你》《温暖你》《谢谢你》四部曲，讲述真实存在于都市生活中的温情故事。

（2）非专业人士类微电影。

此类微电影属于网友们自己制作、自娱自乐、个人化表达的视频作品，以幽默搞怪为主，以大众熟知的银幕大电影为主要素材，重新剪辑、配音而成。网友胡戈是制作此类微电影作品的第一人，其代表作品有改编自电影《无极》的《一个馒头引发的血案》和改编自电影《黑客帝国》的《春运帝国》。

（三）短视频与微电影之间的区别与联系

1. 在内容题材上

短视频主要分为记录生活、故事情景、休闲通俗、技能经验与新闻资讯五大类，相较于微电影来说，信息涵括的范围更广大、更丰富；但故事情景类的短视频与微电影一样，可以呈现喜剧、爱情、科幻、惊悚、恐怖、动作等故事内容。

2. 在播放时长上

短视频的播放时长从几秒钟到几分钟不定，一般在5分钟左右，而微电影的播放时长从几分钟到60分钟不定，一般不会超过60分钟。两者之间的播放时长有一定的重合，但显然微电影播放时间要更长，讲述的故事要更为宏大一点。

3. 在屏幕格式上

短视频的屏幕格式有横屏、竖屏，但以竖屏格式为主，竖屏格式呈现是短视频发展的必然趋势。微电影主要以横屏格式呈现，虽然也有微电影《悟空》、张艺谋团队的贺岁系列微电影是呈现竖屏格式的，但它们还是属于极个别的案例。

（四）微电影审美特征

微电影是诞生于互联网新媒体时代的一种电影新形态，因此其既有传统银幕电影的艺术内涵，又有自己形式的开放和灵活，在内容、形式、风格等维度上都体现了与传统银幕电影不一样的审美特征。

1. 内容上追求创意，题材多样

互联网阅读具有碎片性、即时性以及交互性等特点，微电影诞生、成长于互联网，自然也深受这些阅读特性的影响，在内容创作上强调故事的创意性，在题材选择上注重捕捉热点话题。

追求创意是微电影内容创作的一个显著特点。受众是在碎片化时间内观看微电影的，并且可以随时因为不感兴趣而停止播放，因此微电影要想紧紧抓住受众，好的创意、悬念十分重要。《啥是佩奇》成为现象级的预告片微电影，与它的创意、悬念设置有着很大联系。农村老人想要满足孙子要一个“佩奇”的愿望，但他自己并不知道什么是佩奇，便一直打听，其间产生的趣事不断。观看这部影片的受众不管现实中知不知道什么是佩奇，都已经被吸引进去，想要看看农村老人最后是否找到了孙子想要的“佩奇”，当然最后创意的结尾、悬念的破解皆让人感到佩服。

题材多元是微电影内容创作的另一个显著特点。微电影观看受众年轻化、观影时间碎片化的特点决定着微电影题材更加贴近生活、更加自由随意。如经典的爱情题材，康师傅茉莉花茶推出了几部爱情题材的微电影，如《茉茗我就喜欢你》《茉等花开》；怀旧题材更多是通过展现现实生活中的磨难、挫折，引起受众的情感共鸣，从而启发积极、乐观的生活态度，如讲述两个“老男孩”重回舞台追逐梦想的微电影《老男孩》，影片带着

观众重回20世纪90年代的校园，一起感受80后一路成长的风雨；微电影的微时长、微投资、微周期的特点，也让微电影题材可以捕捉更多当下社会生活的热点话题，如针对时下年轻受众喜欢在微博平台上随时随地发微博的现象，灵思网络影视中心推出“微博有鬼”系列微电影。

2. 形式上讲究紧凑，注重细节

不同于传统银幕电影，受限于时长的微电影想要呈现完整的故事，就要在结构和节奏上都更加紧凑。再者，电脑、手机、iPad等小屏幕是微电影的主要传播终端，因此在画面构图上要更加注重突出细节，在景别选择上以近景系列为主。

（1）叙事结构上，微电影多采用高潮、开端、发生、发展、结局的非线性结构推进故事。如获得2012年法国恺撒奖最佳短片奖的微电影《调音师》，采用倒叙的手法，开场就是男主角面临生死考验的画面，扣人心弦的紧密节奏让观众不禁也提心吊胆，故事衔接看起来跳跃，但实际上更加吸引观众。

（2）剪辑节奏上更加紧凑，微电影为了迎合新媒体传播的碎片化、平面化特征，需要在短时间内运用各种蒙太奇手法来表现人物矛盾和戏剧冲突。如陈可辛执导的《三分钟》微电影，运用交叉蒙太奇、重复蒙太奇、对比蒙太奇等手法，表现孩子、妈妈对这次三分钟月台见面的期待。

（3）景别选择以近景系列为主，着重突出细节方面。微电影传播终端呈现小屏特点，近景、特写等镜头更能细腻地突出人物神态和情感。如由五百导演、张译主演的微电影《刷车》，影片大量运用特写镜头，在制造悬念、强调情绪的同时，展示了刷车工的底层身份以及面对死亡的恐惧，也表现出歹徒的狰狞形象。

3. 风格上流行解构，体现趣味

微电影产生于以互联网为主导的、极具后现代风格的新媒体时代，微电影自然也拥有后现代主义的核心特性——解构，以及叙事追求开放性、趣味性的游戏化特征。

解构就是对权威的消解、对经典的颠覆，具有多元化、无中心、不确定性等特点。微电影对经典影视作品的解构表现在，保留经典影视作品的某些要素，利用戏仿、拼贴、黑色幽默等后现代手法，形成一部观众能在短时间内产生兴趣的原创作品。微电影《父亲·父子篇》中有不少桥段是戏仿好莱坞经典电影《阿甘正传》，如父亲在战场草丛中被炸伤是戏仿阿甘在越南战争的经历，儿子被国家领导人接见是戏仿阿甘接受总统授予勋章的桥段。

二、剧本创作与技巧

（一）剧本创作

1. 快速建立矛盾冲突

微电影往往是受众在碎片时间里完成观看的，因此想要快速抓住受众，引起情感共鸣，就需要在短时间内快速建立矛盾冲突，以流畅的方式讲述故事。编剧需要锻炼如何在有限时间内提炼故事创意、提升故事主旨，使受众能够在短小的故事里品出无限的内涵和韵味。

2. 营造强烈视觉冲击

区别于传统银幕电影，微电影的播放终端是以手机、iPad 为主的小屏幕，受众是以一种“俯视”的角度观看影片，可以自由控制屏幕内容。因此屏幕画面要做到主动吸引受众注意力，就要在短时间内为受众营造强烈的视觉冲击。由吴彦祖主演的“好莱坞式”警匪片《一触即发》，全片只有 3 分钟、8 句对白，影片开头很快就进入打斗、跳伞、追逐、爆破等惊心动魄的画面，在短时间内抓住观众的眼球，带来非同一般的视觉盛宴。

3. 结合后续内容创作

后续内容指的是微电影的宣传、营销等，编剧在进行故事创作的时候，也需要考虑受众是否会点击观看这部影片，其标题和宣传语是否足够诱人。一部微电影是否能从互联网的海量信息中脱颖而出，与其点击率是息息相关的，因此编剧应该把微电影的后续内容也作为故事创作的一部分进行考虑。

（二）写作技巧

1. 开场从“核心点”写起

微电影的时长限制导致受众容易流失，因此好的微电影需要有一个好的开头，好的故事开头可以迅速将受众带入故事情境，使受众对故事的情节、人物产生兴趣。好的故事开头，就是要从“核心点”写起，从矛盾的核心关键点找到受众感兴趣的切口，以故事情境展现人物性格、情节矛盾。

2. 高潮要“大篇幅”展现

微电影要在短时间内展示一个故事的完整情节，就需要有大篇幅的高潮展现。戏剧冲突是一部影片节奏最密集、张力最强的区域，也是最吸引受众的地方，对影片的成败有着决定性的作用。大篇幅展现高潮是吸引受众眼球的有效方法。《一触即发》的“追逐戏”作为高潮部分几乎占了影片的全部内容，受众的注意力集中在各种生死较量中，既满足了感官快感的需求，也满足了精神上的愉悦。

3. 开放式结尾设计“悬念”

好的微电影往往具有故事短小精悍、节奏张弛有致的特点，因此除了要大篇幅展现高潮以外，故事的结尾也要设有悬念，选择开放性的结局更能给观看的受众带来韵味犹存的体验。如《刷车》结尾是伴随着一声枪响的黑屏，就给观众留下“是谁死了”的悬念。再如《调音师》的结尾并没有告诉观众男主角是否被老人杀害，开放性的结局留给观众更多想象空间。

4. 人物第一印象要“有戏”

在影视创作中，人物的出场要给观众留下深刻的第一印象，第一印象的成功代表人物塑造成功了一半。人物第一印象要“有戏”，就是人物带着矛盾冲突、悬念困境出场。不同性格、不同情境中的人物有不同的出场方式。如《调音师》中男主角的出场就面对生死的抉择问题，《啥是佩奇》

中农村大爷的出场就带着要搞清楚什么是孙子想要的“佩奇”这一问题。

5. 围绕“细节”编织故事

电影是用视觉和听觉来进行故事的讲述，要更好地发挥电影的叙事功能，就要做到将视觉、听觉凝练成细节，并围绕这些“细节”编织故事。细节的好坏决定着叙事水平的高低，好的微电影离不开好的细节。

三、微电影的画面拍摄

（一）景别选择

微电影制作周期较短，资金也有限，在拍摄中不适合大量使用带情节表演的大全景。再者，微电影的传播终端呈现小屏特点，使用特写、近景等小景别镜头，更能使画面带有冲击力，迅速抓住受众的眼球。微电影强调故事的叙事性、情节的简洁化，小景别镜头更能精炼语言、突出主体，更能细腻展示人物情感，拉近受众与屏幕的距离。特写镜头呈现凸显强调的效果，近景镜头则多用来传达细节信息，特征明显的视觉画面使受众更能抓住视觉焦点。

如微电影《刷车》就大量使用特写镜头展现男主角对刷车工作的认真以及面对生死的恐慌，姜文导演的《看球记》也是大量使用小景别镜头，展示出一个爱儿子又爱面子的父亲形象。

（二）构图形式

构图是一种将人、事、物以最佳布局形式安排在画面当中的方法，起到表达影片主题内容、凸显视觉中心的重要作用。微电影播放的小屏特点和受众追求感官刺激的需求，让创作者在画面构图形式的选择上，要考虑如何更好突出主体、细节，使画面产生强烈的视觉冲击，让受众能在短时间内找到视觉中心，如可以选择三分构图法确定画面趣味中心的位置，选择汇聚线构图法将所有元素汇聚一点以产生视觉冲击。

在《刷车》中，导演巧妙运用镜子的反射、车玻璃的透视，形成了大量的框架式构图法，展现男主角所处环境的危急、压抑，表达其内心的恐慌，增强了一种紧迫感。

（三）运动拍摄

在影视艺术中，运动包括被摄主体的运动和摄像机的运动，本书主要讨论的是后者。摄像机的运动可以使画面产生不同的景别和角度，展现多样的空间，形成一种逼真运动的视听感受。微电影的特征要求画面要尽量突出主体、显示细节，容易流失的受众要求创作者在画面中要留有更多悬念和联想空间。因此在拍摄中可以多选择推镜头，由远及近朝拍摄主体推进，使主体从整体中凸显出来。也可以选择拉镜头来表现局部与整体的关系，让画面形成一种悬念感，创造更多的联想空间。

（四）光线控制

光的运用在影片中能起到塑造人物形象、表现人物内心、渲染情感氛围、表现画面质感的重要作用。微电影拍摄主要选择特写、近景等小景别，因此光源位置适合放在拍摄主体的正面，正面光适合小景别拍摄，更有利于表现每个细节、层次。也可以使用侧光来展现人物的性格和情感，明、暗两色的强烈对比更能营造一种视觉冲击。

微电影拍摄资金相对有限，因此在拍摄中可以选择一些低成本灯具，如三基色灯、卤钨灯等，或者自造灯具。除了运用人工光，还可以充分运用自然光来减少资金花费，尝试在场景上尽量减少室内、夜景的拍摄。

（五）色彩控制

色彩在影视艺术中起到表现、突出主体，渲染、烘托氛围的重要作用。色彩的基调奠定着整个影片的基调。色彩的基调是一个场景整体的色彩倾向、印象。不同色调的对比运用可以使画面产生强烈的视觉效果，更好地烘托场景氛围，表达人物的内心情感。微电影要在短时间内吸引受众的目光，满足受众感官刺激的需求，可以在画面拍摄中多巧妙地运用色彩的对比烘托，以突出主体，营造强烈冲击力。如在微电影《特殊交易》中，灰白色的色调贯穿整部片子，营造了一种陪酒女和小学生在物欲横流都市中的孤独感，而片中陪酒女充当小学生妈妈时身穿的橘黄色衣服，以及路边橘黄色的夜灯，与整片色彩基调形成强烈对比，传递着在这孤独世界里，仍然会有人类的温暖、善良的含义。

四、微电影的后期制作

（一）剪辑

微电影作为一种新的电影形态，区别于传统银幕电影，在剪辑上有着自己独特的美学追求。微电影主要在网络上传播，受众的观看不稳定，较容易流失，因此微电影需要在短时间内抓住受众眼球，其剪辑方式一定要简洁明了，放弃没有明显情感表达、故事叙述的情节画面。另外，开放多元的互联网平台，使精悍短小的微电影有实践非常规、个性化剪辑的可能。

1. 风格化的剪辑方式

传统剪辑方式随着现代主义、后现代主义文化的流行，出现被颠覆、被解构的现象，形成了各种风格化的剪辑方式。诞生于互联网时代的微电影，自然深受后现代文化的影响，在剪辑方式上呈现风格化的特征。播放时长短、制作周期短、投资资金少的微电影，不像大多传统银幕电影那样，有宣传发行、计算成本的压力，可以有更多实践个性化、风格化剪辑方式的可能。也正是这种个性化、风格化的剪辑方式，让微电影作品充满着独特魅力，更具有观赏性，更能引起受众观看的欲望。获得第20届北京大学电影节微电影精品大赛最佳摄影奖的《2B青年的不醉人生》，是黄渤首次执导的微电影作品，也是黄渤首次运用零剪辑方式拍摄的作品，运用“一镜到底”讲述主人公在各种KTV包间感受人生百态的故事。零剪辑方式在长片领域几乎没人尝试，微电影提供了一个很好的实践平台。

2. 简洁化的剪辑节奏

剪辑节奏是用剪辑手段处理视频结构、镜头长短后形成的一种韵律。这种节奏的韵律是时间的艺术。微电影播放时长短，每一分钟的画面都要准确地传达叙事信息与情感内涵，有些微电影在开头的一分钟便要交代所有的人物、情节要素。因此微电影的剪辑节奏要简洁化，感情表达上点到为止最妙。陈可辛执导的微电影《三分钟》，在快节奏的剪辑下，展现了春节时分隔两地的母子二人在火车停靠的三分钟里与时间赛跑的场景，每一个画面都牵动着屏幕前观众的心。

（二）调色

在影视艺术中，色彩具有一种表意功能。受限于时长的微电影，可以利用画面色彩来弥补影片叙事的不足。借用画面色彩来渲染情感氛围，突出影片人物的性格、矛盾，将要传达的情绪通过对应的色彩展现出来，叙事的同时满足了受众感官刺激的需求。如在一些微电影的叙事过程中，会出现两个时空、现实与幻境两个场合的穿插，为了更准确传达信息，表现人物在不同场合的情绪，创作者会在后期对局部画面进行调色处理。为了方便区分，次色调的选择与主色调不一样，两种色调会形成对比，方便受众快速、准确地接收影片信息。微电影《老男孩》在故事设置中就存在两个时代，在表现回忆中的少年时代时，色彩调成以淡黄色为主，如同老照片一样，给受众一种温馨感、亲切感，能更好地带着受众回忆青春时光。微电影 *Leave me* 中也存在两个世界，一个是现实世界，另一个是相机里的虚幻世界，影片为了更好地区分两者，相机里的世界加上了泛白的梦幻效果。

（三）音乐

微电影时长相对较短，要在短时间内满足受众追求感官刺激的需求，可以选择在画面内插入音乐这一艺术手段，音乐在表达情节、渲染氛围、情绪感染上有着强大的作用。当微电影的画面、人物对话表达感情力度不够的时候，插入音乐便可带动观众的情绪，感动观众的内心。音乐也可在微电影中作为叙事的一个环节，发挥表达人物情感的作用。

1. 配乐

配乐的使用，可以避免画面情感表达的单一、苍白，提高故事的渲染力，触动观众内心。虽然微电影有着微投资、微制作的特点，要像传统银幕电影那样量身定制配乐难度较大，但是可以在后期选择大众熟悉的音乐作为配乐使用。主打怀旧的微电影《老男孩》，在影片剧情需要的地方，就插入了不少80后受众耳熟能详的音乐，如《小芳》《星星点灯》《水手》等，渲染了画面情感的同时，增强了亲和力、感染力。而且配乐的插入有时还能作为影片人物的内心独白使用，具有一种表意的特征。微电影《李雷和韩梅梅》中，当李雷幻想韩梅梅、寻找韩梅梅的时候，配乐的响起就如同李雷内心的独白，表达了他的内心情感。

2. 主题曲

主题曲是表达核心思想、概括全片内容的歌曲。主题曲运用在影片中，可以渲染故事情节、升华中心主题，丰富受众审美体验的同时，引起受众的情感共鸣。在微电影的后期制作中，可以把主题曲穿插在剧情冲突、高潮的地方，可以同一段旋律反复出现，也可以在旋律上做一些变化处理。与微电影主题思想高度契合的主题曲，可以让受众记住精彩的情节，还能扩大传播范围，提高影片影响力。微电影《老男孩》的同名主题曲《老男孩》就是一个很好的例子。

（四）字幕

在电影正片内容中，字幕一般运用在语言翻译或提示故事进展中，本书主要讨论的是在故事进展中加入的字幕。字幕作为一种直观的文字信息，可以补充电影画面未能完整、准确表达的意义、情感。区别于传统银幕电影，微电影的播放时长有限，在影片后期制作中加入字幕对完整表达主题、传递准确信息有着重要的作用。

1. 提示时空转换

字幕可以在微电影中发挥提示时空转换的作用。有些影片的故事发生在多个地方、不同场所中，使用字幕去表达时空的转换往往是最好的方式，可以明确告诉观众这是在哪个时空，能够避免用太多时间、镜头去介绍背景，使影片的情节脉络更加清晰。

2. 提示发生时间

字幕可以在微电影中发挥提示发生时间的作用。微电影受制于时长，可播放的时间相对较短，因此如果一些影片故事想要展示人的一生，就需要借助字幕的表达，这样就可以节省很多画面情节的介绍。还有对于一些想要展示时间紧迫的情节，也可以运用字幕表达，如陈可辛执导的《三分钟》，就在后期插入时间倒计时的字幕，表达母子二人所剩的相处时间。

3. 点出影片主题

字幕可以在微电影中发挥点出影片主题的作用。字幕直观的文字信息，可以直接表达影片人物的内心，点出影片主题，给予观众启发，引起情感共鸣，进一步提升影片的深度。字幕还能以交代故事后话的形式作为影片结尾，引出主题的同时又升华了内涵，许多广告宣传类微电影，特别是公益类微电影，都会在影片结尾运用字幕实现点题。

第三节 网络电影制作

一、网络电影概述

（一）网络电影的界定

1. 概念

2019 年，在首届中国网络电影周上，中国电影家协会网络电影工作委员会联合爱奇艺、优酷、腾讯三大网络视听平台发布倡议，不再使用“网络大电影”这个称谓，而是以“网络电影”作为通过互联网发行的电影的统一称谓。爱奇艺高层对“网络大电影”的改名做出解释：“网络大电影诞生时，基于互联网传播的只有微电影，为了区分微电影，所以爱奇艺提出‘网络大电影’概念，而当下这个名字已经完成了它的阶段历史任务。不管是网络大电影还是网络电影，都是过渡名字，最终只有一个称呼，那就是电影。”① 由此可见，“网络电影”与“网络大电影”两者之间除了称谓的变化，其他并没有区别。

“网络大电影”这个概念是由爱奇艺在2014年“网络大电影成就梦想”高峰论坛上提出的，爱奇艺高层对其做出的定义标准是：“投资五十万到三、四百万之间，时长超过60分钟，没有特别大的造景，制作、拍摄、周期相对也短，核心是故事。”② 概念被提出之后，国内学界开始对其进行研究。有学者认为“网络大电影”是“针对互联网、移动互联网进行制作、传播的视听产品，通常指通过视频网站专有频道（网络院线）发行的电影长片”。③ 也有学者认为“网络大电影”是“专门为网络视频平台制作，并在网络平台发行，内容上适应网民的接受特点、风格的电影”。④ 还有学者认为“网络大电影”是“专门为网络生产，在网络发行，通过分账模式营利，以新媒体为主要终端放映的完整叙事性视听作品”。⑤

综合现有的研究，本书界定网络电影是主要为互联网受众制作，在网络院线发行并主要以分账模式营利的，时长超过60分钟，具有完整叙事结构的新形态电影艺术。但值得注意的是，网络电影的发展模式还未定型，据有关数据显示，2018年获得电影片公映许可证的网络电影数量较上一年

① 网视互联．网络大电影到网络电影，从赢得市场到赢得尊重［EB/OL］.（2019-10-25）［2020-05-27］.https：//mp.weixin.qq.com/s/9lV0CWY3QfH_qwFUfGxAFA.

② 中国网．爱奇艺网络大电影开启发行新玩法 实现盈利短平快［EB/OL］.（2014-12-23）［2020-05-27］.http：//science.china.com.cn/2014-12/23/content_34387245.htm.

③ 徐亚萍．网络大电影：转型中的网络电影及其风险［J］. 现代传播（中国传媒大学学报），2016，38（12）：117-120.

④ 曹开研．网络大电影特征及发展趋向刍议［J］. 传媒，2017（4）：51-53.

⑤ 曹娟，张鹏．网络大电影的身份界定、生产机制与类型化特征［J］. 当代电影，2017（8）：132-135.

剧增 370%，网络电影行业已经开始尝试一种“先网后台、先网后院、网院同步”的新型宣发模式。[①] 因此，对网络电影概念的研究会随着其模式的发展而继续深入。

2. 特征

相较于院线电影，网络电影具有以下几点特征：

（1）投资成本低，规模小。

网络电影的场景布置不算宏大，演员阵容较小，制作、拍摄周期较短。2016 年以前的投资规模在百万元以内，直至 2018 年底，500 万元投资规模即可拿到网络平台的最高评级，800 万—1000 万元已经是行业顶配。

（2）回本周期短，回报高。

一个网络电影项目从策划、拍摄、后期到上线的一个完整周期是一年，票房收入可随时在网络平台跟踪，回本周期短，回报高。如网络电影《道士出山》的成本只有 28 万元，但其分账票房高达 2800 万元。

（3）题材选择多，局限小。

网络电影题材相较于院线电影选择较丰富，局限较小，可以涉及一些院线电影较少提及的话题内容。

（二）网络电影的发展

1. 兴起阶段

2014 年，爱奇艺率先提出发展“网络大电影”计划，并针对其标准、概念做出了明确解释，推出了相应的补贴政策与专用频道。网络电影在兴起发展阶段呈现以下三点特征：

（1）内容制作成本普遍偏低，投资者和生产者较少。在网络电影的开始之初，面对新兴事物，投资者和内容生产者都暂且处于尝试实践阶段，影视行业从业者大多秉持观望态度，这一时期网络电影制作成本普遍偏低。

① 李拓 . 2019，躺赚的网络大电影？［EB/OL］.（2019-01-24）［2020-05-27］. https：//mp.weixin.qq.com/s/tiD1KZbbkr5eYzS2JFo45Q.

据相关数据统计，2014 年爱奇艺已将 300 多部网络电影纳入收成分账平台，并由此产生的网络票房达 5000 万元。[①]

（2）题材选择相对单一，以爱情、青春、喜剧为主。网络电影起初阶段，为了博得网络受众的关注，大多制作以女性为看点的电影作品，以软色情方式制作的作品收获不少男性观众。喜剧恶搞也是这一阶段的主要题材内容，如《西游记之一路向东》《聂小倩之尘缘未了》是对我国经典历史名著的解构作品。

（3）宣传和发行意识缺乏，网络电影影响力有限。面对网络电影这一新形态电影艺术，许多电影制作方不了解也没重视电影作品的宣传与发行，许多网络电影作品的上映，网络受众事先并不知情，这也影响作品的影响力和有效点击率。

2. 壮大阶段

2015 年网络电影处于壮大阶段，呈现“井喷”的现象。据相关数据显示，2015 年付费网络电影出品约 600 部，播放量总计约 27 亿次，产量相较于 2014 年增长近两倍。[②] 多家网络视听平台也加入网络发行行列中，如腾讯视频、搜狐视频、优酷。网络电影在壮大发展阶段呈现以下三点特征：

（1）题材类型增多，悬疑、惊悚类大幅增长。相较于 2014 年，网络电影的题材选择更加丰富，除了喜剧、爱情、青春题材以外，悬疑、惊悚、动作、奇幻、警匪、犯罪等内容题材也逐步增长。喜剧题材最受欢迎，如喜剧片《山炮进城》是当年全网网络电影总播放量排行的第一位。

（2）内容同质，题材扎堆，存在蹭 IP 乱象。2015 年现象级网络电影《道士出山》是在著名导演陈凯歌执导的《道士下山》上映时发行的，在网络火爆之后，“道士”相关的网络电影频频发行，如《道士降魔》《茅

① 爱奇艺 .2014 年网络大电影年终盘点［EB/OL］.［2020-05-27］.https：//www.iqiyi.com/dianying/ibf2014.html.

② 芭乐 . 芭乐观察第 24 期：2015 年新媒体影视数据报告［EB/OL］.（2016-01-21）［2020-05-28］.http：//www.bale.cn/20160121/112/1/3830.html.

山道士》等。2015 年徐峥执导的院线电影《港囧》上映，随后网络电影《韩囧》《避风港囧》也在平台发行，热门影视剧《老九门》引起轰动后，网络电影《老九门番外之虎骨梅花》《老九门番外之恒河杀树》也随后发行。网络电影数量虽然剧增，但是内容题材同质化严重，在质量上并没有得到很大提高。

（3）宣传海报内容制作倾向低俗、软色情元素。网络电影是在视频平台的专用频道上发行，一些制作方为了电影作品能够博取更多网络受众的关注，在浏览页面的宣传海报上加入低俗、软色情的元素，制作并不精良，缺乏美感。

3. 整合阶段

随着网络电影的快速发展，行业内乱象层出，为了营造更好的创作环境，政府、平台方相继推出相关解决办法进行整改规范。网络电影在整合发展阶段呈现以下三点特征：

（1）政策监管加强，作品产量减少。为了创造更好的网络视听环境，国家广电总局出台相关通知法规，针对网络电影的创作和发行进行规范，不符合规定的网络电影纷纷下架。几大视频平台也联合发布相关倡议，通过平台与制作方的自查行为协助网络电影市场的净化。之前疯狂生长的网络电影在此阶段产量大幅下降，逐步形成成熟的管理机制，为网络受众提供更多制作精良的电影作品。

（2）注重叙事策略，制作内容提升。2016 年爱奇艺提出“网络大电影 2.0”计划，倡议网络电影走向制作精品化、生产精细化的道路。在网络电影整合发展期间，内容制作方更加专业规范，更加强调作品责任和品位，更加注重作品的叙事策略，制作水准得到提升，出现许多高口碑、高关注的电影作品，如《斗战胜佛》《哀乐女子天团》《海带》等，都得到了网络受众的广泛认可。

（3）题材选择丰富，满足多元需求。这一阶段的题材类型呈现多样化发展趋势，除了喜剧、悬疑、爱情等经典题材以外，军旅、武侠、超现实、公益、少儿等题材内容都在迅猛发展，不断满足网络受众的多元化审美需求。如“罪途”系列的网络电影作品，采用多重叙事空间，使用时空交错的结构，聚焦当下社会热点话题，较为精良的制作广受观众好评。

（三）三大网络院线

网络电影的盈利依靠网络院线的分账模式，不同网络院线的分账合作模式不尽相同。中国网络视听节目服务协会发布的《2019 中国网络视听发展研究报告》相关数据显示，爱奇艺、腾讯视频、优酷凭借打造差异化竞争优势，在综合视频平台中处于第一梯队，整体用户渗透率为 80.2%。[①] 因此本书选取爱奇艺、腾讯视频、优酷三大网络院线，简单梳理它们的网络电影分账合作模式。

1. 爱奇艺

爱奇艺网络院线的网络电影分账合作模式主要分为内容分成、营销分成、广告分成三类，结算周期是月度结算，有上线相关服务平台可实现自助操作。内容合作和营销合作方式详见表 1-2。

表 1-2[②]　内容合作和营销合作方式一览表

级别	模式	内容分成单价	内容分成付费期	营销合作	营销分成单价	联合营销	营销合作周期
A	独家	2.5 元	6 个月	有	满足营销分成标准 0.5 元	邀约制	上线首月
B	独家	2.0 元	6 个月	无	无	无	无
C	独家	2.0 元	6 个月	无	无	无	无
D	非独	1.5 元	3 个月	无	无	无	无
E	非独	0.5 元	3 个月	无	无	无	无

注：分成单价均为有效付费点播量

① 国家广电智库.【发布】《2019 中国网络视听发展研究报告》解析行业发展大势趋势［EB/OL］.（2019-05-27）［2020-05-28］. https：//mp.weixin.qq.com/s/9QdPmdxM1OnGII3i9RCk8w.

② 爱奇艺网络电影 . 通知：爱奇艺网络大电影营销升级为“营销分成 + 联合营销”模式［EB/OL］.（2019-07-03）［2020-05-28］.https：//mp.weixin.qq.com/s/Frp-1MeIbHwBQwWtFeOmHQ.

（1）内容分成。

内容分成的分账模式决定因素是影片有效付费点播量和内容分成单价，计为一次有效付费点播量的标准是“每付费用户有效播放单一付费授权作品时长超过6分钟的一次或一次以上的观影行为”[①]，内容分成单价根据评估级别而定。

①计算公式：分账收益＝内容分成单价 × 有效付费点播量。

②评估级别：根据影片内容质量，评估分成A、B、C、D、E五个等级，A、B级别有推广资源，其他级别没有。

③分账周期：独家合作影片为6个月，非独家合作影片为3个月。

（2）营销分成。

营销分成标准是影评的评估级别达到A级，满足标准的影片在上线首月的分成期内，获得0.5元的营销分成。另外，爱奇艺会从A级别影片中，根据“商业潜力”和“口碑潜力”两个标准，主动选取优质影片进行联合营销。

（3）广告分成。

广告分成是指影片结束付费期转为免费播放后的期间，对平台通发广告在该影片上产生的收益进行分账。

①计算公式：分成收益＝该内容带来的广告收益 × 分成比例。

②分成比例：独家播放影片按70%比例分成，非独家影片按50%比例分成。

2. 腾讯视频

腾讯视频网络电影分账模式是由有效观影人次与内容定级单价两种因素决定的，收益结算周期也是月度结算，同样也上线了相关服务平台，可在线自助完成递交样片、签约、物料上传、结算、数据查询和分析等操作。内容定级单价相关信息详见表1-3。

① 爱奇艺网络电影．什么是爱奇艺网络电影［EB/OL］．(2020-02-26)［2020-05-28］. https：//mp.weixin.qq.com/s/l7yiKIRFM86AbAjM7Qp4cg.

表 1-3[①]

级别	合作方式	分账单价（元）	分账周期
S+	独家	4	自上线之日 6 个月
S	独家	3.5	自上线之日 6 个月
A	独家	2.5	自上线之日 6 个月
B	独家	1.5	自上线之日 6 个月
C	非独家	1	自上线之日 3 个月

① 计算公式：分账收益 = 内容定级单价 × 有效观影人次。

计入一次有效观影人次的标准是“每付费用户在分账周期内连续观看单一付费授权作品超过 5 分钟的一次或一次以上的观影行为”。[②]

② 评估级别：根据影片内容质量，评估分成 S+、S、A、B、C 五个等级。

③ 分账周期：独家合作影片是 6 个月，非独家合作影片是 3 个月。

3. 优酷

优酷网络院线的网络电影分账合作模式是由会员有效观看时长与内容定级单价两种因素决定的，与爱奇艺、腾讯视频两家平台不同，采取的是会员有效观看时长分账模式。优酷的结账周期也是月度结算，同样，合作方可以在优酷开放平台自助完成各阶段操作。内容定级单价的详细信息可见表 1-4。

表 1-4[③]

级别	合作方式	单价（元）	付费期	合作要求
S	独家	6	3 个月	提供营销方案
A	独家	4	3 个月	提供营销方案
B	独家	2	3 个月	
C	非独家	1	3 个月	

① 腾讯视频网络院线 . 腾讯视频网络电影分账规则全新升级！[EB/OL] .（2020-03-05）[2020-05-28] .https：//mp.weixin.qq.com/s/--NLRg_vv6XhvhTqeQ8ECQ.

② 同上。

③ 优酷内容开放平台 . 网络电影 [EB/OL] .https：//om.youku.com/home/detail?openCategory=96.

① 计算公式：分账收益 = 内容定级单价 × 会员有效观看时长

会员有效观看时长的界定标准是影片在付费期间内，付费用户累计观看影片的有效播放时长，时长以小时为单位。[①]

② 评估级别：根据影片内容质量，评估分成 S、A、B、C 四个等级，S、A、B 级别有推广资源，C 级别没有固定推广资源。

③ 分账周期：独家合作影片与非独家合作影片都是 3 个月。

④ 营销服务：优酷推出提供宣发资源、合力营销服务的“优合计划”。

二、网络电影题材与剧本创作

（一）题材类型

1. 六大题材类型

爱奇艺发布的《2019 年网络电影行业报告》相关数据显示，播放超过 500 万以上的影片类型连续三年都是集中分布在动作、喜剧、奇幻、爱情、武侠、悬疑六种。[②]

（1）动作。

动作类型的网络电影主要叙述一些英雄人物与邪恶反派斗勇斗智的故事，通常表达邪不压正、善恶有报等主题。功夫片吸引受众的通常是利落的功夫动作、刺激的打斗场面与紧张的氛围营造。如影片《功守道》的剧情设置是通过“打擂台”方式塑造一位功夫高手，讲述一个平凡男子脑补自己通过各种关卡夺得武林秘笈的故事。《功守道》是马云的电影首秀，影片还邀请许多知名武打演员加盟拍摄。

（2）喜剧。

喜剧类型的网络电影主要依靠带有地域文化特色的语言段子、笑话来营造幽默的情景，如东北 “二人转”、港式“无厘头”，叙事模式和形态

---

① 优酷内容开放平台 . 网络电影［EB/OL］. https：//om.youku.com/home/detail?openCategory=96.

② 爱奇艺网络电影 .2019 年网络电影报告：U 型转弯后的机遇与空间［EB/OL］.（2020-01-02）［2020-05-28］. https://mp.weixin.qq.com/s/gYrRdPh3lUc820oa0xMTJA.

并不固定，目的是满足网络受众的碎片化观看需求，让受众观看后能感到愉悦。比如取材于东北年轻人生活故事的《山炮进城》，讲述了一群单纯的农村小伙、姑娘进北京城后遭遇的各种“奇葩”故事，影片中有各种东北“二人转”式的段子、笑话。

（3）奇幻。

奇幻类型的网络电影通常是以中国传统文化中的神话故事、民间传说为题材，人物通常也是来源于这些故事、传说中的经典人物，如《大梦西游》里的悟空、《降龙大师》里的济公、《仙班校园》中的八仙。奇幻类电影通常是讲述主角经过一段冒险、成长之后，最终打败邪恶势力的故事，表达真、善、美的积极价值观。奇幻类电影还会运用各种特效打造奇幻世界、超自然现象，给观众带来具有较强冲击力的感官刺激。

（4）爱情。

爱情类型的网络电影主要讲述不可能实现的爱情却实现了的故事，通常以线性结构展开爱情的开始、发展与结尾。人物设计可以是人类和非人类的爱情，如《再见美人鱼》；也可以是普通女孩与“高富帅”、“灰姑娘”与“王子”的爱情，如《校花驾到之极品校花》。爱情类电影吸引受众的原因是现实中不能实现的梦幻爱情可以在影片里得到满足。

（5）武侠。

武侠类型的网络电影通常是讲述主人公一人或一群人纵横江湖的故事，既表达儿女情长、兄弟情义，也展示家国情怀。武侠类电影可以满足男性、女性观众的需求，而且有金庸、古龙、梁羽生等作家的成熟故事可以进行改编，改编难度也较小，市场比较成熟。如改编自经典同名武侠片的《奇门遁甲》网络电影，获得流量和口碑的双赢。

（6）悬疑。

悬疑类网络电影主要以揭示社会黑暗、反映社会问题为核心，剖析人性弱点、阴暗面，并以一些死亡血腥情节来警示世人，具有深刻的批判性。悬疑类电影既可洗涤受众心灵、激发受众对美好生活的向往，也能满足受众在剧情不断反转中带来的快感需求。经典代表作品是“罪途”系列影片，讲述列车乘警面对八位乘客展开命案调查的故事。

2. 未来发展趋势

（1）头部精品化。

网络电影头部题材（动作、喜剧、奇幻、爱情、武侠、悬疑）的精品化、精细化很重要，精品影片意味拥有正确的价值导向、文化含蕴，拥有足够高的艺术价值，对行业内其他作品起到标杆作用。如选择双台联播上映的武侠类影片《奇门遁甲》，已经有着向院线电影看齐的态势并掌握了相关方法，而且积极探寻、实践双平台联播的道路。市面上大多影片虽然都有多个视频平台参与制作，但多是选择一个平台独播上映，《奇门遁甲》的双平台联播成功，为其他作品未来的趋势做法提供了积极信号，未来优质影片返销多个平台也许有可能实现。网络电影在进一步完善行业生态的同时，也应该积极提升头部项目的综合水平，推进“精品化、精细化”的进程。经过这些头部影片的不断开拓实践，总结积累经验，相信网络电影比肩院线电影的梦想也不是遥不可及的。

（2）类型多元化。

目前，经过一番整合的网络电影行业进入了追求高质量的稳步发展时期。作为电影门类的一种，网络电影应该追求艺术的价值，在制作水平与题材创意上追求更高的进步。除了头部题材内容精细化、精品化以外，网络电影在未来应该开拓更多元的题材，内容的丰富才更有益于市场的良性循环。如今网络电影市场也开始出现一些融合创新题材的作品，如现实主义题材的《大地震》《毛驴上树》，文艺题材的《哀乐女子天团》，现代战争题材的《狙击手》，历史题材的《辛弃疾 1162》，怪兽题材的《巨鳄岛》等，表现均可圈可点，都收获了不少受众的认可。创作者应该花更多时间思考如何用内容打动、留住受众，可从院线电影中汲取有益的养分，发掘一条适合网络电影发展的道路，如近年主旋律题材电影在院线票房中频频成功，网络电影作为一种传播媒介，也可以借鉴成功的例子，让主旋律影片也在网络院线中获得好成绩。进入新发展阶段的网络电影，应该思考怎么弥补院线电影在题材上的缺口，提供更优质的内容，贴近生活、走进生活，引起受众更多的情感共鸣，与受众建立坚固的信任，在质量和流量上获得双增长。

（二）剧本创作

网络电影是一种电影艺术，电影的核心是讲故事。如何把故事讲好，引起网络受众的关注，是网络电影要解决的一个重要问题。而故事的叙述是否成功，是网络电影能否获得高流量、高口碑的决定因素之一。

1. 主题

网络电影发展初期，由于缺乏相关政策法规对内容的监管，许多影片只是单纯博取眼球、追求经济效益，在主题选择上逢迎低俗审美趣味，滋生了大量的劣质作品。近年来，随着相关部门对内容监管的加强，市场上涌现了不少优质作品，在主题表达上更多地贴近现实生活，大多是关注社会问题、聚焦人类情感。

（1）关注社会问题。

网络电影艺术价值的体现，不是在于一味地追求娱乐，而是在于能够直击社会问题，反映社会现实，探究人性的复杂，描绘人的喜怒哀乐。有思考的作品，才会给观众留下更深刻的印象，影片才会更有价值。如悬疑题材的“罪途”系列网络电影，聚焦未成年人性侵、家庭暴力、妇女受害等当下热点社会问题，让观众对影片所揭露的问题进行思考，促进对个人行为或身边事物的反省、反思。

（2）聚焦人类情感。

人类情感的产生是人与社会联系的见证。优质的网络电影必然饱含着动人的情感，单纯的叙事、没有情感的表达，是很难引起观众的共鸣、得到观众的认可的。高口碑网络电影《灵魂摆渡·黄泉》是一部爱情题材作品，区别于其他滥用爱情元素、传达歪曲爱情观的影片，《灵魂摆渡·黄泉》

展现的是爱情本身的纯粹、美好。再如青春题材的《再见十八班》，不同于其他青春片把焦点放在爱情故事上，《再见十八班》着眼的是师生情、友情还有亲情的故事，反映了青春期会遇到的家庭问题、成长问题。动人的影片是因为情感是真实的，好的网络电影就该如此。

2. 人物

人物设计是构思故事的重要环节，创作者要对故事人物十分了解。网络电影的人物设计要体现时代特征，贴近现实生活，呈现真实的人性。

（1）人物塑造。

人物塑造，是指展现人物的性格特征、外貌特征，还有年龄、性别、职业、价值观等基础信息。从历年高口碑的网络电影中可发现，其多为表现平凡人经历的不平凡事。《成人礼 2》讲述普通工科“宅男”主角远赴国外拯救“女神”的故事；《山炮进城》讲述从农村来的主人公在北京闯荡的故事；《斗战胜佛》则是原本普通不得志的漫画家化身孙悟空拯救世界的故事。在前几年的网络电影作品中，人物设计较为单一，正面人物和反面人物都比较脸谱化。但 2018 年的影片《灵魂摆渡·黄泉》突破了这个局限，人物设计更加复杂、丰满，痴憨却深情的三七、嘴毒却心软的赵吏、用疯癫掩饰情伤的阿香等，观众不再一眼就能看穿故事人物，更能吸引他们去探究更深层次的内容。因此，网络电影的人物设计应该注重将人的表层、内层分开创作，使人物更有可读性、个性化、风格化。

（2）人物冲突。

人物冲突可以使人物更加立体丰满。人物冲突分为内冲突和外冲突，一般都是由某件打破平衡的事情引起的，而这件事情也引导着故事的走向。网络电影的人物内部冲突设置，往往是让人处于两难的困境，在本我、自我、超我中纠葛然后实现自我的突破。人物外部冲突的设置则是从故事中寻找灵感，充分考虑人物内心、个人与个人以外三个层面。网络电影在设置人物冲突的时候，除了注重内容创新还要注重展示时代精神，做好充分的伏笔和背景交代，使故事能够顺理成章地展开。

3. 结构

（1）板块式。

发展初期的网络电影标准是要求达到60分钟以上，而板块式结构可以解决时长不足、剧情不足的问题，因此早期相对流行使用。板块式结构就是每个板块的剧情叙事是独立的，但是每个板块的立意主题是相连的。典型作品是2014年上映的影片《三生》，由《橘子》《杀手与老人》《尺蠖》三个独立故事组成，在主题上都是讲述人性救赎的故事。

（2）戏剧式。

戏剧式结构是一种有明显的开头、高潮、结束三部分的格局，使故事叙述主次分明、情节紧凑。戏剧式结构的可操作性较强，受众更能代入情节中也更容易接受，因此是网络电影中较为常见的叙事结构，通常以顺叙式、倒叙式为主。如《斗战胜佛》《山炮进城》《灵魂摆渡·黄泉》等口碑影片采用的是顺叙式结构，青春题材如《再见十八班》《成人礼2》则较多地采用倒叙式结构。

（3）时空交错式。

时空交错式结构是指故事不按时间顺序发展，故事中存在两个或以上的时空。区别于线性结构，时空交错式结构以多层叙事为动力，打破各个时空的连贯，更具叙事技巧，更能调动观众的思考，紧凑精巧的情节更能冲击观众的感官。但时空交错式结构的操作难度相对较大，采用这种结构的影片较少，大多创作者选用稳中求胜的戏剧式结构。但也有影片运用这个结构获得不错成绩，如多重时空叙事的《罪途》获得了第三届金骨朵网络影视盛典的年度品质网络电影奖。

三、网络电影制作的发展和趋势

（一）近年制作的发展变化

1. 制作团队

（1）团队规模升级。

网络电影在刚兴起的阶段，剧组规模较小，普遍是三五十人，而现在标准的网络电影剧组人数是近百人，甚至可达到150人，与院线电影制作团队的规模差距并不大。规模升级除了体现在人数上，还体现在核心团队的专业水准上。目前，网络电影制作有着明显的精品化趋势，头部网络电影作品制作成本的提升，是因为影片的摄影、画面呈现、美术设计等相关制作方面的技术提升。如今很多优质的网络电影使用的核心团队都是院线电影团队的副手，如副导演、副摄影等。曾经参与《一九四二》院线电影制作的张涛，是近年高口碑网络电影《超自然事件之坠龙事件》《道士出山》的导演。网络电影还在探索属于自己的工业化标准、流程，而当这一切都成熟的时候，网络电影的制作水平会有更大的提升。

（2）明星、资本参与。

网络电影在起初阶段时，制作资金少，制作水平较为粗劣，演员团队不够专业，作品上映前并没有很强的宣发、宣传意识。但随着网络电影行业的不断发展，许多明星艺人、知名导演、一线影视制作公司加入这个领域，为整个市场带来了更多流量、资金的同时，也引入了成熟的电影制作、宣发手段，促进了网络电影内容制作的优质化、精细化。更多头部网络电影的稳定产出，也为行业内更多年轻创作者提供了创作思考、创作机会。

2. 后期制作

（1）特效。

在网络电影的起初阶段，涉及超现实话题的惊悚类题材比较受欢迎，很多作品的后期制作都会加入特效，但当时由于为了减少耗时问题，以及在技术、资金上都有短缺，特效呈现比较廉价，特效花费大概在5万—10万元。早期较有影响力的影片《道士出山》，在鬼怪妆容表现上，除了脸部调色就是把眼睛加上绿光，鬼怪的数量也是简单的复制粘贴。但从2018年开始，网络电影的特效水平有了极大的提高，特效花费已达百万元以上。2018年网络电影票房冠军《灵魂摆渡·黄泉》，其成功少不了特效制作的功劳，两代孟婆的形象、斗法时的场景、头颅盆栽、孟婆汤等画面的制作可圈可点。典型的还有千万级投资影片《四大名捕之入梦妖灵》，特效费用占总投资的 80% 以上。

（2）剪辑。

网络电影作为新兴的电影艺术，其创作就是剪辑的过程。网络电影的互联网属性，意味着它的创作需要满足互联网受众的审美需求。网络电影会运用平行蒙太奇、交叉蒙太奇来呈现复杂的叙事空间，如有三个叙事时间、四个叙事空间的影片《罪途》；也会运用心理蒙太奇来表现人物的梦境回忆、思索想象，如影片《山炮进城》中，二英在回想大海照顾她的画面时领悟爱的真谛。网络电影在剪辑过程中，蒙太奇的运用大多是起到创造时空、推动情节、抒发情感的作用，少有体现蒙太奇的艺术价值，但相信随着行业的成熟与发展，创作者会挖掘出更多网络电影的审美价值、艺术特性，制作出更多优质作品。

（3）调色。

调色在网络电影的后期制作中是很重要的一个环节，虽然网络电影的拍摄器材与院线电影一致，但由于网络电影的传播终端是电脑、手机等小屏幕，其亮度要比电影院银幕低三分之一，因此网络电影的调色很重要，是成片效果是否有高级感的决定因素。如今会有院线电影在网络院线上映，也会有网络电影在线下院线上映，因此都要根据不同屏幕需求准备两个调色版本。

（二）未来制作的趋势方向

1. 院线化网络电影

随着内容监管的逐渐加强和制作团队的不断强大，网络电影的“野蛮式生长”成为过去，未来发展更注重精品化的制作，向院线电影制作水准靠拢是未来趋势之一。院线化的网络电影，意味着内容方面的升级、制作水平的提高、营销规模的扩大。如爱奇艺推出的《灵魂摆渡・黄泉》，凭借优质内容和精良制作，其影响力已经达到院线电影的级别。高口碑的现实主义题材网络电影《大地震》的营销宣传也运用了很多院线电影的做法，线上线下同步大规模的宣传物料投放，举办首映会、路演等。但就目前市场来看，各方面制作能达到院线标准的网络电影作品还是少数，还需要未来有更多平台方、制片方加入推动网络电影精品化的队伍中。事实上，据相关数据显示，2018 年获得电影片公映许可证的网络电影数量较上一年剧增 370%，“先网后台、先网后院、网院同步”的宣发模式已经在行业内开始尝试。①

2. 竖屏式网络电影

竖屏短剧、竖屏综艺的出现，以及抖音、快手等竖屏短视频平台在社会上的风靡，为网络电影产品的形式提供了很好的思路。竖屏内容是未来潮流之一，制作竖屏式网络电影也是未来趋势之一。优酷曾推出国内视频网站的首部竖屏长篇院线电影《直播攻略》，是基于优酷用户体验独家定制的竖屏版本。《直播攻略》是一部以直播为主题的公路喜剧，以直播视角展开，因此很多画面的竖屏格式更符合受众的观影习惯。竖屏版的《直播攻略》参考了不少漫画的构图方式，进行了多样的分屏处理，是一次电影的二次创作。相较于横屏，竖屏更有沉浸感，在展示故事内容的时候能够拉近受众与画面之间的距离。做竖屏影视作品，要将其在形式感、视觉层面的优势充分发挥，但就目前市场来看，并没有整体上做得很好的作品。随着 5G 时代的到来，竖屏式网络电影的创作也会拥有更多机会与期待。

3. 互动式网络电影

5G 时代即将到来，互动形式是网络电影未来制作的趋势和方向，而且互联网有着互动性、开放性的显著特点，网络电影在互动内容创作上有更广阔的空间与机会。在制作互动影视作品方面，全球流媒体巨头 Netflix 走在了行业的前头。早在 2018 年 12 月 28 日，Netflix 就推出了互动式网络电

① 广电时评 . 2018 网络原创节目分析报告：网络电影篇［EB/OL］.（2018-11-28）［2020-05-28］.https：//mp.weixin.qq.com/s/SG6tOuCXly-ss-sEjTTzFQ.

影《黑镜：潘达斯奈基》，观众主导影片情节进度，在关键节点的不同选择会有不同的故事进展。互动式网络电影的游戏化、可选择性特征，给受众带来更多趣味，也意味着受众的黏性、付费意愿能够得到提高。而在国内，视频网站巨头也在为互动式网络电影的发展进行布局。爱奇艺发布了平台互动视频的标准，表明可以提供剧本结构设置及相对应的互动组件，从互动的多个环节协助创作方制作内容。腾讯视频在互动视频创作平台方面，表示会根据创作者内容的划分级别提供不同程度的辅助服务，而在互动技术标准方面，会规范互动玩法和升级播放能力，提升用户的互动体验与观影体验。

第四节　网络剧制作

一、网络剧概述

（一）网络剧的界定

网络剧作为适应网络发展的新兴艺术形式，正异军突起，在机遇与挑战共存的互联网环境中快速发展。

网络剧是一种新兴产物，其定义、界定范围并不明确清晰。有研究者界定网络剧是由互联网传送，上网计算机接收，实时、互动地进行戏剧演出的新型戏剧形式。[①] 百度百科则把网络剧定义为专为电脑网络制作，并在网络传播的一系列网络剧，并与传统电视剧一样，分为单元剧与连续剧，与传统电视剧的区别只在于传播媒介的不同，优势在于观众可即兴点播，

① 钱珏．“网剧”——网络与戏剧的联合［J］．广东艺术，1999（01）：41-43.

较传统电视有着更强的互动性与便捷性。[①] 以上两种定义仅是把互联网作为一种传播媒介，网络剧本身的创作、审美、视听特征并不受网络媒介的影响。

也有研究者这样定义网络剧："网络剧是一个有着完整产业链条的复合概念，基于互联网制作，各个环节以'参与、互动'为出发点，互联网首先播出，以边拍边播、网民投票参与剧情的方式在网络实时传播的互动剧集。"[②] 还有研究者定义网络剧是"专门为电脑网络制作，经由互联网传播，网络与影视艺术相结合的新兴艺术品种，形似传统电视剧，却更贴切符合现代人生活规律、现实的艺术形式"。[③] 以上两种定义则是抓住互联网具有后现代的解构、游戏特征进行界定。

事实上，如今对网络剧的认知也是分成两类：一类是从广义层面上，只把互联网当作传输介质和播放载体，电视播放的剧与网络播放的剧没有差别；一类是从狭义层面上，互联网决定播放内容的文本属性和传播方式，并根据这一特性进行创作、拍摄、制作的新兴艺术品种。本书研究的网络剧，是从更具有针对性的狭义层面进行阐述，因此综上可定义网络剧是专为互联网用户制作、服务，在互联网平台播放、传播，利用新媒体技术创作、拍摄，融合网络特性与影视艺术的新兴艺术品种。

（二）网络剧的类型

网络剧题材多样，内容丰富，不同类型的主题表达、人物设计、视听语言、艺术风格都不尽相同，从题材和内容可划分为都市爱情、悬疑推理、古代言情、青春校园、古代传奇、科幻奇幻、武侠玄幻、罪案侦探、历史战争等，最为常见的是以下四种类型：

1. 搞笑情景剧

搞笑情景剧以非线性叙事方式，运用网络语言，结合夸张、讽刺的叙

---

① 见"网络剧"百度百科：https：//baike.baidu.com/item/%E7%BD%91%E7%BB%9C%E5%89%A7/10614888?fr=aladdin.

② 黄宝贤．中国网络剧的叙事艺术研究［D］．南京：南京艺术学院，2011.

③ 王春英．大众文化语境下网络剧的传播学分析［D］．广州：暨南大学，2012.

事手法，为观众带来戏谑、幽默的故事。搞笑情景剧的题材包括校园、职场、家庭，多以生活日常琐碎为切入点，从普通人生活的角度进行故事创作，以拼贴多种元素、戏仿经典作品的形式满足受众的碎片化娱乐需求。搞笑情景剧运用前沿、搞笑的网络语言更能贴近年轻观众的心理需求，引起年轻观众的共鸣。《万万没想到》《屌丝男士》《废柴兄弟》都是搞笑情景网络剧的经典代表作品。《万万没想到》以其号称“无特效、无大牌、无场景”吸引了大批粉丝，在网络上风靡一时，剧中许多经典台词与“呆萌”表情都一度成为网络交流的流行用词与表情包。

2. 青春偶像剧

青春偶像剧多以纯美人物、浪漫爱情、诙谐格调、靓丽景色、怀旧符号等元素创作故事，剧情制作迎合年轻受众审美需求，具有天然接近年轻受众的优势。青春偶像剧多表达成长励志、青春梦想、爱情怀旧等主题，主要创作具有一定共性、贴近生活的高中生、大学生人物，以平淡质朴的写实风格或紧凑冲突的戏剧化方式叙述故事。青春偶像剧带有积极阳光、理想主义色彩，与年轻受众的朝气、率真特性十分契合，结合剧情的生活化场景更容易引起年轻受众的心理共鸣。《匆匆那年》《最好的我们》《睡在我上铺的兄弟》是青春偶像网络剧的代表作。2014 年首播的《匆匆那年》以电影级的画面、青春怀旧元素获得年度最佳网络剧，颠覆大众对网络剧制作粗糙印象的同时，引起了大众对 80 后青春的回忆与共鸣。

3. 侦探悬疑剧

互联网相对宽松的播放审查政策，使侦探悬疑剧能够在网络平台上蓬勃发展，弥补传统电视剧的空白。侦探悬疑剧以警匪题材为主，关注道德人性、生死罪恶等热点话题，人物设计区别于传统电视剧的扁平化，具有更丰满有力的形象。侦探悬疑剧抛弃线性叙事结构，以更有悬念、节奏紧凑的倒叙、交叉蒙太奇等手法为剧情增添层次感，视听语言上营造昏暗诡异的氛围，打造冲击力强的场景，其间也会插入轻松幽默的舒缓桥段。视觉冲击强、情节烧脑、节奏紧凑的侦探悬疑剧契合互联网特性，深受年轻受众的青睐。《法医秦明》《灵魂摆渡》《余罪》是侦探悬疑网络剧的代表作品。2016年搜狐视频出品的《法医秦明》改编于网络文学作品《第十一根手指》，该网络剧凭借制作纪实、专业，内容烧脑、紧凑，感官刺激尺度大，收获了一众好评，在网络上引起讨论热潮。

4. 武侠玄幻剧

武侠玄幻剧主要改编于有一定受众基础的网络文学，故事背景跳脱现实生活，建构在一个有神、仙、人、妖、鬼的新世界，中国传统文化中“佛”“道”“武侠”等元素被保留其中，以非现实的叙事方式反映本质的生活真理。武侠玄幻剧叙事格局宏大，结合宇宙构建幻想世界，故事情节有一定的模式，玄幻、武侠、爱情等元素穿插其中。人物通常拥有不同的法术法宝、特异功能，怀有现实人性的价值观，在各种机缘巧合的设置下，推动故事的发展。武侠玄幻剧在视听语言上，色彩营造带有符号意味，场景设计奇异、神秘，镜头设计大胆、强烈，利用现代影视技术展现一种恢宏瑰丽的视听盛宴。传统文化元素结合浪漫奇幻色彩的武侠玄幻剧给受众带来心理和精神上的双重满足。《盗墓笔记》《无心法师》《九州·天空城》是武侠玄幻网络剧的代表作品。2015年由搜狐视频和唐人影视联合出品的《无心法师》是一部民国玄幻剧，讲述拥有不老不死之身的法师无心在捉鬼除妖的旅途中，经历爱情、友情、生死的故事，第一季豆瓣评分8.4分，是一部口碑、收视双收的玄幻网络剧。

二、网络剧的艺术特征

网络剧作为在互联网上发展起来的新兴艺术品种，天生带有新媒体的特性，区别于传统电视剧的艺术风貌，在创作、审美、视听方面上都有着独特的艺术特征。

（一）内容题材多样化、小众化

网络剧更多是在互联网平台上播放，区别于传统电视剧的传播是在一个家庭化公共空间里，网络剧是在一个较为私密化、个人化的空间传播，受众根据自己的喜好和习惯自由选择内容和题材。而互联网是一个较为开放和内容监管相对放松的平台，网络剧创作可以更专注于满足受众多样化、小众化、私密化的内容需求，在内容题材选择上包容性更强，更多体现感性狂欢、符号消费、大众文化的潮流。就热播的网剧来看，侦探悬疑类有《龙岭迷窟》《民国奇探》《重生》、武侠玄幻类有《天醒之路》《三千鸦杀》《三生三世枕上书》、青春偶像类有《全世界最好的你》《韫色过浓》《致我们甜甜的小美满》，网络剧在属于传统电视剧优势题材的年代都市类型里也有出色的创作，如《鬓边不是海棠红》《我是余欢水》。紧贴当下潮流、热门话题的题材，不断向专业化水准看齐的制作质量，网络剧使受众不同的需求得到尽情释放，更能引起受众的关注与共鸣。

（二）表现手段科技化、融合化

网络剧利用高科技的制作手段将文字、图像、声音、动画等多种元素融为一体，将多种艺术形式、表现手法进行重构，在内容传播与符号运用上体现一种综合兼容的特征。网络剧页面相对于传统电视剧有着更为灵活、丰富的表现手段，动态视频、静态文字在不影响原有画面的基础上，补充着更多的剧情信息。网络剧页面还带有多种交互设计、超链接手段、视频区以外的文字图片区，不断地丰富剧情信息，增强受众与剧目之间的黏度。《龙岭迷窟》在视频平台上弹幕互动热烈，受众多在讨论剧中情节与人物。其衍生互动剧《龙岭迷窟之最后的搬山道人》主要延展正片鹧鸪哨故事线，配合鹧鸪哨的出现而推出。互动剧在原有的选项互动基础上增添解密元素，多种玩法让受众如身临其境般感受《龙岭迷窟》的惊险与刺激。社交、游戏等形式补充了正片的剧情信息，也吸引了更多受众关注，从而提高正片的影响度。

（三）审美主题大众化、娱乐化

互联网从产生开始作为一种工具，发展到现在已经成为一种生活环境，互联网上的各种内容凝聚形成了独有的互联网文化，互联网网民是这些内容的创作者、传播者与受众，互联网文化是一种带有娱乐性、通俗性、全民性的大众文化。在互联网世界，民众通过新媒体手段在多种渠道上表达自己的态度、观点，网络剧也在这种渴望满足需求的环境下出现并成长。这些网络剧带有强烈的平民化、大众化、娱乐化倾向，主题常常贴合当下热点，揭示的内涵意义，反映现实社会生活和人们的真实状态。都市轻喜剧《爱情公寓 5》是“爱情公寓”系列的最后一部，讲述的是同住一屋的年轻人在大城市拼搏生活的故事。剧中不仅呈现“爱情”的故事，还有“生活”与“成长”的主题，为了密切贴合当下热点，剧中还增加了“00 后新新人类”的情感价值观，准确地切中年轻受众的脉搏。《爱情公寓 5》在延续喜剧欢乐氛围之外，也添加了很多科技元素，“颜值眼镜”“人工宠物犬”“变身冰箱”“弹幕互动”等环节增强了受众的交互感、游戏感、体验感。同时也增加了百老汇式的音乐剧模式，用音乐抒发情感、传达内涵，在轻松娱乐的同时，也体现出生活的智慧。剧中年轻人的青春奋斗，也为现实中的受众带来一些思考与力量。

（四）审美趣味倾向后现代化

20 世纪 90 年代以来，当代社会的大众文化呈现一种追求感官刺激、感性满足的倾向，这种后现代化影响渗透着社会各个角落，网络剧诞生于开放多元的互联网平台，自然受到后现代文化思潮的深刻影响。后现代主义的核心是解构，体现在网络剧上是多样化的内容题材、拼贴化的形式表达以及去中心化的主题思想。网络剧对主流权威的消解、对严肃话题的颠覆、对感官体验的强化，满足了网络受众的需求，得到他们的热烈追捧。《万万没想到》《嘻哈三重曲》《屌丝男士》都是受到网络受众喜爱，具有浓烈后现代主义色彩的网络剧。《屌丝男士》在碎片化的内容结构、时长短的篇幅里汇聚了密集的笑点，紧紧契合当下社会人们随性、自由的消费需求，题材内容都是选择普通人的日常生活，用夸张、荒诞的表现手法来满足年轻受众的审美需求。

（五）审美体验生活化、平民化

网络剧产生和传播于互联网，有着交互性的重要特征，能够敏锐地反映当下社会的问题，展现当下生活的喜怒哀乐或是日常琐碎，给予受众最真实的体验。网络剧制作要注重生活化、平民化，拍摄与受众息息相关的社会生活、情感问题，体现当下民众所思所想，贴切他们的生活状态，拉近剧情与受众的距离，让受众在观看过程中产生共鸣。网络剧题材内容源于生活，其审美体验也与现实生活审美相通，表现当下的现实生活体验，剧中源源不断的现实生活体验给予受众一种亲切的感觉。2020年热播的现实题材网络剧《我是余欢水》被称为“社畜治愈爽剧”，剧中的主角余欢水在事业原本会有起色的时候突遇车祸，与家人、邻居关系不和谐，工作中被羞辱，被信任的朋友背叛，身体还检查出癌症，已时日无多。在这悲惨的现实中，余欢水决定开始自己肆意的人生，在种种的阴差阳错中被公司热捧，成为全市的“平民英雄”。《我是余欢水》是一部“社畜逆袭”的诙谐幽默喜剧，将现实生活以一种荒诞化的艺术手段表现出来，实际上，剧中的问题不只关乎“社畜”和男人，每一个受众都能在这部剧中，在“余欢水”身上，看到现实，看到自己。以青年为主体的受众也能从不同角度听取现实的箴言，在剧中有所收获，有所共鸣。

（六）视听语言风格化、多元化

视听语言是一种使接受者能够感知思想、情感的手段或方法。影视作品的视听语言营造对其整体质量有着重要影响。新时代受众是随着互联网的发展而成长起来的，他们的喜好、习惯、审美与思维方式带有鲜明的个性，网络剧创作要满足他们的个性化需求，就要打造独特风格、特色主题的视听语言，竭力呈现最大化的视觉快感。视听语言主要由声音和画面两大部分组成，作用于受众的听觉、视觉感官两方面。网络剧的视听语言呈现出画面语言风格化、声音语言多元化两大特征。

1. 画面语言风格化

画面语言是最直观、最重要的表现手段，通过构图、色彩、光效等元素呈现世间百态。网络剧的传播具有个性化、针对性强的特点，因此作品着力打造风格鲜明、特色清晰的画面语言，满足受众个性化需求的同时，培养一批忠实稳定的目标受众。

从构图里的画面镜头来看，网络剧使用最多的是近景、特写镜头，中景镜头也会用在交代人物动作、情感交流上，使用最少的是交代背景、环境的远景全景镜头。近景、特写镜头的大量使用除了迎合播放终端较小的画面尺寸以外，主要是为了突出表达拍摄主体的情绪、动作、细节，以求在短时间内让受众感知最全的信息，给予受众最直接、清晰的感官体现。

从色彩语言打造来看，网络剧着重营造具有风格特色的画面色调和带着强烈反差的色彩，以增强画面的视觉冲击力、情绪感染力。色彩语言在烘托气氛、塑造人物上起着至关重要的作用，为迎合当下互联网受众的视听需求，青春偶像类网络剧大多以黄、橙、绿、白等色调为主，烘托一种唯美靓丽的风格；搞笑情景类则在暖色调基础上，提高色彩饱和度，增强视觉效果，营造一种活力时尚的氛围；侦探悬疑类则会选择蓝、灰为主的冷色调，以增强剧情的惊心、刺激体验，打造紧张诡异的效果。风格化、特色化的色彩画面更能凸显作品的主题内容，满足网络受众高品质、个性化的观影需求。

2. 声音语言多元化

网络剧声音语言呈现多样化特征，根据受众不同需求，全方位、多层次地打造灵活、悦耳、精短的声音艺术。声音语言从形式上可划分为人声、音乐、音响，它们与画面语言巧妙、有机地配合能带来完美的视听艺术效果。

人声有对白、独白、旁白，网络剧的角色对白在有限的时间内与紧凑的剧情进程中，呈现出精练、鲜明的特点。对白能够在短时间内体现角色性格特点，提供剧情信息内涵，制造多样的戏剧冲突效果。独白、旁白也在网络剧里被广泛运用，独白是在影视作品中以第一人称声音的叙述展现人物内心思想情绪，旁白则是以“上帝视角”的画外音呈现方式对影视作品内容信息进行补充、解释。[1]独白、旁白的运用满足了受众在碎片化、移动化时间中的观看需求，让有着复杂剧情的网络剧能在有限的时长与场景内，交代清楚信息内容，提炼出作品的内容思想与人物的情绪变化，让受众可快速了解故事发展进程。

音乐语言作为一种表意手段，被精心设置于网络剧剧情的各种发展进程中，音乐元素被运用在剧集的片头、片尾、插曲以及各种音效中，丰富、多样的音乐类型增强了作品的感染力，有助于故事内容的更好呈现。

三、网络 IP 剧

（一）网络 IP 剧的概念

理解网络 IP 剧的概念，需要先了解 IP 的含义。IP，是 Intellectual Property 的缩写，中文翻译为知识产权，是适合二次或多次改编开发的故事、形象或流行文化。影视行业的 IP 讨论在近几年兴起，行业内与学术界对其的研究还处于发展阶段，我们可以认为影视行业的 IP 是指拥有大量粉丝基础的网络文学、动漫或者游戏被改编成影视剧的影视改编权。而网络 IP 剧则是改编于拥有影视改编权的网络文学、动漫或者游戏，由视频网络平台参与制作，在网络首播或独播，以 PC 端、移动端为传播终端的影视作品。网络 IP 剧可以进行多层次、多方位的开发，往往能引起广泛的关注与讨论。

（二）网络 IP 剧的特点

网络 IP 剧相比与普通的网络剧，除了拥有一些共同基本特点以外，网络 IP 剧还具有制作精良投资大、参演演员阵容强、话题讨论热度高的明显特征。

1. 制作精良投资大

网络 IP 剧区别于以往如《万万没想到》《废柴兄弟》等网络剧小成本、小作坊式的制作，它的制作标准向影视制作的最高规格靠拢。制作精良、

① 周清平．“互联网 +”时代的现代影像艺术［M］. 北京：新华出版社，2017.

投资大是网络 IP 剧的一个重要特点。2019 年暑期高口碑、高收视的网络剧《长安十二时辰》，改编自马伯庸经典原创同名小说，是一部 24 小时内拯救盛世大唐国都长安的古装悬疑剧，众多的人物、线索、场景，以快节奏、高刺激的形式完美呈现出来。《长安十二时辰》的成功离不开精良的内容制作，导演是曾执导《海上牧云记》《失恋 33 天》的曹盾，视觉美术设计是曾参与《影》《海上牧云记》的北斗北工作室。开场的“一镜到底”长镜头，让观众像是回到热闹繁华的盛唐长安，快速切换镜头的打斗场面，更对观众的感官刺激大大加强，节奏控制得当的剧情精准体现出悬疑剧高情节、高刺激的特点。为了更好呈现剧情内容，剧组花费七个月搭建场景、打磨道具，长安昔日的勾栏瓦舍、夜市街景等繁华景象被一一再现，主角头戴的饰物设计、身穿的衣物造型也独具东方神韵，精美的服化道加上角色半白半文的台词处理，给观众一种身临其境的感觉。《长安十二时辰》网络 IP 剧在节奏控制、镜头运动、视听语言上都呈现出电影的质感，从相关话题多次登榜热搜也可以看出网络受众对其精心制作的认可。

2. 参演演员阵容强

随着 IP 热度的提高，网络 IP 剧的影视改编权大多以高价方式获得，这导致制作产业链的上游投资成本大，使得制作方、出品方都特别重视剧目播放后的市场反响是否可以回收前期大量资金投入的问题。而具有较高人气的演员自身就拥有强大的粉丝基数，这些粉丝会自愿自发地为喜欢的演员观影、宣传，因此剧中是否有较高人气演员主演或参演是剧目资金回报率的重要保障之一。2019 年暑期热播网络 IP 剧《长安十二时辰》在 8 月 12 日完美收官，据艺恩视频智库数据显示，与其相关的阅读量过亿微博话题共有 19 个，而在这些微博话题中，内容主要涉及演员、故事情节、剧集制作等方面。除 # 长安十二时辰 # 主话题之外，自身带有强大粉丝基础的易烊千玺关注度最高，截至 2019 年 8 月 13 日，与他相关的阅读量过亿微博话题有 5 个，累计阅读量近 46 亿。《长安十二时辰》是易烊千玺首次担当主角的大戏，剧目一开播，# 易烊千玺演技 # 就登上微博实时热搜榜。由图 1-1 可见，实力人气演员雷佳音作为剧中另一主角“张小敬”的扮演者，相关微博话题阅读量也十分惊人。[①] 由此可见《长安十二时辰》是一部网络受众关注度、讨论度、互动性都很高的网络剧，这也是该剧目获得高成绩的重要原因之一。

图 1-1　《长安十二时辰》阅读量过亿微博话题 [②]

① 李桂婷 . 高口碑精品国剧强势赋能，《长安十二时辰》“出海”“旅游”多元 IP 价值叠加［EB/OL］.（2019-08-14）［2020-05-19］.https：//mp.weixin.qq.com/s/DKu7QN5oo2nbnMy93WZDPw.

② 同上。

3. 话题讨论热度高

网络 IP 剧往往有着高话题性、高讨论性。这些讨论热度除了来源于自带强大粉丝基础的参演演员，还源于网络原著小说读者与首次观看剧目的受众。网络 IP 剧主要是由网络原著小说转化而来的，而刊载这些网络原著小说的是有着巨大规模和广泛受众的商业文学网站。网络原著小说读者在小说登载之初就开始关注，并在自己熟悉的网络社区平台上自发形成讨论小组，而小说的讨论热度就会随着更新量与阅读量的提高而增强。而要被改编成影视作品的网络原著小说是拥有大规模粉丝读者的明星作品，只要官方正式发布作品改编拍摄消息，这些网络原著小说读者便会对改编作品展开讨论，在播出期间还会对还原度程度是否满意展开话题。首次观看剧目的受众是没有阅读过网络原著小说的，他们对剧目话题的参与讨论是由于视频平台有“弹幕”这一讨论形式，在他们观看剧情的同时，会受到其他人对剧情、演员、服化道等评论的影响，进而产生兴趣并加入话题讨论当中。

（三）网络 IP 剧的题材

网络 IP 剧的内容题材有着自身的特色，主要改编于有着广泛受众群体和市场前景的网络原著小说，这些作品相较于传统文学作品具有新颖、奇幻等特点。

1. 以受众性别区分题材

根据主要受众群体的性别可以把网络原著小说的题材分为两大类：男性题材和女性题材。刊载网络原著小说的商业文学网站会根据自身定位以及主要读者的偏好而侧重刊载某一类型小说，而不同性别受众在同一类型里会侧重不同的故事情节和内容走向，在此背景下，网络原著小说就可分为男性题材与女性题材。男性题材的网络原著小说以科幻、武侠、悬疑、盗墓等题材为主，注重多种类型的融合与创新，体现各种人物之间能力、谋略的较量。如改编自同名小说的网络 IP 剧《黄金瞳》，剧中题材融合了都市、探险、奇幻三种类型，讲述了原本在典当行工作的男主角，在一次意外中眼睛产生突变，进而开启了一段鉴宝的冒险之旅。这本网络原著小说《黄金瞳》刊载于号称“男性题材小说阵地”的起点中文网，该商业文学网站已经向多家视频网站平台输出多项优质IP，《盗墓笔记》《全职高手》《鬼吹灯》都是其经典代表作品。

女性题材的网络原著小说一直是影视市场的改编热门题材。近年来的创作不再是简单诉说青春言情，更多是关注女性的多维度写实，希望更能触动各个年龄段、多种社会角色的女性内心，呈现多个题材内容如女性成长、职场励志、家庭婚姻等的融合创新，在主题立意和人物设计上会有更多突破。从热门的女性题材网络剧可总结发现，这些剧在主题上会有更多积极向上的价值观，人设性格立体丰满且形象多元，如改编自同名小说的网络IP剧《时间都知道》，女主是一位坚守原则、不忘初心、坚持理想的建筑设计师，在陪伴丈夫创业的路上，以自己的能力改变未来。晋江文学城、红袖添香、云起书院、起点女生网等商业文学网站是女性题材网络原著小说的重要阵地，已经为视频网站平台输入了多款优质IP。2019年暑期热门网络剧《陈情令》就是改编自晋江文学城刊载的热门小说《魔道祖师》。

2. 以IP来源区分题材

网络IP剧的IP来源除了商业文学网站以外，还有视频网站的自主培育以及超级IP的衍生。

商业文学网站提供的IP是本身拥有坚实粉丝基础的网络原著小说，这种类型的剧从制作开启之初便自带热度与话题，而且直到播出结束甚至往后的长时间内都会持续受到关注与讨论。这类剧是目前网络IP剧里影响力最大的，也是最主要的构成部分。

视频网站自主培育、制作的网络IP剧，大多是衍生于视频网站自身的节目品牌，相较于网络原著小说，此类剧目的影响力、号召力并不大，但配合适宜的营销手段也可取得口碑、收视的双收。此类剧经典代表作品有搜狐视频的《屌丝男士》和优酷网的《万万没想到》。《屌丝男士》是搜狐视频自制热门脱口秀节目《大鹏嘚吧嘚》的衍生品牌，每周固定时间更新播出的迷你剧集，全系列总共制作了四季。

最后一种是在超级 IP 基础上衍生的网络剧，此类剧是为了满足大众对一部或者一系列已经播放结束的影视作品的后续观影需求，是由被广泛关注的现象级影视作品衍生而来，国内第一部真正意义上的衍生网络 IP 剧是《花千骨 2015》，此剧是此前已经结束播放的热门影视作品《花千骨》的续集。近年口碑很好的《唐人街探案》系列电影也在 2020 年初上映衍生的同名网络剧，该网络剧以单元剧的形式，结合喜剧、悬疑元素讲述新侦探林默携手众人探寻奇案的故事。

参考文献

［1］邹巧玲，关大我．基于“粉丝经济”的网络 IP 剧商业价值研究［J］．上海商学院学报，2019（6）：50-60.

［2］敬鑫．竖幅电影的景别叙事功能及构图方法研究——以竖屏微电影《悟空》为例［J］．社科纵横，2020（3）：98-102.

［3］王韵，谢雨真．竖屏微电影的文本特征与美学意蕴［J］．中国电影市场，2020（3）：40-44.

［4］丁磊．“平台自制”网络大电影的特色和呈现［J］．电影文学，2018（13）：36-38.

［5］张智华，刘佚伦．论竖屏网络剧的兴起、主要特征与发展路径［J］．艺术评论，2019（11）：155-163.

［6］杨贝贝，宋培义．网络大电影审美价值的缺失与对策［J］．当代电影，2019（11）：154-158.

［7］陆嘉．新媒体环境下网络电影的叙事特征研究［J］．新媒体研究，

2018（14）：112-113.

［8］路春艳，陈蕊．类型化探索与热点话题表达——近年来中国网络大电影创作特征探究［J］．艺术教育，2018（15）：124-126.

［9］朱金娥．“微”风来袭——微电影的分类方法及其类型研究［J］．电影评介，2015（24）：78-80.

［10］刘然然．网络自制 IP 剧的产业开发研究［D］．重庆：重庆工商大学，2017.

［11］马楠楠，张书端．后电影视域下网络大电影的文化特质及其意义［J］．电影文学，2018（22）：20-23.

［12］阮甦甦．竖屏视频的兴起：移动传播时代的短视频创作新风向［J］．西部广播电视，2018（23）：5-6，12.

［13］张净雨．试论当代语境中网络大电影的审美特征［J］．当代电影，2018（6）：127-130.

［14］李元．微电影情感表达研究［D］．济南：山东师范大学，2017.

［15］曹开研．网络大电影特征及发展趋向刍议［J］．传媒，2017（4）：51-53.

［16］曹娟，张鹏．网络大电影的身份界定、生产机制与类型化特征［J］．当代电影，2017（8）：132-135.

［17］杨琪，王军．新媒体语境下微电影的艺术手段研究［J］．传媒，2016（4）：92-94.

［18］孙玉敏．网络 IP 剧的问题和产业发展策略研究［D］．济宁：曲阜师范大学，2017.

［19］谈馨．“一条”短视频的创作研究［D］．长沙：湖南大学，2017.

［20］李蓉．中国微电影文本研究［D］．武汉：华中师范大学，2013.

［21］王锦慧，白敬璇．基于 IP 视角下的网络剧价值评估影响因素研究［J］．中国海洋大学学报（社会科学版），2016（5）：87-95.

［22］顾洁，王璐璐．竖屏——短视频行业的新格式［J］．东南传播，

2017（9）：7-9.

［23］王振兴．微时代微电影艺术创作研究［D］．哈尔滨：哈尔滨师范大学，2013.

［24］孙畅．微电影剧本创作研究［D］．长春：东北师范大学，2012.

［25］刘家麟．网络大电影的特点及其发展探析——以《陈翔六点半》系列网络大电影为例［J］．视听，2019（1）：64-65.

［26］杨晓林．网络大电影的叙事嬗变及制胜之道［J］．人民论坛，2019（18）：128-130.

［27］郭婧．网络剧的“IP”现状研究［J］．西部广播电视，2019（12）：84-85.

［28］张之琨．网络大电影的类型模式研究［J］．视听，2019（9）：10-11.

［29］袁冶．网络大电影的受众定位与文本特征［J］．现代视听，2018（8）：13-17.

［30］李扬．网络大电影叙事策略研究［D］．开封：河南大学，2019.

［31］周清平．“互联网＋”时代的现代影像艺术［M］．北京：新华出版社，2017.

［32］黄宝贤．中国网络剧的叙事艺术研究［D］．南京：南京艺术学院，2011.

［33］王春英．大众文化语境下网络剧的传播学分析［D］．广州：暨南大学，2012.

［34］钱珏．“网剧”——网络与戏剧的联合［J］．广东艺术，1999（1）：41-43.

［35］徐亚萍．网络大电影：转型中的网络电影及其风险［J］．现代传播（中国传媒大学学报），2016（12）：117-120.

［36］杨晓林，等．微电影艺术导论［M］．北京：中国电影出版社，2015：10.

［37］骆育红．“微电影”：网络时代的概念泡沫［J］．名作欣赏，2012（30）：159-160.

［38］喻彬．新媒体写作教程［M］．北京：中国传媒大学出版社，2018.

［39］宿志刚，谢辛．视听新媒体概论［M］．北京：人民邮电出版社，2019.

［40］雷攀．社交网络进入短视频时代［J］．西部广播电视，2014（16）：4-5.

［41］李昕怡．短视频时代，来了［J］．传播与版权，2016（2）：112-113，116.

［42］方方．社会化媒体时代短视频热潮解析［J］．新闻研究导刊，2016（10）：349.

［43］潘桦．电影新形态：从微电影到网络大电影［M］．北京：中国广播影视出版社，2018.

［44］徐智鹏．微电影编剧手册［M］．北京：中国广播影视出版社，2018.

［45］冯宗泽．网络剧的创作方式与传播机制研究［M］．北京：中国文联出版社，2016.

第二章　新闻、纪实类视听作品制作

第一节　网络视频新闻制作

一、网络视频新闻的概述

（一）网络视频新闻的定义

关于新闻的定义有很多种说法，《新华词典》中的解释是借助语言、文字、图片、画面等，向公众传播的消息，泛指社会上新近发生的事情。最权威的定义是1943年陆定一提出的“新闻是对新近发生事实的报道”。网络视频新闻是对传统新闻在媒体和媒介形式上进一步延伸的产物，由网络、视频、新闻三部分组成，网络是一种信息传输技术，视频是一种媒介。清华大学的彭兰教授认为，网络视频新闻是依托现代电子技术，利用音频和视频通信符号来报道和传播最近的新闻事件[①]；另有学者指出，网络视频新闻是一种以信息化技术为依托，将数字技术和传统新闻相互融合而产生的一种新型新闻形式[②]。综上观点，笔者认为网络视频新闻是指依托信息化技术，整合音频和视频等媒介符号形成视听语言形式，对新近发生或正在发生的有价值的事实进行报道并通过网络技术在多媒体平台进行传播的新闻。

① 彭兰．网络多媒体新闻［M］．长沙：中南大学出版社，2006.

② 刘紫涵．试析网络视频新闻的构成与编辑制作［J］．新闻传播，2019（23）：80-81.

（二）网络视频新闻的发展历程

1. 起源

20 世纪 90 年代网络视频新闻崭露头角，传统媒体开始利用网络这个新兴的传播平台，比如电视新闻经过转码处理上传到网络平台，纸媒开始在互联网发布“电子版”的报刊。1996 年，广东电视台开创了视频新闻播放网站，成为国内第一家开创视频新闻网站的电视台。1997 年人民网、新华网先后上线。人民日报在网上实时报道了九届全国人大一次会议和全国政协九届一次会议。这一时期也迎来了商业门户网站的诞生，这些网站取得国家颁发的新闻登载许可，但由于网络技术和网速的限制，这些商业新闻门户网站建立后登载的新闻大多为文字图片新闻，经过多年的发展，如今即将迎来 5G 时代，以新浪、网易、搜狐、腾讯为代表的门户网站也已纷纷加入了以视频制作为主的融媒体传播的阵列。

2. 门户网站时期

21 世纪初期，我国网络视频新闻得到迅速发展，根据第 21 次《中国互联网络发展状况统计报告》显示， 2007 年一年，我国网民增加了 7300 万，年增长率 53.3%，网民数达到 2.1 亿人，仅次于美国居世界第二，全国总网站数达到 150 万个[①]。2008 年优酷取得国家广电总局颁发的信息网络传播视听节目许可证，新浪、搜狐、网易、腾讯四大门户网站都创建了自己的视频频道。各大视频网站创建新闻分享平台，一方面创作一些原创的视频新闻，另一方面让民众自行上传视频分享，一时间如此开放自由的平台迅速发展成为传统媒体的劲敌。2008 年 5 月 12 日，在汶川大地震发生几分钟之后便有网友把当地的地震情况通过视频分享到优酷等视频平台，受众的参与让新闻传播的时效性大大提高，视频迅速引发全国人民的关注和积极救援行动。

---

① 中国互联网络信息中心 . 第 21 次中国互联网络发展状况统计报告［EB/OL］.（2014-05-26）. http：//www.cac.gov.cn/2014-05/26/c_126548652.htm.

3. 移动媒体时期

截至 2019 年 6 月，我国手机网民规模达 8.47 亿，较 2018 年底增长 2984 万，网民使用手机上网的比例达 99.1%[①]。据 QuestMobile 数据显示，截至 2019 年 11 月，国内移动互联网用户平均日使用时长 6.2 小时，每月使用 App 数量也增加到 23.6 个，可以看到使用时长及数量的双增长[②]。截至 2020 年 4 月，中国移动互联网月活跃用户规模达到了 11.6 亿[③]。

随着手机的普及程度和智能化程度越来越高，人们倾向使用手机满足其移动化、碎片化阅读的需求，这也推动了网络视频新闻朝着移动端发展。

短视频因为短小和视听化的表达恰恰成为当下社会大众的普需，短视频新闻成为移动客户端的重头戏。我国最早的短视频新闻于 2005 年出现在优酷、土豆等专业的视频网站，2013 年前后，以快手、秒拍、抖音为代表的短视频客户端陆续上线，很多用户把身边发生的新鲜事分享到视频客户端，其中部分视频引起较大反响，让受众对短视频有了新的认识，人们从中看到了短视频作为新闻报道新形式的潜能。2015 年初，短视频应用在手机应用商店下载量激增，各大短视频客户端的用户数呈爆发式上涨。短视频的火爆让部分媒体人看到短视频新闻强大的传播力，很多传统媒体纷纷在各大短视频平台开通官方账号，移动端短视频新闻成为新闻报道的新趋势。

（三）网络视频新闻的分类

1. 传统视频新闻

传统视频新闻主要指发源于门户网站时期由传统媒体提供素材或者由视频网站原创的视频新闻，以在 PC 端传播为主。比如《新闻 1+1》《新闻联播》等电视视频新闻在央视网可以同步收看完整版，也可以进行多次点

① 中国互联网络信息中心．第 44 次《中国互联网络发展状况统计报告》[EB/OL].（2019-08-30）[2020-05-19].http：//www.cnnic.cn/hlwfzyj/hlwxzbg/hlwtjbg/201908/t20190830_70800.htm.

② QuestMobile 研究院．QuestMobile2019 年流量增长盘点[EB/OL].（2020-01-13）[2020-05-21].https：//www.questmobile.com.cn/research/report-new/78.

③ QuestMobile 研究院．QuestMobile2020 移动互联网全景生态报告[EB/OL].（2020-06-03）[2020-05-21].https：//www.questmobile.com.cn/research/report-new/111.

播。这种新闻一般是电视视频新闻在网络平台的复制版。

2. 短视频新闻

短视频新闻是移动媒体时期的主要视频形态，通常总时长不超过 5 分钟，是经过编辑可进行跨媒体传播的一种新型视频新闻产品。短视频具有高浓缩、高信息化、可视性强的优势，满足了消费者轻阅读和碎片化、移动化阅读的需求。

随着 4G 网络技术和智能手机等智能设备全面普及，社交媒体平台更加成熟，用户对移动终端和视频的依赖越来越高。QuestMobile 数据显示，截止到 2019 年 6 月，短视频行业新安装用户接近 1 亿，总体 MAU（月活跃用户） 8.21 亿，同比增速 32%。相比一下，目前在线视频总体 MAU9.64 亿，同比增速 2.4%，二者差距正在持续缩小①。可以看出，网络视频用户中短视频用户群体规模不断扩大，而短视频作为一种新型的媒介形态，也越来越成为公众传播与接收信息的重要方式。

短视频新闻相关素材由 UGC（用户生产内容）和 PGC（专业生产内容）构成，且在叙事元素、表现手法、呈现视角及宣传等方面与传统视频存在较大差异。一方面，新闻素材的生产权利得到下放，受众由被动接收信息者转向信息的主动创造者，使短视频新闻素材来源更加多元，新闻内容的边界得以拓展。另一方面，传统媒体积极与新媒体进行融合生产适合多媒体传播的新闻产品，不仅利用自有平台进行短视频发布，而且在微信、微博、抖音、今日头条、腾讯等平台开通官方账号，进行新闻的多媒体传播。例如在抖音短视频平台截至 2020 年 5 月 27 日，“央视新闻”7932.4 万粉丝、“人民日报”8827.4 万粉丝、“新京报”314.5 万粉丝，大量的新闻短视频在抖音平台获得了前所未有的关注、转发、评论和分享。2014 年底，新华网最先创立“新闻 15 秒”客户端，之后各大新闻媒体纷纷创立自己的新闻短视频平台，如澎湃视频、新京报 “我们视频”，以及 2019 年 11 月中

① QuestMobile 研究院 .QuestMobile 短视频 2019 半年报告［EB/OL］.（2019-08-06）［2020-05-20］. https://www. questmobile.com.cn/research/report-new/58.

央电视台推出的“央视频”客户端。《福建日报》在抖音发布的《福建首例空中转运救援重症婴儿》获得2019年第29届短视频新闻类中国新闻奖三等奖，该视频将多段精华新闻现场片段浓缩在33秒之内，配以“抖感”十足的音乐特效，满足了现代年轻人的审美需求，跟上了新媒体时代视频移动化的进程。

3. 网络视频新闻直播

网络视频新闻直播是利用直播信息传播技术在网络平台进行的同步新闻报道。主要在电脑客户端和移动客户端传播。而随着大众对手机的依赖程度日渐升高，移动视频新闻直播成为主流。

视频新闻直播使现场事件的采集、传播与接收同步发生，大大增强了新闻的真实性、时效性和与受众的互动性。2016年，全国两会实现了第一次网络视频直播，为观众带来了不一样的新闻体验。2020年，针对全国两会各大传统媒体、新媒体在微博、微信等平台都在进行直播报道。未来随着5G技术的普及，网络直播不再受制于带宽的局限，技术门槛逐渐消解，有望成为新闻传播的常态。

（四）网络视频新闻的特征

融媒体环境下网络视频新闻相较传统媒体新闻除了具有可点播性、全球性、互动性、非线性等特点之外，还具有鲜明的时代特性：

1. 融媒性

融媒包括两层含义，即融媒介和融媒体。

融媒介，指的是各种介质符号的相融。如最早的新闻只有文字，后来加入了图片、音频，如今网络视频融合了文字、图片、音频、视频，形成了一种多媒介的表达，这种融合了各种符号的多元表达使得观众更容易清楚地接受和理解信息，从而让视频快速晋升为这个时代的主流表达形式。

融媒体指的是各个媒体平台的融合，如中央电视台、人民日报、新华社、微博、微信、新浪、腾讯、抖音等都是媒体。如今人民日报建立的“中央厨房”，可以做到统一策划、一次采集、多次编辑、多次发布，这里的多次发布指的是在除人民日报官方网站之外的其他媒体平台的人民日报账号发布。另外，浙报集团的“媒立方”、湖北广电“长江云”、天津“津云”、芒果 TV 也都建立了自己的“中央厨房”。每一种媒体都有其自身特性，媒体技术的每一次更迭都会创造出独特的故事形态和叙事方式，如何做好不同媒体的不同表达仍是现阶段各大媒体的重要功课。

2. 社交性

今天在新的传播环境下，我们进入社交媒体时代，社交媒体平台不仅聚集了大量的受众，而且成为很重要的新闻传播渠道。环球网记者邱永峥 2011 年 3 月在利比亚首次实现中国媒体人在微博的战争直播，这在传统媒体时代依赖于笨拙的拍摄设备和复杂的直播设备很难在危机四伏的战争现场实现。2013 年 8 月 22 日，济南中级人民法院通过人民网微博直播了薄熙来案件审理的全过程。如今新闻传播不再只依赖专业新闻媒体机构，各个政府单位、企业以及个人都可以通过开设各自的社交媒体账号来完成新闻报道。

3. 碎片性

现代城市人民生活节奏飞快，很少有时间进行长时间的深度阅读，为了利用工作生活之间的碎片时间，要言不烦的视频成为宠儿。因此为了满足大众碎片化阅读的习惯，各大媒体机构积极布局短视频市场，生产短小精悍的短视频新闻，满足观众随时随地利用碎片时间阅读的需求。然而这种碎片化的阅读必然流于浅表，不利于深度学习和思考，这一点值得大众反思。

4. 多元性

过去新闻生产以专业媒体机构为主，受众的参与经历了由少到多、由浅入深的发展历程，如今随着智能化技术的应用日渐大众化，生产新闻素材的权利得到下放，使新闻内容的边界得以拓展，视频新闻素材来源更加多元，短视频专业生产和受众生产之间的差距逐渐弱化，两者不断展开交流互动。如梨视频就是由专业拍客和普通受众构成的采编团队，二者从不同角度采集新闻素材并在拍摄过程中相互学习、取长补短，大大降低了短视频新闻采编难度，且素材质量得到提高，使短视频新闻稳定在高质量的状态。

二、网络视频新闻的生产与制作

（一）策划

1. 内容构成

（1）传统媒体生产。以电视台、报社和通讯社为主的传统媒体依旧是新闻内容的主要来源。电视台拥有得天独厚的新闻资源和专业的制作团队，同时具备制作网络视频内容的能力，例如网络电视台所有频道都实现了在线直播，把直播后的内容进行再编辑加工，然后放入网络视频新闻数据库供用户点播。报社、电台、通讯社目前正在向融媒体转型，视频新闻尤其是短视频成为转型的核心。2009 年 9 月 1 日，新华社手机电视台在中国移动、中国电信和中国联通全面上线，新华社 CFC 手机财经电视频道同期开播。

（2）新媒体原创。尽管自制原创的视频新闻难度大、成本高，但从投入产出比考虑，视频网站的媒体属性越强，越能获得广告客户的认同。梨视频是当今国内领先的专业资讯短视频媒体，由深具媒体背景的专业团队和遍布全球的拍客共同创造，专注于提供深度编辑的聚合内容及原创报道。新媒体原创新闻更具“网感”，更易获得受众的青睐，但在真实性、权威性的认可方面仍不能与传统媒体相抗衡。

（3）用户创作。主要指用户在社交媒体账号发布的视频内容以及拍客投稿内容。在“新京报我们视频”官方微博首页有这样的简介：“有偿征集突发新闻、爆料供稿、核心现场，微信 wmsp_pz 或邮箱 wmsp_pz@163.

com。”每个用户都有机会参与到创作当中。因为网民用户的素材大大丰富了专业媒体的新闻素材库，包括用户采集的素材、拍摄自新闻事发现场的第一手资料和加工制作的作品，其中在突发新闻现场拍摄的视频成为新闻最有价值的来源。很多时候事件发生的第一时间专业媒体往往不在现场，而现场的观众便是第一目击人，因此获得他们的参与非常重要，无论素材的品质如何，此时记录下的影像显得更加珍贵。除了采集受众的素材之外，有些媒体机构还专门培养了自己的拍客群体，并对他们进行专业知识培训，拍客群遍布全球，有了他们的参与提供新闻素材，新闻的内容更加丰富多元。

2. 选题来源

由于新闻对时效性、新颖性、社会性等特性的追求，选题要求高效、及时、有价值。培养记者发现挖掘选题的能力与新闻敏感度，需要多年积累和丰富的工作经验。

（1）微博。大量关注各地资讯博主、视频资讯博主、明星大 V、热门话题、政府部门（官微）以及专业人士如律师、心理学家等个人微博。除了关注之外还要与之建立良好的关系，以便在发现新闻线索时做进一步详细了解。

（2）社会热点新闻排行榜。百度热榜、微博热搜排行榜、新浪社会新闻排行榜、腾讯网今日话题，排行越靠前社会关注度越高，从中挖掘出具有新闻报道价值的话题。

（3）微信朋友圈。爆款新闻最容易在朋友圈形成转发，如建军节的时候发布自己的军装照，以及在头像上加上国旗的行为，都引起了疯狂的传播。这一现象背后除了大众爱国之情的表达之外还有值得进行新闻报道的素材需要挖掘。

（4）贴吧和知乎。百度贴吧里有各类帖子，知乎上有各种话题。而这些帖子和话题中往往有许多还未被报道、具有独家新闻价值的素材。

（5）线人爆料。记者在任何时候都要保持基本的专业素养，与各个领域如政府机构、大型知名企业、名人工作室等的内部人员建立良好的关系非常重要，关键时候这些人能够提供第一手信息。例如我们经常看到有些新闻有“据知情人士称”，如果消息属实这应该是来自某位不方便透露身份的线人提供的信息。

（6）拍客投稿。梨视频、新京报“我们视频”都培养有自己的拍客群体，他们以“PGC+UGC”的模式进行生产，既保证了新闻真实性，又拓宽了新闻报道的维度。根据拍客提供的有用素材，记者会根据事件的价值衡量是否需要亲自到达现场，挖掘出更具新闻价值的现场素材，进行深度采访报道。

（7）大数据技术。除了记者自己寻找选题外，有些先进媒体会利用大数据技术辅助工作。如人民日报的“中央厨房”通过网络爬虫技术，自动采集网络信息，并对其进行情感分析和热点分析，从而预测突发事件和网络热门话题，为编导提供新闻线索甚至新闻选题。然而大数据技术尚未普及，人工寻找选题仍然是重要的流程和工作。

（二）原创制作

2014 年 10 月，国家互联网信息办公室和国家新闻出版广电总局联合下发《关于在新闻网站核发新闻记者证的通知》，要求在全国新闻网站正式推行新闻记者证制度，实际明确了新闻网站的记者正式拥有合法的采编权。2017 年 5 月 2 日，国家互联网信息办公室发布 1 号令，公布新版《互联网新闻信息服务管理规定》，再次以部门规章的形式明确了从事互联网新闻信息服务相关从业人员的资格：一般人员应当依法取得相应资质，接受专业培训、考核；从事新闻采编活动从业人员，应当具备新闻采编人员职业资格，持有国家广电总局统一颁发的新闻记者证。这预示着新闻网站将和传统媒体同一标准，统一管理，新闻采编活动必须由有资质的记者完成[①]。

目前国内的视频新闻生产商由以中央电视台、人民日报、新华社等为代表的传统媒体，以新浪、搜狐、网易、腾讯四大门户网站为代表的门户视频网，以爱奇艺、土豆网、优酷网为代表的专业类网络视频网站，以

① 计算机与网络安全 .《互联网新闻信息服务管理规定》解读［EB/OL］.（2019-05-10）［2020-05-20］.https：//www.sohu.com/a/313068463_653604.

抖音、快手、火山小视频、梨视频为代表的短视频网站四大阵营组成。同时媒体之间相互合作、相互融合，形成了融媒体的大环境。

1. 自制视频

通过选题策划和采集素材，将文字、图片、声音、影像进行编辑加工，制作成适合发布在各个媒体平台的视频类型。有的媒体开设了自己的视频栏目组，如新京报的“我们视频”设有《世面》《有料》《紧急呼叫》《面孔》《迎面》《直播导播》等十几个栏目，涵盖了资讯短视频、社会热点信息、深度访谈等多个维度，形成了针对不同受众不同定位的 MCN（Multi-Channel Network，多频道网络产品形态）矩阵。

2. 嘉宾视频访谈

完成一次嘉宾视频访谈即是一次完整的视频新闻原创，但访谈素材往往较长，需要经过后期切割分离整合的过程形成分段视频进行呈现，以适应网络传播。2010 年电影《山楂树之恋》全国公映之前，张艺谋到新浪网做视频访谈，内容长达两个小时。最后新浪网将其处理成多段视频，每段约 10 分钟，并配以相应的标题，如《新人演员展现直爽性情》《张艺谋原“没看上”周冬雨》《副导演为周冬雨“陪哭”》《历代“谋女郎”诞生过程》等，以供观众根据标题提示选择点击观看自己感兴趣的片段。

3. 视频直播

对重大新闻活动事件进行直播往往极易受到大众的关注。直播本身就是一次原创，直播后的内容又成了重要的视频新闻素材。比如两会期间各大媒体在各个平台都进行直播报道，明星演唱会、各大电影节开幕式等大型活动也会选择视频直播，直播的最大好处就是将活动事件与观众收看同步进行，使新闻的时效性得到最大程度的体现。直播以其真实、直观、互动性强的特性深受大众喜爱。

（三）编辑

网络视频新闻编辑加工主要包括切割、分离、整合三个环节。

1. 切割

切割是指对于长视频新闻进行编辑处理，切割成一条条的短视频，每条视频的时长一般不超过 5 分钟。切割处理的原因在于：第一，由于当今受众偏爱短视频产品，各大传统媒体和网络媒体都将视频越做越短，并为短视频平台量身打造适合其传播的产品。比如抖音上的短视频一般只有 15 秒。第二，一个长时段的视频往往包含的信息庞杂，第一步便是应该按照信息的不同种类进行切割。例如将访谈视频切割成若干个小话题，再通过进一步编辑合成一段完整的短视频产品。

2. 分离

分离是在对素材切割之后的进一步编辑。利用非线性编辑软件，将文字、画面、声音进行剥离，将有用信息、精彩镜头和画面分离出来。切割是将整条新闻按照话题切段处理，分离则是将切割的每一段素材再拆解挑选出所需信息。如上文《山楂树之恋》的例子中针对“历代‘谋女郎’诞生过程”的话题，要从采访的素材中分离出与之相关的内容以及历代“谋女郎”的照片、影片资料、旧访谈影像等。

3. 整合

整合是对切割、分离的素材进行最后的结构合成。叙事要把精彩内容放前面，秉承“前 10 秒要抓人”的原则，再一步一步对疑问进行解释；五个 W 一个 H[①] 要齐全；文字信息与画面相辅相成；配乐要为内容服务；将视频新闻配以标题、加上来源、添文字稿、提炼关键词等，最终做出一条以视频新闻为主的网络新闻报道。这里要强调的是针对不同的媒体平台最后整合的视频应兼顾其媒体的独特属性。如抖音视频有以竖版构图为主，惯用同期声代替解说词，注重使用配乐渲染情感等特征。

（四）新型生产方式

1. 计算机新闻

今天已步入智能化时代，机器剪辑、机器写作等新技术被逐渐广泛地

① 原因（Why）、对象（What）、地点（Where）、时间（When）、人员（Who）、方法（How）

应用到了编辑环节中，且衍生出了以云端互联、自动化生产、大数据分析及自然语言组合等为特征的“机器体裁”新闻。如今发达的 AI（Artificial Intelligence，人工智能技术）已被运用到了视频生产当中，AI 生产的视频兼具专业性和艺术性。如国庆七十周年阅兵视频，AI 引擎自动编辑 70 余个机位的画面内容，共计生成短视频 86 个。新华社“媒体大脑”从 5 亿网页中梳理出两会舆情热词，生产发布了全球首条关于两会内容的 MGC（机器生产内容）视频新闻——《2018 两会 MGC 舆情热点》。“央视频”AI 通过电脑对素材进行自动分类、剪辑、输出，工作效率是普通人工的 5—6 倍。

有人认为计算机新闻的兴起对未来劳动力就业产生了冲击。智能编辑技术的应用确实大大降低了时间成本和人员成本，为短视频新闻的快速、及时传播提供了保障。借助大数据、人工智能及互联网技术可实时处理海量信息数据，生产出贴近受众阅读习惯的新闻产品。

2. 人工智能

（1）AI 主播。AI 主播是指通过对真人主播语言、表情、口型和形态的模仿，按照传统主持人的工作状态和叙事风格完成新闻播报的人工智能人。AI 主播以虚拟形象亮相，外貌、声音与真人相像，具有反应灵敏、记忆力非凡、不知疲倦的特点。现阶段 AI 主播主要发挥了“主持人”和“资料库”两项作用。

2018 年被誉为“人工智能元年”，11 月 7 日，新华社联合搜狗在第五届世界互联网大会上发布全球首个合成新闻主播“AI 合成主播”，11 月 23 日，全球首个人工智能虚拟生命琥珀 · 虚颜成为新华网签约虚拟主播。作为新华广播的主播，其形象优雅知性，不仅能播报《新华要闻》《听君一席话》《今日关注》《听来总是诗》等，还能通过语音识别等人工智能技术同现场观众交流互动，琥珀 · 虚颜还有众多才艺，可以唱歌、跳舞、演奏乐器。2020 年全国两会，各大媒体纷纷启用 AI 主播，央视网 AI 主播“小智”、新华社的 3D 版 AI 合成主播“新小微”、人民网“小晴”、澎湃新闻“小菲”、齐鲁壹点“小壹”、每日经济新闻“小每”、广视新闻“小逸”，以及中国经济网、新疆日报等媒体的AI主播纷纷“上岗”，依托不同平台宣传两会知识，报道两会新闻①。AI主播的亮相似乎得到了不错的反响，那么未来真人主播将何去何从还有待观察。

（2）技术融合。随着移动互联网的普及和5G、AI等新兴技术的不断演进，媒体格局和舆论生态发生深刻变革，传统媒体和新兴媒体依托新技术深度融合，推进媒体生态不断进化。例如，中央广播电视总台积极应用“5G+4K+AI”新技术，与三家电信运营商、华为公司合作建设了我国首个国家级“5G新媒体平台”，并在2019年春晚、两会和“一带一路”高峰论坛及北京世园会报道中实现了“5G+4K”“5G+VR（Virtual Reality，虚拟现实）”的全流程、全要素制播，未来有望在传媒领域得到广泛应用；抗击新冠肺炎疫情过程中，新浪新闻利用AI技术整合人民日报、新华社等权威媒体内容进行内容聚合分发，帮助用户及时了解实时疫情动态，同时对用户防疫科普、谣言甄别等潜在需求进行预判，向用户展现科普和辟谣信息②。未来新闻作品形态将会更加多元，传播手段更为丰富。而受众对于新闻信息的接收也由阅读观看进入互动交流以至于沉浸体验的状态。

三、网络视频新闻的传播

（一）网络受众特点

1. 受众构成

以下是来自CNNIC（中国互联网络信息中心）第45次《中国互联网

① 科技圈快报.央视网等多家媒体推AI主播报道全国两会［EB/OL］.（2020-05-27）［2020-05-28］.https：//baijiahao.baidu.com/s?id=1667830031571625187&wfr=spider&for=pc.

② 新浪科技.CNNIC第45次调查报告：网络新闻［EB/OL］.（2020-04-28）［2020-05-20］.https：//tech.sina.com.cn/i/2020-04-28/doc-iircuyvi0056367.shtml?cre=tianyi&mod=pcpager_focus&loc=17&r=9&rfunc=8&tj=none&tr=9.

络发展状况统计报告》的统计①：

（1）性别结构。

截至 2020 年 3 月，我国网民男女比例为 51.9∶48.1，男性网民占比略高于整体人口中男性比例（51.1%）。

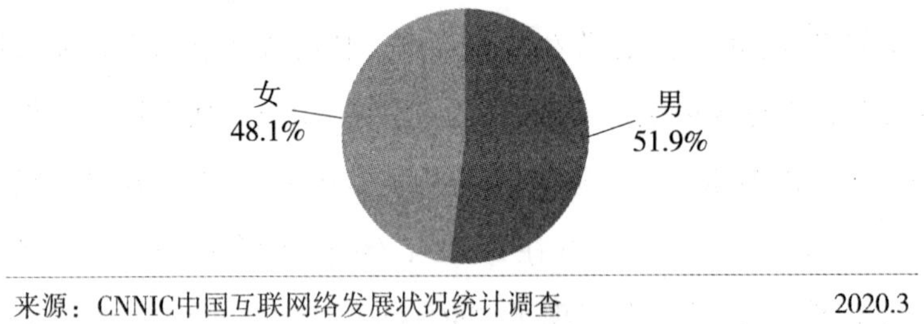

图 2-1 网民性别结构

（2）年龄结构。

截至 2020 年 3 月，20—29 岁、30—39 岁网民占比分别为 21.5%、20.8%，高于其他年龄群体；40—49 岁网民群体占比为 17.6%；50 岁及以上网民群体占比为 16.9%，互联网持续向中高龄人群渗透。

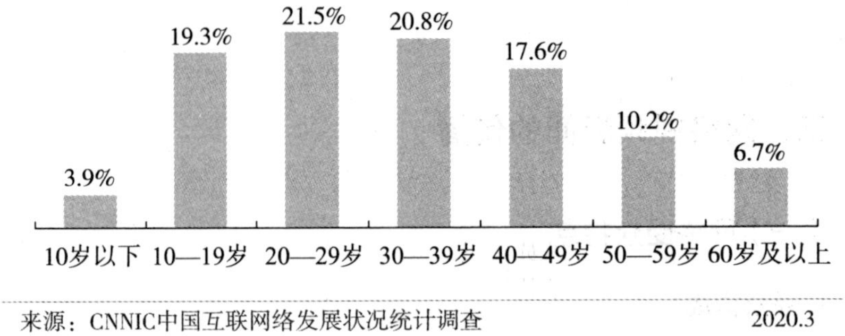

图 2-2 网民年龄结构

① 中国互联网络信息中心 .CNNIC：2020 年第 45 次中国互联网络发展状况统计报告——网民属性结构［EB/OL］.（2020-04-28）［2020-05-20］.http：//www.199it.com/archives/1042104.html.

（3）学历结构。

截至 2020 年 3 月，初中、高中 / 中专 / 技校学历的网民群体占比分别为 41.1%、22.2%，受过大学专科及以上教育的网民群体占比为 19.5%。

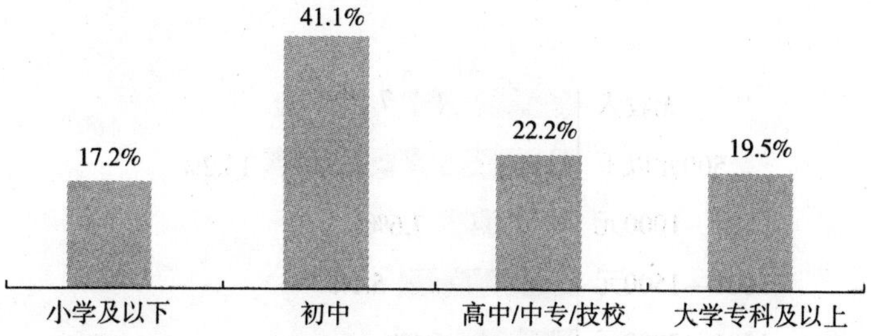

来源：CNNIC 中国互联网络发展状况统计调查　2020.3

图 2-3　网民学历结构

（4）职业结构。

截至 2020 年 3 月，在我国网民群体中，学生最多，占比为 26.9%；其次是个体户 / 自由职业者，占比为 22.4%；企业 / 公司的管理人员和一般人员占比共计 10.9%。

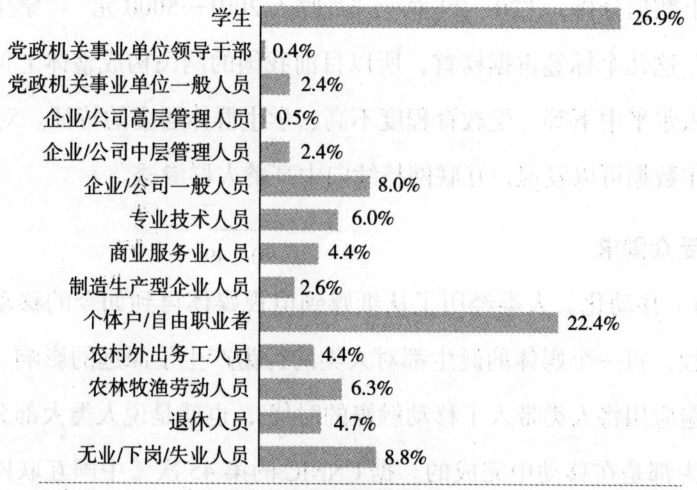

来源：CNNIC 中国互联网络发展状况统计调查　2020.3

图 2-4　网民职业结构

（5）收入结构。

截至 2020 年 3 月，月收入在 2001—5000 元的网民群体合计占比为 33.4%，月收入在 5000 元以上的网民群体占比为 27.6%，有收入但月收入在 1000 元以下的网民群体占比为 20.8%。

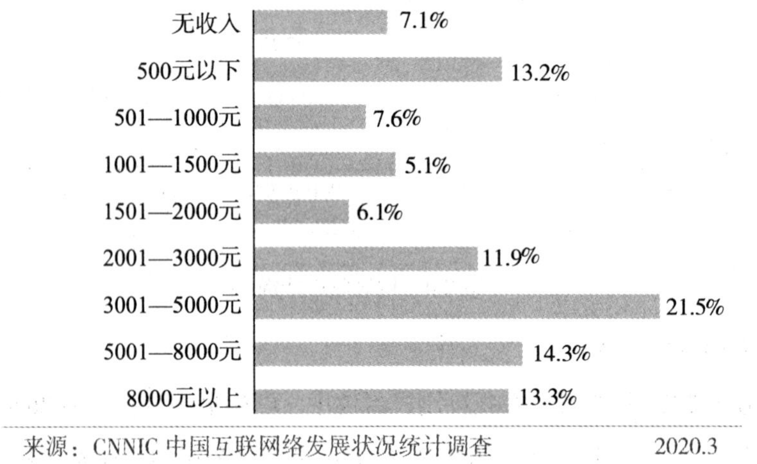

图 2-5　网民个人月收入结构

综上数据分析，“20—29 岁”“月收入 2001—5000 元”“学生”“初中学历”这几个标签占据榜首，所以目前我国的网民构成整体上偏向青少年、收入水平中下等、受教育程度不高、学生群体居多的特征。对比 2019 年和往年数据可以发现，互联网持续向中高龄人群渗透。

2. 受众需求

（1）移动化。人类经历了从纸媒到电视媒体再到如今的移动媒体的发展历程，每一个媒体的诞生都对人类的行为产生了深远的影响。如今手机的普遍应用将人类带入了移动触媒的时代，也就是说人类大部分获取信息的行为都是在移动中完成的。据 CNNIC 的第 45 次《中国互联网络发展状况统计报告》统计，截至 2020 年 3 月，手机网络新闻用户规模达 7.26 亿，较 2018 年底增加 7356 万，占手机网民的 81.0%[①]。数据显示全国有一半的人口通过手机阅读新闻，而且数字呈逐年上升的趋势，足见受众对移动阅读的需求不断升高。

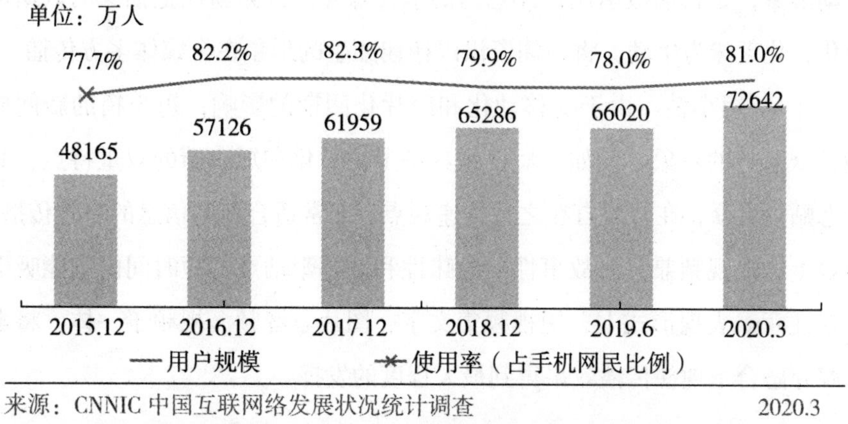

图 2-6　2015.12—2020.3 手机网络新闻用户规模及使用率

（2）定制化。定制化是“受众中心论”的重要体现，平台向“去中心化”转变，媒体与受众的关系由传统的单向传播向双向互动过渡。在智能电视上点播、回看喜爱的电视节目，在微博、微信、抖音上关注账号，平台通过大数据算法自动向用户推送相关视频，这些都属于定制。各大媒体纷纷成立融媒体中心，通过使用大数据技术、多媒体信息处理技术等对新闻素材进行定制化加工和开发，强调针对不同媒体的受众需求实施“定制服务、精准推送”的个性化生产。2017 年两会期间，新华社“中央厨房”推出的短视频《无人机航拍：换个姿势看报告》，一改传统新闻单一的文字图片的制作方式，融入了航拍、AR（Augmented Reality，增强现实）和数据可视化等元素，成功吸引了用户眼球。

（3）视听化。我们正处在一个“无处不视频”的时代，过去电商用

① 中国互联网络信息中心 . CNNIC：2020 年第 45 次中国互联网络发展状况统计报告——网络新闻［EB/OL］.（2020-04-29）［2020-05-19］. http：//www.199it.com/archives/1042471.html.

图卖货，如今只有视频、直播才能吸引来顾客。对新闻的阅读亦是如此，短视频新闻成为用户的最爱。究其原因主要在于当今社会人们生活节奏越来越快，完整时间缺乏，导致注意力越来越稀缺。视频这种视听化的表达生动形象，是目前吸引用户注意力的最佳媒介。视频新闻把抽象的数据可视化，化乏味为生动，将新闻资讯以栩栩如生的形象在全媒体多方传播。

（4）短小精。由于受移动化和碎片化阅读的影响，短小精的新闻成为大众追捧的对象。例如，短视频具备了视听化和短小精的双重特点，其语态贴近大众，在轻松自在之中传递观点，非常适合新闻信息的有效传播。内容上，短视频兼具有故事性、趣味性和情感牵动点，短时间内就能吸引受众注意。表现形式上，短视频集文字、图片、音频、视频于一体，将多种媒介融合呈现使传播效果得到最大程度的发挥。

（二）传播流程

融媒体环境下各大媒体纷纷建立“中央厨房”融媒体工作室，即全媒体信息处理中心。由记者负责一次性采集，对前线记者要求集采、写、摄、录、编和各种新技术运用、新设备操作等多种能力于一身，广采多收，一次性供应新闻所需全部原素材。再由编辑运用多媒体等技术进行加工处理，按照不同媒体的定位和需求，制作成符合各种媒体形态的新闻作品，最后分发到网站、微博、微信、抖音等平台进行传播，实现了“一体策划、一次采集、多种生成、多元传播、全天滚动、全球覆盖”的融合传播格局。目前国内最具代表性的融媒体工作室是2016年2月19日上线的人民日报的“中央厨房”项目。

（三）传播矩阵

受众在哪里，新闻人就在哪里，这已经成为媒体界的共识，而当代受众的注意力已经转移到移动端，打造移动优先传播矩阵是融媒体时代的典型特征。以“两微一端一网一短”为代表的平台成为媒体的主要传播矩阵，相对于传统媒体单一的传播渠道，传播矩阵不但扩大了信息的传播范围，而且加强了与受众的交流与互动，使信息的传播呈现出立体、全息、场域化等特点。

以人民日报为例，“中央厨房”首先利用微博、微信、抖音等新媒体第一时间发声，随后在网络媒体上持续滚动播报，进行全面的报道和传播，并在纸媒进行深度解读和剖析。对于素材的编辑要为不同媒体量身打造，做到差异化表达，精准推送。以 2020 年两会报道为例，人民日报“中央厨房”针对不同媒体终端，采取不同波次的信息传播，进行多终端推送。第一轮借助新媒体平台，以快取胜。第二轮打造深度和广度，满足读者深阅读需求。传播矩阵的最大好处是能够平衡深浅表达的关系，供受众各取所需。

除了以上传播媒介和渠道，随着人工智能、物联网的飞速发展和普及，把芯片与传感器植入物体中即可实现媒介的传播功能。由此所催生的智能屏幕、智能音箱、智能家居、数字投影仪、家庭机器人、“魔镜”、车联网等都将成为传播媒体，未来社会将进入“万物皆媒”的时代。

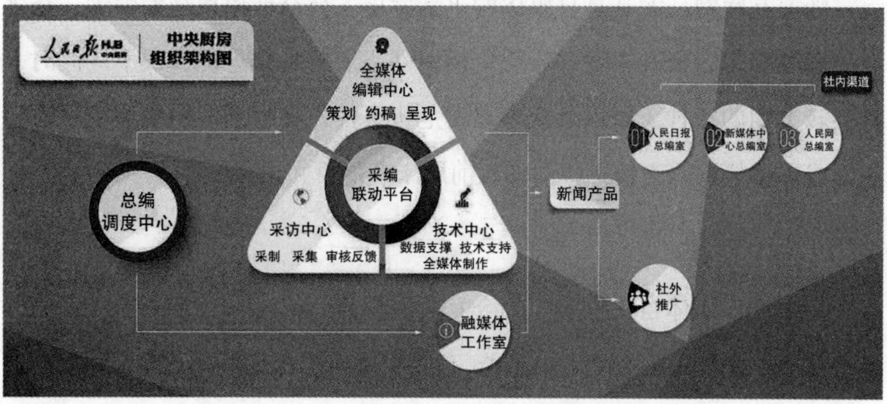

图 2-7　人民日报“中央厨房”组织架构图

（四）精准分发

精准分发指的是媒体平台利用大数据算法分析用户的不同喜好将相应的视频精准分发给每一位用户。精准分发视频，既满足了用户的需求，又使视频的价值得到了最大程度的发挥。

据 QuestMobile 数据显示，截至 2019 年 6 月，短视频总体月活用户达到 8.21 亿。短视频热度持续上升。面对纷繁复杂的海量信息，用户的每一次点击观看都会被后台记录，依据每个人的浏览足迹，分析其个性偏好，为其进行画像分析，从而进行精准的短视频内容分发。如用户在抖音平台搜索关于“美食”的视频，浏览几条之后，平台便会自动向其推送大量有关美食的视频，浏览“美妆”视频后便会在刷视频网页的时候收到各种关于美妆的视频。

精准投放在满足了用户需求的同时，是在一味迎合受众还是将真正有价值的新闻推送了出去是值得新闻人好好反思的问题。大数据技术将受众的隐私全部记录下来，这里涉及的媒介伦理问题需要引起注意，保证用户隐私及个人信息不被泄露，必须成为媒体遵循的底线。

四、网络舆情监测

随着互联网，尤其是自媒体的迅猛发展，公众话语权越发强大，众多意见和观点得以公开表达并广泛传播，网络上各种信息泥沙俱下。同时，社会转型期的各种矛盾以及众多突发危机事件，在目前的网络环境中很容易形成传播热点，舆情工作面临着前所未有的巨大挑战。

（一）监督

一方面，媒体自我监督。如今互联网信息纷繁庞杂，观众的注意力分散，各大媒体为吸人眼球竞争激烈，有些媒体为了“流量”不惜制造假新闻，同时媒体疏于对用户生产内容真伪的筛查监管，这种“流量”至上的做法会直接危害到新闻的舆论环境。因此媒体应该首先加强自律监督，要从源头遏制假新闻对舆论环境的危害。

另一方面，建立舆情监测系统。在算法的辅助下系统对海量信息进行抓取、主题检测、分类聚焦。如果网络上出现不良敏感词汇，系统便会自动检测到，媒体根据系统提供的线索进一步排查可能造成不良舆论影响的问题。将涉及个人、组织、国家的问题依照轻重缓急分类处理，将个人性质的矛盾纠纷问题归为观察一类，对于重要组织机构的问题则需要及时联系相关组织机构了解详情并依情况处理，当面对国家或者党政问题时则需要及时进行干预并做出应急处理方案。这样做的好处是通过监督舆论，预测舆情走向，及时排除舆情隐忧。对于舆情风险的评估成为监测工作的重要内容，舆情监测系统不只是化解眼前的危机更着眼于危机背后深层原因的剖析与跟踪。

（二）引导

媒体从业者应该多听取群众呼声、接受群众意见，全面地认知和把握事件的性质与发展，做出准确的研判，并及时进行跟踪，做出适时的引导，从而化解危机。针对个人纷争问题可由官方媒体对其进行调解说服。针对恶性舆论媒体应当及时引导化解，如选择公信力较强的官方媒体出面辟谣并说明情况。如果扩展到其他平台则需要各大媒体联合，利用融媒体优势，通过大范围、大规模的信息发布对舆论进行引导或者转焦，使恶性舆论被限制在小范围的传播环境，消除大范围扩散造成的不良影响，对相关事件进行正面引导使舆论尽快得到平息。如果恶性舆论已经在大范围扩散并涉及法律纠纷，可对相关人员提起诉讼。

第二节 网络纪录片制作

一、网络纪录片概述

（一）网络纪录片界定

所谓网络纪录片（web documentary），维基百科上的定义为通过运用多媒体工具的各种元素制作的，不同于运用音频、视频、图像等传统纪录片样式的纪录片。网络赋予了纪录片制作者一种独特的媒介去创造那些可以融合文本、照片、音频、视频、动画以及信息图表等多种元素的作品。利兹大学的教授凯特·纳什在*Modes of interactivity：analysing the webdoc*一文中指出，网络纪录片即通过兼具多媒体与互动性特征的网络发行的纪录片[①]。关于网络纪录片的称谓也有人称之为“新媒体纪录片”或者“网生纪录片”。北京师范大学纪录片研究中心主任张同道认为“所谓网生纪录片，是为互联网而创作的纪录片”。还有的学者认为新媒体纪录片是以新媒体为主要传播平台和发布途径的纪录片[②]。哔哩哔哩（bilibili，B站）副董事长兼COO李旎在中国网络视听大会正能量内容创作发展论坛上指出“大多数由互联网平台驱动、面向互联网用户制作、在互联网平台播出和传播，我们将它们定义为‘网生新派纪录片’”。

总之，广义上一部网络纪录片的判断标准不一定要满足以上谈及的全部条件，例如有些自制纪录片（UGC）并非网络平台驱动、面对网络用户生产，但是却在网络平台传播。所以综合来看网络纪录片是指以网络平台为主要发行媒介的纪录片。网络纪录片与传统纪录片一样都是以真实生活为创作素材，对其进行有创造性的艺术加工。但是因为受众和播放媒介的变化，根据麦克卢汉“媒介即讯息”的理论，互联网媒介与纪录片的结合使其富有了互联网的独特属性，比如超媒介化、互动性、非线性等特点。

（二）网络纪录片发展图景

纪录片经过近百年的发展历程，传播媒体历经了从电影院到电视再到网络的演化过程，根据传播媒体的不同可以将纪录片划分为电视纪录片、院线纪录片和网络纪录片。

据《中国纪录片发展研究报告2020》（以下简称《报告》）不完全统计，2019年中国纪录片生产总投入为50.36亿元，同比增长9.4%。年生产总值

① Nash. Modes of interactivity：analysing the webdoc［J］.Media，Culture & Society，2012（2）：197.

② 闫伟娜．新媒体纪录片的存在形态与审美取向［J］．艺术百家，2015（4）：226-228.

约 66.60 亿元，同比增长 3.3%，增幅为近 10 年来最低值。新媒体对纪录片生产总量贡献加大，自 2015 年起，新媒体投入规模高速拉升，5 年间投入规模从 2 亿元上涨至 13 亿元，同比增长 18.2%。新媒体生产投入占比超过国家机构与民营公司，成为仅次于电视台的中国纪录片产业第二大主体。新媒体已经成为中国纪录片产业的重要支撑与新动能。中国电视纪录片与网络纪录片传播前十榜单上的作品无一重合，说明观众分化日益明显，两个群体交叉部分越来越少[①]。

1. 产业格局“融媒化”

在互联网的冲击之下，以电视台为代表的传统媒体走下神坛，提出“台网融合”，寻求改革创新。优酷、腾讯、爱奇艺、哔哩哔哩等网络媒体的纪录片生产逐渐从向电视台购买版权走向自主生产，并不断进行品牌和商业模式的探索与创新，如今不少优质网络纪录片已经开始向电视媒体反向输出，网络视频平台已经成为除传统电视机构之外纪录片制播的又一重要力量。

2. 生产创作“网络化”

互联网的出现改变了人类的生产方式，新型冠状病毒疫情的暴发加速了互联网经济的发展。各行各业都在向互联网进军谋求转型升级发展之路。根据《报告》数据显示，2019 年新媒体贡献了纪录片产业的主要增量，纪录片的网络化生产创作成为大势所趋。

3. 受众群体“年轻化”

腾讯视频的数据显示，目前其纪录片观众 70% 是 18 岁到 29 岁的年轻人；爱奇艺平台纪录片观看人群中，19 岁至 30 岁的用户占比超过 50%，18 岁以下的用户占比达 14%；据哔哩哔哩申请上市的招股书显示，其用户

① 刘阳 .《中国纪录片发展研究报告二〇二〇》发布［EB/OL］.（2020-04-20）［2020-05-20］. http：//jinbao.people.cn/n1/2020/0420/c421674-31680639.html.

中有 81.7% 出生于 1990 年至 2009 年。用户年轻化趋势明显[①]。

4. 内容形态“网感化”

网络纪录片以网络为制播主体，以年轻网民为主要传播对象，内容碎片化、轻量化、生活化，体量短小精悍，叙事轻快跳跃，剪辑率密集，呈现平民主义和人文主义的特质，“网感”十足。

（三）网络纪录片的形态

1. 网络自制纪录片

网络自制纪录片是指由网络纪录片公司自主生产出品的纪录片作品。其特点是追求高品质的商业化运营。腾讯出品的《风味人间》系列，哔哩哔哩出品的《人生一串》系列、《历史那些事》，知了青年出品的《了不起的匠人》等都属于网络自制纪录片。

2. 商业定制纪录片

商业定制纪录片是由视频网站或影视制作公司专门为广告客户量身定做的纪录片。例如恒大冰泉的《圣山溯源》是由《舌尖上的中国》的团队为其打造“舌尖上的冰泉”感觉的 15 分钟微纪录片，在腾讯视频播出。《一团火》是小米公司创业 8 年之时请影视制作公司为其拍摄制作的纪录片，在哔哩哔哩播出。

3. 用户原创纪录片

用户原创（UGC）纪录片是互联网时代的独特产物，普通大众用户通过互联网将自己创作的纪录片作品上传至视频网站成为创作者。用户原创纪录片的片源质量良莠不齐，作品内容、画面质量、作品版权都得不到保障，但较网站自制纪录片更现实、更关注民生，亦受到网民的喜爱。国外的 YouTube，Myspace 等视频网站以及国内的土豆网、优酷网等都是 UGC 生产作品的传播平台。

① 新华社客户端．网络纪录片崛起的背后［EB/OL］．（2020-01-13）［2020-05-20］.https：//baijiahao.baidu.com/s?id=1655596159935369125&wfr=spider&for=pc.

（四）网络纪录片审美特征

1. 商品性与精英性并存

在市场化的要求下，以消费型文化为特征的商业纪录片逐渐得到了大众的认可，以中央电视台纪录频道为代表的媒体纪录片引领了国内大众纪录片的类型，多年的观影习惯使观众对纪录片产生了高冷的刻板印象，纪录片不再是个人意识的体现，而是越来越趋向于工业产品。纪录片作为影视产业的一个重要分支，在国家政策和市场选择的合力推动下逐渐走上了产业化的发展道路，而作为新生事物的新媒体纪录片在诞生之初就以一种文化商品的形态存在，在文化工业化发展的大背景下呈现出越来越明显的商业性。在新媒体纪录片的三种重要形态中，非专业制作机构的原创内容对网民的吸引力非常有限，而网站自制纪录片尤其是高品质纪录片是非常重要的盈利内容。

2. 人文性与草根性觉醒

纪录片的人文性与草根性的觉醒得益于 20 世纪 90 年代末的新纪录运动。随着摄像技术向个体的渗透，底层视角出现在独立纪录片中，于是纪录片的内容开始从宏大的主题走向日常，农民、下岗职工、边缘人群成为拍摄的对象和被记录的主角。如今伴随着我国文化体制改革的深入和技术的进一步普及与扩散，原有的封闭影像话语权开始被打破，个人记录与表达成为一种潮流，真正的底层话语权开始表达与彰显。尤其是用户原创纪录片的出现，加上视频网站、社交网络等媒体平台的支撑，使大量个人影像作品有了播放的平台。这些来自不同行业、不同文化背景和不同阶层的用户及其作品所代表的草根话语的表达与大众文化的诉求，一时间成为当今时代文化背景下的重要组成部分。

3. 审美趋同特征

在媒体不断融合的环境下，媒体表达与审美越发开放包容，新媒体纪录片的商业性与精英性、人文性与草根性不再是完全的两极分化，而是在当下的语境中呈现出趋近性。网站自制纪录片和商业定制纪录片开始不断向草根用户原创纪录片取材，以期发展潜在受众群体，提升自身的商业价值，特别是以带有公共性质的现实议题为主要内容的纪录片。而用户原创纪录片也逐渐提高了投入与制作水准，向着 PGC（专业内容生产）的模式迈进。于是我们发现，用户原创纪录片的水平不断提升，质量逐渐上乘，一些影视传媒机构甚至开始有官方 UGC 生产者出现。从受众的角度来看，伴随着新媒体技术的突破和发展，草根阶层与精英人群之间的界限将逐渐模糊，呈现出“草根的精英化”趋势，这也让新媒体纪录片市场有了更多的发展空间，新媒体纪录片的存在形态或将进一步丰富多样。在互联网时代，独立制作的主体更加普遍化且专业化，这也将成为纪录片发展的新趋势。

二、网络纪录片策划

（一）选题策划

选题策划是网络纪录片制作的第一步，即解决“拍什么”的问题。选题是纪录片制作之首，也是重中之重，编导选择自己感兴趣的题材是创作成功的关键。

1. 选题来源

进入移动互联网时代以后，随着受众互动的参与性越来越强，纪录片的生产越来越关注受众的喜好。如今通过大数据技术分析受众的喜好可以做到对选题的精准选择。随着互联网技术的不断升级，大众与互联网的关系越来越紧密，网络上包含各种专业媒体发布的新闻资讯以及受众生产的大量内容，相比以往通过传统媒体获得信息的方式，网络媒体使得信息获取更加高效快捷。编导往往选择通过网络搜索选题线索，进而找到合适的人物和选题。例如某篇新闻对某个人或某个事件的报道会成为选题的直接线索。

除去通过网络平台获取选题之外，朋友推荐也是获取选题的途径之一。一般情况下朋友推荐的人物更容易快速了解和建立友谊，有助于快速推进工作。很多纪录片的人物是导演本人的亲人朋友，或是来自朋友推荐的熟人，但是要注意用朋友推荐为选题要以适合为前提。

当然选题也可能在无意间巧遇，纪录片《春山寂静》是导演拿着相机在北京延庆马蹄沟村与村民聊天的过程中无意间获得。总之，选题可能在世界的任何地方，需要编导进行大量的搜集和多方打听并且具备一双“火眼金睛”。

2. 选题类型

针对网络自制纪录片、商业定制纪录片和用户原创纪录片选题的差异，按照体量划分主要分为系列纪录片和单集纪录片两种类型。

（1）系列纪录片。一般由网络纪录片公司出品，具有集体创作、风格统一、多集构成、商业化运营的特点。

系列纪录片是在一个大命题之下再寻找分集选题，由分集导演各自负责，分别确定每集的主题。大命题限定了该系列总的题目和主题方向，分集的选题必须要在这个范围之内进行。大命题的选择与分集题材一样需要具备时代性、社会性和新颖性等特征。相比较传统纪录片，网络纪录片在题材的选择上更加垂直细分，比如《人生一串》从中国美食的广阔命题下聚焦到烤串这个品类上，用人生作定语修饰讲述与人生相关的烤串文化和人的故事。《早餐中国》《人生如沸》聚焦早餐和火锅，也是题材垂直细分下网络美食类题材纪录片的代表作品。

（2）单集纪录片。网络自制纪录片、商业定制纪录片和用户原创纪录片都有可能是单集体量，但网络自制纪录片以系列生产为主，商业定制纪录片一般为“命题作文”。这里着重介绍用户原创纪录片，一般由导演确定选题后通过提案阐述获得奖金、众筹或者自主出资等方式完成影片制作。单集纪录片按照时长又分为长纪录片和微纪录片。

用户原创纪录片的选题具有聚焦边缘人物、拍摄周期长、深入人物生活、呈现直接电影美学等特征。例如《生于妓院》的主人公是一群生活在印度红灯区的性工作者的孩子们，导演为了拍摄这群孩子的故事在印度生活了数年跟踪拍摄，她把相机给到孩子们的手中，教授他们摄影知识，激发了他们的艺术天分，最终由孩子们拍摄的大量优秀照片出现在影片当中。影片获得第77届奥斯卡“最佳纪录片”奖，获奖后片中的很多小演员得到了社会的救助留在美国读书，他们的命运也因此彻底得到了改变，本片让观众看到摄影成为改变人们命运的一种可能性。而纪录片《我是另一个你》的导演为了拍摄一个街头流浪的年轻人跟他一起露宿街头，捡食垃圾桶中的食物，体验“寻找自由”的旅程，导演跟拍两年之久最终完成影片，在影片的后半部分又慢慢揭示出这个年轻人原来是一位精神病患者，而他的流浪是为了治愈疾病，从而引起了人们对精神病人的关注。

（二）调研预访

选题策划解决了“拍什么”的问题，但实际上此时我们对选题的具体内容还存在着很大的不确定性，就这需要通过调研预访予以解决。调研预访一般情况下分为“纸上”调研和实地调研两个阶段。

1.“纸上”调研

这是实地调研之前通过网络、电话等方式对选题和人物进行的调研工作。“纸上”调研主要在于确认选题的主题方向和可行性，以及片中主要人物的参与意愿等信息，为下一步实地调研打下基础，保证实地调研能够得到进一步实质性的推进。如果跨过“纸上”调研直接进行实地调研很可能会因为实地情况的不确定性无功而返。

2. 实地调研

经过了前期“纸上”调研的基础工作，实地调研是为了进一步确认人物的形象、表达能力是否适合上镜，人物的个性能否通过视听语言得到很好的表现，了解人物故事的脉络，掌握叙事链（推动故事向前发展的线性事件），预测故事的走向，确认拍摄的环境与地点等。总之，实地调研是为拍摄一个完整的故事做准备，应该收集本阶段能够收集到的所有信息，以满足选题文案写作的需要。

（三）选题文案阐述

纪录片的选题策划和调研预访完成之后，就可以进入具体文案阶段了，书面的选题文案是拍摄的依据。同时用作提交相关部门领导审核，确定立项。

选题文案阐述要简练并直切重点，主要包括：

1. 选题背景

背景信息是为了交代为什么要做此选题以及选题的意义。

2. 主题

主题是每个纪录片编导都要思考的主要问题，它是一部影片的灵魂，确定了主题意味着影片的每个组成部分都要与之息息相关，它限定了影片的表达方向。

3. 内容概述

包括人物介绍和故事梗概。能够体现人物的个性、困境以及故事的叙事链和故事弧。叙事链是指串联起影片的链条，这条链条就是故事的要素，它贯穿影片的始终，并且推动影片向前发展。故事弧是指故事中人物经历某些事件后观念发生变化的整个历程①。

（四）拍摄大纲

选题文案是拍摄大纲的重要依据，但是因为拍摄大纲是给拍摄团队的主创人员看的，所以大纲中应该涵盖拍摄语言指导完成拍摄任务，主要包括：

1. 主题

同选题文案阐述。

---

① 伯纳德．纪录片也要讲故事［M］．3 版．孙红云，译．北京：北京联合出版公司，2015.

2. 内容概述

同选题文案阐述。

3. 场次安排

影片一共需要拍摄多少场次，什么时间拍摄，每场要表达的思想，以及拍摄内容都需要统一筹划安排。

4. 风格样式

在拍摄之前要确认影片的摄影风格和美学特征，以保证整个系列影片的镜语风格一致。例如利用三脚架进行固定机位拍摄，还是主要以手持、肩扛方式进行移动拍摄。利用三脚架拍摄，画面稳定，不会出现摇晃，但是很难迅速调整机位，进行移动抓拍。采用以手持、肩扛为主的移动拍摄，最大的优点是灵活、机动，能够及时对被摄者的活动做出反应、调整，但画面不够工整。两种摄影风格体现两种不同的美学。再如以自然光为主还是人工布光为主等都需要与摄影团队沟通清楚。

（五）组建拍摄团队

目前，中国主要的纪录片网络媒体制作公司包括腾讯、新浪、哔哩哔哩、一条、二更、知了青年等。不同于传统电视台纪录片的运作模式，新媒体公司对纪录片的运作非常商业化，要求商业回报，因此从前期策划阶段到发行上映都严格按照计划行事，在有限的周期内完成制作，为了有效工作，有的团队甚至加入编剧的职位，比如由知了青年出品的《了不起的匠人》由编剧从始至终参与对影片内容的编排。

一部网络纪录片的拍摄团队的人员配置和主要职责如下：

1. 导演组：导演、编剧

导演，是影片的组织者和领导者，是对生活的材料进行有创造性的加工并搬上荧幕的总负责人。导演的任务是组织和团结剧组内所有的创作人员、技术人员和演出人员，发挥他们的才能，将众人的创造性劳动融为一体。

编剧，本来是虚构影片创作中非常重要的角色，是影视剧本的作者，掌握着故事中人物的命运。在纪录片创作中编剧的角色不同于虚构片，人物和故事都是真实存在的，编剧的职责是将故事的内容进行“戏剧性”的编排。包括完成人物采访、台本故事和解说词内容撰写。

2. 制片组：制片人、制片

制片人，指影片制片生产制作人。全权负责前期筹备、剧本统筹、组建摄制组、拍摄生产、后期制作；执行摄制资金成本核算、财务审核；协助投资方国内外发行和国内外申报参奖等工作。

制片，影视剧组中制片的分工较细，一般分为生产制片、生活制片、现场制片和外联制片四个职位。但因为纪录片剧组规模较小，制片往往由一人担任。全权负责跟进现场拍摄进程、与外部联系以及剧组人员的生活等多种事务。

3. 摄影组：摄影师、摄影助理

摄影师主要负责影片的屏幕造型处理，为影片获取最恰当的摄影画面。

摄影师需要根据影片的内容与导演的要求选择摄影设备及其辅助设备，与照明组、录音组密切配合完成摄影要求。摄影助理应该时刻在摄像师身边完成及时更换镜头、跟焦等辅助工作。

4. 照明组：灯光师、灯光助理

灯光师需要根据影片内容与摄影师配合，完成各种光线效果设计。灯光助理辅助灯光师完成布光工作。

5. 录音组：录音师、录音助理

录音师需要完成拍摄过程中环境声、对话、采访等的录音工作。录音助理在现场辅助录音师收录声音。

（六）提案阐述

纪录片提案是制作人为了从公共或私人奖助型基金会代理处获得所需拨款而向相关单位提交的文件。在纪录片制作过程中从选题到后期制作以及发行上映阶段都可以进行提案阐述，是纪录片制作方寻求合作、获得资金、评奖以及增加影片曝光的一种公平公开的机会。

下面通过对 2019 年“腾讯谷雨 ×CCDF 最佳提案奖”获得者周浩导演的作品《孤注》的提案阐述进行展示，向大家阐示提案的写作方法。

以下是导演周浩的内容阐述：

我们看到一个数据，中国现在有将近 1.1 亿人患有不同程度的 PTSD（创伤后应激障碍症）。在西方，有关 PTSD 的影片不少，但在中国对此却少有认知和关注。也许这是我们的文化所致，涉及心理的问题多是“视而不见”或“不去面对”的态度。

影片的初心是想去探究 PTSD 的患者如何正视过去的创伤，面对当下生活的故事。

本片有两位拍摄对象，一位是来自青岛的心理咨询师佟梅梅，3 岁时，她爸爸把她放在一旁，转身跳楼自杀。40 岁时，老公开车，她坐在副驾驶的位置上，结果遭遇车祸，老公去世。另一位是来自台湾的姚尚德，12 岁那年的一天，放学时，坐错公交车，下车后被一老伯诱骗入家中，被性侵……

在 2018 年年中，摄制组进入了这两个人的生活里……

佟梅梅告诉我们，每次摄制组离开后，她会大哭；而姚尚德因为摄影组的出现，会去找心理医生。纪录片的拍摄，再次撕开了他们内心的创伤。我们的介入是否是不道德的？

中国的专业心理咨询师从于德国，顶级的德国专家每年都会在中国开班，9 年来佟梅梅一直在接受这样的培训，我们借机也咨询了知名的心理专家，他们的答复给了我们鼓励和启发。

陪伴、倾听、一起经历是疗愈的一部分。

个人的创伤，并不是个人去处理就了事了。这跟当事人的家人，身边的朋友，包括我们这些介入他们生活的拍摄者也密切相关。这次，我们决定以“ALL IN”的方式去讲述，佟梅梅、姚尚德、摄制组三方盘根错节，共同面对这段生活的故事。

明年3月，姚尚德有计划要排演一出情境默剧《孩子》，他将以自己的方式重新解读自己当年的那段经历；我们拍摄到了佟梅梅和她妈妈的多次冲突，她心底一直认为，爸爸的自杀是妈妈逼出来的。一年多来，佟梅梅和妈妈的关系已经有了缓和迹象。本片有可能采用第一人称的视角来构述。

三、网络纪录片拍摄

（一）视听语言

1. 摄影手法多变

受互联网时代人们快节奏生活方式的影响，网络纪录片尤其是网络自制纪录片的镜头组接上表现为切换快、剪辑率高的特点。这就使得创作团队为了向观众呈现视觉奇观在摄影手法上下足功夫。由腾讯出品的《风味人间》系列纪录片使用了超微观摄影、水下拍摄、显微拍摄等多种方式，还特意请来了“美丽科学”团队承包片中美食微观演变过程的超显微镜头，借助超显微镜头将食物尽可能地无限放大，甚至深入食物内部，将食物演变过程中的分子运动呈现在观众的视野之中。而《人生一串》中对鱼眼镜头的应用衬托了影片轻松诙谐的风格。

2. 手机摄影应用

由于纪录片创作对真实记录的特殊性要求，摄影师尽可能捕捉现场的真实画面非常关键，但传统的摄影器材往往体积大不宜移动，摄影师携带如此笨重的设备在有些场合不利于拍摄，而且很容易影响拍摄对象的情绪，从而直接影响拍摄效果，因此，纪录片创作对便携设备的要求越来越高。而随着性能、功能的提升，手机也开始在摄影领域得到有效利用。有些手机的摄像头已经达到了4000万像素的电影级别，而且同时配有长焦和广角摄影头。据《人生一串》的摄影指导徐天淳称，该影片在拍摄过程中就使用了手机拍摄。《七天》是导演用华为P9拍摄的，影片记录了一位90后青年制作一把陶瓷茶壶的全过程，画质与专业摄像机拍摄的效果相差无几，最主要的是全程没有一句台词只有制作茶壶过程中的同期声，而声音是全片的亮点，堪比专业录音机录出来的声音。

3. 长镜头与景深镜头

（1）定义。

长镜头，也被称为段落镜头，是指 10 秒钟以上（有的长达 10 分钟），对一个场景、一场戏进行连续的拍摄，形成一个比较完整的镜头段落。其长度并无明确的、统一的规定，是相对于“短镜头”的讲法。长镜头能包容较多所需内容或成为一个蒙太奇句子（不同于由若干短镜头切换组接而成的蒙太奇句子）。长镜头注重事物的真实和完整的动作，保证拍摄过程的不间断，让观众看到环境的全貌和人物之间的实际联系。

景深镜头，又称纵深镜头。景深原指照相机焦距范围内景物的清晰程度。电影里是指一画面中自近而远不同纵深层次的影像镜头。景深镜头指的是景物清晰范围大，前后景纵深清晰层次高的大景深镜头。电影《公民凯恩》中大量使用景深镜头使得电影层次感增强，景深镜头的运用有利于通过画面交代人物关系。其中童年凯恩的母亲签约的那场戏使用了一个移动的景深长镜头完成画面调度，最终画面中呈现前景签约的母亲和撒切尔，中景的父亲和后景中在雪地里玩耍的小凯恩，三个层次的画面同时清晰地展现，产生了复杂的蒙太奇意义。

巴赞主张使用长镜头和景深镜头，因为长镜头能够保持影片在时间上的延续性，而大景深镜头能够还原空间的真实和完整。这种“纪实美学”风格在纪录片拍摄中受到推崇。与前面讲到的有些网络自制纪录片的镜头风格不同，景深长镜头在纪录片中应用很广泛。具有创造完整时空、形成丰富的表意和增强纪实感的作用。

（2）景深长镜头的实现方式。

① 固定镜头。

固定镜头是在拍摄一个镜头的过程中，摄影机机位、镜头光轴和焦距都固定不变，而被摄对象可以是静态的，也可以是动态的。这种没有场面调度、静止不动的拍摄手法给观众一种对他人生活的窥视感。一般在纪录片中对由多个人物组成的复杂场景会采用大景别的景深长镜头表现。

②镜头内场面调度。

《生门》开头和结尾分别用了1分钟左右的长镜头。开头镜头从医院的一个走廊水平移到另一个走廊，纵向穿过拥满医生病人的走廊，进入病房，再从病房的窗户出去看到城市的全貌。结尾是从医院窗户前在摇篮中熟睡的婴儿的画面开始慢慢拉开，在城市上空看到越拉越大的城市画面，与开篇的部分形成完美的呼应，将无限的余味留给了观众。纪实片不同于剧情片，不可能人为地排演调度人物的走位，而通过对空镜镜头的场面调度完成的长镜头同样可以产生蒙太奇意义，引人深思。

③肩扛跟拍与手持拍摄。

肩扛跟拍与手持拍摄是指将摄影机扛在肩上或者手持对人物进行的拍摄。梅索斯兄弟主张"墙上的苍蝇"式的"直接电影"风格，他们的纪录片大都是采用肩扛方式完成的。肩扛与手持拍摄更加灵活，便于捕捉细腻、生动的画面。肩扛有利于跟拍，而跟拍对还原真实的故事场景至关重要，肩扛跟拍很容易产生景深长镜头，设置为大景深是为了使画面的前后景保持清晰以免遗漏信息，而跟拍使用长镜头一般是因为追踪人物行动很容易超过10秒，又因为画面中人物在运动会使画面看上去没有过分冗长的感觉。纪录片《生门》中使用了大量的肩扛跟拍式景深长镜头，这样的拍摄方式使纪录片极富生活的真实质感。

（二）现场拍摄中的意识

1."挑、等、抢"意识

"挑、等、抢"是新闻创作中的术语，是纪实作品拍摄过程中必备的素养和能力，这一点纪录片与新闻是一致的。

（1）挑，即挑选。纪录片是非虚构影片，没有剧本和分镜头，所以在拍摄中极其考验编导挑选"素材"的能力。如何对现实生活进行创造性的加工，首先要知道该拍什么不该拍什么，挑选取决于编导的专业素养、文化程度、经验以及对影片和人物的理解。

（2）等，即等待。许多纪录片要花费数年才能完成，受到“真实”原则的约束，追随拍摄故事中人物的生活轨迹需要花费时间等待它自然发生，而不能安排其搬演。当然等待的前提是与主人公保持沟通，对故事的发展进行预先判断，进行预见性等待。

（3）抢，即抢拍。在事件发生、发展过程中把真实的瞬间及时抢拍下来，这个瞬间往往最感人、最富有表现力而且失不再来。例如纪录片《春山寂静》中刘玉连在与十年未见的养子柏景华第一次视频电话时真情流露、声泪俱下的瞬间是导演抢拍下来的，这样的场景是无法重来一次的，因此抢拍非常关键而且十分考验导演和摄影师对现场变化的反应能力。

2. 环境意识

纪录片现场拍摄中需要有环境意识。虽然拍摄的重点是围绕着主要人物、主要事件展开，但是不能忽略环境信息，因为环境是事件的发生地、人物的活动场所。大到国家、城市、村庄、田野、高山，小到花园、仓库、建筑物、交通工具、服装饰品都能体现和揭示环境与人物的关系，从而使事件和人物的意义更加深刻、更具内涵。环境信息往往用在一场戏的开头或结尾用来交代环境或者抒发情绪。在拍摄过程中每个场景都需要单独拍摄空镜以及带人物关系的环境。另外需要安排时间对外景进行专门的拍摄，有的摄制组专门设有空镜组负责拍摄环境。

3. 声音意识

纪录片是视听的艺术，画面和声音构成了纪录片完整立体的形象，两者在创作中同等重要。声音的作用不容小觑，现场拍摄中的声音是指同期声，包括人或物发出的声音、环境的声音等，它具有真实的叙事和表意功能，而现场收录的声音是后期特效或拟音所无法超越的，因此在拍摄中收录真实高质量的声音非常关键。甚至有的时候在主人公不方便被拍摄或者没有及时开机的情况下，录音设备仍需要保持开机状态，保证对现场声音的完整收录，在后期剪辑中有了这段声音或许会达到意想不到的效果。比如《一百年很长吗》的男主人公在结婚之前一直得不到女方父亲的认可，而女方父亲不愿意出镜，有一场男主人公跟女方父亲单独交谈的戏，当时摄影机没法跟拍，就让男主人公戴着无线麦克风进到一个房间与女方父亲交谈，录音师录下了完整的谈话内容，后来只有这段声音被用在了片子里，画面使用了空镜头，观众一下子明白女方父亲对男主人公的态度。另外在每场拍摄完成之后补录一条完整的环境声，在后期剪辑时也会非常有用。

4. 剪辑意识

带着剪辑意识去拍摄是每个编导和摄影都应该具备的专业素养，每一场戏需要多少镜头，如何调度，这需要编导和摄影默契配合，编导要传达清楚主题和意图以便摄影用镜头很好地表现出来，而当摄影没有理解到位或在镜头表达不足的情况下编导应该及时指正补充。

（1）镜头成组。远景、全景、中景、近景、特写构成了一组完整的镜头组，要尽量成组拍摄，在拍摄不同景别的同时要不断变换角度，并保证镜头的有效性，尽可能拍摄足够多的镜头和角度为后期剪辑创作提供更多的可能性。

（2）拍摄反应镜头、空镜头等。比如拍摄一场台上演讲或演出的戏，完成台上核心人物拍摄的同时还要拍摄台下观众的反应镜头，再如拍摄人物胸前的标牌空镜，标牌上有其姓名和职务。在剪辑影片时插入反应镜头和空镜会让整场戏的情感气氛更加真实饱满。

（3）拍摄转场镜头。熟悉切入切出、封挡、消失等镜头的拍摄，在后期剪辑中会成为最佳剪辑点，起到承担、过渡与转场的作用。

（4）其他。对于运动镜头的拍摄要留有足够的起幅、落幅，以供后期运动镜头与固定镜头之间的衔接使用，个别镜头的落幅要根据现场的情况尽量延长，在后期中这种留白有时会产生意味深长的感觉。另外，要有早开机、晚关机的意识，事件随时发生，为抢拍做好准备。

（三）现场采访

1. 采访准备

采访是纪录片创作中的重要组成部分。采访的内容与全片的故事直接关联，具有重要的叙事功能，有时候采访的内容会代替解说词在影片中推动故事的发展。采访要在看似轻松随意的表象下精心设计完成。

（1）提前设计问题。采访之前要根据故事大纲梳理出问题清单，问题的顺序要做到由浅入深、由近及远、由表及里。问题要成组，要有逻辑，完成一组问题再进行下一组。提问时要引导受访者自由发挥展开叙述，而不是简单回答“是”或者“不是”。并在提问时提醒受访者在回答每一个问题之前把问题重复一遍，并向其说明原因。比如：“由于后期剪辑时我的提问很可能被剪掉，只保留你的话，所以需要你先重复我的问题并接着回答，如此在片中呈现观众才知道你是在就什么问题而展开谈论。”

（2）确定受访者的视线。受访者的视线是面向镜头还是偏向画面的一侧需要提前确定。一般让受访者直面镜头能够加强人物与观众的交流感。但是直面镜头会给受访者本人造成紧张感，一般会让采访人坐在摄影机的后方与摄影机平行的位置，让受访者对着摄影机后方的人说话以引导和缓解受访者的紧张情绪，拍摄出来的效果是人物在对着摄影机说话。《中国抗疫志》中有多位专家、医生的采访都是视线正对摄影机，让观众感觉他们正在对着自己讲关于疫情的知识，有很强的代入感，能够引发关注和参与的欲望。让受访者的视线偏向一侧，对着坐在摄影机旁边的人讲话是大部分纪录片会采用的形式，这种采访看起来是受访者在与画面外的人说话，意在暴露影片的拍摄过程，从而使影片看起来更为真实可信。

（3）确定单机采访还是双机采访。一般使用双机采访，一个主机位使用近景，一个辅机位使用特写，如果后期需要两段不连续的采访内容，用两个景别接起来便不会跳切，而且使景别更加丰富。如果拍摄条件不允许双机的话，就需要摄影师在拍摄的过程中适时变换景别，以尽量获得丰富的镜头。另外，还需要确定光线效果，以及人物的服饰、妆容等。

2. 选择合适的人去采访

（1）补充提问。如果导演在调研预访中听主人公讲到一段有趣经历，拍摄采访中想要让他再说一遍，这时可以提前协调好在采访结束的时候由另一个人补充提问，比如让副导演或者导演助理问："听导演跟我们说过你一段有趣的经历，可以再跟我分享一下吗？"这样做不至于让受访者产生重复叙述感，换了一个人提问更易激发他的诉说欲望，还有可能比之前表达得更好。

（2）辅助采访。如果受访对象是老人或者小孩，因为害羞或者语言不通等问题很难敞开心扉，可以安排其亲人、朋友在旁边引导，只要是能够让他感觉到舒服放松的人都可以辅助完成采访。

（3）现场人越少越好。除了导演、摄影、录音师其他人等都可以先撤离现场，而且摄影和录音要尽量地隐藏自己。导演可以先跟受访者聊一些轻松的话题，营造一种跟熟人聊天的氛围，让受访者慢慢忘记摄影机和灯光的存在，逐渐沉浸到两个人的交谈之中。

3. 选择合适的采访环境

采访一般要持续一两个小时甚至更长，对环境的选择很重要。其一，要安静，保证录取到干净优质的声音；其二，环境要与影片的主题契合，无违合感；其三，要让主人公感觉亲切舒服，一般会选择与主人公身份、职务相关的环境，比如受访者是医生会选择在其工作的医院，如果是企业家可能会选择在办公室，如果是舞蹈家会选择排练室，如果是农民可以选择农田旁边，但是如果选择室外采访要注意光线条件，一般会选择早晨或者下午太阳斜射的时间段。

四、网络纪录片编辑

纪录片的后期编辑是将前期拍摄的素材经过剪辑结构成一个完整影片

的过程。编辑是结构的过程也是解构的过程，解构是指将素材先打散，结构是指将素材通过镜头的拼接进行组合的工作，影片的蒙太奇意义就是在这个过程中产生的。

（一）后期编辑的流程

1. 整理素材

（1）熟悉素材。虽然编导在拍摄过程中已经看过素材，对素材有了大概的印象，但是到了后期阶段仍然需要再次仔细浏览素材，做到对素材整体和细节的把握。剪辑师一般不会参与拍摄，对素材完全陌生，更加需要仔细熟悉素材，吃透素材，形成自己的想法和结构故事的思路。编导与剪辑师需要密切配合才能完成后期编辑工作。有些独立纪录片的导、摄、剪都是导演一人完成。

（2）将采访同期声形成文字稿。将采访和含有大量对白的纪实场进行扒词形成文本，并标清时码，为编导撰写脚本和剪辑师剪辑作参照，脚本和剪辑是需要反复修改和完善的一项工作，因此将采访和纪实场形成文本有利于反复查看、反复修改使用。如果没有文字资料，对于包含大量信息的视频很难把控。所以这项基础工作虽然繁复，但是非常重要一定要提前完成。

（3）做场记。除非是几分钟时长的短视频，一般时长 15 分钟以上的纪录片素材量已经达到几个小时。为了方便后期快速找到所需素材，需要将素材分场并标清名称，列出场记单，不同于剧情片的场记，每一个镜头都需要将景别内容记录得一清二楚，纪录片只需要按照场次标清日期和镜号。比如，场景：姐姐在楼梯间背书，日期：2020 年 5 月 20 日，镜号：fs7001-020。针对个别重要的场景和镜头在场记单中单独注明，以便剪辑时快速找到。

2. 完成剪辑脚本

剪辑脚本是由编导写作，供剪辑师参照的剪辑文本大纲。剪辑脚本是编导系统梳理故事信息和结构而产生的，也称作“纸上剪辑”。纪录片脚本写作不仅仅是解说词写作，还包括画面和音响的设计。

3. 粗编

粗编的任务就是借助非线编辑软件将“纸上剪辑”的影片变成现实，将影片的大概样貌呈现出来，其与成品还有很大差距，粗编影片应尽量留足时长，每个镜头的出入点也不需要卡得太紧，音乐和解说词也先忽视。接下来针对精编影片再进一步反复调整结构，减少时长和精细编辑。

4. 撰写解说词和完成解说配音

解说词的撰写一般是以画面为基础，看着画面写解说，解说词不是对画面内容的简单描述，而是进一步补充和强化画面信息，从而达到叙事、抒情表意和提炼升华以及解构全篇的目的。如今新兴起的网络纪录片的解说词与传统纪录片相比表现出其独有的网络特性。

（1）明星解说。网络纪录片的商业性之一体现为启用明星解说，例如《了不起的匠人》由林志玲解说，《但是还有书籍》的解说是胡歌。受明星效应的影响，两部纪录片都取得了非常好的播放量和口碑。未来这可能会成为一种趋势。

（2）接地气的旁白。传统纪录片的解说旁白往往字正腔圆，而网络纪录片更加接地气。例如《一百年很长吗》的解说旁白在对比了专业配音员和导演萧寒的风格之后选用了萧寒的版本，很多观众反映听起来虽然不专业但是他特有的评书味道很有感觉，听着轻松舒服。《人生一串》的旁白听起来轻松诙谐，就像邻居家大叔的调侃，透着“平民化”的亲切感。

（3）“网感”化的文案。传统纪录片解说的文案很“正”，网络纪录片的表达更加口语化。例如《人生一串》的解说词：“凉山小猪，掌控着小二哥的生意，今天的小猪肉品质给力，二哥招呼起客人来也是底气十足。”把小猪拟人化，显得很幽默，“给力”这个词属于网络用语，一下子拉近了影片与网民的距离。加之叙述者轻松自在的口吻，听起来非常亲切舒服。

5. 精编与合成

粗编完成之后需要进一步反复地修改，即进入精编的阶段，这时需要对画面、声音、音乐进行统一的编辑，画面的拼接要舒服，解说词、同期声、音响、音乐与画面要配合到位，最终使影片结构合理，节奏舒适，字幕、唱词、人名条、地名条按照统一的标准进行包装，最后加上片头片尾以及片尾字幕完成最终的合成。

6. 音编与调色

在剧情片中音编和调色的分量很重，因为涉及为演员配音、特效拟音、配乐等工作，而剧情片的调色需要根据影片的类型、风格以及故事发生的年代等调出特有的色调。纪录片追求真实效果，片中人物的对白以及现场音响声完全使用现场收录的声音，所以音编一般只针对拍摄过程当中收录声音出现的问题，比如底噪声大、有回响等，需要对其进行修复。而调色的工作只需要还原影片的真实色彩。

（二）画面编辑

1. 动作剪辑

动作剪辑是指以人物的形体动作、镜头运动和景物活动等为对象的剪辑，是剪辑中最为关键的部分。

（1）动作分解法。将一个完整的形体动作通过两个或多个不同角度、不同景别的镜头拼接到一起展示出来。比如一个人倒茶的动作可以由一个手拿茶壶的特写、一个茶倒进茶杯的特写和倒完放下茶壶的全景组成，将一个倒茶的动作分解再还原成一个完整动作。应该注意剪接点应设置在动作变换瞬间的暂停处，使镜头衔接自然流畅。

（2）动作增减法。纪录片的画面一般一秒钟由 25 帧构成，即 25 帧每秒的画面能够给人观看流畅的感觉，如果拍摄时设置成 5 帧一秒，正常播放时会得到动作加速的效果，称为降格拍摄，即把动作做了减法。如果设置为 120 帧每秒拍摄，正常播放会得到动作延缓的效果，称为升格拍摄，即对动作做了加法。如果前期没有进行升降格拍摄，后期也可以通过抽帧和改变画面速度的方式来延长或加快动作。快速镜头会给人时间流逝的感觉，而慢速镜头有抒发情感的效果。

2. 情绪剪辑

情绪剪辑是指以心理动作为基础，对人物在不同情境中的喜、怒、忧、思、悲、恐、惊等情绪所进行的剪辑，具有展现人物内心活动、渲染情绪、营造气氛的作用。情绪剪辑的关键在于准确地体会人物的不同情绪，并通过剪辑的手段将情绪强化表达出来。要想剪好情绪，这就对剪辑师的艺术修养、对人类情感情绪的感悟能力提出了很高的要求，与以动作为基础的动作剪辑不同，情绪剪辑关注的是对人物内心活动的感受力，不同的人理解不同，剪出来的效果可能会相差很大。尽管如此，在情绪剪辑中仍然有一些技巧可循。

其一，用细节表达情绪。在特定的情境中插入一个或一组特写镜头，从而使人物的情绪得以凸显和强化。比如流泪的眼睛的特写代表悲伤的情绪，眉头紧蹙的特写表示不满或者担忧的情绪，拳头握紧的特写表示愤怒的情绪，额头上冒出的汗珠的特写代表紧张、焦急的情绪，一组急促的脚步的特写表示事态紧急的情绪等。这些镜头具有强烈的直观性，恰当使用，可以使情绪得到外化的表达。

其二，通过镜头组接强化情绪。镜头组接是表达情绪的重要手段，长镜头组可以强调缓慢、闲适、宁静、无聊、懒散、忧伤等情绪。一组快速的短镜头组可以表达紧张、焦急、愤怒或者快乐的情绪。剪辑中做到将外在形式与内在情绪完美统一十分重要，切勿忽略在剪辑过程中进行留白情绪的处理，一般在一个段落的结尾或片尾留下空白，让观众自己慢慢体会、感受。

另外，运动镜头本身带有情绪表达的作用，如急推镜头是对被拍摄对象的强调，情绪随之得到强化；而拉镜头是对被拍摄对象的释放，表达一种轻松舒缓情绪一般用于段落的结尾；甩镜头往往是激烈的场景中常用的拍摄手法，表达一种混乱紧张的情绪，而有些画面故意处理成晃动的效果，是为了凸显危险慌张的事态正在发生之中。

3. 节奏剪辑

节奏是自然界万物呼吸的脉率。影片的节奏，即对影片结构、镜头长度等元素的处理所构成的一种长短不一的节律。它是一种有规律的、连续进行的完整运动形式。节奏剪接点的作用，就是运用镜头的不同长度来创造一种或快或慢的节奏。换言之，片子依据影片内容和情绪一定要有快有慢，比如到了紧张的地方，节奏必然会偏快一些，而温馨的段落，节奏也要跟着慢下来，有快有慢，有紧有松才符合人类正常的心理节奏。另外，应该使镜头与同期声、解说词、音乐、音响之间的配合产生的节奏达到和谐。节奏变化为影片艺术美之灵魂。

节奏贯穿整个影片的内容，从段落结构到每一个镜头、每一个音符。剪辑影片节奏分为内部节奏和外部节奏。节奏的把握有时只可意会不可言传。

内部节奏，也叫心理节奏。影片的节奏与人的心理节奏息息相关。编辑影片的过程，实际上就是创作人员通过对影视作品的编辑而折射出自己的心理活动。两者所产生的节奏是有共性的。例如剪辑影片时所用镜头的长度要与音乐的节拍相吻合，从而产生相符的节奏。比如使用一组恋人在海边嬉戏的升格镜头来抒发美好浪漫的情感，每个镜头的长度和这一组镜头的长度以及剪辑点的选择取决于剪辑的心理节奏。

外部节奏，即镜头组接的节奏。镜头是影片的最小单位，镜头与镜头的组接构成了影片的外部节奏，也称局部小节奏，镜头构成了影片的内容和结构，从而形成影片的整体节奏。两者之间相互影响、相互配合，共同构成了影片的节奏基础。一般情况先确定整体节奏再调整局部结构，然后反复磨合调整，直到达到和谐统一。

（三）声音编辑

纪录片声音的剪辑是指对纪录片中各种声音元素进行合理的构思、选配、组接和综合处理。具体来说，这些声音元素包括解说词、人物同期声、音响（现场音响、模拟音响）、音乐等。

1. 解说词的剪辑

上文已经解释过解说词的功能以及与画面之间的关系。解说词要出现在合适的位置，有时为了补充画面信息，有时为了抒情，总之要恰到好处，方能锦上添花。

首先，解说词不能太满，太满了就会给人一种无法呼吸的感觉，适当的留白反而让影片效果更好。一般来说，解说词的长度不能超过每段画面的时长，否则这段词就会拖到其他段落的画面上。另外，每段解说词不要与画面同起同落，应该比第一个画面晚进比最后一个画面早退。而且解说词一般也不会跟音乐同起同落。解说词与画面、音乐的配合要把控好，有先有后才会产生舒服的节奏感。

2. 人物同期声的剪辑

人物同期声是指画面上所出现的人物的同步话语。同期声在纪录片中的应用可以极大地增加真实感，许多独立纪录片的创作完全舍弃解说词，全程使用同期声叙事。人物同期声的剪辑，基本要求是语意完整、层次清楚、遵循事件发生的逻辑。同期声不一定完全声画同步，有时某些谈话内容可能被用作了独白，因此在不违背真实的前提下“声音”需要被重组。

人物同期声的具体剪辑方式有：

（1）直切式剪辑。声音和画面同时切入，这种切入比较直接生硬，但是纪录片最常用的手法，因为它可以充分体现现场的纪实效果。

（2）拖声法剪辑。是指上个镜头切出后声音拖延到了下个镜头画面上。这样可以保持上个镜头情绪、气氛的连续性。

（3）捅声法剪辑。是指下个镜头切入之前，音响就已出现在上一个镜头的画面中。也有人提出，在纪录片中使用拖声法、捅声法会损害现场的真实感，但这要视具体情况而定，如果能够恰如其分地契合当时的氛围、情境，反而能够制造一种真实的幻觉。

3. 现场音响的剪辑

现场音响常被称为“现场声”，包括环境声、自然声等。音响的作用在于阐释画面、传达情绪、渲染气氛。一般来说，现场音响在纪录片中常被给予保留、使用，从而使画面真实自然。但是，有些画面会去掉现场音响而突出音乐将情绪渲染到极致。同时，声音与画面不一定同步。比如清晨树林各种鸟儿的鸣叫声，夜晚小溪水边的蛙鸣声，无论是空镜头还是有人物的活动，有了自然的声音都会让场景瞬间变得真实生动。如先听到音乐混合着人的笑声、说话的声音，然后出现一个有歌手在演唱、顾客在说笑的酒吧的场景，这里的音响起到了转场的效果。另外，根据不同的时空关系现场声有远近高低之别。

4. 音乐的选配

音乐在纪录影片中起着抒发情感、参与叙事、产生节奏、烘托气氛和过渡转场等作用。音乐应该置入适当位置，与影片融为一体，甚至让人感觉不到它的存在，不知不觉地受到它的感染。纪录片中的音乐大致可分为主观音乐和客观音乐两类。

（1）主观音乐。指在纪录片后期制作时加入的音乐，是创作者根据对影片的主题和内容的理解进行的带有强烈主观意愿的创作，这类音乐通常被视为主观音乐。主观音乐并非来自现实世界，而是来自创作者对影片内容的感受，补充画面不易表达的情感与思想，能够增加画面的艺术效果和感染力。主观音乐包括现成的版权音乐，以及专门为影片的主题内容创作的原创音乐和主题曲。例如《历史那些事》的主题曲《灯塔与星辰》，该歌曲由 B 站知名 up 主萧忆情 Alex 演唱。据萧忆情 Alex 自己透露，是他在看到纪录片试映后，意外获得邀请，才有了《灯塔与星辰》这首歌。而片尾曲《在下东坡 一个吃货》是由影片中苏东坡的扮演者演唱，歌曲是说唱的风格，与传统历史题材的纪录片形成了很大的反差，很具创新性。

（2）客观音乐。指被客观摄录的有声源的音乐。包括影片中人物的演唱、演奏以及出现在拍摄现场的广播、电视等客观音乐。具有反映真实时空环境的特点。客观音乐一方面是对主观音乐的补充，另一方面起到更加真实自然地推动叙事和表达思想情感的作用。因此，在前期拍摄中要有捕捉有源音乐的意识。虽然主观音乐和客观音乐有一定的差别，但不可否认的是，两者在纪录片中所起的作用是一样的。

（四）声画关系

在剧情片的创作中声画关系的处理往往能够成为导演很好地表达思想和影片意境的重要手法，比如将声音和画面完全对位处理进行相反的表达，极具主观色彩和表意性。然而纪录片中声画关系的处理要在真实的原则下进行合理化的处理。

1. 声画同步

声画同步，指影片的声音与画面形象保持完全同步，即画面和声音同时切入、切出，画面有什么所发出的声音就是什么。

2. 声画不同步

声画不同步，指声音与画面的信息不完全同步。在后期剪辑中声音和画面是可以分离的，如果将一段画面上的声音提前一点或后置一点，就会形成声音转场和延续情绪的效果，虽然出现一部分声音和画面的信息不同步，但是不会造成观众理解上的偏差，反而会达到一种真实的错觉，让观众感觉很舒服，这在纪录片中有时会用到，但使用过多也会损害纪实感，要把握尺度。另外人物的独白声、解说词都属于画外音，与画面信息也不同步，但与画面结合起来产生一种“你中有我、我中有你”的和谐感。声画配合共同完成纪录片故事的讲述。

参考文献

［1］谭天，陈强．纪录片制作教程［M］．广州：暨南大学出版社，2011.

［2］黎小锋，贾恺．纪录片创作［M］．北京：中国国际广播出版社，2017.

［3］拉毕格．纪录片创作完全手册［M］．5 版．喻溟，王亚维，译．成都：四川人民出版社，2019.

［4］伯纳德．纪录片也要讲故事［M］．3 版．孙红云，译．北京：北京联合出版公司，2015.

［5］李名亮．网络新闻编辑实务［M］．上海：学林出版社，2015.

［6］彭兰．网络新闻编辑教程［M］．武汉：武汉大学出版社，2007.

［7］詹新惠．网络新闻写作与编辑实务［M］．北京：中国传媒大学出版社，2011.

［8］闫伟娜．新媒体纪录片的存在形态与审美取向［J］．艺术百家，2015（4）：226-228.

［9］张同道.2019 年中国纪录片发展研究报告［J］．现代传播（中国传媒大学学报），2020（7）：109-113，119.

［10］Nash. Modes of interactivity：analysing the webdoc［J］. Media，Culture & Society，2012（2）：197.

［11］万彬彬．新媒体时代网络纪录片浅析［J］．电影评介，2013（16）：14-17.

［12］韩飞．中国纪录片进入“网生时代”——2019 年中国网络纪录片发展研究报告［J］．传媒，2020（8）：38-41.

［13］姚红亮．新时代 AI 主播应用发展前景初探——以中央广播电视总台央广和北京人民广播电台为例［J］．传媒，2020（6）：45-47.

［14］朱丹青．智媒时代下 AI 合成主播的发展探讨［J］．出版广角，2020（2）：74-76.

［15］刘紫涵．试析网络视频新闻的构成与编辑制作［J］．新闻传播，2019（23）：80-81.

［16］乔丹．新京报“我们视频”的内容生产与分发策略研究［D］．保定：河北大学，2019.

［17］余小月．《人民日报》融合新闻生产研究［D］．成都：成都理工大学，2019.

［18］郭杰文．新华社网络视频新闻发展问题及对策研究［D］．南昌：江西财经大学，2019.

第三章　网络综艺节目制作

互联网信息时代飞速发展，给传统的电视媒体行业带来巨大冲击，市场的变迁、资本的介入、受众审美的提升，都昭示行业亟须探索全新的运行途径。尤其是在新媒体介入下，网络自制综艺节目从制作机构、内容生产、流程编排、受众参与形式以及传播模式等方面都进行了一定程度上的革新，在某种意义上主导着互联网社区的文化议程设置。本章节内容为网络综艺节目的制作，以网络自制综艺节目为研究对象，以节目特征、创作模式、传播方式以及制作机构为核心内容，并结合发展过程中的典型案例，表明网络自制综艺节目呈现出的崭新特质。

第一节　网络综艺节目概述

一、网络综艺节目的含义

（一）广义

广义的网络综艺节目是指在网络平台上播出的综艺节目。其中既包括仅由网络平台自行制作和网络平台独家播出的综艺节目，也包括电视端和网络端同时播出或先在电视端播出，然后在网络端播出的综艺节目。

（二）狭义

狭义的网络综艺节目主要是指依托网络生态系统，由网络平台和专业制作机构主导研发、制作，以网络用户为主要受众群体，在网络端单独播出或首次播出的综艺节目。以网络平台为首播或独播渠道是网络自制综艺节目与电视综艺节目的重要区别。

为了与传统的电视综艺节目相区分，本章所讲内容均是以狭义上的网络综艺节目为基础的，即网络自制综艺节目。

二、网络综艺节目的类型

网络自制综艺节目和电视综艺节目在制作模式、节目形式、节目主持风格、观众参与互动方式、节目播出方式等方面的差异很大，但是节目类型的划分大体上与电视综艺节目一致。

（一）真人秀

真人秀综艺节目，尚没有十分规范的定义，大多是指由普通人在规定的情景中，按照预定的游戏规则，为了一个明确的目的，做出自己的行动，同时被记录下来而做成节目[①]。

芒果 TV 主要以真人秀节目为平台主打综艺类型。2016 年大型明星侦探类真人秀综艺节目《明星大侦探》第一季在芒果 TV 播出，到 2020 年《明星大侦探》第五季，这一节目已经成为芒果 TV 的王牌综艺。湖南卫视联合芒果 TV 打造的《明星大侦探》姊妹节目《我是大侦探》，在湖南卫视及芒果 TV 双平台联播，热度依然不减。受“限童令”政策的影响，热门亲子类真人秀综艺节目《爸爸去哪儿》第四季、第五季由卫视平台转向芒果 TV 播出。除此之外，芒果 TV 开始积极拓展聚焦“夫妻关系”类节目，于 2018 年首推夫妻观察治愈真人秀《妻子的浪漫旅行》。

① 宫欣 . 从《偶像来了》分析中国真人秀节目的现状与问题［J］. 视听，2015（12）：41-42.

（二）脱口秀

脱口秀（Talk Show）类综艺节目，也称作谈话节目，通常是指由观众聚集在一起讨论主持人提出的话题的节目。[①]

爱奇艺主要以脱口秀节目为平台主打节目类型。2020年继续推出了于2014年第一季首播就广受好评的脱口秀节目《奇葩说》第六季。由于《奇葩说》的成功，其衍生综艺《奇葩ICU》和《奇葩大会》也受到了极大的关注。腾讯视频也以脱口秀类综艺节目为主，2017年脱口秀《吐槽大会》成功后，2020年乘胜追击，继续推出《吐槽大会》第四季。《吐槽大会》已然成为腾讯视频的代表性脱口秀网络自制综艺节目。

（三）纪实类

纪实类综艺节目一般采用的是“纪录片+真人秀”的形式，未知的自然因素、人文环境等使得纪实类节目的拍摄条件也充满了未知感。正是在这样的条件下，才能将人与环境、人与人之间碰撞摩擦的真实状态呈现出来。

《奇遇人生》是国内首档明星纪实类真人秀，由腾讯视频推出并独播。《奇遇人生》的纪实性在于“奇遇”二字，节目中明星嘉宾们抛去一切冗杂事物，全身心投入大自然之中，用探索世界的方式探索自己。芒果TV《向往的生活》是一档生活服务纪实节目，节目坚持自给自足、自力更生的生活方式，用乡村生活的宁静真实地表现现代都市中人人向往的生活。

三、网络综艺节目的特征

2007年，搜狐视频推出了中国第一档互联网脱口秀综艺节目《大鹏嘚吧嘚》，在当时的综艺界产生了巨大的影响力。自此开始，网络自制综艺节目的互联网特性开始显现。从最开始低成本投入简单制作，设置“擦边球”话题吸引观众，逐渐发展为高成本精制作，策划贴合时代且聚焦人物的选题，行业体系也日渐成熟。节目定位、节目制作、节目传播等各方面都显

① 梅志祥.脱口秀节目的趣味性刍议——以《金星秀》为例［J］.视听纵横，2016（1）：98-99.

现出了网络自制综艺节目的别具一格。

表 3-1　网络自制综艺与电视综艺的对比

网络自制综艺和电视综艺的对比		
对比维度	网络自制综艺	电视综艺
用户	主动权在用户手中	用户偏被动
	以年轻用户为主	覆盖群体广泛，面向所有用户
	用户群体消费能力有待提升	用户群体消费能力强
内容	自由度高，类型多元、细分，定位精准	老少皆宜，主流题材
		影响力强
	内容品质良莠不齐	品质更高
观看特征	点播、倍速播放，自由选择，注意力集中	速度无法选择，陪伴式观看，注意力弱
制作	制作团队逐渐向专业化靠拢	制作团队成熟，各个环节均有专业团队负责
运营	互动性强，时效性强	互动性弱，时效性较差
	大数据分析，引导内容生产	
审核	审核制度相对宽松，同时存在不可控风险	审核制度严格
		政策法规完善
广告	广告限制少、时长不定	广告限制多、时长严格
	植入多、形式多样	植入少、形式单一

（一）网络综艺节目的定位

1. 内容定位：以娱乐化为主

随着网络时代的到来，节目针对内容和功能的两极化差异趋势愈加明显。传统电视台的很多综艺节目仍然主要注重宣传功能和服务功能，网络新媒体视频平台则更偏向娱乐性。另一方面，电视综艺节目大部分仍然坚持主流意识形态功能，致力于弘扬中华优秀传统文化。网络节目制作环境比较宽松，内容上更加注重娱乐功能，致力于迎合年轻人的娱乐要求。网络自制综艺节目区别于电视思维，以“网生代”价值观为取向，符合青年群体个性的自由表现。但是，以通过短时间、低投入以求得高产出和高收益为导向的网络自制综艺节目在节目尺度的把握上可能打“擦边球”，以致出现一些低俗、恶趣味、娱乐至上的节目。从热门网综《姐姐好饿》《吐槽大会》《大学生来了》《火星情报局》等都可以看出其对节目内容娱乐化的追求。

爱奇艺一档音乐竞演类真人秀《偶滴歌神啊》，区别于传统选秀靠比赛得出胜负的节目模式，以诙谐幽默作为节目的主旋律。主持人是拥有“搞笑”标签的谢娜，在嘉宾选择上坐镇的是“搞笑艺人”杨迪和“滑稽担当”张大大等人，数量上远远超过专业音乐人。该节目打出了音乐竞赛的旗帜，但实际上以娱乐大众为主要诉求。以娱乐为主线的网络自制综艺节目目前已然成为观众最喜欢的“下饭菜”。

2. 受众定位：以年轻化为主

年轻群体是互联网的“原住民”。用户研究是网络自制综艺内容生产和传播过程中最核心的一个组成维度，而网络自制综艺明显区别于传统电视综艺的一个很大的影响要素便来自用户。从《2019 腾讯视频年度指数报告》的研究数据中可以发现，在收看节目的广大用户中，90 后用户数量超过一半，用户占比从 2018 年的 54.0% 提升到了 2019 年的 55.9%，[①] 这一部分有着很强市场号召力的用户占比过半，昭示着网络平台对于价值用户的占领。在网络时代，网络自制综艺节目抓住了年轻人就相当于抓住了市场。

从传统电视综艺节目到网络自制综艺节目，观众从“受众”变成了“用户”，从过去的被动接受转变为主动选择。由于这种积极的选择，用户对网络自制综艺节目的要求远远高于电视综艺节目。年轻用户对网络自制综艺节目的要求更为个性和开放。因此，为了获得更多的点击率，一档网络综艺节目在制作的时候，主题、形式、嘉宾选择等都强烈迎合了年轻人的

① 腾讯视频官方 .2019 腾讯视频年度指数报告［EB/OL］.（2019-12-28）［2020-05-20］. http：//v.qq.com/dokiact/annual_report_2019/index.html?channel=home&ovscroll=0&hidetitlebar=1.

口味。

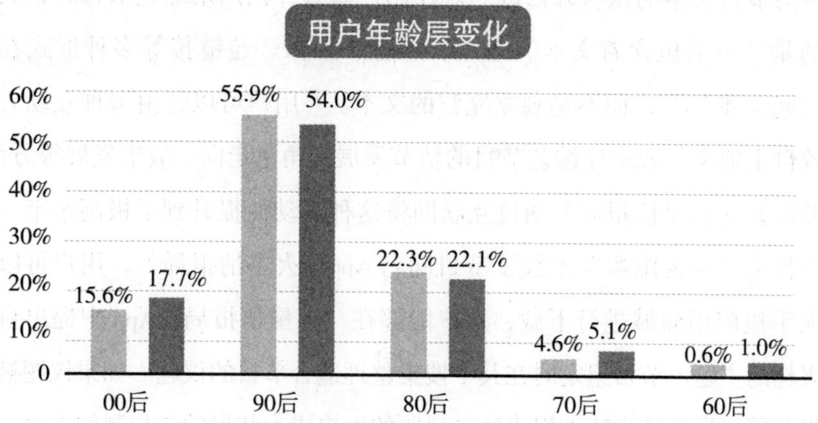

图 3-1 2019 腾讯视频用户年龄层变化

3. 互动模式的变化

网络自制综艺节目有别于传统电视综艺节目的特点之一——互动。最近几年，很多网络自制综艺瞄准“互动”这个词创造革新，根据观众的反馈来设定节目的游戏规则，依靠网络投票、直播、数据抓取等技术策划节目的主题情节等，引导观众在收看的过程中积极参与互动，由此开发了一批以交流互动为核心的节目。这种“交流互动”，即人们常说的“网感”。

为了增加与观众的互动量，很多网络自制综艺节目的“常驻 MC（主持人）”会在微博上用自己的官方账号在节目播出期间与观众进行实时的互动，同时“@”节目官方微博，为节目增加讨论度。节目官方微博运营者有时也会对观众在微博下对节目发表的评论进行“翻牌”互动。此外，用户还可以在新浪微博综艺社区中找到与节目对应的超级话题，参与话题的实时讨论。节目官方还会在微博放出节目未播花絮和节目下期预告等相关信息。

目前，“网络综艺节目的互动模式正在由功能性互动、伴随式互动升级为体验性互动”[1]。用户的参与行动不仅限于弹幕、转发、评论等，而

① 朱传欣 . 网络自制综艺节目的模式创新［J］. 中国文艺评论，2018（9）：51-59.

是深入节目的内容层次，用户的反馈信息可以直接且即刻作用于节目内容，并参与节目文本的撰写和修改。现在用户观看一档网络综艺节目时，其接受的是“一个包含着文本、图片、声音、影像、超链接等多种形式在内的‘超文本’”，而不是独立完整的文本。[①] 用户可以经由多种互动方式比较自主地参与或主导综艺节目的情节发展、角色走向、故事发展等方面。优酷综艺《火星情报局》通过互联网将这种互动性提升到了极高水平。节目制作方“银河酷娱”上线了节目同名 App“火星情报局”。用户可以在各大手机应用商城进行下载，用户能够在“火星情报局”App 中提出自己感兴趣的主题，节目组定时在其中搜集整理适合节目的议题。如果议题被节目组采用，那么就意味着提出这一议题的用户成为节目的参与制作人之一。

除了上述互动方式外，搭乘快手、抖音、梨视频、火山小视频、腾讯微视等短视频平台迅速崛起的快车，用户可以在节目官方指定合作的短视频平台进行交流互动。譬如，腾讯综艺《吐槽大会》第三季，就开创了一个节目的全新环节——分屏吐槽，即不在节目录制现场的明星或素人通过腾讯微视对节目组在平台上预先发布的相关话题，进行“分屏吐槽”。节目组会在节目正式播出之前，筛选一部分吐槽话语加工制作后在节目正片中播放。

现在比较热门的“网络直播综艺”和“网络游戏综艺”都是对互动模式的全新探索。未来，网络综艺的制作人应该考虑如何更好地提高节目的开放性，加强用户对节目的介入性，从而形成网络综艺节目特有的叙事模式和欣赏机制。

（二）网络综艺节目的制作

随着视频网站的不断发力，互联网上出现越来越多的现象级网络自制综艺节目。2019 年网络自制综艺节目呈现蓬勃发展的态势，网络自制综艺节目无论是从制作水准还是投资成本来说都有了质的突破，摆脱了观众已

① 朱传欣. 网络自制综艺节目的模式创新［J］. 中国文艺评论，2018（9）：51-59.

有的刻板印象。

1.“去中心化”的生产模式

目前，媒介融合进程继续加快，全社会的媒介化水平越来越高。在这种背景下，现实社会和网络虚拟社会，都逐渐出现了“去中心化”发展趋势，全部用户从平等权利的角度出发共同进行内容生产和信息传播。媒体议程由用户设置，社会热点由大众创造，明星偶像由网民制作。网络所具有的“平等、开放、合作、共享”的精神，推动了网络综艺节目的生产方式从封闭型转变为开放型。这种转变尤其体现在网络自制综艺节目的生产主体上。电视综艺节目通常奉行传统生产模式，由广播公司或特定节目制作公司采用“中心化”生产方式，普通的个人或者是团队没有资格长期参与综艺节目的生产。相比之下，网络视听节目采用了更多UGC、PGC、OGC[①] 等“去中心化”的生产方式。

腾讯早在2015年3月，就启动了腾讯视频“惊蛰计划”，与近100家内容供应商合作，为专业视频用户、媒体机构、企业工作室等建立新的内容合作渠道。爱奇艺在2015年6月，宣布构建“网络综艺开放合作平台”，将共同开发、共同生产的合作模式，运用于网络自制综艺制作始终。同年，优酷视频推出了“开计划”。平台的开放激发了创作主体的热情，以民营公司为代表的网络综艺制作团队大量出现。与此同时，多家优秀的电视综艺制作团队开始“触网”，他们的加入意味着更加专业的理念、程序的流入，成为网络自制综艺节目的质量保证。另外，过去在电视综艺中活跃的主持人、歌手、演员等也加入网络自制综艺节目当中。由此，网络自制综艺的“咖位”已经完全不低于传统电视综艺。传统电视综艺领域的人力资源纷纷“触网”，网络自制综艺节目已然具备了和电视综艺节目竞争的力量。

① UGC为User Generated Content，指由用户生产的内容；PGC为Professional Generated Content，指由专业团队生产的内容；OGC为Occupationally-generated Content，指由职业团队生产的内容。

2. 后期制作话语权的提高

最开始综艺节目的后期制作基本只依赖于素材的组接，随着网络综艺节目制作经费及团队水准的提高，后期制作开始进行二次创作，将既有素材转换为故事进行包装，使观众能更快地融入综艺节目的娱乐性中。综艺节目的录制有着很多无法预知的变数，难以像影视拍摄那样按照固定剧本行进。后期制作积极介入节目制作中，尤其显现出其卓越的编剧功能。

另外，对于根据网络交互传播的特性制作的纯网生综艺节目，后期编辑和包装功能不仅可以重新调整故事构成，还能够通过打造“字幕君”等虚拟身份，与台上的角色和屏幕前的观众互动，久而久之便成为一种独立形象存在于节目中。例如，在爆款网综《火星情报局》里，“字幕君”以嘉宾身份登上了舞台。“综艺成不成，一半看卡司，一半看后期”[①] 的说法彰显出后期行业话语力量的提高。后期制作话语权的提高使得网络自制综艺节目整个制作模式更加趋向成熟，节目向精品化和创新化形态转变。

网络平台已经成为当前新媒体视听内容创作和传播的主要阵地，尤其是对于综艺节目来讲，近几年来网络平台持续发挥着内容创新和传播引领的强劲势头，成为推动整个新媒体视听行业和产业发展的主流化的动力所在。

网络自制综艺内容在经过了几年的高速发展之后，近两年已经进入了一个理性发展与沉淀期，平台方、制作方以及用户都在不断地完善过程中，完成着某种意义上的生态建构。

（三）网络综艺节目的传播

1. 游戏化的传播方式

网络媒介特有的开放化、无中心化等特点改变了网络自制综艺节目的传播方式，呈现出了明显的亚文化发展趋势。游戏化的普及方式是网络自制综艺节目具有的最典型的亚文化特性，是极具个性化的传播方式。

---

① 徐亚萍，白楚玄．综艺节目后期制作行业研究［J］．现代视听，2017（11）：21-30.

作为后现代的网络自制综艺节目，节目形式大多是杂糅型和嫁接型，多种形式、各种风格在一定程度上拼接糅合。与传统的综艺节目不同，网络综艺节目风格比较多元，类型明显不同。例如，腾讯视频的《拜托了，冰箱》是一个美食脱口秀，它不仅包含了谈话类综艺节目的成分，还添加了竞技色彩，我们可以认为它是一个在访谈、比赛基础上又加入美食元素的混合节目。《饭局的诱惑》结合了游戏和美食的要素，在主持人与明星嘉宾的访谈中将多种元素相互拼贴糅合，打造出了国内首档明星“狼人杀”美食访谈综艺节目。《奇葩说》是由爱奇艺出品，米未传媒制作的一档现象级的网络自制综艺节目，该节目将“辩论”这一人们传统认识中比较严肃的学术性行为，制作成了极具后现代感的非常受年轻群体欢迎的说话达人秀节目。另外，网络自制综艺节目这种游戏化的传播方式还包括节目后期“无厘头”搞怪的剪辑风格。节目制作方通过后期剪辑和包装技术，将相关的视频影像材料、网络流行语、搞笑音效等进行选择性剪辑加入节目中。个别节目的字幕特效和动画特效也表现出了戏谑、搞笑等游戏化的特点。例如，扮演过“尔康”等角色的演员周杰参加《火星情报局》和《吐槽大会》时，节目中就会经常出现电视连续剧《还珠格格》中尔康和紫薇的经典对手戏片段，还有电视剧中熟悉的背景音乐等。

由此可见，网络自制综艺节目这种充满后现代主义风格的游戏化传播方式，带给观众个性化的视听感受，大大迎合了生长在亚文化崛起时代的年轻观众。

2. 碎片化的传播特征

身处在碎片传播时代，不仅是受众状态的碎片化，传播模式呈现碎片化同样也是网络自制综艺节目的一大特征。为了适应当今网络用户的“随机”“片段”收看状态，同时提高节目和观众之间的观看黏度，网络自制综艺节目在传播方式上表现出了与传统电视综艺节目完全不同的变化。这种变化，即传播模式的碎片化。这一变化不仅体现在节目放送方式上，也体现在宣传营销推广等方面。

首先，在每档网络自制综艺节目播出的过程中，受众不仅可以观看每期节目的完整版，而且视频平台还选定了话题度比重高的小片段，制作成了可以满足受众随机“点播”要求的短视频。例如，腾讯视频《明日之子》总共有 15 期，每一期节目在完整版之外，都有“纯享版”。全集结束之后还设有 50 段时长 3 分钟左右的小视频，为每一期节目的未播花絮。每一期完整版节目视频都有大约 100 段短则 1 分钟、最长不超过 5 分钟的小片段。而每一期“纯享版”节目视频都有大约 10 段 4 分钟左右的单支歌曲。受众无须看完整个节目，凭喜好就能在尽可能短的时间内选择观看想看的内容。与此同时，这种碎片化的极简短视频不仅可以通过微博、微信等社交媒体进行分享发散，还可以上传到抖音、快手、梨视频等短视频客户端，实现对节目的宣传，提高节目的知名度，有助于扩大视频平台的影响力，探索挖掘视频平台的潜在客户群体。

表 3-2 腾讯视频《明日之子》每期“纯享版”节目带有小视频片段数量

期数	一	二	三	四	五	六	七	八	九	十	十一	十二	十三	十四	十五
小视频数量	8	8	11	11	12	12	15	10	11	10	9	11	11	9	10

这种碎片化的广告呈现形式，利用其“病毒式”的传播方式，吸引了大量广告主把广告投入从传统综艺转移到了纯网综艺中，助力视频网站制做出更多更优秀的纯网综艺节目。

在节目的广告呈现方式中，网络自制综艺节目不采用传统的广告集中播放方式，而是采用时长较短、形式多样的“软广”方式，强调碎片化灵活植入，使观众在节目营造的整体轻松愉悦的氛围中，潜移默化地接收广告传递出来的信息。例如，现在许多节目中都出现了主持人超速“口播”广告，以及与嘉宾服装、舞台道具、演播室背景等密切相关的定制插入式广告。

例如，在《中国有嘻哈》中，参赛者会根据节目组所给的要求，创作并演唱以广告宣传为主要内容的说唱型广告。优酷综艺《火星情报局》节目组专门设置了一个表演环节，将投资商的广告融入歌曲里，通过当期明星嘉宾表演歌舞秀传递出广告信息，歌手刘维就曾在节目中为某面膜、某洗发水、某饮用水、某手机等产品创作演唱广告歌。这种广告的碎片化植入方式，实现了广告商追求的“病毒式”传播。除此之外，网络自制综艺节目中碎片化形式的广告，还有背景广告、贴片广告等。包括节目广告的对话植入式、场景植入式、后期包装植入式等碎片化广告植入形式，实现了传统集中播出式“硬广”所无法达到的广告传播效果。

3. 和新媒体平台的互动传播

正如著名哲学家马丁·布伯在人际关系中描述的那样，我们生活在互动中，生活在互相玉成的浩瀚人生中，互动是所有存在的特征。“传播作为社会中的一个互动过程，重要的功能之一是扩大传播双方的共通意义空间，加深相互理解。”①为了扩大节目建造的社会交互空间，让观众深入参与节目内容，大大提高传播效果，在节目制作过程中要更加关注与新媒体平台的互动传播。这不仅有益于实现受众积极的社交需求，同时还可以获得具有相似兴趣的受众群体的认可，强化自我认同感。

各网络自制综艺节目在制作初期，便会通过微信公众号、微博超话等设置讨论组，就话题选择范围等，向观众征集意见和建议。同时观众也能够通过微博超话、微信公众号等了解节目内容，提出个人见解。另外，在节目播放过程中，观众们通过微博、微信、豆瓣、百度贴吧、知乎等手机终端进行实时跨屏幕互动，例如在新浪微博的热搜榜上点击进入与节目相关的热门话题展开讨论，在节目官方微信公众号下面发表评论，在豆瓣和知乎讨论区发帖交流等。

典型案例爱奇艺综艺节目《奇葩说》，在节目策划初期通过官方微博征集用户感兴趣的话题加以整理，在节目播出过程中由主持人、嘉宾和辩手的微博实时推送引起话题，开启微博讨论，同时在豆瓣创建主题讨论组，

① 郭庆光 . 传播学教程［M］.2 版 . 北京：中国人民大学出版社，2011.

在知乎创建话题分享组等，建立起了节目与观众的双向互动参与渠道。在新浪微博上，《放开我北鼻》的热门话题有1541.4万人次参与了讨论。《中国有嘻哈》的相关热门话题讨论量达到了2785.7万次。《明日之子》的热门话题讨论量高达5486.6万次。从以上数据可以看出，这种网络自制综艺节目和新媒体平台之间的相互联动，不仅在节目创作过程中对节目的风格、定位、主题选择、宣传推广起到了相当大的作用，同时也是构建节目社交空间、满足观众互动需求、提高观众自我认同感的重要方式。这种个性化、层次化、多样化的交互机制可以大大提高观众的忠诚度和参与度，提升节目和观众之间的黏性，扩大受众群体的规模，增加节目的影响力，提升节目的流量。电视综艺节目那种传统的流水线生产式的创作模式、单向线性的传播模式，很难跟上网络社会里受众群体个性化且多元化需求的发展脚步。"拥有互联网思维的强大交互性的传播特性，'市场反馈与生产同步'的创作模式才是符合时代进步的产制模式。"①

（四）网络综艺节目创作空间较大

1. 时长不受限制

传统的电视综艺节目有着自己固定的播放时段，基本不随意变更，且每期节目都有着严格的时长规定，一般节目进行约90分钟。网络自制综艺节目的持续时间是根据节目内容来定的，多数网络节目一整期的时长基本在100分钟左右，但会根据节目内容进行适当调整。如腾讯视频推出的偶像养成类真人秀综艺节目《创造101》，第一季中为了更好呈现练习生女团的首次公演舞台，整期节目时长长达3个小时，最后一期决赛环节，节目连续播放了4个小时。

2. 话题设置张力十足

网络自制综艺节目与电视综艺节目在内容方面虽然具有较为相同的娱

① 张稳. 纯网综艺节目的创作模式与传播特征［D］. 济南：山东师范大学，2018.

乐属性，但由于二者指向不同的受众群体、传播导向等因素，使得二者在话题设置方面有了不同的可选范围。

传统电视综艺节目面向的观众是“客厅合家欢式”的群体[①]，更多传播的是偏主流的大众文化。而网络自制综艺节目面向的年轻群体，或者叫“网生代”，他们对社会发展进程中产生的新鲜事物有着更高的接受程度，擅长运用新观点、新思维、新语言去表达内心的真实情感。因此不同于电视综艺节目对“高大全”价值观的教条输出，网络自制综艺节目偏向于选择具有敏感性、冲突性强的话题，尖锐与张力更能够抓住观众的眼球，继而引发观众对现实强烈的认同感或排斥感。“具有强烈自我意识的观众在观看节目的过程中，自身也会随着节目话题的讨论产生不同的立场，站在认同或对抗性的角度思考或表达。通过观众对话题的关注、思考、分享以及讨论，这也成为在网络媒体时代争夺注意力的一种方式。与传统电视综艺节目的单向性传播相比，网络媒介是一个双向媒介，能够提供给用户即时的表达平台。”[②]

爱奇艺制作的《中国有嘻哈》，是致力于打造“小众化的中国嘻哈文化”的综艺节目。嘻哈是源于美国贫民区街头的一种文化形式。《中国有嘻哈》这档嘻哈选秀节目，彻底炒火了“嘻哈”这个相对小众的娱乐文化。今天即便人们无法像专业 Rapper（说唱者）一样顺口唱出一大段或单押或双押的歌词，大多数人也能明白 Freestyle（自由说唱）、Diss（诋毁）、Battle（比拼）这些词在嘻哈乐中的意义。“嘻哈是全民的，它重在心态与真实，由最初底层人民表达对社会的不满如今却变为了全民化，除了青春叛逆、反讽不屑，乐观向上、追寻自由的心态也属于嘻哈精神。”[③]节目中参赛选手的服饰搭配、风格个性，以及所作歌词、曲风等都给观众提供

① 郗珊珊．我国网络自制综艺节目的内容管理研究［D］．上海：华东政法大学，2018.

② 同上。

③ 荟萃．让《中国有嘻哈》话题不断，成为爆款的不是吴亦凡是它［EB/OL］．(2017-08-05)［2020-04-20］.https：//www.sohu.com/a/162442072_450343.

了一种新的审美，这些独属于嘻哈文化的特色时刻为节目贡献着源源不断的话题。源于嘻哈文化的“好战精神”，矛盾与冲突是其本性。很多时候并不需要节目组刻意引导与渲染，火药味十足的自带属性就已经使得每一期节目都像一把狙击枪一样，精准输出各种话题，成为流行在观众之间的谈资。在传统的选秀节目中，“导师”是处在一个被仰慕、被无限尊重的位置，与选手形成明显的上下级关系。但《中国有嘻哈》放弃了这一称呼，改称为“制作人”。制作人与选手处在一个较为平等的位置上，甚至会接受来自选手的挑衅与质疑。例如面对制作人的提问，有的选手直接说出：“他们懂嘻哈吗？我觉得他们问不出正儿八经的问题。”对“个人崇拜”“权威崇拜”的反叛，再次借由一档网络综艺成为社交平台上的热门话题。欧阳靖在与另一名 Rapper 的 Freestyle Battle 中，当面对对方歧视华裔的唱词时，他用“我的鞋子是新的，衣服是新的，不要一看到中国人穿得比你好就急了”回击了对手。说唱音乐以及说唱选手具有各自独特的标签，歌手自由率性洒脱的个性、风格自我的装扮、放荡不羁的歌词等都为市场带来极具新鲜感的话题，在节目内容同质化的当下成功找到了创新突破口。

网络自制综艺节目的话题在具有网络文化开放性特点的同时，兼具网络文化私密性的特点，或者说更偏向于私密化。融入互联网私媒传播基因的网络综艺节目更趋近于关注私密且敏感的大尺度话题。网络自制综艺节目的主要受众是 90 后、00 后这些“网生代”群体，这一用户群体伴随互联网的发展，在互联网环境中长大，接受了较多的网络文化。网络文化的开放性与包容性使得这一用户群体对新鲜、刺激的话题充满兴趣，他们拒绝教条主义式的观点输入，追求不拘一格的表现形式。相对于自我保守与封闭，他们丝毫不排斥在公众场域面对私密话题，反而更喜欢将私密问题进行公开化探讨，以求产生不同思想的碰撞。

爱奇艺视频《奇葩说》中的许多辩题反映了对个人私密领域话题的关注。例如“结婚前，我让伴侣在 TA 的房本上加我的名字，有错吗？”“是否愿意做单身妈妈？”“该不该向父母出柜？”“没钱要不要生孩子？”等，很多看似触及个人隐私的敏感话题，反而是人类社会中实际存在的、不可消除的，不方便与人公开谈论但又确实让人心存疑惑。《奇葩说》第五季第9期辩题为“情侣吵架，到底应该谁错谁道歉，还是男生先道歉？”节目中几位辩手针对这一辩题分别给出了自己的看法。这一辩题随着节目的进行，甚至从“恋爱中没有谁对谁错”这种情感倾向性话题逐渐上升到了“男女平权”这样的权利指向性话题。实际上我们在一些较为主流的传统媒体平台上，甚少直面男女权问题，但在日常生活中又往往避免不开。

表 3-3　《奇葩说》部分辩题整理

季 / 期	辩题
第六季 第 5 期	感兴趣的工作总是 996，我该不该 886？
第六季 第 19 期	生二胎需要经过老大同意吗？
第五季 第 4 期	结婚前，我让伴侣在 TA 的房本上加我的名字，有错吗？
第五季 第 6 期	恋爱中有其他追求者，要不要告诉另一半？
第五季 第 9 期	情侣吵架，到底应该谁错谁道歉，还是男生先道歉？
第五季 第 11 期	爸爸 / 妈妈要跟一个我不喜欢的人再婚，我该不该阻挠？
第五季 第 23 期	我不合群，我要改吗？
第四季 第 1 期	是否愿意做单身妈妈？
第四季 第 6 期	和老板打电动放水吗？
第四季 第 9 期	父母提出住养老院支持吗？
第四季 第 15 期	职场中要不要当“邀功精”？
第三季 第 8 期	婚前要不要啪啪啪？
第三季 第 13 期	“我这是为你好”是不是扯？
第三季 第 16 期	女性专属停车位是不是歧视？
第二季 第 6、7 期	该不该向父母出柜？ / 没钱要不要生孩子？

由于观看环境和观看场景的差异性，传统电视综艺节目关注的通常是较为大众化的议题，尽量避免在公开场合探讨个人私密话题时可能引发的尴尬。相比之下，网络自制综艺的传播场景则更为私人化，因而偏向于私人领域的敏感话题也可以作为节目的主要讨论对象。“‘使用与满足’理论把受众看作有着特定‘需求’的个人，把他们的媒介接触活动看作基于特定的需求动机来‘使用’媒介，从而使这些需求得到‘满足’的全过程。”[①] 依托互联网时代对平等、开放、包容的倡导，网络自制综艺节目为受众提供了自由表达观点的平台，让受众在不同观点的交流中逐步建立起自己的认知。这就为网络综艺节目在激烈的市场竞争中争得了一席之地。

3. 衍生综艺：资源的二次利用

话题度高的热门网络综艺开发衍生节目已经不是什么新鲜事了。近年来，随着综艺节目的火热和信息碎片化时代的到来，加上网络跨屏传播的飞速发展。网络自制综艺的衍生节目以完整版主体节目的光环吸引了很多观众的视线。部分受众群体还起到了反馈作用，给节目本身带来了话题和关注。

衍生综艺的发展经过了较为漫长的一段时期。所谓“衍生综艺”，主要是对已拍摄但未公开播放过的节目素材进行二次加工，实现了资源的高效利用。在网络自制综艺还未成熟时期，早期电视综艺已经出现了衍生节目。江苏卫视《最强大脑》的衍生节目为《燃烧吧，大脑》，浙江卫视《奔跑吧兄弟》衍生出《跑男来了》。大部分衍生综艺形式多元、内容多样，但基本都在主体节目的框架之内，以花絮剪辑为主，对主体节目进行解读或回顾。

随着网络自制综艺节目日渐火热，越来越多的综艺衍生节目开始逐渐转移战场，成为许多网络综艺节目挖掘潜在用户的有力武器。其中，偶像类、选秀类节目对衍生综艺的开发数量最多，是衍生节目界的主要角色。

---

① 郭庆光．传播学教程［M］．北京：中国人民大学出版社，1999：95.

考虑到一档选秀类综艺节目完整版只有几十分钟，而参赛者多达数百位，节目对选手镜头的分配很难达到平均状态，衍生节目的出现在一定程度上弥补了这一缺陷，同时极大地满足了粉丝对特定选手的追随心理。例如，《偶像练习生》的衍生节目《偶像有新番》，将练习生的幕后生活进行全方位记录。尤其是在评级为 S+ 等级的偶像组合团体综艺节目（通常称为“团综”）制作中，除去舞台和演出以外，节目更加重视私下里偶像个人形象的展示，更集中于粉丝对偶像个人生活的了解和追随。每周通过投票被评选为“最受欢迎的练习生”们会进行一些游戏活动，由此制作出新的短视频节目。这种模式通过展现舞台下聚光灯之外“大厂男孩”们的个人未知面，不断加深粉丝对偶像的了解，完善了正片内容。2018 年现象级网络自制综艺节目《创造 101》衍生出了多达 6 档的节目，分别是《创造 101 导师教室》《创造 101 优享版》《101 宿舍日记》《101 进阶练习室》《创造 101 幕后揭秘纪录片》以及《创造 101 评级连连看》。由《创造 101》派生出的这 6 档节目内容均为展示导师和选手在舞台外互动的画面。无论是练习室训练还是宿舍生活，观众都可以根据自己的兴趣选择相应的衍生节目来观看。因此，随着节目展示内容和时间的增加，粉丝们对自己所喜爱的练习生因镜头分配比重而产生分歧的这一矛盾得到了很好的解决。针对节目的排播时段而言，节目正片通常在每周六播放，保持了周末收视黄金时段的热度。周一到周五每天安排不同的衍生节目上线，使对于节目的相关话题讨论能够持续不断地升温。偶像选秀类综艺节目《青春有你》，在衍生节目制作中继续集结原班人马，打造了《青春艺能学院》，从综艺的角度进一步发掘训练生潜在的可能性。《国风美少年》通过衍生《国风好听跪》和《国风美到炸》两档节目，使得观众在听国风歌曲的同时还能够欣赏更多美丽的国服，达到了普及国风文化的良好效果。热门网综《奇葩说》是国内第一个打造“竖屏衍生综艺”的节目，用全新的视觉感受为节目与年轻观众的交流互动开辟了新的渠道，更新了观众收看的习惯，有效地拓宽了网络自制综艺开发衍生节目的路径。

此外，《演员的品格》的衍生节目为《演员十点半》；《明日之子》衍生出《明日之子悠享版》《明日之子训练营》以及《明日之路》；优酷系列综艺《这！就是街舞》衍生出《街舞 Call out》。在网络短视频等媒介的跨屏传播下，大部分的衍生综艺能够通过缩短粉丝和偶像之间的距离，来达到加强平台和观众之间黏度的目的，显示了其巨大的商业潜力。以完整版节目为基础打造出的“衍生综艺”，为观众的个人喜好提供了更多选择性，同时也在节目之外与观众一同为节目本身的细节缺失提供了更多的补充空间。纵观当前网络自制综艺衍生节目的发展，丰富节目的内容表现和互动形式，可以说是影响其后续开发、吸引投资的重要方面。在积极以多种形式展示节目核心内容的同时，深入构建自己的价值产业链，使单个价值体系发展成为一个成熟的价值链，这就是综艺衍生节目的意义。

四、网络综艺节目的兴起与发展

自国家 2015 年出台“互联网 +”行动计划以来，互联网、云计算、大数据和各行各业的结合使新兴网络项目空前增长。搭乘互联网极速发展的东风，传统产业也迎来了“大洗牌”和升级的时代。我国的视频网站正在从最初的 UGC（User Generated Content，用户生成内容）模式逐渐过渡到 UGC 和 PGC（Professional Generated Content，专业生产内容）并行模式。以网络自制综艺节目为代表的网络自制节目迎来了生产爆发的时期。从起步到进入理性生产期即使只经过了短短三四年的时间，但网络自制综艺节目的形式、类型、生产模式等日渐丰富且完善，对以年轻网络用户为主的受众群体产生了极大的吸引力，节目的网络点击率、网络播放量、话题讨论度以及所占市场份额已有赶超传统电视综艺节目之势。

在我国，虽然网络自制综艺节目起步时间不算早，但鉴于其近几年的发展速度和目前已产生的影响力，它已然成为综艺节目市场一股不可忽视的力量。当前，各大视频网站都在源源不断地向市场输送类型丰富、题材多样的综艺节目，随着制作模式逐步改善、制作技术日渐成熟以及制作水准不断提升，收益和口碑皆优的节目作品层出不穷，部分优秀节目反向输出到电视台，实现了网台联播的深层次互动。

除了互联网的普及、数字技术和多媒体技术的推动之外，受众市场为网络自制综艺节目的发展提供了重要的动力，尤其是手机网络视频用户的数量剧增。手机等便携式手持移动设备成了受众观看网络节目的主要渠道。随着4G智能手机的普及，继报纸、广播、电视、互联网之后，手机成了“第五媒体”。由此，电视节目观众转向网络视频，网络视频用户转向手机终端的变化趋势形成了。由于受众群体观看习惯的变化，网络自制综艺节目开始积极探索向移动性、自主性等方向发展。

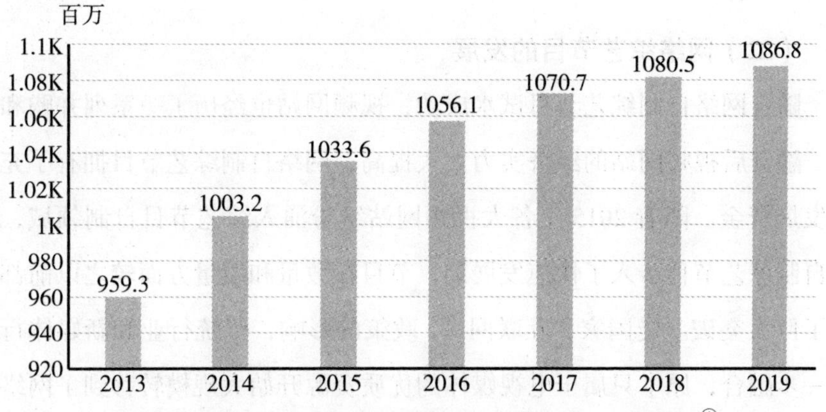

图 3-2 2013—2019 年中国手机用户数量（单位：百万）[①]

（一）网络综艺节目的兴起

2007年，搜狐视频首次推出网站自制脱口秀综艺《大鹏嘚吧嘚》，打开了国内网络自制综艺节目的局面。2010年4月20日，优酷正式推出“优酷出品”战略思路，在此战略思路主导下优酷网推出了一系列自制节目，如真人秀《让梦想飞——中国最牛人》。2011年，爱奇艺开始涉足内容自制领域，打造了婚恋类综艺《爱GO了没》，生活类综艺《小姐爱旅行》等。

① 艾媒数据中心.2013-2019年中国手机用户数量［EB/OL］.（2019-12-31）［2020-04-27］. http：// data.iimedia.cn/page-category.jsp?nodeid=13052536.

在这个阶段，视频网站内容自制的重点主要在自制剧方面，对于网络综艺节目仍处于试水和观察阶段，投资少、质量低、节目类型很单一。

从 2014 年始，网络综艺节目才算步入正轨，因此 2014 年被称为中国视频网站的“自制元年”。由于内容成本增加所带来的各种压力，各大视频网站加入了自制节目阵营。艺恩数据显示，2014 年，国内五大视频网站全年自制节目累计上线约 150 档。[①] 出现了像《你正常吗》和《隐秘而伟大》这样网络特性明显的新风格综艺节目。自由的观点表达、大胆的辩题选择，《奇葩说》的出现打破了长久以来公众对辩论型综艺节目的刻板认知。节目形式的大胆革新使《奇葩说》脱颖而出，成为国内第一档现象级网络自制综艺节目。

（二）网络综艺节目的发展

随着网络自制综艺节目试水成功，视频网站也经历了一系列并购和重组。融资后视频网站的经济实力大大提高，网络自制综艺节目拥有了充足的发展资金。随着 2015 年各大视频网站纷纷涌入综艺节目自制领域，网络自制综艺节目步入了快速发展期，节目在数量和质量方面较之以前都取得了巨大突破。受国家“互联网 +”政策的影响，传统行业和新媒体行业进一步融合，原本只属于电视媒体的优质资源开始大规模转移到了网络平台。互联网平台自由平等、创新开放的特性吸引着越来越多的传统媒体从业者探索。随着人才和资本的流入，网络自制综艺节目迅速摆脱了粗制滥造的标签，向高成本、精制作靠近。以《偶滴歌神啊》为代表的网络自制综艺节目以人物个性突出、话题大胆开放、氛围轻松搞笑等特性，在 90 后和 00 后网络用户中备受好评。至此，网络自制综艺节目展开了与传统电视综艺节目的较量。

《2016 年中国网络视听发展研究报告》数据显示，2016 年全国主要

① 艺恩数据 .2014 年中国网络自制内容白皮书［EB/OL］.（2014-12-31）［2020-05-05］. http：//index.entgroup.cn/Market/reportDetail.html?bid=6397e4b7-f6d3-4e17-b944-ac50185fe560.

视频网站娱乐型节目备案数已达 618 档。[①]2016 年网络自制综艺节目集中爆发，人才和技术的引进更是进一步提高了节目的质量。曾就职于央视的主持人撒贝宁、马东、张绍刚以及湖南卫视当家主持人何炅、汪涵等知名电视主持人纷纷转移阵地，进入网络综艺节目领域。随着专业团队和高额投资的双管齐下，视频网站的制作经验和制作水平可以说仅次于国内一线上星卫视。网络自制综艺节目与传统电视综艺节目的竞争进入了白热化阶段。

2016 年被称为“中国网络直播元年”。网络直播凭借强大的交互性、全新的形式、广泛的覆盖范围等特性，开始了新一轮的媒介革命，助力网络自制综艺节目实现与受众群体的深度互动。随着《十三亿分贝》等综艺中直播要素的加入，传统的音乐类、美食类节目实现了在录制时与实时收看的观众进行多角度互动，综艺节目显现出了前所未有的网络化。另外，AR 技术、VR 技术等高科技的应用使网络自制综艺节目和传统电视综艺节目无论是在形式上还是在内容上，区分都更加明显。

2017 年以后，我国网络自制综艺节目的数量和质量都呈稳定增长的趋势，从野蛮生长进入了理性发展阶段。这一阶段内，针对一些口碑良好、收视可观的自制综艺节目，我国各大视频网站在前期积累的经验指导下坚持“综 N 代”路线，并蓄力创新。多档节目出现了第二季、第三季，如爱奇艺网综《奇葩说》在 2017 年推出了第四季，依旧斩获不俗口碑。

2018 年，各类型网络自制综艺节目都进行了进一步“垂直深耕”，爱奇艺的偶像男团养成类真人秀节目《偶像练习生》，一上线就以超高的话题度和讨论量占据了各榜单第一。腾讯视频推出偶像女团养成类真人秀节目《创造 101》，值得一提的是这两档节目在推出正片的同时，上线了综艺衍生节目。这一年，各大视频网站相继把目光投向男女关系类节目，

① 1991IT.2016 年中国网络视听发展研究报告［EB/OL］.（2016-12-08）［2020-05-06］. http：//www. 199it.com/archives/544813.html.

芒果 TV 上线夫妻生活观察类真人秀《妻子的浪漫旅行》，腾讯视频上线男女恋爱社交推理真人秀《心动的信号》，优酷视频上线“这！就是”系列综艺。另外，部分优质节目继续“综 N 代”路线，据统计 2018 年优酷视频《火星情报局》第四季播出，腾讯视频《拜托了冰箱》第四季播出，爱奇艺视频《奇葩说》第五季延续了前四季的风格，热度依然不减。这些季播综艺节目虽然间隔数月才更新一季，但每次更新的节目内容和形式都有新变化，以求为受众带来与众不同的视听体验。

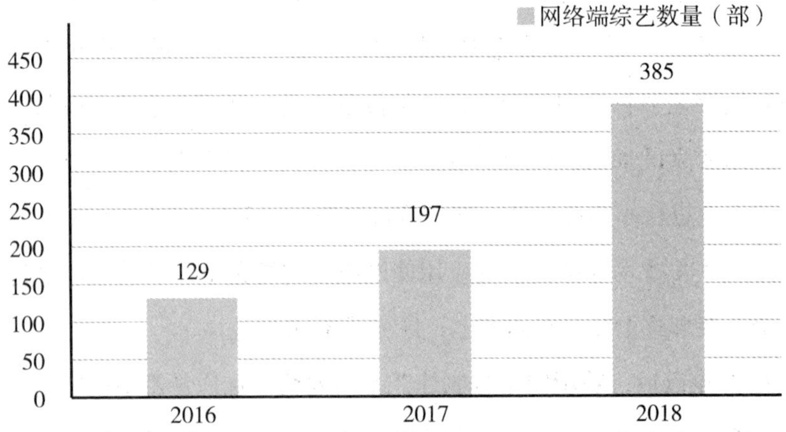

图 3–3　2016—2018 中国网络端综艺数量[①]

2017 年至 2018 年，我国的网络自制综艺节目发展持续向好，部分优质网络自制综艺的水准甚至与电视综艺节目不相上下。许多受到广泛好评的全新类型综艺也不再是单纯引进外国资源的“舶来品”，而是在内容和制作模式方面都实现了真正意义上的“自制”。

2019 年，在市场自由选择下综艺节目的播放量有所减少，全年播出总量为 184 档，比上年减少了 33 档。其中上星卫视综艺节目产量连续 3 年呈下降趋势，2019 年全年生产了 79 档，比上年减少 14 档。网络自制综艺

① 中国产业信息 .2018 年中国综艺节目特点、综艺市场规模及网络综艺现状分析［EB/OL］.（2020-01-19）［2020-09-08］.http：//www.chyxx.com/industry/202001/830731.html.

产量为105档，同比减少了19档，结束了网络自制综艺连续3年增长的记录。[①]市场的自由调节、受众的偏好变迁等因素推动着网络自制综艺节目必须在各方面不断探索革新。

（三）网络综艺节目兴起与发展的原因

首先，网络自制综艺节目的兴起和发展根本上是由市场决定的，长久以来形成的电视节目的垄断局面无益于市场的良性发展，互联网时代优胜劣汰的规则使得各大视频网站在激烈竞争中奋力寻求提高自身竞争力的方法。最近几年，各上星卫视的综艺节目当中，有相当一部分是从海外购买的优质电视节目版权，全新的视听体验为观众带来了新鲜感，掀起了热潮，部分视频网站开始重金抢购电视热播节目的转播权，以争取网络用户的关注。这一状况一度造成了电视综艺节目版权费飙升，动辄上亿元。版权支出是视频网站的两大支出之一，长期处于被动态势中的视频网站，开始主动寻求节目自制。

其次，限制相对较少的宽松的网络环境也为网络自制综艺节目创造了广阔的空间。近年来，由于广电政策下达的限制，上星卫视综艺节目的娱乐性减弱。视频网站受限较少、自由度高，相对而言刚好满足观众对轻松娱乐综艺节目的喜好。

最后，近几年来观众的观看方式有了很大变化，越来越倾向于通过网络平台来选择视频内容观看。这种节目观看方式选择更为灵活，检索更加快捷，观众自主性强且自由度高。视频网站也因此充分发挥本身的灵活性，更加致力于节目的自制研发。

总体上，对于能够做到综艺节目自制的视频网站而言，综艺自制不仅可以很大程度上节省版权支出费用，降低节目成本，还能够以优质的自制内容吸引广告商投入资金，对于一档成功的网络综艺节目来说，充足的资

---

① 根据2016-2019年《腾讯娱乐白皮书》整理。数据统计范围为视频平台播出的30分钟以上的网络自制综艺节目正片。

金和丰富的内容一样至关重要。当前形式多样且制作日渐专业的网络自制综艺节目在我国竞争很激烈，吸引着行业内无数人的关注。“网络自制”正在深刻影响着行业的发展，其贡献的价值和引发的效应值得持续关注。

第二节　网络综艺节目创作

一、网络综艺节目的选题与策划

（一）激活个体，赋予“素人”公共价值

传统电视综艺节目，为了吸引受众，不惜花费天价邀请大 IP 明星加盟，每档综艺节目光嘉宾的加盟费就超过节目制作总预算的一半，花费在节目制作本身的资金可谓寥寥无几。如此一来，必然很难出现优质内容。而不同于传统电视综艺节目，主打流量明星，靠明星嘉宾吸引受众。纯网综艺节目的内容创作更加注重明星与“素人”相结合的模式，个别节目“素人”所占的比重甚至要超过明星嘉宾。这样就可以为节目组省出一大笔资金用于节目的研发和制作。

网络媒体时代让平等对话成为可能。区别于传统电视综艺对流量明星资源的整合，充分利用“明星效应”来扩大节目知名度、输出节目观点，在网络自制综艺节目中，“素人”的知识技能、才华个性等个人资本有机会借由平台得到充分展示。有思想、会说话、善表达的一大批“素人”成为新的内容输出者、意见分享者。如现象级纯网综艺节目《奇葩说》的“奇葩”辩手，80% 都是“素人”选手，他们具备较高的素质，拥有流利的口才，思维灵活且观点新颖。通过这档综艺节目，为市场输送了大量优质综艺辩手，如马薇薇、肖骁、颜如晶、傅首尔等人。《火星情报局》

中选择的“初级特工”，超过90%都是“素人”，他们都有着各自的闪光点，为节目增添了不少趣味。大型全民调查类综艺节目《你正常吗？》，每一期由一位明星联合一位“素人”组成团队，进行节目录制，一问一答的互动模式，提升了节目的适配性。除此之外还有不少纯“素人”节目，如《单身战争》《千面英雄》等，都取得了较高的播放量和话题热度。

（二）垂直细分，突破圈层界限

“圈层”是对特定社会群体的概括，指的是某一类具有相似的经济条件、生活形态、艺术品位的人互相联系从而形成的有较高活跃度的小众文化圈子。从2017年《中国有嘻哈》受到市场强烈欢迎以来，网络自制综艺的题材选择由大众化趋向分众化，大胆开辟新鲜的圈层指向性节目。

在超级网综和“综N代”成为纯网综艺市场的主体的同时，其两极分化趋势更加明显，垂直细分领域更加深入，从大众化到精众化，其类型也更加多元。因此，纯网综艺节目前期的选题也更加趋向于细分领域，从大众普遍感兴趣的内容向小众市场拓展。各视频平台在节目前期的选题与策划阶段就向垂直细分领域发力，出现了许多从前没有过的新鲜的精众化综艺节目，如乐队综艺《乐队的夏天》、弘扬传统文化《国风美少年》、街舞类《这！就是街舞》、美食类《拜托了冰箱》、职场类《令人心动的offer》、聚焦人际关系《我和我的经纪人》等。

不难看出，近几年来的爆款网络综艺几乎都是将节目重点内容定位在小众题材上，以小众题材来推广圈层文化。鉴于互联网本身具有的分众化属性，网络自制综艺节目要想有更进一步的发展，针对节目的垂直细分、深耕细作是必不可少的。在垂直细分的基础之上，力求圈层文化与大众文化的融合，与主流文化的相适应，拓展分众市场，才能实现垂直类网络综艺节目的市场拓展。

（三）大数据助力，精准定位受众需求

随着大数据、云计算等技术的日趋成熟，我们已经进入大数据时代。

网络自制综艺节目利用大数据技术进行分析，对节目进行定位，准确把握受众人群，设计节目内容等。内容定位为当下热度较高的话题，利用大数据决策，进行数字化传播。并且运用大数据分析、云计算等技术，根据节目受众的年龄层、播放量高低、话题的热度等进行分析得出改进措施，增加节目受众的体验感，提高节目与受众的黏度。大数据技术贯穿纯网综艺节目的研发、制作、宣传、发行等整个过程是现在网络自制综艺节目市场的常态，也是未来的主流发展趋势。

维克托·迈尔·舍恩伯格认为“大数据”给予了各行各业的人一种全新的尝试，“以一种前所未有的方式，分析海量数据，以取得拥有巨大价值的产品和服务，或深刻的洞见”[①]。随着云计算等高新技术的进步，大数据逐渐应用到了社会生产的各行各业。网络综艺节目也敏锐地认识到了大数据的价值。

与传统的电视综艺节目相比，大数据背景下的网络综艺节目在前期的选题和策划方式上已经产生了巨大的变化。面对琳琅满目的节目类型，受众对独特的体验感与交互性有了更高的需求，对网络综艺节目也提出了更高甚至更具体的要求。因而有了话题“众筹”这一说法。“众筹”一词源于众包（crowdsourcing），指的是“企业利用互联网将工作分配出去、发现创意或解决技术问题”[②]。各行各业“众筹”模式的发展都十分迅速，如影视行业、唱片行业、网游行业等。随着网络自制综艺由最初的懵懂发展进化到近几年的理性沉淀，网综制作方在前期的选题与策划阶段，就已经开始熟练地通过大数据分析，广泛撒网，精准定位，“众筹”获取受众的兴趣点。通过这一模式，制作方可以将受众的年龄、偏好、观点等信息与创作联系起来，从而使得节目在策划前期就能够充分享受到受众介入所带来的信息。

① 舍恩伯格，库克耶．大数据时代［M］．盛杨燕，周涛，译．杭州：浙江人民出版社，2012.

② 张建中．众筹新闻：网络时代美国新闻业的创新及启示［J］．现代传播，2013（3）：105-108.

视频网站常常使用“大数据+云计算”对网站的受众群体进行信息抓取，通过分析用户留在浏览器上的历史搜索痕迹，为网站下一步进行综艺节目自制提供重要参考，以求打造出使大多数受众满意的综艺节目，吸引更多潜在观众。譬如优酷于2017年4月20日临近“世界第二十二届读书日”之际，面向广大图书爱好者推出了文化类读书节目《读书人》；同年腾讯视频上线综合性赛事综艺《我爱二次元》，专注服务于ACG（Animation，Comic，Game的缩写，动画、漫画、游戏的总称）二次元受众，同时辐射三次元受众。与传统的电视综艺节目“以传者为中心”的传播理念不同，视频网站是“以用户为中心”，把用户置于优先位置，从用户的角度出发进行创作与传播。读懂了用户的心理，很大程度上就能达到理想的传播效果。

除了精准定位受众需求之外，网络自制综艺节目利用大数据，在海量信息中检索汇集当前热门话题进行分析，以利于节目的精准创作。例如，热门网综《火星情报局》节目对受众的定位是“年轻群体”，节目组为了解当下年轻人的喜好，并与之进行更深层次的交流互动，所以在每期节目的前期策划与选题阶段，便通过微博、微信公众号、豆瓣、知乎、百度贴吧等平台，运用大数据抓取时下年轻群体中最热门、讨论度最高的话题，专业分析之后加入节目创作之中。此外，节目组将直播引入现场，在实时交流互动中捕捉当代年轻人各种奇思妙想。可以说这档网络自制综艺节目的走红与大数据技术息息相关。同样，爱奇艺王牌综艺《奇葩说》作为一档新型辩论脱口秀，每一期都会有一个辩题，这些辩题的产生是节目组事先通过知乎、新浪爱问、百度贴吧等资料平台，选择了民生、情感、两性、人文、生活、职场等领域中公众最关心的问题，发放网络调查问卷，公众讨论最多的主题就有机会进入节目的选题行列。

网络自制综艺节目利用大数据对海量信息进行筛选和分析，能更精准定位受众需求、分析受众偏好，进一步明确内容选择，把控节目方向，提供更加完善的节目形式。

二、网络综艺节目的制作与播出

（一）强化节目趣味性和互动性

1.“花字”和特效

“花字”是对视频后期添加夸张字幕的一种代称，它可以有颜色各异的字体，同时也可以附加图画和音效，是对视频内容的二次创作，且主要体现在画面制作上。特定情境中恰到好处的“花字”运用，可以让原本平淡无奇的镜头画面变得生动。

在画面制作上，网络自制综艺节目与传统电视综艺节目有着较大的不同。网络自制综艺节目通过后期剪辑，在画面中大胆加入“花字”，利用字体和字号的变化充实节目画面。或可以对节目主持人和嘉宾的人物形象进行“二次创作”，例如常见的大头特效、卡通特效，配以时下流行的 emoji 表情包，极大地增强了节目的表现力。

在国内的网络综艺节目制作中，“花字”和特效大多是以有机结合的形式出现的。在街舞类综艺《这！就是街舞》中，每当学员带来不同种类的舞蹈时，特定的“花字”就会在恰当时间出现在画面右下角，对舞蹈类型以及特定动作进行全程解释，帮助观众轻松了解。《奇葩大会》第二季更是将动画特效搬到了屏幕上，以大面积的动画形式覆盖舞台上的单一元素，视觉感极强。《向往的生活》作为一档农村生活体验式慢综艺，在展示大自然中的动植物时，往往会在画面上添加动画版头像，配上拟人化的文字语言，再加上恰当音效，将动植物的可爱形象完美呈现在观众眼前。“文字 + 图画 + 音效”的“花字”表现方式，极大地提升了用户观看节目的体验感。

2. 弹幕

弹幕指的是在网络上观看视频时弹出的评论性字幕，源自日本弹幕视频分享网站 NICONICO 动画。中国大陆地区的 AcFun（通常称为 A 站）首次引进弹幕，成为大陆第一家拥有弹幕的视频网站。之后视频平台哔哩哔哩引进弹幕技术，并在不断地发展中将弹幕文化推向成熟。传统电视综艺节目的播放器评论系统是独立于播放器之外的，因此用户针对特定情形给出的特定评论，实际上滞后于节目的播送。而网络综艺节目中的弹幕提供给用户一种“实时互动”的错觉，任何用户都可以在观看节目时发送弹幕，其他用户发送的弹幕也会同步出现在视频节目上方。用户对于任何一档节目都有着自己特有的解读方式，用户的解读过程经由弹幕与节目产生了实时的互动。用户的解读方式无论是协商式解读、对抗式解读或是主导支配解读，只要发出弹幕就是一种互动的表现。用户在爱奇艺观看《偶像练习生》时，一边吐槽节目中导师，或是练习生的穿搭，一边在弹幕中拉票，用户发表弹幕是自由、平等的。爱奇艺泡泡社区是粉丝集结的场域，粉丝每天都可以在自己喜欢的偶像下面为其增加人气，还可以发起和偶像有关的话题，拉近与偶像之间的距离，在互动中获得了对偶像的认同。

弹幕的运用构建出了一种奇妙的共时性关系，营造出一种虚拟的集体观影氛围，让网络综艺节目兼具互动分享和二次创造。真正让各大视频网站从一个单向的视频播放平台，变成了双向交流的文化社区。

新技术的应用，不仅增强了网络综艺节目的趣味性和互动性，其体现出的技术优势和文化优势更是创造了新媒体时代全新的用户生态环境。

（二）独特的美学风格

1. 网络综艺节目的镜头创新：碎片化镜头

美国西北大学媒体管理中心负责人约翰·拉文曾指出，碎片化是“遍及所有媒体平台最重要的趋势”①。即便是传统电视综艺节目，在相对完整的一段时间内也极少有观众只选择看单一的一段内容。“如果不断地继续切换频道，观看者就会有对片段的观看体验。这是后现代主义形象拼贴艺术。此种喜悦在于这些形象的不连续性，其碎片，其矛盾。”②网络媒

① 文卫华，楚亚菲．2016 年中国网络综艺节目盘点［J］．中国电视，2017（3）：28-32.

② 菲斯克．电视文化［M］．祁阿红，张鲲，译．北京：商务印书馆，2005：150.

体的时空特性加强了受众对信息接受的自主性和随机化。因此，网络自制综艺节目的镜头画面较之以前也会变得零碎化，拼接镜头的高速率呈现能够产生更强烈的视听享受。

目前观众可以随时随地观看各类型的娱乐综艺节目，并快速地融入节目氛围当中，主要得益于手机等移动端已经成为网络自制综艺播放的主要渠道。为了配合小屏幕、多媒体、移动端的发展，从景别角度讲，在网络自制综艺节目中添加了更多强调叙事的中景镜头和强调细节的近景镜头。与在上星卫视播出的版本相比，网络版《拜托了冰箱》有了很多近距离、特写、快速切换等镜头表现方式，呈现出“碎片式”画面感。在“烹饪对决”版块中，用多机位拍摄组合画面，针对厨师详细展示烹饪过程，针对主持人、明星嘉宾录制互动场面。镜头拍摄到的画面在演播室各个机位之间快速切换，呈现出强烈的视觉冲击力，加深了观众的紧张感。密集交叉、来回切换的“碎片化”镜头，为观众提供了全新的视听体验。

2. 网络综艺节目的叙事创新：快节奏叙事

互联网时代新媒介的出现让观众形成了新的观看习惯，观众观看习惯的改变使得节目制作须以全新的理念做引导。网络时代信息量剧增，信息的传递速度空前加快，促使公众提高信息接受速度，逐渐养成了在短时间内快速阅读的习惯。综艺节目如果想在短时间内吸引观众的注意力并持续不断引发观众的关注，提高观众与节目的黏度，就需要加快节目的叙事节奏，后期快节奏剪辑制造强烈的戏剧冲突，不断设置戏剧矛盾，使整期节目产生更戏剧性的效果。

在网络平台播放的自制综艺节目完整版一期的时长通常在 60 分钟左右，以避免长时间叙事使观众产生疲劳感和乏味感。例如，卫视版《拜托了冰箱》叙事节奏较缓慢，节目中有不少主持人与明星嘉宾聊天的内容。而相较于卫视版，腾讯视频在制作网络版同名综艺的时候，显著加快了节目的叙事速度节奏，将长达一个多小时的电视版节目压缩到 45 分钟左右，并且在明显缩短了的节目时长内提高了竞赛环节的占比，填充了更多叙事内容。脱口秀节目《火星情报局》每一期节目的镜头多达数千个，一个小时内就会抛出 5 个左右的话题，加上主持人口播广告和明星嘉宾广告歌舞表演的时间，整期节目的叙事节奏感非常强烈。

受当今快节奏生活方式的影响，网络视频的受众追求快速浏览和感官刺激，已经习惯了信息的快速接受，适应了快节奏的叙事方式，所以提倡快节奏叙事的网络自制综艺节目更好地适应了市场的需求。

除快节奏叙事之外，视频网站还运用播放器设置，提供视频“多倍变速”播放功能，观众可以任意选择 0.75 倍、1.25 倍、1.5 倍，甚至是 2 倍的播放速度观看视频。例如，在腾讯视频中，用户就可以使用“倍速”播放功能直接选择播放速度并自行操控播放节奏。

（三）微综艺与竖屏综艺

互联网日渐向纵深方向发展的同时，国内各大视频平台的内容生产模式也随之改变。微综艺与竖屏综艺成为互联网视频内容中极具发展潜力的新事物。“在信息碎片化时代，竖屏微综艺拥有了能够真正嵌入广大观众的观看场景中的机遇，同时其自带的新鲜感也拥有着天然的传播优势。”[①] 如灵活多变的录制场景、对受众碎片化时间的有效填充、轻体量下的私人订制模式等。

以手机为主的移动端带动了竖屏内容的生产，在竖屏资讯、竖屏网剧推出之后，竖屏微综艺制作风潮开启，越来越受到关注。在综艺领域首次尝试竖屏模式的是腾讯新闻推出的“素人”访谈类节目《和陌生人说话》，虽然这档节目的综艺属性较弱，但它的出现意味着以竖屏样式实现了微综艺节目播放形式的新突破。主流视频网站以及“头部”短视频平台也开始用专业性目光聚焦竖屏内容生产。2019 年爱奇艺联合爱笑传媒推出的竖屏微综艺《他们对我下手了》，主要展示明星、网红等网络 KOL 的现场即兴

① 冯宇轩．“归零”与“美好”，抖音出品的首档明星竖屏微综艺做对了什么？［EB/OL］．（2020-01-17）［2020-05-10］.http：//yule.voc.com.cn/article/202001/20200117175122858 8.html.

表演，效益良好。同年，芒果 TV 也推出了平台首档以校园人物为主题的竖屏微综艺《奇怪的同学》。

网络自制的竖屏微综艺虽出现时间不长，但在专业性方面已经有所升级，节目内容渐有深度，显示了未来网络自制综艺原创内容存在有更多的可能性。

1. 录制场景灵活多变

从节目的录制场景设置方面来讲，网络自制综艺节目更为灵活多变。不同于上星卫视综艺中主持人在台上，观众在台下的固定模式，大多数网络综艺节目的录制场景会按照节目整体的风格与单期主题调性来搭建。例如，《奇葩说》的录制场景是在一个面积较小的封闭式空间里安排半包围形状座席，主持人所在的讲台位置正对观众，两侧为辩论席，席上的辩手可以自由选择座位，由于没有严格的座位区分，在节目录制中途辩手也可以随意起身或者走动。整个演播室布局看起来很像会客厅，使得节目看上去就像与朋友坐在客厅中闲聊畅谈，辩题也只是大家交流思想感情的工具。《奇葩说》改变了以往辩论类节目规整且严肃的座席风格，场景设置紧凑但自由。尤其是节目第四季，嘉宾人数明显增加，但舞台面积反而缩小。表演空间的紧凑在视觉效果上更加拉近了导师与辩手之间的关系，更接近节目所主张的凸显个性和自由辩论。

除了致力于演播室轻松氛围的营造之外，一些视频网站在制作节目的时候，追求逼真的场景再现。例如，芒果 TV 大型明星侦探类真人秀节目《明星大侦探》，为了契合主题，带给观众如身临其境般的体验感，节目组高度还原了“犯罪现场”。在第三季前两期《酒店惊魂》中，为了让当期嘉宾在充满真实感的场景中进行录制，带领观众获得紧张刺激的体验，节目组耗费了将近半个多月时间，搭建了一座极其逼真的酒店。

网络自制综艺节目中对于舞台概念没有明确的定义和限制，所以书房、购物中心、咖啡厅、茶馆等生活场景也能够用于节目录制。以高晓松为主的脱口秀节目《晓说》的录制场景就灵活多样。高晓松有时摇着纸扇在书房里谈论历史，有时坐在办公室里说职场生活，有时坐在茶馆里，有时坐在家中沙发上……在某期录制外景旅行节目时，节目组将拍摄场景设置在了一辆游轮上，整期节目采用游览和讲述同时进行的方式，摄像机随时跟拍，营造节目“进行中”的状态，提升了观众的带入感。许多网络自制的微综艺与竖屏综艺几乎没有固定式舞台，通常结合主持人的谈吐风格随机设置录制场景，契合此类综艺轻松、休闲、随性的特征。

2. 碎片化时间的有效利用

在极速发展的信息化社会里，人们的生活随着大量信息的涌入也变得更加丰富多彩。在过去人们收看一档完整节目需要花费同样时长的一段连续时间，手持移动设备的出现改变了人们观看节目的方式，人们不再根据电视节目固定播出的时间赶回家观看，而是利用日常生活中的碎片化时间随时随地观看节目。据调查，在互联网时代，体积小巧轻便的手机成为大众观看网络视频的首选。据《2018 中国网络视听发展研究报告》显示，我国网络视频收看设备日渐集中在手机上，95% 的用户首选手机为视频播放的主要渠道。[①] 另外，用户通过手机观看节目的时候能够随时按暂停，可以边看边下载，喜欢的片段无论长短都可以反复无限次循环观看，不喜欢的片段可以拖动进度条立即跳过。一些视频网站甚至提供视频转换音频功能，让用户能够向听音乐一样“听节目”。这种碎片化时间的有效利用是网络自制综艺节目的一大特色，相较于电视综艺节目，网络平台自制的综艺节目富含人性化，从用户角度出发进行充分考虑，自由度更高。另外，从 2017 年开始，国内几大头部视频网站纷纷与通信行业的运营商合作，面向旗下用户推出免流量服务，让更多用户通过手机无负担收看网络综艺节目。例如，腾讯在 2017 年与中国联通达成合作，推出“腾讯大王卡”，

① 苏丹丹. 2018 中国网络视听发展研究报告发布［EB/OL］.（2018-12-11）［2020-05-19］. http：//www.ce.cn/culture/gd/201812/11/t20181211_31001875.shtml.

使用“腾讯大王卡”的用户在观看腾讯视频上的内容时，可以享受免流量费用的独家福利，避免用户在观看网络视频时发生流量超额现象。

3. 轻体量下的私人订制

与《生活对我下手了》《通灵妃》等具有完整剧情和相对出圈的竖屏剧相比，竖屏微综艺正处于发展的初级阶段。竖屏剧和短视频做出了勇敢的尝试，打开了竖屏内容的市场，此后具备高质量内容生产能力的创作者们开始深耕，竖屏微综艺成为综艺节目新形式。但不可否认，综艺市场上相当多的观众仍然以横屏观看为主，在对竖屏微综艺的探索中，以单个明星或单个网红为主体的内容的出现，是打开竖屏微综艺新局面的重要切入口。

其实无论是宽高比 16∶9 的横屏还是转换为 9∶16 的竖屏，都是节目的一种呈现方式。竖屏相较于横屏来说，由于无法实现多人同时入镜及画面上下端留白，限制了节目的叙事表达。这种状况虽不利于呈现角色众多情节曲折的大体量内容，但恰是竖屏微综艺的亮点所在。综艺节目的表现主体在“人”，为了通过有限的人传递出具有无限吸引力的内容，竖屏微综艺往往经由专业团队打造，从人物选择、环节设置、镜头拍摄等方面进行全方位“私人订制”。流量明星、网红等公众人物是竖屏微综艺的首选。一方面，这部分人善于表现且拥有极强的个人魅力，另一方面，他们本身具有强大号召力，能够在较短时间内实现竖屏微综艺内容的理想传播效果。

同等道理，在叙事时长的限制下，竖屏微综艺单期节目的故事体量都很小，需要节奏快且内容全，因此节目的呈现和传播必须依靠持续的流量来带动。以单个流量较大的公众人物为主要表现对象的竖屏微综艺节目，有强大的粉丝群体作固定目标受众，有利于节目热度的持续。2019 年 12 月抖音出品的竖屏真人秀微综艺《归零 /REKNOW》就是为明星张艺兴“量身定制”的一档个人综艺。节目通过竖屏模式呈现，每期时长在十分钟左右。张艺兴用 Vlog（video blog，视频网络日志）的拍摄方式，如同在线直播一样与粉丝“面对面”交流，缩小了距离感。

私人订制模式下的竖屏微综艺开启了一个全新领域，引发各方关注，至今仍在持续升温。

第三节　网络综艺节目制作机构探析

一、互联网视频平台：自制 + 沿袭

（一）腾讯视频

一直以来，“精品化 + 大制作”是腾讯视频进行内容自制坚持的理念。腾讯视频综艺矩阵构建致力于实现“全内容生态圈”。腾讯在线视频部总经理刘春宁说过：“自制出品战略是每个视频网站实现差异化竞争优势的必经之路。好的自制作品不仅能提高用户对该视频网站的品牌忠诚度，还能形成社交网站、微博、视频、图文等全网络的参与，影响范围更广，形成口碑更快。”[①] 据相关机构统计，腾讯视频中有一半以上的网络综艺节目由自己出品，自行制作，如《拜托了冰箱》《你正常吗》等。在2016 年 5 月 5 日，腾讯联合上海东方娱乐传媒集团、韩国 SBS 综艺本部以及国内金牌制作团队领头人谢涤葵、马东、李文好、俞杭英等人，宣告成立“嗨联盟”，同时设立 10 亿元网络综艺孵化“嗨基金”，专注综艺产业孵化成长。

腾讯视频依靠腾讯公司强大的资金支持和数量可观的社交用户资源，专注于网综节目类型以及题材的创新开发。2018 年偶像女团养成类真人秀节目成为现象级产品，在此基础上，腾讯视频继续推出《创造营 2019》《创

① 解放日报．腾讯视频 2012 出品战略谋求破局［EB/OL］．（2011-12-26）［2020-05-21］．http：//news.cntv.cn/20111226/102594.shtml.

造营 2020》《明日之子水晶时代》等选秀节目。竞演类真人秀综艺《即刻电音》《演员请就位》，文化类节目《一本好书》，旅行类明星纪实真人秀《奇遇人生》，男女恋爱社交类综艺《女儿们的男朋友》《心动的信号》，美食类节目《拜托了冰箱》《城市厨房》，职场类真人秀《我和我的经纪人》《令人心动的 offer》，不仅在大众题材上进行多角度开发，而且在垂直题材上深耕细作。

在 2019 年腾讯视频节目综合指数排名 TOP10 中，《心动的信号 第 2 季》《吐槽大会 第 3 季》等网络综艺“综 N 代”依旧以较高的综合指数维持在热门网综之列，其中凭借超高话题度引领内地综艺潮流的《创造营 2019》荣登排行榜第二位，《创造营 2020》在 2020 年也已经以全新的面貌回归，继续显示出强劲的发展潜力。

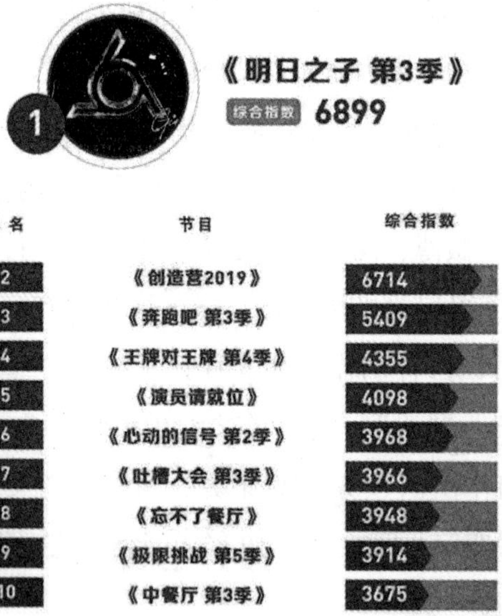

图 3-4　2019 年腾讯视频节目综合指数排行榜 TOP10

注：数据统计截至 2019 年 11 月 30 日，综合指数由腾讯视频播放量、微博指数、微信指数、媒体曝光、口碑舆情等指数加权得出[①]

① 腾讯视频官方 .2019 腾讯视频年度指数报告［EB/OL］.（2019-12-28）［2020-05-20］. http：//v.qq.com/dokiact/annual_report_2019/index.html?channel=home&ovscroll=0&hidetitlebar=1.

（二）爱奇艺视频

早在2014年4月，爱奇艺在三亚举办视频营销分享会时，公司首席执行官龚宇宣布爱奇艺开创性实施“工作室战略”，第一批成立的高晓松工作室、马东工作室、刘春工作室旗下已经拥有近30档自制内容。“爱奇艺工作室战略”使得内容生产者在保持“独立创作”的情况下，为其提供多样化的作品。“这种独立性意味着我们的策略要随之升级。”龚宇表示，“未来除了做平台之外还要真正去做内容。我们的优质内容可能通过新媒体平台播放，同时也可能在传统的电视台、院线去播放，这是我们的内容策略”。① 同年8月，爱奇艺还与国内知名文化创意企业华策影视达成战略合作，共同出资成立了华策爱奇艺影视公司，大规模制作高质量的网络内容，强化了爱奇艺在内容上游的整体竞争力。

爱奇艺在网络自制综艺节目方面一直处于领先地位。在2019年上半年“百度搜索指数：综艺榜”（与电视台综艺节目混合统计）榜单的前20名中，爱奇艺占据了6个席位（排名1、7、8、16、18、19），② 优势明显突出，形成了单个视频网站与多家上星电视台竞争的局面。

表3-4　2019年上半年百度搜索指数：综艺榜

排名	综艺节目	搜索指数
1	青春有你	6，564，579
2	声临其境	5，949，531
3	亲爱的客栈	3，844，051
4	王牌对王牌	3，313，457
5	快乐大本营	2，945，264

① 邹昕昕.爱奇艺工作室战略全面启动.（2014-04-21）［2020-05-22］.http：//finance.jrj.com.cn/2014/04/21055317077160.shtml.

② 品玩.2019网综半年观察：爱奇艺凭质领跑，腾讯以量紧追，优酷暂处调整期［EB/OL］.（2019-07-04）［2020-05-23］.https：//baijiahao.baidu.com/s?id=1638121999901903640&wfr=spider&for=pc.

续表

排名	综艺节目	搜索指数
6	最强大脑	2，845，077
7	我是唱作人	2，673，215
8	演员的品格	2，528，978
9	歌手 2018	2，149，994
10	大冰小将	2，145，483
11	欢乐喜剧人	2，080，708
12	明星大侦探	1，808，411
13	创造营 2019	1，799，625
14	非诚勿扰	1，640，273
15	妻子的浪漫旅行	1，623，110
16	青春的花路	1，581，375
17	奔跑吧兄弟	1，566，378
18	小姐姐的花店	1，529，580
19	喜欢你我也是	1，469，430
20	向往的生活	1，339，135

爱奇艺深耕“青年多元潮流文化”，致力于年轻受众群体的精细化运作，从多元化内容方面为用户提供更多选择。爱奇艺自制团队一直以来秉持“去创造，不跟随”的创作理念，有意识地推崇原创内容，并继续深耕垂直内容，针对不同题材类型从“音乐潮”“少年风”“生活趣”三大系列着手为网络自制综艺市场布局。“音乐潮”有《中国新说唱》《我是唱作人》《乐队的夏天》，“少年风”有《国风美少年》《热血街舞团》《青春有你》《偶像练习生》，“生活趣”有《小姐姐的花店》《奇妙的食光》《做家务的男人》《恋爱捕手》等，深入挖掘各个领域内容的潜在价值，以满足不同圈层受众的个性需求。

（三）优酷视频

2012 年 5 月，优酷率先推出年度自制大型真人秀节目《我是传奇》，开视频网站自制综艺节目之先河。同年，优酷网和土豆网以 100% 换股的方式正式合并，正式启动内容自制模式。2014 年，优酷土豆集团投资 3 亿元人民币用于开发自制和原创内容，2015 年又将投资规模扩大到 6 亿元人民币，鼓励生产与制作更多的优质内容。

优酷现为阿里巴巴文化娱乐集团大优酷事业群下的视频平台。2016 年，优酷与中国互联网娱乐品牌银河酷娱达成深度合作，积极打通网络视频内容全产业链条。《火星情报局》是优酷与银河酷娱合力孵化的首档网络自制综艺节目。在内容自制领域，优酷是网综自制行业的先行者，《晓说》《老友记》《优酷全娱乐》等纯网生综艺节目，在话题量、好评度等方面都居于前列。

优酷推出的聚焦青年文化“这！就是”系列垂直题材原创综艺《这！就是街舞》《这！就是铁甲》《这！就是灌篮》，可以说是 2018 年网络自制综艺的品质之作。福克斯传媒集团（Fox Network Group）买下《这！就是灌篮》模式版权，开创了国产原创综艺模式“出海”的先河。“《这！就是灌篮》模式的成功出海是过去一年优酷实行原创内容建设、布局综艺系列化的阶段性成果，它进一步验证了我们的战略方向。”阿里巴巴文娱集团轮值总裁兼大优酷总裁杨伟东说，“我们也希望未来，能和内容合作伙伴一起，让更多优质的国产原创内容走出国门”。[①]

表 3-5 2019 年优酷自制综艺

节目名称	节目类型	备注
《以团之名》	艺术研修教育类真人秀	已播
《这！就是街舞 2》	街舞选拔类真人秀	已播
《这！就是灌篮 2》	偶像运动燃魂真人秀	已播

① 翟继茹．福克斯传媒买下《这就是灌篮》模式版权［EB/OL］.（2018-10-16）［2020-05-23］. https：//www.donews.com/news/detail/1/3022809.html.

续表

节目名称	节目类型	备注
《这！就是原创》	音乐类综艺	已播
《音乐至上 MUSIC ON》	全年周播打歌节目	未播
《想吃麻花现给你拧》	开心麻花首档网综	未播
《嗨，脑星人 9102》	脑力练习生综艺	未播
《想谈个偶像剧一样的恋爱》	星素感情观察类综艺	未播
《火星情报局 4》	轻情景科幻综艺脱口秀	已播

注：不完全统计，根据网络资料整合，以实际上线播出节目为准。

2019 年优酷自制综艺全年整体减产。在系列综艺品牌《这！就是街舞 2》《这！就是灌篮 2》的基础上，推出全新系列产品原创音乐类综艺节目《这！就是原创》。除了新上线的艺术研修教育类真人秀《以团之名》之外，优酷继续“综 N 代”路线，如《火星情报局 4》。集中力量主攻“头部”市场，是现阶段优酷网综自制的主打策略。

2020 年优酷在综艺方面继续以创新为核心开发全新综艺领域。重点自制项目包括《这！就是街舞 3》《这！就是灌篮 3》《这！就是铁甲 2》《火星情报局 5》《少年之名》《你是我兄弟》等。

（四）芒果 TV

芒果 TV 是湖南广播电视台旗下的网络视频平台，拥有着团队、技术、资金等内容制作必不可少的优势。“快乐阳光”总裁张若波曾表示，“我们想把视频产品做成‘特别的内容为特别的你’，我们的策略主要是播放我们自己的内容”。

表 3-6　2019 年芒果 TV 自制综艺

节目名称	节目类型	备注
《明星大侦探 5》	明星推理真人秀	已播

续表

节目名称	节目类型	备注
《妻子的浪漫旅行 2》	夫妻观察生活真人秀	已播
《勇敢的世界 2》	实景科幻实验节目	未播
《明星大逃脱》	超大型密室游戏真人秀	已播
《哈哈农夫》	农村生活体验对抗真人秀	已播
《婆婆和妈妈》	家庭观察类节目	未播
《恋乐狂与集音社》	音乐脱口秀	未播
《女儿们的恋爱》	代际恋爱观察真人秀	已播

注：不完全统计，根据网络资料整合，以实际上线播出节目为准

芒果 TV 在沿袭湖南卫视以及湖南广播电视台综艺节目制作模式的基础上，开展网络自制综艺节目生产，专注于“青春”“都市”“女性”领域，推出女性群体——“她”系列综艺节目《妻子的浪漫旅行》《女儿们的恋爱》以及 2020 年上线的《乘风破浪的姐姐们》，代际观察类节目《我家那小子》和《我家那闺女》，青春益智类《头号玩家》和《明星大侦探》，形成了高辨识度的“女性向 + 青年”气质的平台特色。

芒果 TV 能够长期维持稳定的内容生产与输出，与公司内部优秀人才力量的储备以及自由宽松的创作氛围是分不开的。

二、传统制作公司：联合 + 制播分离

市场的自发调节为网络自制综艺节目的发展提供便利的同时，危险因素也随之而来。网络自制综艺节目爆炸性增长，成本低廉、粗制滥造、靠低俗内容打“擦边球”吸引观众视线的网络综艺已不再适应市场发展，更无法满足观众日益提高的审美情趣。所以国内各大视频网站除了建设自己的团队之外，会联合或者直接委托其他有丰富经验的传统制作公司，进行综艺节目内容的研发和制作。尤其是在制播分离趋势的推动下，众多传统的影视行业制作人相继步入网络自制综艺节目领域，为网综的研发制作注

入一针“强心剂”。

许多民营的传媒集团以及一部分从电视台分离出来的制作机构，在不断发展壮大下已经拥有较高的节目制作水平。

（一）唯众传媒

唯众传媒是以提供原创优质视频内容为核心竞争力的全媒体整合运营商，将“互联网 +”带来的全新理念和优势充分延伸到了网络综艺节目的生产与创新中，制作了一档剧情式吐槽脱口秀节目《暴走法条君》，模拟法庭情景对网络上的热门话题进行讨论，凭借着极高的视频播放量和微博讨论量，成为优酷 2016 年第二、三季度的热门网综。

作为一家专注于内容生产的企业，唯众传媒和优酷、爱奇艺、腾讯三家主流视频网站都有合作。唯众传媒善于把垂直细分的小众题材内容和大众化的娱乐打通，在小众文化里寻找到能撬动大市场的支点。与其他主要以节目类型定位的企业不同，唯众传媒以受众为基础，受众定位为都市年轻白领、中产阶级、精英。创始人兼 CEO 杨晖认为，“当下是一个小众称王的时代，很难有万众狂欢的爆款出现。如果是爆款，一定是垂直综艺”。[①]

在“互联网 +”的时代背景下，唯众传媒将旗下所有单一定位和概念的产品，扩大成为全媒体概念产品。IP 开发、后产品开发、整合营销已经愈加重要。例如，唯众出品、央视网播出的节目《开讲啦》既可以作为一个电视产品，又能够在整合营销下将内容置于互联网上。同时通过“走进校园”的线下活动，做 IP 的衍生和开发，使品牌得到更大收益。在未来发展阶段，垂直圈层想要产生高附加值，就必须做好 IP 运营。

（二）灿星制作

上海灿星文化传媒股份有限公司，简称灿星制作，是国内领先的互联

① 新沪商联合会．唯众传媒 CEO 杨晖：屡屡打造爆款综艺的“创业偶像”如何炼成？［EB/OL］．（2018-03-09）［2020-05-23］.https：//m.sohu.com/a/225178973_100069890?spm=smbd.content.footer.0.1590457994303i9cTLPk&_trans_=010004_bdxcx_shw.

网节目制作及运营商，同时也是中国第一家实行“制播分离”模式的综艺节目制作团队。灿星在自制综艺领域建立了一套完善的综合型、产业化的“制作 + 运营”模式，从节目研发、敲定、内容制作、项目落地，到节目后期的整合营销以及衍生品和后产品开发等，流程完整。“高成本 + 大制作”，灿星打造出了许多影响国内文娱产业发展的现象级综艺节目。

三、新兴网生内容制作团队：IP+ 话题

在当前媒体融合发展的背景下，传统媒体和新媒体的界限日趋模糊，一大批拥有丰富经验和专业技能的传统广播电视从业者，相继成立了新兴互联网内容制作团队，参与到网络综艺原创制作中。

（一）银河酷娱

2015 年银河酷娱正式成立，从成立之初到现在，银河酷娱一直致力于网络视频的内容孵化与生产以及 IP 衍生开发与经营。并和国内各大网络视频平台达成了深度合作，打通整个互联网视频内容产业链。

“内容孵化”和“衍生经营”是银河酷娱的核心业务。《火星情报局》是银河酷娱进行内容孵化业务产生的第一个网络综艺 IP，在当前网络综艺竞争激烈的大环境下走过了五季。在银河酷娱的制作理念中，《火星情报局》并不仅仅是一档传统脱口秀节目，更是国内首个以互联网化思维进行内容生产的互联网超级 IP。目前，同名网络剧和同名电影已经立项，在正式播出之际便能够和综艺节目形成多屏联动。同名 App 也已经正式入驻各大手机应用商城，成为“火星粉丝”的线上交流平台。

银河酷娱不断探索网综 IP 价值，肯定其未来的可进化性，附加多种价值维度实现网综 IP 的可持续发展。

（二）米未传媒

由马东主导创建，牟頔、刘煦联合创办的米未传媒，一直专注于网络

视频内容的开发、生产以及 IP 运营，在网络自制综艺节目领域处于领先位置。并在与互联网视频平台的深度合作中，搭建网络优质视频内容的垂直生态系统。

米未传媒先后制作了《奇葩说》和《饭局的诱惑》等多档网络综艺节目。《奇葩说》第一季于 2014 年播出，2018 年第五季上线，同年获得了“2019 爱奇艺尖叫之夜”年度 IP 综艺节目奖。

马东认为，公司的核心价值与吸引力是“有趣”，米未传媒长久以来的发展模式为“XYZ 轴”，“X 轴”表示公司业务线中最重要的一条——内容生产，例如《奇葩说》《饭局的诱惑》《拜拜啦肉肉》《黑白星球》等网络自制综艺节目；“Y 轴”代表的是由内容衍生出的上下游业务，例如马薇薇、邱晨、颜如晶等几位网生艺人的艺人经纪业务，在喜马拉雅 FM 独家上线的付费音频口才培训节目《好好说话》；“Z 轴”则代表米未传媒的投资布局①。

（三）鱼子酱文化

创立于 2014 年的鱼子酱文化是一家以打造“偶像”内容为核心的影视娱乐公司。公司从成立之初就致力于探索高品质的创新内容，以内容开发与制作、投资和运营的综合性经营模式，来布置偶像内容，规划相关衍生产业，音乐类真人秀节目是鱼子酱文化主要制作的节目形式。

从《快乐男声》到《偶像练习生》，鱼子酱文化逐渐探索出了一套将养成系偶像真人秀融入音乐表演中的方法，即如何在音乐表现中凸显或打造练习生的个性，在网络自制偶像类真人秀节目方面拥有了自己独特的风格，突出选手或练习生的性格。娱乐类型综艺节目的最终目的是生成人员，生成内容的 IP。2018 年播出的偶像竞演养成类真人秀《偶像练习生》打破了国内外数家经纪公司、练习生公司的合作界限，节目首发的 100 位练习生来自国内外 87 家不同的经纪公司，大幅提高了制作团队对超大体量节

① 腾讯科技．马东的米未传媒发布了内容生态体系除了《奇葩说》还有这些招儿［EB/OL］．（2016-06-16）［2020-05-23］.https：//tech.qq.com/a/20160616/044770.htm.

目的把控力。一档《偶像练习生》让当时成立还不到4年的鱼子酱文化进入了偶像内容生产的轨道，这档2018年的现象级网综创下了超过30亿的播放量，加上短视频内容生态以及通过节目建立的艺人经纪业务，制作方鱼子酱文化基本上已然完成了偶像产业闭环。

在节目制作方面，鱼子酱文化一部分是从平台承接的IP综艺，另一部分是全新的原创节目。CEO雷瑛表示，“必须要有完全自有的IP和新娱乐的玩法”。像《偶像练习生》这种合作方式今后仍然可以利用，与此同时也要不断增加原创节目的数量，提高质量，形成广泛的受众群体覆盖。

四、自媒体：原创+直播

近几年来，以微博、微信、抖音、梨视频、播客等新媒体平台为代表的自媒体成长迅速，其信息的传播速度和对公众产生的影响力不可小觑。各大视频网站敏锐地察觉到了自媒体所能够产生的价值巨大，陆续发布自媒体平台扶持计划，以增强平台的专业内容生产能力。

2014年，优酷正式推出了业内首个专门服务于用户的视频频道——优酷“个人频道”，给予原创视频作者专业、优质、独家的品牌运营服务，同时延续“合计划”，为个人用户创造价值。随后优酷自频道正式上线“新人计划”，对个人新生的优质内容给予扶持，帮助其集聚粉丝群体，探索变现模式，继而维持创作热情。优酷土豆首席产品官顾思斌表示：“我们希望能让至少10万视频创作者在我们这个平台上找到与他们兴趣相投的人，获得第一批千人粉丝团，并得到他们的供养。我们相信无论是文娱的爱好者、从业者还是创业者，通过自频道，优酷土豆都是最佳的创业平台。”[①] 2015年，腾讯视频联合暴走漫画、万合天宜、胥渡吧等100家内容提供商共同启动了“惊蛰计划”，致力于打通PGC行业上下游产业链，建立全网最大的原创视频平台，从产品、内容、推广等方面多维度扶持原

① 威易网．优酷自频道上线新人计划，扶持10万人启动视频创业［EB/OL］.（2015-11-24）［2020-05-24］.http：//www.weste.net/2015/11-24/107124.html.

创者。2016年，搜狐视频全面启动自媒体平台“金牌计划”，投入超16亿元扶持PGC，实施视频自媒体平台新战略。[①]

（一）罗振宇与“罗辑思维”

《罗辑思维》是由原CCTV主持人罗振宇于2012年推出的一档知识型脱口秀节目，2017年3月进行了改版，视频节目改为音频节目，单集节目播出时间从原先的50分钟缩短到8分钟，且罗辑思维旗下所属“得到”App为独家播出平台。《罗辑思维》是自媒体平台自制节目中最知名的，百度数据显示，从2012年首期开播到现在，《罗辑思维》脱口秀（改版前）共205期，在优酷视频、喜马拉雅等平台累计收看超10亿人次，覆盖了各行各业各个年龄阶段的用户。在网络经济、对外贸易、税收、慈善、战争、教育等经济、社会、历史领域均贡献了大量热门话题，引发广泛讨论。

这一自媒体自制节目最大的创新之处，在于合理推断“内容消费”为未来经济的主要增长点之一，系统化推行会员模式，聚焦社群经济，将自媒体平台与书籍、讲演、直播、电商结合起来，扩展到互联网知识社群。罗辑思维作为一个知识运营自媒体，它所拥有的强大的内容生产力以及用户聚集力使其能够长期处于行业领先地位，并且在将来很可能衍生出更多元、更智慧的经营模式。

（二）高晓松与《晓松奇谈》

《晓松奇谈》是2014年上线的一档互联网全互动式文化类脱口秀节目，由高晓松工作室打造，高晓松固定主持。

自媒体的价值枢纽在于人格魅力，而自媒体生产产品的价值枢纽在于内容原创。《晓松奇谈》最初定位就是面向较高层次的受众群体。节目唯一主持人高晓松有着丰富的学识和独特的个人魅力，天文地理、正史野史、中外见闻，节目的话题选择十分广泛，文化漫谈式风格颇受追捧。而且作

① 长城网．第二届搜狐视频出品人大会在京举行［EB/OL］.（2016-04-26）［2020-05-24］. http：//www.sohu.com/a/71626883_119586.

为互联网时代诞生的自媒体，节目也常以一些网络热门话题来吸引受众。虽然节目对于受众的定位“小且窄”，但一旦获得目标群体的认同，就相当于拥有了忠实而稳定的消费客户。在内容生产方面，《晓松奇谈》真正做到了互联网视频时代内容生产模式的大胆创新，时刻关注社会文化环境的变迁，保持自己创作的自由度，在信息爆炸的大环境中始终以满足受众个性化的信息需求为目标进行创意整合，做到有针对性地开发。

当前自媒体原创网络综艺节目的发展，已经越来越向专业水准看齐，不仅个性风格突出，所选话题贴近日常生活，而且受众黏合度高、交互强，节目传播迅速。但需要警惕的是，如果自媒体的发展过于自由无拘束，缺乏有效的审核和监管，那么势必会成为“博眼球”节目和虚假节目散播的窗口。

参考文献

[1] 郭庆光 . 传播学教程 [M] .2 版 . 北京：中国人民大学出版社，2011.

[2] 顾菁 . 全媒体时代下我国网络自制综艺节目的发展 [J] . 传媒论坛，2020（7）：43-44.

[3] 宫欣 . 从《偶像来了》分析中国真人秀节目的现状与问题 [J] . 视听，2015（12）：41-42.

[4] 胡杨 . 网络综艺节目传播特点与现状探析 [J] . 新媒体研究，2017（3）：3-4.

[5] 吕婕 . 浅析国内网络自制脱口秀节目的发展问题——以国内视频分享网站为例 [J] . 今传媒，2014（1）：52-53.

[6] 李巧卓，赵艳明 .2014—2019 年网络综艺节目研究综述 [J] . 新

媒体研究，2020（7）：18-22.

［7］刘铮.网络综艺节目发展现状及趋势研究［J］.西部广播电视，2019（3）：9-10.

［8］邱越.大数据背景下网络综艺节目的制播模式新变化研究［J］.新媒体研究，2017（8）：94-95.

［9］孙喜杰.大数据背景下网络自制综艺节目的发展——以《你正常吗？》为例［J］.青年记者，2015（32）：48-49.

［10］王韵，安利利.2019年我国网络综艺节目的特征与趋势［J］.当代电视，2020（3）：28-32，43.

［11］舍恩伯格，库克耶.大数据时代［M］.盛杨燕，周涛，译.杭州：浙江人民出版社.2012.

［12］文卫华，楚亚菲.2016年中国网络综艺节目盘点［J］.中国电视，2017（3）：28-32.

［13］郗珊珊.我国网络自制综艺节目的内容管理研究［D］.上海：华东政法大学，2018.

［14］徐亚萍，白楚玄.综艺节目后期制作行业研究［J］.现代视听，2017（11）：21-30.

［15］杨颖.网络综艺节目创新研究［D］.长沙：湖南大学，2018.

［16］朱传欣.网络自制综艺节目的模式创新［J］.中国文艺评论，2018（9）：51-59.

［17］张稳.纯网综艺节目的创作模式与传播特征［D］.济南：山东师范大学，2018.

［18］张建中.众筹新闻：网络时代美国新闻业的创新及启示［J］.现代传播，2013（3）：105-108.

第四章　新媒体宣传片、网络视听广告制作

第一节　新媒体宣传片制作

互联网高速发展背景下，新媒体时代已经到来。新媒体借助互联网的高速传播拓展媒介空间，积累了比传统媒体更庞大的受众群体，新媒体对社会的影响力也逐渐增加。新媒体技术的应用帮助受众群体更方便、快捷、深入地抓取信息，同时受众群体对于互动性有了更高的要求，信息发布的渠道得到拓宽，受众也可以成为信息的发布者。这使得受众可以根据自己的喜好、经历等去获取自己想得到的信息，更大程度上清除了冗余信息。这些变化导致受众群体的需求发生变化，进而对宣传片的制作提出了新的要求，特别是5G时代的到来，视频成为人们获取信息的主要形式，新媒体平台成为信息传播的重要途径。因此，如何根据新媒体的特点制作宣传片成为一个新课题。

一、新媒体宣传片概述

（一）新媒体宣传片的概念界定

关于新媒体宣传片的概念界定，首先可以从宣传片说起。宣传片从字面意义上说，就是具有宣传推广作用的影片。具体讲就是为机构、单位、企业或其他类型主体，进行内容介绍、形象塑造、成果展示、产品推广、工作汇报等专门制作的主题片。

新媒体宣传片是针对宣传片的播出渠道来定义的，指的是根据新媒体传播特点制作，适合在新媒体平台播出，具有宣传推广作用的影片。

（二）宣传片的特点

从目前我国宣传片市场的状况来看，宣传片呈现出以下几个特点：

1. 人文化倾向明显

随着现代生活节奏的加快，人们的心理焦虑逐渐增多，开始渴望更多的人文关怀，宣传片的制作也日趋人文化。人是宣传片永恒的主角，宣传片的表达重点可以是人，宣传片的受众是大众，因此宣传片依循“以人为本”的原则，可以获得观众更多好感。将人文化贯穿于宣传片制作的各个环节，在制作过程中充分考虑观众的感受，以观众的需求为导向，满足观众的观看期待，这样才能得到大众的认可。

2. 分众化特征显著

宣传片面向的是广大观众，既然是大众，那么观看宣传片的受众可能会因为各自动机、需要、能力、性格等不同，对不同类型的宣传片会有不同的喜好和评价，这就使得宣传片的受众群体呈现出分众化的特点。分众传播也就成为宣传片进行宣传推广的新趋势。宣传片制作目标不再定位于整个市场，而是通过市场细分明确目标市场，根据目标市场受众需求，进行宣传片的制作，合理运用受众喜欢的要素，达成宣传片制作专业化、受众反馈理想化的效果。

3. 公益元素融入

宣传片中有一个独特的类型，那便是公益类宣传片。这是任何类型影片都应该带有的公益元素的集中展现。任何一个制作团队，无论制作什么样的影片都应该保持对国家、民族和社会发生事件的关注和反思。宣传片因其功能的独特性，而单独产生了公益类宣传片，这种宣传片出于为公众服务的目的，针对社会弊端和问题，以公众乐于接受的方式，唤起公众的关注，对公众进行劝说和引导，促进社会稳定和谐。公益性为宣传片赢得了观众的好感，改变了公众对宣传片的看法。

4. 丰富科技手段的运用

在科技迅猛发展的今天，宣传片的制作手段也更丰富。集图像、音效、特技、字幕等工作于一个环境之中的非线性编辑系统的出现，使得宣传片的包装制作有了传统线性编辑无可比拟的灵活与便利。先进科技的保障为各种想法的实现提供了可能。计算机三维动画、漫画、连环画、剪纸等都成为其艺术表达的手段。同时，技术的进步也推动了宣传片制作模式的变革。在以往的制作模式中，导演通常采取以前期拍摄为核心，后期制作靠剪辑的制作模式。随着后期合成技术日益成熟，逐渐形成并广泛应用以后期制作为核心，前期拍摄为辅助的制作模式。[①]

5. 注重追求创意性

宣传片因其本身宣传推广功能，容易使观众产生负面印象。这就对宣传片的创意性有着很高的要求。出色的创意可以让宣传片脱颖而出，达成宣传推广的目的。因此，为了让宣传片达成目标，在一开始的制作环节就以创意为导向，经过创意的不断生成和验证，最终确定方案。也正是因为对创意性的追求，让宣传片成为一种具有鲜明特色和主题的影片类型。

（三）新媒体宣传片的特点

新媒体宣传片依托新媒体优势，具有许多传统宣传片所不具备的新特点。

1. 涵盖信息量大、传递内容丰富

新媒体宣传片借助新媒体传播平台的数据记录，可以对宣传片信息的传播量和观看量做到实时掌握，同时新媒体本身信息量大、内容丰富的特点，为新媒体宣传片制作提供了海量信息资源，基于此创作出的影片信息量也更为丰富。而且不论是网络还是移动客户端都可以实现对宣传片信息的获取，宣传片的各种信息都能够通过立体的、数据量庞大的信息数据库

---

① 周建青 . 新媒体视听节目制作［M］. 2 版 . 北京：北京大学出版社，2019.

随时进行修正、补充、传达。

2. 多元化的宣传片信息发布途径

在新媒体时代，不管是不是专业媒体，都能发布文章、新闻、图片、视频等，因此每个人都能够成为宣传片信息的发布者、传播者，极大地拓展了宣传片传播的范围和途径。

3. 丰富多样的呈现方式

新媒体宣传片可以将文字、声音、动画、超链接等加以连接，通过各要素相融合进行全面传达和呈现，丰富观众的感官体验。

4. 多种媒体的传播形式

新媒体本身就是多种媒体的总称，如网络电视、公交移动电视、楼宇电视、手机短信、微博、微信等，依据渠道特点进行宣传片信息的发布和传播，受众可以方便快捷地接收和观看，扩大了宣传片的影响力。

5. 即时的信息传递

依托于智能手机等媒介，信息传达具有灵敏及时的显著特征。因此，新媒体宣传片的信息传达几乎可以做到即时传播，更重要的是宣传片信息不仅能够以更快的速度传递，宣传片发布者也能依据具体情况及时更新信息和调整发布内容，使之进一步将受众覆盖和包围。而且因为传播媒介的便捷化，宣传片能够做到全天候和全覆盖性地向外传达内容。

6. 互动性

新媒体的优势之一是互动性。依托于新媒体传播平台，观众和制作方、传播方都可以进行沟通交流。制作方能够及时获得观众反馈，这就方便了制作方快速调整和改进。利用互动性的特点，听取受众意见和需求，保证了宣传片生产的质量，从而获得更高的受众满意度。

7. 低成本全球传播

新媒体宣传片可以利用互联网优势进行全球范围的传播，这可以让宣传片的传播范围和影响力最大化。同时，因为互联网传播本身的低成本，为宣传片传播节约了开支，使得制作环节的预算和投入增加，提升了宣传片的质量。

二、新媒体宣传片的策划

（一）新媒体宣传片的受众分析

1. 新媒体时代受众的观看诉求

受众永远对新事物和新内容充满兴趣和热情。新媒体时代，网络媒体、数字电视、移动电视、手机媒体、IPTV（交互式网络电视）、博客、播客等新媒体的出现，逐渐取代传统媒体成为用户观看视频的主要渠道。随着观看方式的变化，用户的观看习惯和观看喜好也会相应地改变。

生活节奏的加快和碎片化的时间构成，使得观众的观看习惯变得越来越快，这就对视频的生产和创作有了新的要求。另外，因为新媒体传播的便捷性和低成本性，各种各样的内容信息集中地、持续地传递给受众，受众被重复或类似的信息包围，心理状态逐渐疲惫、对同类信息的兴趣不断减弱。受众需求由感官上升到心智，对视频的挑剔性越来越高。一定程度上讲，受众已经不满足于只作为观看者的身份，他们想参与其中，展示自身的价值。

新媒体时代凭借搜索的便捷性、信息传播的快速化和全覆盖，产生了许多现象级的视听作品。这些作品能够产生良好的经济效益，对其余市场主体产生了刺激，大家争相模仿和抄袭，以期快速成功，获得短期的经济利益。这就导致了内容生产同质化严重、创新性缺乏的问题。同类视听作品的泛滥让受众由最初的喜欢逐步产生厌烦，进而催促受众转向追求富有原创性和创新性的作品。

随着多方面社会压力的袭来，社会生活节奏加快、心理压力增大，导致受众对于搞笑类、治愈类视听作品的需求日益增加。受众希望通过观看视听作品获得快乐体验，缓解生活的焦虑，因而喜剧变成了大众观看的主流视频类型。

2. 新媒体宣传片的主要受众特征

新媒体宣传片的主要受众与传统宣传片的受众区别是是否是网民群体。网民群体与传统宣传片收视群体相比有很多新的特征。

（1）低龄化趋势明显。

第 45 次《中国互联网络发展状况统计报告》显示，40 岁以下网民群体占所有网民的 65.5%，其中 20—29 岁占比最高，为 21.5%。由此可见，新媒体宣传片的主要受众群体也是集中在 40 岁以下。根据 CSM 媒介研究数据，2018 年，电视观看受众中 65 岁及以上的老年观众是唯一收视时间增加的群体，中青年群体的收视量下滑明显。相对于电视这种传统媒体，运用新媒体观看视频的群体越来越呈现低龄化的趋势。

（2）学历层次相对较低，更热衷于通俗化作品。

CSM 媒介研究调查数据显示，2019 年我国大陆地区电视收视人口中，大学及以上学历人口占总电视收视总人口的 28.25%。而截至 2020 年 3 月，网民中大学专科及以上学历人群占比只有 19.5%。因此，相对于传统宣传片的受众，新媒体宣传片的受众受教育水平相对较低。网民本身受文化水平的限制对于视频作品的选择也更偏向于通俗化的作品。

（3）良好的包容性，更强的主动性。

通过第 45 次《中国互联网络发展状况统计报告》可以发现，网民群体中的大部分为学生和自由职业者，这些群体思维活跃，乐于接触新事物、新观念，所以在包容性上要比传统宣传片受众群体更好。另外，由于网络传播的限制性小、方便快捷，新媒体宣传片的受众群体能够成为传播的主力，他们发表看法、参与互动的愿望强烈，积极性和主动性很高。

（二）新媒体背景下宣传片的策划

1. 新媒体宣传片策划与主题选择的基本理念

（1）基于原创，选择具有典型性的主题。

新媒体宣传片要保持原创性。在当前海量信息包围观众的前提下，重复缺乏新意的作品往往会引起观众的反感而被忽略，很难引起观众注意。为了引起观众的注意和观看兴趣，就必须保证内容的原创性、创新性。从受众的心理来分析，受众对于新奇的、新生的事物容易产生本能的兴趣，并且会不由自主地把注意力集中到这个事物上。所以新媒体宣传片需要抓住和利用观众的心理特点，综合一切视听元素来吸引观众的注意力，调动他们的积极性。原创性是成功吸引观众注意力的关键属性。

另外，选题应具备典型性。选题典型性主要是指影片所展现的内容不仅具有普遍性，还应该有代表性，能够反映时代的特征、表现大众关心的内容和主题。选择具有典型性的主题可以充分表达宣传片所要宣传和推广的核心理念、关键信息。同时具有典型性的主题容易引起观众的共情。由于受众原先对这些主题就有一定的认识和了解，从而更容易捕捉到宣传片中的表达重点，甚至通过巧妙的处理可以让观众代入其中。

（2）融合时代元素，呈现新颖效果。

宣传片和其他类型的视听作品一样，需要具备时代性的特征。不同时代有各自时代主流的表达形式，而且观众的接受方式和接受程度也不一样。时代特有元素的融入，通常更容易使观众产生亲切感和认同感，引起观众的兴趣和观看热情。立足于时代的表达，是打动观众的重要手段。

对宣传片而言，题材是否新颖是能否吸引观众的重要衡量标准，也是选题策划的重要考量部分。那么什么是具有新颖性的选题呢？选题的新颖性包含两层意思。一是指根据表达重点，在选题策划时着力寻找新鲜的人和事。二是指从新视角对人们熟悉的事物或题材做出新的解读和呈现，让观众产生新认识，从而顺从宣传片的表达逻辑。独一无二的题材毕竟是少数，更多的题材来源于日常生活，这就需要创作者有双独具匠心的慧眼，从平凡出发，创作不凡。在形式上，要充分利用好技术手段，力求对观众产生心灵上的震撼。在选题内涵上，力求生产具有新颖观点和认识、引发观众新思考的宣传片。①

① 周建青．新媒体视听节目制作［M］．2版．北京：北京大学出版社，2019.

（3）明确主题导向，立足客观事实。

宣传片本身兼具舆论引导的作用。这就需要创作者能够洞悉题材内涵，发挥好正面的舆论引导作用。主题应尽量选取正面题材，注意表达的关联性和歧义性。不论是什么类型的宣传片都应该立足客观事实，不能虚假宣传。即使是采取夸张的表现手法也应有理有据，不能天马行空、脱离客观事实，对观众产生误导。通过明确导向和立足事实，能够在一定程度上保证选取的选题和创意更易表现，从而有效控制成本，保证影片的表达效果。

（4）增强叙事性，增加可视性。

故事是视听作品价值和主题最生动的载体，缺少故事的宣传片会让观众产生一种疏离感。宣传片的表达就容易陷入影片生硬地灌输，观众被动地接受的状态。这种宣传片一开始就与观众拉开了距离。观众无法投入感情去观看，那宣传片的宣传推广效果就大打折扣。另外，有故事、有叙事的影片可以调动观众的感官，使其思考叙事逻辑和剧情发展，全心投入观看。

宣传片也是一门视听艺术，在选题策划阶段需考虑可视性原则。根据不同题材特点选择具有不同视觉表现力的表达主体。比如，使用当前时代的代表事物对观众来说视觉效果一般比之前的事物要好，使用动态事物比静态事物更有视觉表现力，外在的动作和行为比人物的情绪变化、心理活动更能够直观体现。创作者在创作过程中应将可视性纳入考虑，选取符合主题且更有视觉表现力的题材进行创作。为了视觉效果更加极致和突出，可以使用一些新技术，比如采用水下摄影、高速摄影、超广角镜头、延时摄影等。但在追求视觉效果表达的同时一定要符合主题内涵的呈现。

（5）符合大众审美，遵循法律道德。

任何类型、题材的影片创作都追求更广大受众的认可，但是却不可能让所有人都满意。为此最好的选择是使影片符合绝大多数观众的审美。这是选择拍摄主题时应该考虑的方面。选取符合大众审美的题材、站在观众需求角度，同时结合广告主的要求和多方面因素选择主题，力求做到观众和广告主共同满意的结果。

选择宣传片的主题还有关键一点是要周全考虑选题是否遵循道德规范和法律的规定。将被拍摄者是否愿意参与拍摄，拍摄内容有无侵犯他人隐私等方面纳入考虑范围，保证主题选择正确，从而能够大范围传播。新媒体宣传片因为可以实现低成本的全球传播，所以拍摄主题选择时应考虑各个国家地区的风俗习惯、文化禁忌等方面，为之后的影片推广打好基础。

2. 新媒体宣传片的创意与策划

（1）关于“创意”的理解。

“创意”从字面上理解是“创造意象”。从这一层面讲，宣传片的创意是指宣传片策划阶段的艺术构思活动。即根据广告主的要求，经过精心思考、运用艺术手段，把所掌握的材料和对影片的思考进行创造性组合，从而塑造出意象的过程。

“创意”也可以理解为“创新意识”。从这一方面来说，宣传片的创意指的是影片的拍摄主题、拍摄方式、呈现方式、传播方法等具有新的特点和尝试，带来新的效果和影响。①

（2）新媒体宣传片创意的基础和前提。

宣传片是广告主与受众之间信息沟通的桥梁，为了将信息更好地传达，需要通过受众乐于接受的意象和表达来呈现，发挥创意的作用。但创意不一定都能够产生效果，想产生有用的创意，创意人必须对受众期待和广告主诉求都能充分了解和掌握，在此基础上发挥创意思维。同时，必须将创意实现后的传播问题纳入考虑，从而保证创意的成功传达。

从传播角度出发，创意人需要掌握与受众实现有效传播沟通的方法和技巧，才能让受众接受宣传片信息的传达。而且创意人需对广告主的诉求充分了解，将创意与广告主诉求及受众接受有效结合。另外，创意人还应

① 冯晖 . 网络广告实务［M］. 2 版 . 北京：中国水利水电出版社，2015.

对创意实现的费用进行初步预算。在预算限定的范围内开展创意，否则，创意能否实现无法保证。

（3）新媒体宣传片策划的流程。

① 前期沟通，了解诉求。

宣传片策划的开始是从项目洽谈开始的，这是广告主与拍摄团队进行初步接触和沟通的环节。在这部分，主要任务是需要明确广告主为什么制作宣传片、制作什么类型的宣传片、宣传片的时长、宣传片的形式、其他背景资料以及投资预算等。对项目整体内容进行了解之后，评估项目的可行性，从而决定是否与广告主展开合作。如果确定合作，那么下一步就继续进行；如果放弃合作，则策划就可以直接结束。

② 创意初步形成。

项目合作开始，需要首先进行资料的研读、筛选和初步创意形成。在这个环节，可以充分发挥思维的活跃性以及团队合作的力量。对资料和诉求进行讨论之后，提出自己的看法和思考，这时的重点在于观点和想法的收集，可以采用头脑风暴法。通过团队合作的方式进行，彼此互相激发思考，不限制思考的空间，任意发表看法和观点，鼓励大家想法越多越好。在这一过程中，只专心提出构想而不加以评价，同时注意将想法进行记录。

形成一定数量的想法之后再进行下一个步骤，接下来就是对各种想法做现实可行性分析。将可行的想法进行讨论和记录；对于一些不能完全实现但有可行部分的想法，把可行部分记录和组合，形成新的想法。最后初步形成一些可备选和修改的创意。

③ 创意筛选和初步选题。

创意初步形成之后，需要进行创意筛选。筛选的依据是广告主的要求、投资预算、受众特征以及其他资料。将具有可行性的创意进一步筛选，筛选后的创意进行组合和细化。通过组合和细化，形成初步的宣传片选题。初步形成选题后，需要将选题相关的调研内容进行敲定，及时对接调研的时间、地点和人员等。

④从业调研、座谈、观摩。

选题初步形成后进行从业调研，从而对选题加以改进和完善。在这一过程中，对需要调研的对象进行深入了解和访谈，结合座谈、观摩等形式，对有关主体全面了解。同时注意选题有关资料的详细收集和其他资料的补充。这一过程中，如果产生新的创意和想法、获得了重点素材，需要及时进行记录和标记。

⑤确定选题。

经过深入调研之后，进行选题的确定和完善。这一环节，可以根据调研的收获，进行选题的补充和改进。同时将调研过程中的新想法和新思考，进行讨论和研究，综合考虑和判断，决定是否确立新选题。如果确定形成新选题，则需要再进行选题相关调研。如果选定选题，则宣告选题阶段基本完成。

⑥选题汇报。

在选题确定以后，需要写作选题报告将选题向广告主汇报。选题报告就是对所拟定的选题进行阐释，对影片思路进行初步设想的材料。利用选题报告可以清晰展示宣传片的制作思路，帮助广告主确定影片是否满足设想。广告主审批通过，那么选题就正式确定了，策划阶段的任务也正式完成了。

三、新媒体宣传片的文案

新媒体宣传片的制作过程中，文案是必不可少的。文案可以贯穿在策划、拍摄、后期制作的各个环节。比如策划阶段的从业调研，对相关人员进行采访，需要采访提纲的文案支持；拍摄阶段的拍摄计划，也要依据写作的拍摄提纲来制定；后期编辑阶段，则需要解说词的文稿作为依据。因此，文案写作是新媒体宣传片制作的重要组成部分。

（一）新媒体宣传片的采访提纲

在确定选题后，需要对选题相关的人员、单位、部门等进行采访，这就需要采访提纲指导采访活动。采访提纲根据选题来确定采访目的和采访对象，同时针对采访对象的具体情况设计采访问题。

关于采访提纲应该大致包括采访主题、采访对象、采访步骤、采访问题、备选方案。

（1）采访主题根据宣传片的选题进行拟定，是采访活动的核心环节。主题与宣传片选题的贴合度决定了采访的价值。明确了采访主题，采访活动的进行就有了方向指导。采访主题确定，采访的目的也就随之确定。因此，需要花费心思研究影片选题，从而确定出合适的采访主题。

（2）采访对象是指采访者为获取事件详情、验证信息真伪或研究社会现象而访问的人员，或主动向采访者提供情况的人员。采访对象主要分两个类别，一类包括当事人、目击者、知情人以及其他相关人员，另一类是信息发布部门的相关人员。

当事人是采访活动优先考虑的采访对象，当事人可以提供完整的信息，但也可能会选择性隐瞒内容。目击者也是采访的对象，他们通过旁观视角提供相对客观的信息。知情人知道详细的情况，可能提供当事人和目击者忽略的信息。其他相关人士能提供各自了解的信息，作为辅助了解事实的材料，也可能补充事件相关的场外信息。

对于信息发布部门的相关人员，也需要纳入采访范围，对他们提供的情况要仔细分析，认真考虑。

（3）采访步骤。采访能否取得预期效果，采访的步骤也十分关键。

基本步骤包括：

①提前预约时间、地点。

②充分掌握背景资料，了解被访者的特征和习惯。

③提前到达采访地点，进行采访前准备。

④事先询问被访者是否可以录音、拍照以及录制视频。

⑤根据采访长短设置休息时间。

⑥采访过程中做好记录。

⑦不清楚的问题及时提问，避免主观臆想。

⑧ 采访结束注意资料整理和补充资料收集。

⑨ 对被访者表示感谢。

（4）采访问题。采访问题是采访之前根据采访主题、目的，在充分掌握背景资料的基础上设置的向被访者提问的问题提纲。

设置采访问题需要对采访对象进行分析和研究，依据采访对象各自特点进行采访问题的制定，采访问题制定的过程中应注意问题设置的合理性。采访问题设置不能是单一类型，这会让被访者疲劳和反感。采访问题的设置不宜过多，否则容易导致被访者敷衍回答。

（5）备选方案。如果采访按步骤顺利进行，则备选方案就不会启用。但为了防止出现突发状况而影响采访活动的进行。需要事先对可能遇到的状况设置好解决方案。比如临时的地点变动或时间安排冲突时要有备用时间、地点；采访过程中遇到被访者拒绝回答的问题、访谈地点干扰性大、被访者不耐烦、访谈被打断、被访者敷衍回答等情况，都应该事先想好相对应的措施，并把这些措施细化形成突发状况解决方案。

总之，采访提纲只是采访的一个基本依据，在具体采访时，要能够根据现场的变化随机应变，才能保证采访的成功，获得充足的信息和素材。

（二）新媒体宣传片的拍摄方案

新媒体宣传片拍摄方案包含主题、影片结构、影片定位、影片时长、故事梗概、表现手法、画面描述、音乐、配音、解说词、投入预算、团队构建等内容。

（1）主题：事先选定的宣传片主题。简要介绍主题背景、主题特色、主题意义等内容。

（2）影片结构：影片由几个部分组成，各部分之间的线索关联，采取什么样的结构形式。

（3）影片定位：界定影片的类型、内容的定位等。

（4）影片时长：影片整体制作时长为几分钟。根据时长确定拍摄的素材量。

（5）故事梗概：对完整的宣传片故事进行概述，形成一个有层次和叙事逻辑的内容梗概。

（6）表现手法：影片是采用实景拍摄还是搭景拍摄；是用纪实手法还是非纪实手法；摄影风格是怎样的，如怀旧、唯美、写实等。

（7）画面描述：对拍摄的画面进行简单阐述，包括拍摄的画面是宏伟还是优雅、画面主要包含的内容是什么、场景如何、简单介绍画面中人物等。

（8）音乐：整体的音乐是什么风格，如抒情、轻柔；个别重点部分用什么类型的音乐或音效。

（9）配音：配音演员是男是女，是低音、中音还是高音；配音的要求是什么。

（10）解说词：对解说词的内容进行大体描述，解说词的长短和风格做好要求。

（11）投入预算：对整部影片的制作成本初步计算。

（12）拍摄团队构建：包括导演组、制片组、摄影组、灯光组、录音组、演员、置景组、场务组等。拍摄团队可以根据影片拍摄需求不断调整。

（三）新媒体宣传片的解说词写作

宣传片创作过程中解说词是必不可少的组成部分。解说词并不是独立的文字，它与画面、音响、音乐是相互配合、相互补充的。解说词是进行口头解释说明的词语，它通过文字来渲染情绪、烘托氛围，帮助人们更好地理解画面所表达的内容。有时候解说词还可以进行画面之外的信息补充。但是在宣传片中，它不能独立于声音和画面而存在。它必须配合好声音和画面为影片的表达助力。

首先，解说词写作要追求精练而全面。在宣传片创作中，画面拍摄与文案写作都很重要，许多抽象难懂的概念、专业化术语等需要解说词来解释和传达。为了达成清晰明确的表达效果，在进行解说词写作时需要将影片核心要素进行浓缩和提炼，在传达的过程中最大限度地降低受众的理解难度。同时，在提炼写作时注意兼顾审美性与艺术性，不能一味追求口语化表达而忽略艺术美感。

解说词在写作之前，应该确立好统一的写作风格。每个部分虽然表达的重点不同，但语言风格不能差别太大。感情浓度差异再大，也要能够抓住重点，保持风格，做到有秩序地介绍和表达。

解说词写作要注意修辞手法的恰当运用。解说词写作是宣传片创作过程中的重要环节，要服从服务于影片主题，同时要有新鲜、时尚的表达特色。这就要求解说词既要有充实的内容传达，又要有艺术化的语言特点。通过修辞手法的恰当运用，增强作品听觉元素的形式美感。

宣传片的解说词是艺术化的广告词，与纪录片的解说词有许多相通之处。创意独特的解说词，富有代表性与连贯性，具有较强的渲染功能，对提升整部片子的质量有明显的作用。在实际操作中，宣传片的解说词多为第三人称叙述方式，就是画外音，当然也有第二人称形式。①

其次，需要重视宣传片文稿的片头内容写作，它在全片中的位置非常重要，是展现作品质量和水平的关键环节，决定着影片的成败。因此，片头解说词要写出新意、充满创意、富有特色。在开头部分做好的基础上，注意宣传片的片尾解说，片尾解说要与片头语相呼应，对主题进行强调，对影片内容进行升华。因此需要将解说词写得刚健有力，产生余音绕梁、回味无穷的效果。

宣传片也是视听艺术的结合体，各个元素有着各自表达的侧重。画面重在形象展示，解说词重在串联、叙事、阐述、深化。解说词要发挥好为画面服务的功能。当画面和其他声音元素能更好地展示宣传片的内容时，解说词要让位于画面和其他声音元素；当画面和其他声音元素不能较好地展示时，解说词就要担当重任。②提升宣传片的艺术性、观赏性，增加宣传片的影响力，创作者除了要做好画面的选择、音乐的匹配、美术的使用等环节外，还必须注重解说词听觉效果的呈现。

---

① 孙愈中．企业宣传片解说词写作技巧新探［J］．采写编，2018（1）：119-121.

② 周建青．新媒体视听节目制作［M］．2 版．北京：北京大学出版社，2019.

最后，宣传片解说词写作，不仅需要具备扎实的文字功底和深厚的艺术修养，还应该掌握好视听语言。要有蒙太奇思维，利用解说词配合镜头叙事。同时把握好声音与画面的关系，做到声画对位。衡量解说词是否写得好，重点在于看它与画面是否协调，在于它能否依照画面次序组织文字，在有限的单位时间内，传递所要传达的内容。①

（四）新媒体宣传片的分镜头脚本

1. 关于分镜头脚本

分镜头脚本是在拍摄方案的基础上，根据拍摄大纲、解说词，将文字描述转化成立体视听画面的中间媒介。分镜头脚本可以为各工种协作提供指导；可以帮助演员理解导演的意图和剧本内容，提高表演质量；分镜头脚本是影片再创作的参考。

2. 新媒体宣传片分镜头脚本的任务

（1）将文字转化为声音和画面的组合。

（2）根据拍摄方案设计数量合适的可供拍摄的画面镜头，并简练准确地描述要表现的画面内容，必要时借助图形、符号表达，并按顺序列出镜头的镜号。

（3）确定每个镜头的拍摄方式，如是固定镜头拍摄还是运动镜头拍摄，如果是运动镜头，还应标明摄影机的运动方式。

（4）确定每个镜头的拍摄景别。

（5）确定每个镜头的持续时长。

（6）阐述镜头如何组接。

（7）设计画面相对的解说词、同期声。

（8）设计影片段落的音乐、音响效果等。

3. 分镜头脚本的内容

新媒体宣传片分镜头脚本的主要内容包括：镜头号、镜头运动、景别、

① 孙愈中. 企业宣传片解说词写作技巧新探［J］. 采写编，2018（1）：119-121.

时间长度、画面内容、解说词、音乐、音响等。将这些内容按顺序画成表格分项填写，就形成了格式完整的分镜头脚本。

（1）镜号：镜头顺序号。按组成宣传片画面的镜头先后顺序，用数字标出。作为某一镜头固定的代号。拍摄时不必按照镜号顺序依次拍摄，但编辑时必须按顺序编辑。

（2）机号：摄影机的代号。现场拍摄时，用来记录某一镜头是用哪一号摄影机拍摄的。单机拍摄无须标明。

（3）镜头运动：摄影机的运动方式，分为固定拍摄和运动拍摄两种。运动拍摄需要标明摄影机的具体运动方式，如推、拉、摇、移、跟等。

（4）景别：被摄主体在屏幕结构中所呈现的范围大小。根据影片的内容和情节，选择反映拍摄对象的整体或突出被摄主体的局部。景别可分为远景、全景、中景、近景、特写等。

（5）时间长度：出于内容需要和剪辑考虑，设计单个镜头持续的时间长度。

（6）画面内容：用简洁全面的语言描述出要表现的画面内容。

（7）人声：解说词、采访的同期声等出现在画面中的区别于音乐、音响的声音。

（8）音乐、音响：镜头组合、段落的音乐和音响效果。[①]

4. 标准范例

表 4-1　新媒体宣传片分镜头脚本标准范例

镜号	机号	景别	镜头运动方式	时间	画面内容	音乐、音响	人声	备注

① 中国传媒大学出版社 . 分镜头脚本怎么写？［EB/OL］.（2018-11-29）［2020-05-21］. https：//mp.weixin.qq.com/s/xE8ZJQ0SV0JLzT39W9TZ5A.

四、新媒体宣传片的视听语言

（一）新媒体宣传片的拍摄技巧

1. 新媒体宣传片的构图

新媒体宣传片的构图要保持画面简洁和突出主体。需要在拍摄构图时利用取景框对要拍摄的对象进行选择和提炼。为了突出主题，可以把主体放在镜头画面的中间位置或者采用九宫格构图法，将拍摄主体的中心放在中间格。同时也可以设置一些衬托主体的事物，但是这些事物要注意不能影响到主体的展现和表达。

新媒体宣传片在拍摄一个运动的主体时，大多采用指向被摄主体斜线的方法进行构图，这种构图方法是对角线构图法。通过运用对角线构图可以让画面呈现出一种动感，从而配合运动主体，达成画面的和谐。

当我们要拍摄内容丰富的画面时，为了容纳较多的背景和陪体，一般采用十字构图法。画面被垂直交叉的一条竖线与一条水平横线分割，但是不管怎么交叉，交叉的角度如何变化，观众视觉的焦点总会集中在十字的交叉点上。利用正十字构图法，可以使拍出的画面交错变化的同时呈现庄重感和神秘感。通过斜十字构图的方法能够让画面显得生动灵活，被摄物体又彼此和谐。

为了拍出纵深画面，可以采用“V”形构图法。如在两山、两房、两树之间利用“V”字形的缺口进行构图，可以拍出富有纵深的画面，同时又能引发观众联想。另外通过制造的“V”形缺口，将人和物放在缺口的位置，可以将此人或物突出表现，成为画面的中心。同时因为“V”形本身具有对称的属性，会使画面显得稳定。利用“V”形构图拍出的画面结构完整且两侧物体能够产生装饰性的效果。

拍摄一些河流、道路等物体时，根据物体本身的线性形态进行构图。通过从前景向中景和后景延伸，使画面在纵深方向上的空间关系一目了然，会让画面生动，富有层次感。利用竖式线性构图可以表现场景的深远，而横式线性构图则展示出场景的宽广。

新媒体宣传片的拍摄所使用到的构图技巧还有很多，不能一一列举，具体采用什么样的构图方法要依据拍摄内容、拍摄对象等因素来分析和选择，同时注意构图的连贯性、构图的虚实等方面，达到构图的平衡。

2. 新媒体宣传片的景别

任何类型影片都离不开景别的恰当运用。景别，是指被摄主体和画面形象在摄影机屏幕结构中所呈现出的大小和范围。影片的景别主要有远景、全景、中景、近景、特写五类。

画面景别大小由两个方面决定，一是摄像机和被摄主体之间的实际距离，二是摄像机使用镜头的焦距长短。在拍摄角度不变的前提下，拍摄距离越近，屏幕的图像越大、拍摄范围越小、画面景别越小。在摄像机与被摄主体之间距离不变情况下，镜头焦距越长，画面景别越小。

因为景别不同，表现内容不同，作用也不同。

（1）远景，一般用来表现环境全貌，展示人物及周围广阔空间的镜头画面，是影片景别中表现空间范围最大的景别。在新媒体宣传片拍摄时，远景拍摄一般用来表现大场面。

（2）全景，是用来表现某一场景全貌或人物全身的画面。全景有明确的内容中心和结构主体。全景在新媒体宣传片中经常作为交代镜头使用，交代事件的开端、人与环境的关系等。拍摄全景时要把握好各元素之间的调配关系，防止出现重点模糊的情况。

（3）中景，是表现成年人膝盖以上部分或场景局部的画面。中景画面为叙事性景别，在各类影片中所占比重较大。在包含对话、动作和情绪交流的场景中，使用中景拍摄能够最好地兼顾表现人物之间、人物与周围环境之间的关系。对于中景的拍摄，要求摄像师不仅能对中景画面所表现的基本空间准确把握，还必须随时审视被摄人物的动作变化和情节中心点的变化，把握好这些无形线条所组成的结构关系。

（4）近景是表现成年人胸部以上部分或物体局部的画面。常被用来细致地表现人物的面部神态和情绪，是刻画人物性格的主要景别。近景在影片中使用也较多，因为近景把画面推向观众，因此观众对于近景画面的观察比较细致，这就要求在拍摄时充分注意画面中形象的真实性和情节的客观性、科学性。

（5）特写，表现成年人肩部以上的头像或某些被摄对象局部细节的画面。特写画面内容比较单一，主要起到突出细节、强化表达、引起注意等作用。在拍摄特写画面时，构图力求饱满，形象处理尽量大，空间范围适度小，使特写画面可以呈现创作者特别的表达。①

新媒体宣传片的拍摄要将影片景别类型进行合理分配、搭配使用来推动叙事和把握节奏。拍摄同一画面时，通过拍摄不同景别画面为后期编辑提供更多可能性。

3. 新媒体宣传片的色彩

色彩是视觉语言外在的表现形式之一，具有写实、抒情、营造意境等多种功能。通过色彩的合理搭配，能够增强影片画面感染力，营造画面的美感；利用色彩可以表达情绪、情感，营造意境、渲染氛围；发挥色彩的冲击力能够给观众以刺激，引起观众的共鸣。观众对色彩的直观感知主要由色别、明度和饱和度构成。

色别，就是颜色的种类，这里的种类并不是指一种色彩，而是指一类色彩。比如深红、浅红、纯红都叫红色。同一色别的色彩受明度和饱和度的影响。通过色别、明度和饱和度的对比能够展现色彩的表现力。就色别对比来说，邻近色对比，色彩过渡自然、没有跳跃感；色光三原色（红绿蓝）对比，则色彩的跳动感强；互补色对比能产生最大的冲击力，视觉效果明显。

不同色别明度不同，同一色别在不同光线照射下明度也不同。明度对比大，适合营造强烈的画面；明度对比小，给画面以柔和感。色彩的明度会影响到色彩的饱和度。同一色别，明度适中时，饱和度最大，明度变大变小都

① 靳斌，张树锋．实用电视新闻采制教程［M］．北京：中国国际广播出版社，2017.

会造成饱和度相应地减弱。不同色别的色彩对比也会影响色彩饱和度。

除了通过色彩的对比来发挥色彩的表现力，还可以利用色彩搭配和谐体现色彩的表现力。色彩的和谐是指画面上色彩搭配协调统一，给人带来画面观看的舒适感。为了取得和谐效果，需要根据画面内容和影片主题，对不同色彩所占面积、亮度、饱和度、明暗变化等因素进行设计和搭配。[①]

关于新媒体宣传片的色彩搭配要在遵循色彩搭配原则的基础上，根据影片主题、画面内容、影片风格等精心设计，从而发挥色彩对画面视觉效果的正向作用。

4. 新媒体宣传片的拍摄角度

新媒体宣传片与其他类型的影片的拍摄角度差别不大，在大多数情况下是以平摄为主。但是如果影片全篇一直采用平摄，容易使观众产生影片平淡乏味的感觉。因此需要偶尔变换拍摄的角度，增添影片层次感。

宣传片的拍摄角度大致分为三种：平摄（水平方向拍摄）、仰摄（由下往上拍摄）、俯摄（由上往下拍摄）。

（1）平摄，是指画面在摄像机保持水平方向时拍摄。这样拍摄比较符合人们的视觉习惯，画面比较平和稳定。摄像师要能够根据被摄主体的高度变化及时调整摄像机的高度，因此采用肩扛、手持的拍摄方式比较方便，能够随时调整摄像机高度，使摄像机与被摄者始终处于同一水平线上。

（2）仰摄，从下往上的方式进行拍摄。同一被摄主体，因观看角度不同会产生不同的心理感受。因此，根据不同宣传片的制作要求和传达内容，采用不同角度拍摄，使画面更契合影片表达。通过仰摄，可以使被摄主体显得高大，为了强化主体地位时可以采用仰摄。拍摄人物的特写画面时，可以通过拍摄角度的变化辅助塑造人物形象，用低方位向上拍摄，可以塑造人物高大威武的形象。如果把摄像机架得足够低，镜头更为朝上，则会使人物更具威慑力，给观众造成压迫感。

① 靳斌，张树锋．实用电视新闻采制教程［M］．北京：中国国际广播出版社，2017.

所以宣传片拍摄中应该注意拍摄角度，足够低角度的镜头尽量不要使用，以防对观众产生威胁感。还要注意，从下往上拍摄所拍出来的画面效果通常并不理想，会使面部表情太过夸张，且经常会出现明显变形，在不合适的场合使用可能会扭曲丑化主体。根据影片主题、表达内容，偶尔运用仰摄，能够渲染气氛，增强影片的视觉效果。

（3）俯摄，是指从上往下的拍摄。此时摄像机位置应高于被摄主体，镜头偏向下方拍摄，经常用于拍摄大场面。从较高的地方向下俯摄，可以完整展现从近景到远景的所有画面，因此在宣传片中经常采用，比如拍摄大厂房来显示企业实力。目前的俯摄大多采用无人机航拍，这样可以摆脱环境的限制，自由选择拍摄的素材。而且采用高机位，大俯视角度拍摄能够增加画面的立体感。以俯摄角度拍摄人物特写时，效果与仰摄相反。从比被摄人物视线略高一点的上方拍摄的近距离特写，可能会使人产生藐视的感觉，这是需要注意的一点。

在影片拍摄时还有一个很重要的角度就是心理角度。主观角度的镜头能表现出主观参与效果，增加观众的参与感。客观角度的镜头能够使观众产生在现场旁观或参与事件进程的感觉，使画面更有亲切感、更贴近生活。客观代表着客观纪实，客观角度的镜头会让观众对画面更信服，感觉更真实。在实际拍摄时，一个镜头里，可能包含主观到客观的角度变化，也可能有客观到主观再到客观的角度变化。

总之，不管采用什么角度进行拍摄，都要为新媒体宣传片主题和内容表达服务。

5. 新媒体宣传片拍摄的镜头运用

在宣传片拍摄前要先观察环境，注意周边的状况，这样在拍摄时就可以考虑哪些场面用多长焦段的镜头。同时观察好环境可以在拍摄过程中防止出现受伤等情况。开始拍摄时，镜头如何运用，应根据宣传片的拍摄场景、人物动作变化等具体分析。

关于固定镜头的使用，拍摄固定镜头时应尽量使用三脚架，肩扛拍摄可能出现不稳定的情况；注意镜头内部的调度，利用好镜头内的动态因素，做到动静相宜；固定镜头的拍摄与组接要注意镜头内在的连贯性；对同一被摄主体进行固定镜头拍摄时，要多拍一些不同机位、不同景别的镜头。

关于运动镜头的使用，运动镜头的运动方式主要有推、拉、摇、移、跟、升、降。

推镜头有两种方式，一种是摄像机机位不动，通过改变镜头焦距来产生推镜头的效果。另一种是把摄像机向前移动，使摄像机逐渐靠近被摄对象。运用推镜头拍摄画面时，要注意落幅画面的构图、焦点要准确，画面的景别要恰当。推镜头的速度要均匀且与画面内的情绪、节奏相一致。①

拉镜头的方式也有两种，一种是机位不动，变化焦距产生镜头拉远的效果。另一种是变化机位，由近及远地移动，形成视觉后移效果。拉镜头的拍摄要有明确的目的性，比如显示点与面的关系等。同时，拉镜头的速度要保持均匀且落幅准确，移动摄像机拍摄拉镜头时还要注意焦点的变化，在拉动过程中保持画面构图的完整性。

拍摄宏大场面时，摇镜头是常用的手法之一。虽然目前已经有了超广角镜头的应用，但是当拍摄场景过于宏大用超广角镜头不能把整个画面完全拍摄下来或场景中事物有围绕镜头的运动等情况时，就要使用摇摄的拍摄方式。摇摄是保持摄像机的机位不动，通过利用三脚架的活动底盘或者摄像师的身体转动，进行镜头的横向或纵向移动的拍摄方法。摇摄一般有上下摇摄和左右摇摄两种方法。在应用摇摄时需要把握好转动的速度和角度，保持画面的顺畅感。

需要抓拍人物时，往往采用移摄的方式。移摄是画面框架始终处于运动中，使画面内的物体不论是处于运动状态还是静止状态，都呈现出位置不断移动的状态。移摄一般分为前后移动拍摄、左右移动拍摄、弧形移动拍摄以及上下移动拍摄等几种方法。

跟摄是摄像机始终跟运动的被摄主体一起运动而进行的拍摄。跟摄时

① 靳斌，张树锋 . 实用电视新闻采制教程［M］. 北京：中国国际广播出版社，2017.

端稳很重要，因为镜头大幅度的上下跳动会使观众很容易产生视觉疲劳。而且跟摄时要保持景别不变，同时让主体在画面中的位置相对稳定。这就要求拍摄者与主体人物的运动速度基本一致。

甩镜头是指摄像机在一个画面结束后不停机，接着快速转入第二个镜头画面。甩镜头可以产生极快速度的节奏，造成突然的过渡。观众的感觉是从第一个镜头跳入了第二个镜头，但两个镜头实际上是连续拍摄的。甩镜头一般在需要快速转换场景时使用，有时也可代替人物视线快速移动。[①]

升降镜头是摄像机做上下运动所拍摄的画面。升降镜头强调运动情绪，运动方式是主观的。升降镜头不需要空间依据，在任何地方、场合都可以运用。在宣传片拍摄中，要拍摄大场面、大气势时可以考虑用升降镜头。

（二）新媒体宣传片的用光方法

光具有很强的造型功能，它可以清晰呈现物体的客观形象，可以夸张强调被摄物体的造型特征，可以传达情绪、渲染气氛。因此，在新媒体宣传片的拍摄时要注意光的运用。

利用自然光进行直接拍摄。在太阳光线正常稳定能够达到摄像机记录景物的最低照度值时，摄像师可以直接利用自然光进行画面的拍摄。这样直接拍摄出来的画面效果更接近实物本身，画面看起来很自然。而且摄像师只需要掌握好室内外的光线差别，手动调整光圈，使摄像机中的画面与实际一致，就可以拍摄出理想的效果。拍摄时要注意阴影的处理，尽量避开拍摄人员、器材在画面中产生的阴影的位置；实在避不开的情况下，可以调整位置、找好角度，同时控制好背景亮度，防止拍摄主体与背景反差过大。

在光线不足的情况下，可以采用补光拍摄的办法。为了让事物保持原有色彩，摄像师要与灯光师沟通，通过打光使画面保持一个相对平衡的亮度，从而保证画面呈现效果的清晰。比如当太阳光处在侧光或侧逆光位置

① 靳斌，张树锋．实用电视新闻采制教程［M］．北京：中国国际广播出版社，2017.

时，需要进行补光，通常是用电瓶灯和反光板来补光。

在光线不足且照明设备不足的情况下，需要使用混合光进行拍摄。混合光拍摄的关键点是调整白平衡，调整好白平衡可得到一个色调基本准确而平衡的画面效果。另外，可以对拍摄方向、角度等进行调整，使摄像机摄取到足够的光线，从而保证画面拍摄的质量。

在拍摄夜景时，与正常光照下的拍摄不同，打光只能在有限范围内。如果是远景或大全景，就要利用好月光等环境光。拍夜景可以寻找有光源的环境进行拍摄，比如公园、街道等场景，借助路灯等环境光源。拍摄时对背景（地面、环境）进行有选择的照明，并把路灯作为主光方向，其垂直角度和水平方向根据剧情要求适当调整，然后再加入辅助光。

以月光作为主要光源时，可采用局部照明的方法显示明暗对比。同时，画面中应有最高与最低亮点，以增强纵深感、层次感。宣传片夜景拍摄时，环境布光的范围和规则影响画面所展示的意境。因此拍摄用光需根据不同剧情，采取不同的布光技巧和方法，以创造符合影片表达的意境氛围。

（三）新媒体宣传片的听觉设计

新媒体宣传片在拍摄过程中，除了要对视觉进行设计，也不能忽略对于听觉的设计。新媒体宣传片拍摄过程中要注意同期声的录制。在后期编辑时对音乐加以设计，解说词、画外音请专业人员录制完成后，融合在影片中。将影响影片听觉效果的因素全部纳入考虑，进行设计，使影片的呈现效果更完美。

1. 同期声的录制

在现场拍摄时，要将声音的录制纳入拍摄过程，特别是同期声的录制。现场收录的声音效果是后期制作的声音无法比拟的。同期声能够营造出浓厚的现场气氛，使观众产生代入感。同期声包括现场人或物发出的声音、自然环境音效等。声音的录制不只在拍摄时进行，甚至在摄像机并未工作的情况下也应注意声音的收录。

录制同期声应保持现场的绝对安静。如果拍摄现场的录音环境不能满足同期录音的需要，应更换场景或对现场进行改造以改善录音环境。只有录制高质量的同期声，在后期编辑时才可以保证使用效果。因此，录制同期声时要求影片中的人物发声要清晰且具有感染力。同时，要想办法减少背景杂音。将话筒尽量接近讲话人的嘴去采集讲话人的声音；使用枪型指向性话筒，使杂音源在指向性外；对现场杂音源进行排除和关闭等方法减少杂音的影响。

另外，要保证录音的清晰度，需要使发声体的发射音与直射音相互平衡。在录制画面与声音时，要充分了解什么样的画面适合什么样的声音效果，做好录音计划。外景拍摄时，需明确是否要有环境声效果。如果需要现场采集，应考虑好环境声音是否符合条件，是否符合影片表达的需要。

还要选择合适的录音器材，根据影片表达确定录音方式。在宣传片的拍摄过程中，为了保证声音质量的完美，使用定向话筒收录的方式是最好的选择。

2. 后期编辑的声音

除了同期声这种现场录制的声音，影片的表达还需要后期编辑声音来辅助完成。这里主要指的是音乐、音响的编辑和使用。音乐、音响的选配应该在编辑好画面和同期声之后。

在编辑音乐时既要符合内容和表达的需要，还要注意乐段、乐句相对完整，不能半句起半句完，更不能切在不稳定音时结束。在处理环境音响时，为避免画面切换时音响突然出现或突然停止造成声画错位，一般采用声音先入或声音延后技巧。

3. 解说词、画外音的录制

解说词和画外音都是通过单独录制的方式来完成的，录制完成后再编辑到影片中。解说词在录制时，需要导演和解说员共同录制，配合画面边看边录，使情绪、语调和语气契合画面。另外，导演需告知解说员段落起点和结束点。录解说词时要先试音，录完后还要一起校对一遍，有错误的地方找入点和出点进行改动。

画外音的录制相对容易，也需要在导演的指导下，把握好录音的情绪、语调和语气。也可以选取符合要求的网络公开音频进行编辑和使用。

（四）新媒体宣传片的后期剪辑

新媒体宣传片后期剪辑是其制作过程中非常重要的环节。影片能否实现预期的效果，后期剪辑尤为关键。剪辑是对已经拍好的素材进行整理、加工、再创作，最终形成一个有着明确的叙事逻辑和价值取向的影片。关于剪辑，必然离不开蒙太奇。蒙太奇的运用，结合剪辑技巧的使用，使影片成为具有形式美和内涵美的艺术作品。

1. 蒙太奇的运用

蒙太奇在法语中是“剪接”的意思，后来被电影领域借用，成为一种镜头组合理论。通过不同镜头的组接，使得镜头段落产生每个单独镜头不具备的特殊含义。蒙太奇作为影片的组接方法，可以分为画面蒙太奇、声音蒙太奇和声画蒙太奇。画面蒙太奇是画面组接的技巧，声音蒙太奇是对人声、音乐、音响等声音成分进行选配、组接的方法，而声画蒙太奇则是为了解决声音与画面之间的关系。

在新媒体宣传片的后期剪辑中，更多使用叙事蒙太奇和表现蒙太奇。

（1）叙事蒙太奇。

叙事蒙太奇是以交代情节、展示事件为主旨，依照情节发展的时间脉络、因果关系分切组合镜头、场面和段落，使影片脉络清晰，逻辑连贯，通俗易懂。叙事蒙太奇的使用依据是生活逻辑，一般分为四种句型：前进式句型、后退式句型、环型句型和片断式句型。

前进式句型是从远视距景别过渡到近视距景别的组接方法，把观众视线从整体引向局部，逐渐突出表达重点，使观众对某一主体的视觉感受逐渐加强。

后退式句型是从近视距景别过渡到远视距景别的组接方法，把观众视线由局部引向整体。

环形句型是前进式句型和后退式句型连接起来使用的手法。环型句型有两种方法，第一种是从远视距景别开始，过渡到近视距景别，再过渡到远视距景别，即全景→中景→近景→特写→近景→中景→全景。整个句型先介绍空间环境，而后逐步展示环境中人物的动作、语言或事物的局部，最后再现整体环境对故事加以总结。第二种正好相反，即特写→近景→中景→全景→中景→近景→特写。整个句型先介绍人物活动细节，继而逐步展现人物之间的交流、人物所处的环境，最后以人物活动细节描述结束故事。

片断式句型不以景别的过渡做镜头组接的依据，而是依照事件发展的时空或逻辑顺序，在一连串的事件发展过程中，择取若干代表性的片断加以组接，形成一种“以局部代整体”的表达方式。片断式句型的镜头之间，具有明显的跨时空的特征。所以能避免其他组接方法的拖沓，使镜头组接显得更简洁、更灵活。

（2）表现蒙太奇。

表现蒙太奇是通过逻辑上具有一定内在联系的镜头对列组接，产生单个镜头本身所不具有的含义，以表达某种情绪或思想，引发观众的联想。表现蒙太奇在具体的组接技巧上，有平行式组接、积累式组接、对比式组接、联想式组接等多种方法。表现蒙太奇的组接技巧，大都指每两个单镜头之间的组接，但也可能是两个蒙太奇段落之间的组接。

平行式组接是表现蒙太奇的手法之一。它是在某一蒙太奇段落中，同时并列叙述两个或两个以上的事件。这两个或两个以上的事件，互相之间具有因果关系等逻辑上的联系。平行式组接比较典型地反映了表现蒙太奇跨越空间的特征，通过对两事件的“复线叙述”，创造一种新含义，抒发一种主观情绪，从而增强作品的感染力。

积累式组接是将一些主体形象和内容较为相近的镜头组接在一起，形成一种叠加的效果。通过这些相近镜头的积累，能强调一种思想，突出一个主题。积累式组接主要依据的是逻辑上的联系，有两种方法：一是通过内容相近的镜头组接，在一个蒙太奇段落内，强调这一段落的中心思想。二是通过对一个复杂事物若干侧面的组接，使观众获得对所要表达事物的总体、全面的印象。

对比式组接是把两种内容相反的镜头组接在一起，形成一种寓意，表现作者的主观态度。对比式组接有两种方法：一是把现实生活中两种对立因素进行对比。二是不同时间的对比。

联想式组接类似于文学创作中的隐喻、象征、借代等手法，通过不同视觉形象或听觉形象的镜头组接，使观众由乙事物引发对甲事物的联想，达到喻义、象征等效果。联想式组接一般包括用画面（视觉形象）作喻和用音响（听觉形象）作喻两种。[①]

（3）长镜头的使用。

长镜头是相对于蒙太奇来说的一种拍摄手法，是在一个较长的不间断镜头里对一个场景、一场戏进行连续拍摄，形成一个比较完整的镜头段落记录一个事件段落的全过程。

长镜头中包含了被摄主体、摄像角度、景别、镜头外部运动方式等的变化，并且能完整表现一段内容。所以长镜头相当于另类完整的蒙太奇段落。从后期编辑的角度看，长镜头技巧也是一种蒙太奇手法，是镜头内部的蒙太奇。在后期剪辑时运用长镜头能够形成一种独特的纪实风格。在宣传片的制作中，这种纪实的表达容易让观众信服。

（4）声画蒙太奇的运用。

在宣传片的制作中，关于声画关系的运用一般都采用声画合一的方式。

声画合一是指画面形象和影片声音同时呈现并同时消失，两者步调协调一致。声画合一是声画关系中运用最多的。在新媒体宣传片的制作中，首先是将同期声以及同期声效果的音响与对应画面同步剪辑，从而使画面

① 靳斌，张树锋．实用电视新闻采制教程［M］．北京：中国国际广播出版社，2017.

形象更真实。其次是解说词和画面的统一，这并不是简单的看图说话，而是让解说词与画面紧密配合，阐述画面中蕴含的更多信息，或传递、延伸画面的表达内涵。最后是音乐与画面风格相统一。音乐的风格要与全片内容风格相统一，片中每一个片段的音乐要与画面风格统一，从而使音乐起到烘托画面情绪、氛围的作用。

2. 剪辑技巧的使用

在后期剪辑过程中，遵循剪辑的基本规律，寻找合适的剪辑点进行剪辑，剪辑出来的影片效果才能有保障。

（1）镜头组接。

固定镜头组接要遵循“动接动”“静接静”的规律。如果两个画面主体都是静止状态时，剪接要通过寻找画面之间的空间关系、逻辑关系以及造型特征等各方面的联系，使镜头组接合乎情理。如果画面中同一主体或不同主体的动作连贯时，则可以动作接动作，使画面顺畅简洁。如果两个画面中的主体运动不连贯或中间有停顿时，那么这两个镜头的组接应在前一个画面主体做完完整动作停下来后，接一个从静止到开始运动的镜头。两个镜头起幅与落幅时间间隔大约一二秒。

运动镜头与运动镜头的组接注意保留两个运动镜头的起幅和落幅。两个镜头运动方向一致或相近时可以去掉衔接处的起落幅；两个镜头运动方向相反，则中间保留起落幅。同时两个运动镜头组接时镜头运动速度应基本一致。

运动镜头和固定镜头组接，同样遵循这个规律。如果一个固定镜头要接一个摇镜头，则摇镜头开始应有起幅；相反，一个摇镜头要接一个固定镜头时，摇镜头要有落幅。

当然，镜头的组接也有“静接动”或“动接静”的情况，这些情况一般是为了表达特殊效果。

（2）剪辑点的选择。

镜头组接的关键环节是选择准确的剪辑点。画面剪辑中，最常见的剪辑点是动作剪辑点，还有情绪、节奏剪辑点等。

关于动作剪辑点的选择。对同一主体动作进行剪辑时，采用分解法把一个完整的动作通过两个不同角度、不同景别表现出来。前一镜头人物动作去掉下一半和后一镜头人物动作去掉上一半作为剪辑点将动作连接起来，还原完整的动作过程。对不同运动主体动作剪辑时，可以在运动当中选择剪辑点，也可以在主体运动瞬间的停歇处选择剪辑点。在剪辑点选择上兼顾主体运动速度的大致相近，主体运动方向的大体一致，以及动作形态的相似等因素。

关于情绪剪辑点的选择。情绪剪辑点以心理情绪为基础，对人物在不同情境中的喜、怒、哀、乐等情绪进行剪辑。情绪剪辑点的确定，全凭剪辑师对主题、内容等要素的理解，以及对人物内心活动的感觉。情绪剪辑点的选择没有模式，但可以通过多种方式和手段强化表现。比如通过细节动作的插入展现人物情绪。在情绪剪辑过程中在关键位置插入特写镜头，突出强调主体情绪的表达，但在剪辑中应把握好使用的量和度。[①]

关于节奏剪辑点的选择。节奏剪辑点以事件发展的节奏线索为基础，根据内容表达的情绪、画面造型特征等因素，灵活处理镜头的时间长度、镜头顺序来创造影片节奏。背景音乐的配合、现场音响效果、解说词的运用等都会对影片节奏产生影响，也是选择节奏剪辑点时应该考虑的因素。

除了画面剪辑的技巧，还应该考虑声音的剪辑。声音剪辑是通过对影片中各种声音要素进行选配、组接来表现影片节奏、人物情绪、环境气氛。宣传片的声音与画面是不可分割的整体。因此，声音的剪辑要依托画面来进行，根据声音和画面剪辑的关系分为平行剪辑和交错剪辑两种。平行剪辑是画面和声音同时出现；交错剪辑是声音与画面交错延续、交错切出。

---

① 汐涵影视．情绪剪辑点以什么为基础［EB/OL］．(2018-09-16)［2020-05-28］.https：//mp.weixin.qq.com/s/6Vrca8gohJNM6iE5EUoh1Q.

第二节　网络视听广告制作

一、网络视听广告的概述

（一）网络视听广告的定义及要素

1. 网络视听广告的定义

广告的字面意思是“广而告之”，就是向公众广泛传播，让公众知晓某件事物。广告有广义和狭义之分。广义的广告，包括经济广告和非经济广告。经济广告是以营利为目的的广告，又称商业广告，主要负责向消费者传达商品或服务信息，帮助广告主获取经济利益。非经济广告，是指除经济广告以外的广告，不以营利为目的。如公益广告、政府公告等。狭义的广告指的是商业广告。它是企业为推销商品或服务，投入资金制作并投放到广告媒体，向受众传递信息的手段。

网络广告是以互联网为传播载体的广告。本文所说的网络视听广告指通过影视视听语言制作、利用网络传播的视频形式的广告。因此，网络视听广告从形式上说就是网络视频广告。

2. 网络视听广告的要素

（1）广告主。

广告主是制作广告的出资方，是需要利用广告发布信息的组织或个人。网络视听广告的广告主从最初的几乎都是互联网企业，发展到现在各种类型的企业都有。企业越来越重视网络广告的作用，其他类型主体也陆续在网络视听广告上投入。网络视听广告逐渐成为广告的主流。

（2）网络视听广告媒体。

网络视听广告媒体是网络视听广告信息的传输途径，是广告信息传达的载体。目前网络视听广告的主要媒体是互联网网站。随着智能手机持有率持续提升，网络视听广告在手机端发力推广，包括微信公众号、微信朋友圈、短视频平台、手机App、手机游戏等都成为网络视听广告的传播载体。

（3）网络视听广告受众。

广告受众是广告面向的对象，是广告信息的接收者。网络视听广告的受众广义上说是所有网民，狭义来看网络视听广告的受众是对视频广告有观看兴趣的网民。因此，网络视听广告应该在满足基础受众的同时，尽可能凭借优秀的创意和多样的形式扩大受众范围。

（4）广告信息。

广告信息是指广告的主要内容，是广告的核心部分。这是广告主希望广告传达给受众的信息，同时寄希望于广告信息打动受众，达到促进购买等目的。单纯把信息进行展示和罗列的广告会使受众产生抵触情绪。这就需要将广告信息和其他内容进行整合，创作出表现形式多样且能引发观众兴趣的广告内容，通过视频形式传达广告信息，让受众在不经意间接受广告的熏陶，从而发挥出广告应有的作用。

（5）广告费用。

广告费用是广告主制作和投放广告的资金投入。互联网技术的发展为广告费用的计算提供了便利。网络广告的投放根据受众流量来确定费用，网络广告的制作也可以通过制作团队预算进行费用预估。广告费用影响广告的质量，广告主追求费用较少但效果良好的广告，这就对制作团队创作能力提出了高要求。

（二）网络视听广告的特点

借助互联网传播媒体，网络视听广告对比传统广告呈现出了许多新特点。

1. 网络视听广告覆盖范围广、信息容量大

网络视听广告借助互联网传播，可以全天候持续传播广告信息，同时因为互联网将全球连接在一起，使得网络视听广告的传播范围扩展到全球任何有网络的地方。另外，因为费用、时长等因素的影响，广告主会尽可能压缩广告版面，将信息进行浓缩展示，加上广告中可以插入链接、二维码等，进一步增加了广告的信息容量，充分利用了互联网信息的丰富性和搜索的便捷性。

2. 网络视听广告指向性明确、互动性强

目前网络视听广告契合观众的观看习惯，特别是随着5G网络的普及，网民观看视频的习惯会进一步巩固和加强。网络视听广告在此基础上根据传播渠道的特点制作形式多样的视频广告，给广告受众带来了更多的选择。互联网传播终端依托后台数据库可以对受众信息进行收集和分析，这能够为广告主的广告制作和投放提供信息支持。广告主明确了受众需求，可以针对性投放，提高广告传播效果和准确性。

网络视听广告利用网络传播给予了受众选择、评价、转发的机会，使受众参与到广告的传播中。受众有了主动性，接受广告信息的同时对广告进行评价，广告与受众形成了互动。受众通过评价和观看喜好等影响广告主制作发布的广告内容和形式。广告主根据受众反馈提供符合受众需求的广告信息。

3. 网络视听广告适用性高、传播速度快

网络视听广告相对于传统广告来说，广告计费的手段丰富、广告形式多样。广告主可以根据本身的投入能力、广告信息的特性、广告受众特征等，选择发布什么形式的广告、在什么平台发布广告。这就让网络视听广告的客户来源更广，适用于更多有广告需求的主体。

网络视听广告的传播除了广告主投放外，还可以由网民自发地传播，因此传播信息的途径广且速度快。特别是社交媒体的发展，让网络视听广

告能够迅速传播给大众。

（三）网络视听广告的分类

网络视听广告主要包括视频贴片广告、植入式视频广告、插入式视频广告、弹出式视频广告、病毒式视频广告、定制视频广告等。

1. 视频贴片广告

视频贴片广告是互联网常见的视频广告形式，根据贴片时间点，可分为：

（1）前置式视频贴片广告。

该类广告片主要是正式视频内容开始之前插播的视频广告。它利用视频缓冲下载的时间进行传播，是目前最常见的贴片广告形式。

（2）后置式视频贴片广告。

这种广告片一般出现在正式视频内容播放结束后，利用用户回味视频的间隙播放。比如腾讯视频在播放完一集剧集后会有十几秒的广告片，然后再进入下一集前置视频贴片广告的播放。

（3）暂停式视频贴片广告。

这类广告片是在观众暂停观看视频内容时出现在视频页面上方的视频广告。

2. 植入式视频广告

植入式广告是指把广告元素融合在正式视频内容之中的广告，这类广告与视频融为一体，不会影响视频的情节和叙事，但能够达到传达广告信息的效果。这种广告可以潜移默化地对观众产生影响，在观众心里留下印象。同时，这种广告对创作者有很高的要求，一般都是由视频内容的生产者来做。

3. 插入式视频广告

（1）视频中插广告。

视频中插广告是指视频播放过程中强行插入的视频广告片。比如，一种是利用剧中演员拍摄的广告片，这种中插广告对观众的观看视频的影响相对小一些；另一种是采取直接生硬地插入广告片的方式，很容易引起观众的反感。

（2）游戏插入广告。

这种广告片一般与游戏挂钩，作为奖励式广告片出现。比如在游戏过程中游戏角色死亡，可以通过观看广告片获得复活的机会。这种插入广告的方式是相对高明的，可以让游戏受众以一种期待的心态去了解广告信息。

（3）页面插入广告。

这类广告一般具有隐蔽性，它插在页面信息之中，很容易误触点击进去。这种方式只能依靠偶然来传播广告信息，不是好的广告投放方式。还有的广告片插在 App 开启的页面，利用加载的时间传达广告信息。最近出现了在朋友圈页面插入广告的新形式，在广告界面下面可以评论，还可以与广告中代言明星的虚拟微信进行互动，增加了趣味性和互动性。

4. 弹出式视频广告

弹出式视频广告一般在打开网页时自动弹出。这种广告的初始页面一般比较小，不会影响网页内容的正常观看，只有在点击它时才会放大播放。这类广告因为干扰性较小，用户一般不会专门去关掉它，往往能让用户在不经意间了解到一些广告信息。当然如果是游戏网页弹出的视频广告一般就是网站主推的游戏，会占据整个页面的大部分篇幅。

5. 病毒式视频广告

病毒式视频广告是根据病毒式营销得来的，主要是将广告信息通过富有吸引力的表现形式传递给受众，引起受众兴趣而去主动传播的视频广告。病毒式视频广告可长可短，根据时间长短设计广告类型，短的视频一般以恶搞、搞笑为主，长一些的视频需要有吸引力的剧情或是新奇的视觉效果、高超的特效技术等来吸引观众。短视频平台的兴起为病毒式广告片的传播提供了便利。

6. 定制视频广告

这类广告片区别于其他视频广告，是广告主投资，由专业制作团队进行制作和投放，符合广告主要求，具有完整情节且充满创意性的影片。

二、网络视听广告的策划

（一）网络视听广告受众心理分析

网络视听广告的受众是网络视听广告最终作用的对象。这部分人首先是网民，因此具有网民群体的特征和心理。

1. 追求个性化

在这个信息爆炸的时代，冗余的网络信息，无时无刻不在包围着网民群体。他们对于信息的阅读兴趣不高且挑剔性很高，导致现在通常形式的信息容易被忽略。网民在上网的过程中，希望发现有个性表达的内容，符合自己观看习惯和兴趣爱好的信息。因此，网络视听广告的创作需要考虑个性化的需求，在制作和投放时，尽量做出丰富的内容和形式，给受众更多的选项，让受众在自己满意的状态中接收广告信息。

2. 具备主动性，乐于互动

目前的网络受众非常乐于表达自己的看法和观点，这种主动性能够对网络视听广告的创作和投放产生反作用。受众可以有选择地接收广告信息并发表自己的看法和观点，同时受众也可以像传播机构那样，按照自己的喜好传播广告信息。这样促成了广告主和广告受众之间的双向互动，受众反馈直接影响广告的创作和改进，广告主也更加明确受众喜好从而将广告信息精准地传播到有需求的网民群体。

3. 具有群体性

网民往往会依据兴趣、年龄、职业等特征形成网民群体。这种群体通常会有相近的观念和心理特征。群体性是受众从众心理的体现，受众希望跟随大众的选择，因此在制作网络视听广告时可以考虑如何利用观众的从众心理，传播广告信息。

4. 注重便捷性

网民群体使用网络的重要原因是方便快捷，追求便捷性也是网络视听广告受众的心理特征之一。受众希望方便快捷地找到需求相关的信息，这就需要网络视听广告进行多种形式的创作和多样渠道的投放，最大限度地缩短与受众之间的距离。

5. 重视真实和实用性，追求审美体验

网络视听广告的受众对于传达的信息真伪和信息的实用性十分看重。网络视听广告在制作和传播的过程中要将实际作用突出体现，同时避免过度夸张，造成虚假宣传。另外，受众期待体验美好事物，具备审美能力。这就需要广告在制作形式上力求精美，塑造良好形象。从外在美到内容美共同发力，满足受众期待。

（二）网络视听广告的创意与主题

1. 网络视听广告的创意

（1）网络视听广告创意的概念。

广告创意是关于广告如何更好地传达广告信息的构思。广告创意要考虑如何让广告与众不同，从而吸引观众的注意力；同时要思考如何利用广告促进销售。

网络视听广告创意指的是具有完整情节的广告构思和制作想法。广告创意既要有创新性，又要有可操作性。一味追求独特和创新，可能会遇到投入不足或者效果不符合预期等问题。

（2）网络视听广告创意的要点。

网络视听广告的创意要点主要有两个：一是广告诉求，二是广告表现。

广告诉求就是广告要说什么，想让受众了解什么；广告表现则是广告诉求的表现形式，表现与诉求是形式与内容的关系，共同组成广告创意。

广告诉求不是简单表达广告中的基础信息，比如商品的参数、价格等，而是希望将商品的独特之处展现出来，将广告主希望传达的信息传递给消费者，达到广告主的意图。因此，广告诉求应明确才能让广告产生效果。

广告表现是通过对广告画面和语言的设计，营造出特定的氛围或构建起受众认可的意境，来传达广告信息，给受众留下深刻印象。广告表现是帮助广告吸引观众注意力、向受众快速传达广告信息的手段。

（3）网络视听广告创意的原则。

① 保持原创性和保证真实性原则。

网络视听广告要保持原创性，这是保证广告效果的基础和前提。一旦广告进行抄袭和模仿，不仅会造成吸引力的下降，引起观众的反感，甚至会使得观众对企业产生负面印象。原创的内容，能使观众在选择信息时产生兴趣。消费者对于新事物保持关注和好奇，利用原创内容不仅能引起有需求观众的关注，也可能会吸引其他观众，扩大受众的范围。

保证原创的同时应保证真实，《广告法》对这方面也有明确的规定，可见真实性对于广告的重要性。广告如果不真实，欺骗消费者，也就失去了消费者再次消费的可能，让企业口碑急剧下降，从而退出市场竞争，还会受到法律的制裁。因此广告中的信息应当真实可靠，不能虚假宣传。

② 简洁实用的原则。

广告因为时间的限制，使得创作者需要思考如何在有限的时间内表达出广告意图。遵循简洁的原则，将广告中的重点信息加以展现，是广告信息传达的有效手段。简洁有序能够使受众抓住重点，记住核心。

创意的生成是为了更好地促进企业销售，因此创意必须遵循实用原则。综合企业实际，了解消费者信息、市场状况等情况后，生成切实可用的创意来帮助企业营利。

③ 关联易记的原则。

创意的关联性要求广告创意要能够与产品、服务、消费者等密切相关。通过创意的实施让消费者能够理解并自发地想象和关联，从而赋予产品或服务新的内涵。

还有很重要的一点，广告应该重视易记的原则，这对于消费者购买行为的发生非常重要。是否易记直接影响消费者对于广告信息的印象深浅，消费者记得住才能驱动消费者购买，同时受众记得住才能在有需求时自动联想到该企业的产品或服务。

④注重情感表达的原则。

情感是人类永恒的话题，广告创意可以将情感纳入考量，通过情感方面的创意呈现，可以拉近广告与受众之间的距离，让广告不再是将信息强行灌输给受众的促销工具。消费者投入了情感观看广告片，那么对广告传达的内容也带有感情。

⑤合法合规的原则。

广告创意要遵守《广告法》的规定，在考虑经济利益的同时，也要考虑社会影响。广告创意不能与社会伦理、风俗人情等冲突，注意对未成年人的影响。

2. 网络视听广告的主题选择

广告主题是指广告表达的核心思想，是对广告内容的集中概括。广告主题指导广告制作的全过程。广告主题是在充分了解企业诉求、深入了解市场状况和消费者需求的基础上提炼出来的广告内容核心。广告主题必须是真实可靠，为广告目标服务的；要鲜明具体，让受众能够快速理解。同时，注意保持企业广告主题的统一性。

网络视听广告的主题可选范围广泛，根据广告主的不同诉求和实际情况，选择不同的主题。目前有几种常见的主题选择方式：

（1）从商品本身出发确定广告的主题，可选择的因素很多，像品质、结构、功能等都可以成为广告的主题。

（2）从商品使用来确定主题，选择商品的用途、用法等方面作为广告主题。

（3）从企业的角度确定广告主题，可以选择企业的历史、规模等作为表达的核心。

（4）从消费者视角选择广告主题，比如消费者的需求、习惯等。

（5）从价格层面选择广告主题，比如定价方式等。

（三）网络视听广告策划的内容

1. 网络视听广告调查

网络视听广告调查是在初步了解广告主的诉求之后，对市场状况、消费者情况、广告产品、广告媒介等进行调查和研究，从而为广告制作和投放提供依据和参考。

网络视听广告调查包括市场调查、传播调查两个方面。关于广告市场调查是采用市场调查的方式方法对广告活动有关市场因素的状况进行调查研究。经过市场调查可以掌握市场信息，初步形成广告主题。广告传播调查是根据对主题的调查，了解消费者的偏好，从而更好地设计广告创意。广告传播调查包括了广告主题调查、广告媒介调查等内容。通过广告传播调查可以明确广告创意的方向，同时为广告媒介安排提供依据。

2. 网络视听广告目标

网络视听广告目标是网络视听广告要达成的最终目的。比如改善产品形象、促进产品销售、提高企业知名度等。广告目标指导广告主题的选择和创意的方向。

以提升企业形象为目标，产品生产企业的广告一般会选择企业的生产过程和方法为主题，通过展现制作过程的科学合理，企业生产车间的干净卫生来赢得消费者信赖。而对于服务提供企业来说，大概率会选取“用户反馈”的主题，突出展现企业服务的重要作用，从而提升企业的被认可度。

广告目标是协调广告活动的宗旨，是广告决策的准则，同时是广告效果评估的依据。

3. 网络视听广告定位

网络视听广告定位是通过广告对产品或服务的展现，在消费者心中留下的印象。这来源于对市场、产品、服务、消费者以及竞争对手等的调查分析和了解，在此基础上找出广告事物的独特性，确定广告宣传的方向和广告诉求的表现方式，从而使广告具有说服力，实现广告的目标。

网络视听广告的定位受到多种因素的影响，包括对产品本身定位的把握是否准确、对消费者的定位是否贴切、消费者自身的定位如何、对竞争对手的了解程度、对市场状况的判断和把握、对广告媒体的选择等方面都对网络视听广告的定位产生影响，影响广告传播的效果。

网络视听广告的定位战略有很多，比如品质定位、价格定位、功效定位、服务定位等，这些都是实体定位，也是广告最常用的定位方法。[①] 当然，在某些产品因消费者观念形成阻碍时需要采取观念定位策略让消费者接受产品，主要有是非定位、逆向定位。

4. 网络视听广告的媒介安排

制作什么形式的网络视听广告会受到投放渠道的影响。因此，在策划阶段需要对投放渠道进行预先的分析和选择，从而明确制作方式和内容。

很多企业会有自己的网站，这是广告投放的渠道之一。这对于广告主来说必定是要利用起来的投放平台。企业网站投放的广告应直观丰富，因为浏览企业网站的受众一般是想深入了解企业、产品或服务的群体。

其他综合类网站是广告投放的主要途径。在这里投放广告谋求的是更多受众的浏览，这就需要在广告标题、形式、内容等方面下功夫，通过形式新奇的广告吸引受众的关注。

App 现在成为手机广告投放的主要渠道。根据 App 用户数据，选择企业目标客户聚集的 App 投放。利用 App 投放广告可以持续不断地对受众产生影响，建立起用户对品牌的认知。

目前网络视听广告投放渠道主要有以上三种，根据媒介不同的特点和受众，制作不同类型风格的广告片，选择合适的时机进行投放，能够助力广告传播效果的提升。

三、网络视听广告文案创作

网络视听广告文案是网络视听广告创意的文字表达。它一般涵盖了网

① 于海礁．影视广告策划与创作［M］．长春：吉林大学出版社，2016.

络视听广告的文学脚本、分镜头脚本、广告故事脚本、广告提案以及广告词写作等内容。其中分镜头脚本因为与新媒体宣传片的分镜头脚本区别不大，故在此不再赘述。

（一）网络视听广告文学脚本写作

1. 网络视听广告文学脚本的内容

网络视听广告画面是网络视听广告的重要组成部分，而文学脚本则是对于广告画面的文字描述。文学脚本应该包含广告的定位、广告的主题、广告中的形象、广告方式、广告时长和镜头数量、广告画面的描述等内容。

广告的定位和主题在策划阶段已经确定，在文学脚本中需要对定位和主题用文字的形式加以明确。

广告形象：通过文字描述将广告中要出现的形象塑造得立体全面，使拍摄者能够找到相对应的拍摄形象。

广告形式需要在文学脚本中确定，比如说是创作一个贴片式广告还是弹出式广告。这对于广告整体创作思路有影响。

广告的时长和镜头数量：具体是几分钟的广告，包含多少个镜头。

最后就是文学脚本的重点内容，对画面的描述。按照镜头、段落将画面具体详细地描述。

在文学脚本写作时也可以写上旁白和独白，或者在有剪辑思路的地方添加标注。

2. 网络视听广告文学脚本的写作要求

（1）内容可视化。

广告文学脚本中广告内容的写作应该具有视觉思维。进行文案写作时，要能够联想到文字描述的画面，通过各种画面的呈现来传达广告信息，而不能单纯进行文字交代不考虑画面的可视性和可行性。

（2）运用蒙太奇思维。

蒙太奇手法是电影创作中常用的手法，在广告文案中也应该以蒙太奇的思维方式进行写作。画面之间要有内在联系，而不是对单一画面的设计。通过画面之间的组接和联系、画面与声音之间的组接、声音与声音之间的联系等来形成叙事逻辑和节奏。

（3）声画一致。

声音也是影片的重要组成部分，在广告中也是同样重要，这就需要在文学脚本中将声音进行设计和体现，与画面共同推动广告内容的表达。在声音设计时需要考虑与画面的契合度，达成声画一致的效果，才能够发挥出各自的作用。

（二）网络视听广告故事脚本创作

网络视听广告的故事脚本实际上就是将文学脚本的画面进行具体呈现，检验文学语言是否能够转化为生动的视觉形象。通过创作故事脚本将分镜头画面都呈现出来，将广告创意进行图像化表达。这是创意策划阶段向实际拍摄制作阶段的过渡环节。可以采用绘画的方式创作故事脚本；也可以采取拍照模拟方式，将画面组接，观看广告呈现效果，以便进行改进和调整；或者直接用电脑软件进行模拟设计。总之，不管采用哪种方式都需要将画面完整呈现，作为检验广告创意效果的依据。[①]

通过故事脚本的创作不仅能检验创意的视觉效果如何，还可以作为提案时的辅助，帮助广告主理解创意，判断创意是否符合广告诉求。同时，实际摄制过程中工作人员参照故事脚本，可以更好地理解创作意图，提升工作效率和质量。另外，故事脚本是检验广告摄制质量的依据。

（三）网络视听广告的提案

网络视听广告的提案是指广告制作商向广告主提供的阐释创意的方案。通过广告提案，广告主可以了解到广告的主题、创意是否符合要求，广告的模拟效果是否符合预期。广告提案如果通过，广告制作就可以进入实际拍摄阶段。提案时可以提供给广告主文学脚本、故事脚本等材料，帮

① 于海礁．影视广告策划与创作［M］．长春：吉林大学出版社，2016.

助广告主理解广告创意。提供形式不同的材料能够满足不同广告主的阅读习惯和偏好。具体提供什么形式材料也要根据广告创意类型来定。

关于提案的程序主要有下面几点：

1. 前期沟通确认提案会议细节

提案工作准备之前，与广告主提前约定会议时间、地点、参会人员等。

2. 制订计划，准备提案

提案会议细节敲定完成后，制订提案准备工作计划，保证各项工作有条不紊地完成。

3. 提案会议演示

在提案时要能够根据广告主的反应，决定提案演示的内容和侧重，同时事先提供给广告主辅助资料，帮助广告主理解广告创意思路，但要注意提供的辅助材料不能将提案内容全部展示，这样会导致提案过程中广告主注意力分散。另外，提案会议的场所应该精心布置，配合提案的氛围。

4. 后续沟通

提案结束后与广告主及时交流，听取意见和建议。记录好广告主对广告创意的想法，完善广告制作方案。如果提案通过，着手实际拍摄的准备工作。如果提案失败，则根据广告主要求抓紧改进，再次提案。

（四）网络视听广告的广告词

网络视听广告中广告词是必不可少的构成要素。广告词指的是对产品或服务进行宣传推广的用语。

1. 网络视听广告的广告词构成

（1）标题。它展现广告的主旨，也是用来区分不同广告内容的标志。

从标题揭示内容的方式来看，可分为直接标题和间接标题；从标题的组合形式来看，有引题、正题、副题。直接标题，是用简明文字表明广告主要内容的标题。间接标题，是不直接点明广告主旨，而用有意味的词句作标题，吸引观众阅读正文或观看广告图片。引题是用来交代背景、烘托气氛、解释意义，正题是概括广告的主要内容，副题是对正题内容进行补充说明。

（2）正文。正文是广告词的中心部分，它是广告的主旨和主要内容所在，包括广告主信息、广告商品或服务名称、广告商品或服务的具体信息等内容。

（3）随文。也称附告，是在正文之后的必要说明，包括广告主的名称、地址、电话号码、产品或服务购买方式等。随文起到为消费者购物提供指南的作用。

（4）广告标语。又叫广告口号，它是指在一定时间段反复使用，用来强化宣传效果的广告语句。

2. 广告词的作用

（1）引起受众注意。广告词将广告的核心信息传达给受众，通过精心设计往往能在某个层面触动受众，引起受众的观看兴趣。

（2）激发受众的潜在需求。受众可能在观看广告时并没有产品或服务的购买需求，通过广告词的提醒和引导，唤起受众对于产品或服务的潜在需求。

（3）弥补画面的不足。广告画面无法将广告信息全部传达，特别是抽象复杂的内容很难表述，这就需要广告词进行补充说明或提炼重点。

（4）促成受众的购买行为。受众有购买需求时可能会因为价格、购买渠道等因素而犹豫，通过广告词的精确表达打消受众疑虑，引导受众购买企业产品或服务。

3. 撰写广告词的基本要求

（1）诚信求实，避免过分夸张。要保证广告词的宣传内容与产品或服务的实际功效、价格等能够匹配。

（2）要有明确的表达重点。应选取最能体现商品、服务的独特性和核心功能的内容作为宣传表达的重点。

（3）要能够抓住顾客的消费心理。这需要利用消费者的兴趣、需求、情感等心理层面的因素。

（4）语言文字简洁明快、通俗易懂，同时富有文采。

4. 网络视听广告的广告词撰写技巧

（1）注意以情动人。

广告词的撰写永远不要忽视情感表达的作用，利用受众的情感共鸣，让传达的广告信息能够更大程度上得到受众的认同。

（2）适当使用口语、俗语。

广告词要让受众能够明确宣传内容，需要借助日常生活的口语、俗语。通过使用口语俗语既能够让受众快速理解广告信息，又能够让受众自发便捷地传播。

（3）巧用修辞手法。

结合广告传达的信息、表达重点，巧妙地利用双关、比喻、排比等修辞手法撰写广告词，使之既富有文采又能够清晰表达，让受众回味其中。

（4）用好谐音和网络用语。

网络视听广告要符合网络的表达习惯，谐音的使用能够让网络受众充满兴趣，同时注意将网络用语融入表达，提升广告词的亲切感。

（5）学会使用对话。

通过与商家对话的形式传达广告信息，营造真实可信的氛围。

（6）进行恰当的夸张。

语言恰当的夸张，能够使受众印象深刻。同时恰当的夸张，会使受众既充满兴趣尝试，又明白广告中的夸张意味，不会产生被欺骗的感觉。

（7）拓展想象的空间。

广告的创意在于想象空间，因此广告词在撰写时也应考虑这个方面。通过语言的设计，给予受众丰富的想象空间，提升广告的震撼力。[①]

---

① 于海礁 . 影视广告策划与创作［M］. 长春：吉林大学出版社，2016.

四、网络视听广告的视听创作

（一）网络视听广告的前期拍摄

网络视听广告拍摄内容包括基本画面的拍摄和电脑合成素材的拍摄。在拍摄电脑合成素材时需要考虑好光线位置、物体运动方向、色彩差别等因素，保证后期合成的效果。在拍摄基本画面的过程中，需要掌握拍摄技巧，明确拍摄手法。

1. 网络视听广告的构图

根据广告主题和创意表达需要，选择构图的风格。比如采用纪实风格构图，则重点在于体现广告的客观、纪实性。风格确立后，需要对主体的位置进行安排、对人物进行构图设计，同时为空镜头设计构图。

构图要主次分明，被摄主体在画面构图中应明确突出，注意背景的设计，防止其影响主体。构图时要保证画面之间内在关系的联系，使画面表达连贯。要实现视觉层面和心理层面的均衡。构图时，应考虑在画框中留有余地，注意对构图角度的选择。构图应该为画面创造时空关系服务，通过虚实结合等方法，表现空间和层次。①

2. 固定镜头的拍摄

网络视听广告采用固定镜头拍摄时，往往拍摄小景别的画面，便于观众认真品味，感受对产品的认同。固定拍摄的构图方式给人平稳、安静之感，但长时间使用会使画面沉闷。因此，可以考虑采用不均衡的构图方式，使画面产生视觉的动感。为了取得新颖的构图，还可以采用三分规则构图，把画框分成三等份，然后把被摄主体安排在这三个部分之中，会使被摄主体之间形成具有动感的对角线，以达到突破求新的目的。

固定画面在拍摄时同样可以体现出被摄主体的动感。通过选用合适的拍摄视点和视角以静衬动，在固定画框中加入运动的人或物，可以凸显出

① 赵兴．影视广告拍摄实务［M］．北京：北京联合出版公司，2016.

被摄对象的动感。还可以充分利用影视画面时间上的连续性，通过改变被摄对象或环境的灯光、色彩等，使观众在变化中感受动感。

拍摄固定画面要稳，因此在拍摄过程中应尽可能使用三脚架及其他辅助设施支撑摄像机，保证画面的稳定。[①]

3. 运动镜头拍摄

关于运动镜头的拍摄，在宣传片的拍摄中已经做了详细分析，在这里只是对运动镜头中不同运动方式的功能和拍摄要求进行总结。

摇摄能够表现大景别，突破了固定视点的限制，不用切换就可以达到重新构图的效果。在网络视听广告的拍摄中，摇摄可以表现产品的细节或是展现一些令观众意想不到的故事情节。追摇主要用于表现主体的动态、趋势；斜摇能使画面具有包含倾向性的张力。使用摇摄，首先，要处理好起幅和落幅的画面，使之具有比较完美的构图和景别；其次，要注意匀速摇动，运动速度对应画面的情绪和节奏；再次，还要把握好摇动的方向，符合人们的观察习惯；最后，拍摄时不能连续使用摇镜头。

推镜头的速度带有强烈的主观性，对画面效果产生直接影响；推镜头可以加强或减弱主体的速度感。在使用推镜头时要保持平稳、焦点准确、景别恰当、速度均匀并与画面情绪和节奏相一致。

拉镜头能够形成空间的远离感，在使用时要目的明确，拉动平稳。要选好起幅和落幅，拉动速度与画面情绪和节奏相匹配。

移动拍摄对复杂空间表现具有完整性和连贯性，既能够对画面空间进行立体多层次的表现，又可以有控制地逐一展现景物。需要拍摄大场面、多层次的复杂场景时，采用移摄可以营造出气势恢宏的造型效果。

采用跟摄时，要考虑到焦点的变化、拍摄角度的变化、光线入射角度的变化，保持画面的平稳。

升降镜头通过视点的连续变化形成了多方位、多角度的构图效果，丰

---

① 汪淼．影视广告制作［M］．北京：化学工业出版社，2011.

富观众的视觉感受。升降镜头有利于表现高大物体的局部，可以表现画面内容中情感的变化。①

不管采用什么方式进行拍摄，都应保持画面的平稳，保证镜头的运动速度契合画面的情绪和节奏，从而发挥出运动镜头应有的作用。

4. 用光方法

网络视听广告的用光应依据广告创意的整体要求进行设计。在了解广告整体风格、影片基调、创作架构的基础上，合理布光。例如写实风格的影片，光效处理要遵照客观事实，有明显的逻辑关系；而写意风格的广告在布光时，可以采用主观、唯美的布光方式。

外景拍摄时，以太阳光为主光源，场景用光应根据场景基调、内容安排拍摄时间段。在外景拍摄的时候，避开正午前后的时间段，利用好早晨和傍晚的光效进行拍摄。外景布光应尽量发挥阳光的作用，在自然光不足时，可使用人工光或大型反光板进行补光。在阴天、夜间布光时，则需要充分利用好人工光。

在棚内拍摄时，布光不受天气的影响，但在营造真实场景时具有挑战性。要获得与现实生活中真实场景相同的光效，需要对现实生活中场景和环境光效的特点进行总结。在越复杂的场景中，需要呈现的光照形态也越复杂。在棚内模仿环境光效时，不仅要考虑环境的特点，还要考虑受环境影响的被摄主体的特点，做到光效的统一。另外，由于棚内布光为多光源照明，容易产生多种投影、余光、暗光等情况。同时不同光源之间相互影响、干扰，增大了布光难度。

在室内实景拍摄时因拍摄条件限制，对布光提出了更高的要求。因环境限制，无法找到最佳位置使用灯具且无法拆除干扰光源时，就需要利用现有光源，进行混合光照明设计，或根据现场地形创造最佳灯位。

广告的作用是为产品服务，因此需要在布光时根据产品的特点来设计。

① 汪淼．影视广告制作［M］．北京：化学工业出版社，2011.

既要反映产品真实的造型和形态，又要在此基础上对产品进行美化，对体现产品特性的地方适度夸张。同时，因广告时长相对短暂，在布光时需要准确到位，不能影响观众对广告意图的了解。

广告拍摄的布光要能够适应复杂的场面调度和多角度拍摄，需要提前了解拍摄计划，制订科学的布光方案。另外，拍摄电脑合成素材时，布光要把背景处理得明亮均匀，色彩准确还原，且保证被摄主体与背景的明暗、色差区别明显，从而为后期制作减小难度。①

关于色彩的搭配，在新媒体宣传片的拍摄中已经讲述很清晰了。网络视听广告在色彩运用时，可以参考新媒体宣传片的色彩搭配和网络视听广告的主题创意进行选择。

（二）网络视听广告的后期制作

1. 网络视听广告的剪辑

网络视听广告的剪辑可以参考新媒体宣传片的剪辑技巧进行合理使用。但网络视听广告又有符合自身特点的特殊剪辑技巧。

（1）快速剪辑。

广告篇幅限定使得采取快速剪辑手法的广告越来越多。特别是在一些要体现速度、刚毅特性的广告中，快速剪辑经常运用。通过尽量缩小镜头与镜头间的时长和空间距离，使原本单个的、间断的镜头形成一种快速完整连续的影像叙事链。运用快速剪辑时，要保证镜头的兴趣点在相同的位置；选择相同的元素；统一摄像机运动的方向；保持画面色调相一致。

（2）剪辑之升格镜头。

以超过每秒 24 帧的速度拍摄的画面，我们称为升格镜头。升格拍摄的画面在银幕上以正常速度播放，就产生了慢镜头的效果。在广告中，利用升格镜头展现细节，可以增添广告的时长感，充分展示产品的细节特征。

① 赵兴 . 影视广告拍摄实务［M］. 北京：北京联合出版公司，2016.

（3）同景别剪辑。

将相同主体、同一景别的画面剪辑组接不符合传统连贯性剪辑的要求。但是就广告而言，因为有的广告并不以叙事为主，而是为了展示使用产品的感觉和氛围。因此在剪辑时不以动作的前后关系为依据，而采用了同景别剪辑来渲染氛围。[①]

（4）重复剪辑。

重复剪辑是将同一镜头画面或场景重复使用的剪辑方法。通过重复剪辑来突出表现产品的某一特征或突出表达的主题，加深观众的印象。在一些广告片中经常使用，让观众加强记忆。

网络视听广告的剪辑追求叙事节奏的快速，在一些广告中甚至不遵循叙事逻辑只为了强化产品展示效果。因此，具体如何进行广告片的剪辑应根据广告的主题和创意思路来选择。

2. 网络视听广告的包装

网络视听广告的包装指的是利用计算机合成技术对拍摄的或软件制作的广告片进行特效处理和合成。通过对网络视听广告的包装，使广告更吸引受众，让受众在美的享受中了解广告信息。通过包装使广告的特点更突出，同时增强受众对广告信息的理解能力。

（1）网络视听广告包装的流程。

①前期创作。

网络视听广告的包装人员在创作前期就需要跟组勘景，与导演、摄像师沟通场景中的特技使用、调度，并在此基础上绘制特技脚本，跟导演确定特技方案。

②实际拍摄。

实际拍摄时，根据特技脚本与摄像师沟通，摄像师在实际拍摄时为后期包装留好足够长的剪辑点。拍摄时兼顾电脑合成素材的构图、用光等方

① 源顺传媒．优秀影视广告剪辑技巧［EB/OL］．（2017-05-05）［2020-05-29］.https：//mp.weixin.qq.com/s/X3sScme4JGijp576KqOjgg.

面的设计，为后期制作提供便利。

③后期制作。

后期制作阶段在粗剪影片的基础上根据特效脚本，在影片中制作并添加特效，然后合成最终画面。

（2）网络视听广告中三维特效的运用。

①三维特效的概述。

三维动画效果又称3D动画，是随着计算机软件、硬件技术发展而产生的一门电脑特效技术。三维动画仿真技术是模拟真实物体的有效工具。三维动画与特效不仅可以制作动画电影，还能完成实拍不能解决的影视镜头效果，不会受到天气、季节等因素的影响，且可修改性较强，质量更容易保证。

②三维特效的应用。

三维动画可以用于广告和电影、电视剧的特效制作（如爆炸场景、烟雾场景、雨雪场景、光效场景等）、特技制作（撞车变形、虚幻场景或角色创作等）、广告产品展示、片头飞字等。

三维动画与特效能够进行场景设计。在许多不允许实景拍摄的情况下，借助演员在蓝幕或绿幕前虚拟拍摄，然后用三维软件制作出虚拟的环境，再通过后期合成软件将实拍的素材与三维虚拟场景进行合成的方式，能够达到影片要求的效果。

三维动画与特效可以进行"骨骼蒙皮"。"骨骼蒙皮"，是根据故事情节分析，对需要动画的模型（主要为角色）进行动画前的一些变形、动作驱动等相关设置，为动画师做好预备工作，提供解决方案。"骨骼蒙皮"是广告角色的动画制作的重要环节。

材质和贴图主要用于描述对象表面的物质形态，构造真实世界中自然物质表面的视觉表象。通过3D纹理贴图技术能大幅度提高3D图像真实性，提高变换视角看物的真实性。进行材质仿真时，通过分析材质与光的微妙关系，使得三维软件仿真出的材质真实性大幅提升。

在网络视听广告的制作中，所有不能用自然环境、物体表现的内容，都可以通过特效来实现，包括烟火、爆炸以及光效等。网络视听广告中的流体特效也可以通过三维动画来制作。

三维动画与特效能涉及方方面面，比如机器人的完美运用、模拟真实的毛发和布料等，为网络视听广告增添了设计空间和视觉震撼力。①

3. 网络视听广告的调色

网络视听广告的调色，是将画面中特定的色调加以改变，形成不同感觉的另一种画面色调的过程。

网络视听广告调色先要确定调色的风格。这是调色的基础步骤，通过与导演、主创人员的讨论，确定广告片调色的宗旨，根据广告的类型、主题、创意思路等确定调色的方案。

一般来说，暖色调会使画面显得厚重、沉稳、饱满。而冷色调则会显示出安静、空荡、遥远、清灵的视觉感受。在调色时，要根据影片风格，采用恰当的冷暖色调。调色不能以单一画面为主，而是要整体把握广告片的基调，可能某个画面用某种色调表现很有冲击力，但是和整体广告片风格有差异，那么只能放弃这种色调，选择契合整体色调的方案。

提高对比度，可以明显改善画面的反差，一般我们得到的原始素材画面，饱和度中性偏低。后期调整饱和度时，可以降低中间灰度的量值，增加画面的通透性，但对比度不能调太高，否则会使暗部细节丢失抑或高光溢出。同时，要结合亮度进行调整，也可以调整 Gamma 曲率，改变高光、暗部、中间影调的动态范围。

在夜景或灯光亮度对比较大的环境下拍摄的素材，通过尝试降低对比度，可以改善画面的动态范围，降低反差。对于饱和度的调整也一样，如果调高了，艳丽度增加，画面就会显得有些假。网络视听广告通过降低饱和度和对比度的处理，能够营造更真实的环境气氛。

① 赵婷，李烨，王志新．成品——3ds Max/After Effects 影视广告设计技术入门与项目实践［M］．北京：清华大学出版社，2018.

其他更细化的调整，包括 RGB 原色通道调整、曲线调整、色彩滤镜、遮罩等都是调色的手段，要根据实际画面的视觉元素和所要达到的表达效果，进行有的放矢的调整。[①]

4. 网络视听广告的字幕设计

网络视听广告最重要的信息大都是通过视觉元素来完成的，画面造型的表现力、感染力是网络视听广告获得良好传播效果的有力保证。字幕作为画面的构成元素，主要功能是强化广告主题和强调广告品牌。因此，网络视听广告中的字幕要精心设计内容和形式，使内容贴切地描述广告主题、品牌理念，让形式契合画面且能够吸引观众注意力。

字幕的外形设计应醒目、突出、美观。尺寸的大小依据具体画面的构图要求来确定。字幕的字体要依据网络视听广告的整体风格和具体内容来使用。字幕的颜色也应符合网络视听广告的整体风格，且要与背景图像有一定对比，从而使观众可以快速捕捉到字幕信息。字幕本身的排列应简明，位置一般在画面的中心。

为了强化视觉效果，有时会为字幕设计运动方式。字幕的运动方式要尽量简洁，达到有一定的视觉动感就可以了。具体采用什么样的运动方式还是要根据网络视听广告的整体情况来设定。[②]

参考文献

［1］孙愈中．企业宣传片解说词写作技巧新探［J］．采写编，2018（1）：119-121.

① 东研传媒．影视后期调色必要性以及原则［EB/OL］．（2014-03-10）［2020-05-29］．https：//mp.weixin.qq.com/s/93Nmgc6Q4YVSQa6TUy3j3g.

② 汪淼．影视广告制作［M］．北京：化学工业出版社，2011.

［2］靳斌，张树锋．实用电视新闻采制教程［M］．北京：中国国际广播出版社，2017.

［3］周建青．新媒体视听节目制作［M］.2 版．北京：北京大学出版社，2019.

［4］练荣．浅谈高端企业宣传片制作流程及核心要点［J］．新闻研究导刊，2017（3）：136-137.

［5］萨志耘．新媒体时代受众的收视诉求［J］．西部广播电视，2014（19）：71-72.

［6］杨曼．新媒体背景下的城市宣传片制作探讨［J］．传播力研究，2019（17）：219-220.

［7］中国传媒大学出版社．分镜头脚本怎么写［EB/OL］.（2018-11-29）［2020-05-21］.https：//mp.weixin.qq.com/s/xE8ZJQ0SV0JLzT39W9TZ5A.

［8］汐涵影视．情绪剪辑点以什么为基础［EB/OL］.（2018-09-16）［2020-05-28］.https：//mp.weixin.qq.com/s/6Vrca8gohJNM6iE5EUoh1Q.

［9］于海礁．影视广告策划与创作［M］．长春：吉林大学出版社，2016.

［10］汪淼．影视广告制作［M］．北京：化学工业出版社，2011.

［11］赵兴．影视广告拍摄实务［M］．北京：北京联合出版公司，2016.

［12］赵婷，李烨，王志新．成品——3ds Max/After Effects 影视广告设计技术入门与项目实践［M］．北京：清华大学出版社，2018.

［13］和群坡．影视广告制作教程：从接单到成片的全程指导［M］．北京：中国传媒大学出版社，2006.

［14］刘勇．网络广告学［M］．大连：东北财经大学出版社，2018.

［15］冯晖．网络广告实务［M］.2 版．北京：中国水利水电出版社，2015.

［16］东研传媒．影视后期调色必要性以及原则［EB/OL］.（2014-03-10）

[2020-05-29].https：//mp.weixin.qq.com/s/93Nmgc6Q4YVSQa6TUy3j3g.

[17] 源顺传媒.优秀影视广告剪辑技巧[EB/OL].(2017-05-05)[2020-05-29].https：//mp.weixin.qq.com/s/X3sScme4JGijp576KqOjgg.

第五章　网络直播节目

第一节　网络直播概述

我国网络直播兴起于2016年，网络直播用户数量开始激增，互联网巨头也纷纷试水直播领域。2016年至今，网络直播的极速发展带来了互联网的急剧变革，作为新兴媒体形态，网络直播的实时性、交互性和沉浸性，从根本上颠覆了传统的静态传播方式，成为社会交往、内容传播和内容消费的主要形式。第45次《中国互联网络发展状况统计报告》[①]显示，截至2020年3月，我国网络直播用户规模达5.6亿，较2018年底增长1.63亿，占据网民总量的62.0%。用户观看直播的习惯基本养成，观看频率高、付费意愿也较强，加之移动直播平台的崛起，直播的门槛大大降低，网络直播不断向“人人可直播、一切皆可直播”转型。

一、网络直播发展历程

（一）PC端秀场直播时期

2005年，视频网站在互联网科技支持下，迎来发展风口。以陌生人社交为核心的“9158”异军突起，在网站上迅速了积累流量资源。“9158”与如今的直播有很多相似之处，都通过网络视频聊天与主播互动的方式进

① 中国互联网络信息中心.第45次《中国互联网络发展状况统计报告》（全文）[EB/OL].（2020-04-28）.http：//www.cac.gov.cn/2020-04/27/c_1589535470378587.htm.

行活动，区别在于“9158”以 PC（个人电脑）为硬件，而今天用以手机为代表的移动客户端作为直播工具。“9158”的成功模式引起模仿风潮，YY 语音、“六间房”出现，PC 秀场形成了“YY+‘9158’+‘六间房’”的稳定格局，瓜分约 100 亿元的市场，开启了以虚拟物品“打赏”的商业盈利模式，大量的打赏动作通过多样的虚拟道具完成，用户通过现实货币购买虚拟货币，以虚拟货币完成打赏行为。最终，虚拟货币再转化为现实收益，由平台与主播分成。PC 秀场时代，实时、互动的视频模式给用户带来了全新体验，新式的“打赏”模式也得到迅速发展。

（二）游戏竞技直播时期

游戏产业借助互联网直播趋势迅速发展。以电子竞技（Electronic Sports，简称电竞，即电子游戏比赛达到竞技层面的活动）为核心的直播平台逐渐兴起。2011 年，以美国 Riot Games 开发的 LOL（League of Legends《英雄联盟》）为主的电竞出现，据统计，其注册用户近 8 亿，月活跃用户超过 1 亿。LOL 作为极具人气和影响力的网络游戏之一，引起了游戏类直播的爆发，使用户养成了观看直播的习惯。游戏类直播的迅速发展，拓宽了游戏平台的变现渠道，如打赏变现、广告变现等，也加速了网络直播转型升级。自 2014 年开始，国内的游戏类直播也不断发展，中国领先的互动直播平台虎牙直播从 YY 游戏直播业务中脱离，成为独立的直播平台。同年，斗鱼 TV 顺势成立，两者成为游戏类直播平台的“双巨头”。

随着国内游戏市场规模不断扩大，游戏直播市场规模也不断扩张，2019 年，游戏直播行业发展进入成熟期，平台间的竞争与离场给游戏市场注入了新的发展动力；头部平台收入的迅速增长有效带动游戏直播市场整体规模扩大；行业发展不断规范化，整体向良性竞争方向发展。同时为拓展更大的市场规模，头部游戏直播平台纷纷“出海”。新型技术的出现带动服务新形态的出现，预计未来游戏直播平台将拓展云游戏业务，以进一步提升平台内容服务竞争力。

（三）移动“直播 +”时期

移动客户端的便携性为直播脱离 PC 端带来机会，以手机为代表的移动平台可以下载多个直播应用，随时随地观看直播。2015 年，移动直播平台爆发式增长，映客直播、花椒直播、易直播等平台纷纷出现，受到 80 后、90 后、00 后受众群体追捧，一时间呈爆发之势。

“直播 +”模式更是扩展了直播的内涵，如今泛娱乐领域“直播 +”将生活的多方面向文化产业渗透，其模式将突破传统的演唱会直播、赛事直播、综艺直播等形式，形成“直播 +”模式新格局。

（四）“VR+”直播时期

VR 这一概念在 20 世纪 80 年代由美国 VPL 公司创建人拉尼尔最早提出，由于科技限制，在很长一段时间停留在概念阶段，没有进行实物化研发。这一技术可以简单地理解为通过技术让人感觉看到的场景是真实的，例如谷歌眼镜、3D 技术都是其表现形式，与平面化的视频直播相比，VR 直播能够为用户提供在逼真环境下更强烈的代入感，进而提高体验。

花椒直播在北京举办“VR 直播平台展览发布会”，VR 直播意在提升用户的参与度，打破手机屏幕的限制，用户与主播实现“1 米内”的近距离接触。花椒直播此次尝试新型平台，投入大量资金，免费发放 10 万个 VR 眼镜以及 1000 套 VR 拍摄设备。在 3D 成像方面，花椒 VR 直播使用双目摄像头，通过技术优化，可以为用户提供更逼真的视觉体验，同时利用算法减少用户观看时的不适感达到身临其境的效果。

随着直播模式日趋火爆，新型的 VR 直播可以带给观众更新奇的视听体验。虽然目前 VR 技术尚未成熟，体验也仍需升级，但 VR 终将成为互联网发展的下一个风口，VR 直播也会成为未来的直播趋势。

二、网络直播垂直内容分类

直播的形式各式各样，直播演唱会、直播音乐会、直播综艺、NT Live（National Theatre Live，英国“国家剧院现场”，在演出现场进行拍摄并通过线上等方式播出，方便场外观众观看）等新兴直播形式层出不穷，网络直播的分类方式也存在不断更新，从业界到学界产生了多种不同的分类方法。目前已有的网络直播的划分方法可以从网络直播的形式、目的、内容生产方式和技术手段、主播类型、原生衍生性等进行划分[①]。具体如表 5-1 所示。

表 5-1　网络直播的分类

主体	思路	内容
易观智库	直播形式	秀场直播、游戏直播、泛娱乐直播
艺恩咨询	直播目的	娱乐、游戏、社交、生活、旅游、教育、电商直播等
清华大学沈阳教授团队	内容生产	UGC、PUGC、PGC、BGC 直播
易观智库	主播类型	颜值、才艺、素人、网红、明星主播
清华大学沈阳教授团队	原生衍生	原生直播平台、衍生直播平台

注：BGC，Brand Generated Content 的缩写，即品牌生产内容；PUGC，Professional User Generated Content 的缩写，即专业用户生产内容。

本节采用垂直内容的方式，对直播进行分类，包括秀场直播、体育直播、游戏直播、教育直播、新闻直播、电商直播、文旅直播七个类型，对七个类别分类进行论述，对网络直播类型进行更好的阐释。

（一）秀场直播：才艺展示

随着互联网的不断普及，媒体融合不断发展，直播开始成为人们日常关注点之一，而秀场直播最初主要指 PC 端的秀场直播，即受众所熟悉的以容貌姣好的女性主播为核心的直播形式，以 YY、“9158”“六间房”

① 付业勤，罗艳菊，张仙锋．我国网络直播的内涵特征、类型模式与规范发展［J］．重庆邮电大学学报（社会科学版），2017（4）：71-81.

等平台为代表，此领域在新的直播格局下，内容生产由 UGC（用户生成内容）转化为 PUGC（专业用户生产内容），趋于专业化、垂直化，用户黏性增强。

（二）体育直播：实时赛事

体育直播指体育赛事的实时播报，经过多年发展，已经成为较成熟的直播类型。网络体育直播也依托于网络直播的发展机遇，从电视体育直播转型升级。网络体育直播与其他网络直播形式相似，用户可以通过发送弹幕、评论的方式支持自己喜欢的队伍，还可以与解说主播互动，在直播间进行“礼物打赏”。网络体育直播潜力很大，尤其关注度高的大型体育赛事直播，网络体育直播用户的数量会上涨至几百万甚至几千万，这是体育竞技的魅力所在，也是网络体育直播发展的潜力所在。

视频直播作为体育直播的最重要呈现方式，具有得天独厚的优势，精准的视频画面和现场专业收声，对体育赛事的实时情况进行精细化的呈现。多机位、慢镜头、导播的画面转接，让很多体育直播的线上呈现效果远远超出现场的观看体验，加之移动直播平台的在线专业解说和实时弹幕的互动体验，为体育爱好者呈现了体育盛宴。①

体育赛事直播的内容生产主要依托三大要素：

1. 官方大型体育赛事

拥有超大型官方体育赛事或有广泛群众基础的项目的转播权限，引进受众吸引力强的大型 IP 赛事是各个平台竞争的核心内容。中央电视台是最早与欧洲足球协会联盟签署转播合同的单位，欧洲杯独家转播权让央视盆满钵满。但是互联网巨头的不断发展，使之有了对抗央视独揽体育转播权的力量。例如，新浪和腾讯等大型互联网公司都在逐步规划，2015 年 1 月，腾讯视频耗资 5 亿美元，签署协议承包了 NBA（Nation Baskertall

① 仝萌．移动直播环境下体育直播平台现状及未来发展趋势［D］．西安：西安体育学院，2018.

Association，美国男子职业篮球联赛）的转播权，在此之后，腾讯又耗资亿元，引进了虚拟包装技术、AR 系统、虚拟演播室等先进直播技术，建立了与 ESPN（Entertainment and Sports Programming Network，娱乐与体育节目电视网）同级别的专业演播室，将体育比赛创作与运营经验紧密结合，腾讯视频还邀请杨毅、苏群、柯凡等国内专业解说员，大大提升了创作水准，推动我国体育直播向前迈出一大步。

同时，腾讯视频深度挖掘 NBA 的 IP 资源，启动“线上 + 线下”的新模式，在通过大数据掌握用户偏好之后，借助优化举措和球星代言的手段来刺激消费者的采购欲望，大力开发体育周边产业，NBA 综艺节目、主题曲、周边游戏等产品的开发，将 IP 价值最大化，形成以 NBA 为核心的 IP 产业链。

2. 平台自创体育赛事 IP

赛事资源的紧缺性、赛事 IP 的天价争夺以及国内全民健身需求的不断增加，促使各移动直播平台将资源充分利益化，打造属于自己的优质体育 IP。自制体育 IP 需要长时间精力与金钱的投入，且生产过程十分繁复。我国的体育人口数量庞大，发展速度十分迅猛，大众有关体育消费的意向转变也十分迅速，我国的消费群体在消费新兴的体育项目当中并非循序渐进实践，而是冲动使然，这为各个移动平台积极创建适合自身的 IP 打造了良好的基础条件。

由新浪体育主办的“3X3 黄金联赛”，始于 2015 年，是新浪首个自主知识产权 IP 赛事。目前，更广泛的赛事体系和不断扩宽的渠道让该赛事规模再一次翻倍，2019 赛季“3X3 黄金联赛”将覆盖 150 座城市，吸引 3 万支球队、12 万人参与，成功塑造了体育 IP 变现新模式[①]。转播大型赛事的开支高昂，新浪以较低成本打造的黄金联赛，表现出新浪体育在创建自有赛事 IP 方面的成果，赞助商的不断入驻也为新浪黄金联赛的 IP 打造提供保障，2018 年 3 月 6 日，海马汽车、三养食品等成为“3X3 黄金联赛”顶

① 高凯 . 3X3 黄金联赛 2019 年将覆盖 150 城［EB/OL］.（2019-02-22）.http：//sn.people.com.cn/n2/2019/0222/c378299-32670801.html.

级战略合作伙伴。如今，“3X3 黄金联赛”将以“4 级体系 6 大赛事产品”吸引不同篮球人群的参与，2019 赛季的赛事吸引 3 万支球队、12 万人参与，创造了 100 亿微博话题阅读量，及 35 亿全网播放量。新浪对于体育 IP 打造的成功试水，为中国体育直播自制 IP 提供了新思路。

3. 专业解说主持及主播

以主播为核心的直播形式目前仍是主题，体育赛事的直播在很大程度上是以解说主播为核心。很多著名的体育解说员先后从央视离开，步入了网络直播平台，2015 年末，央视体育频道的足球解说员段暄宣布退出，之后进入了香蕉计划体育公司，任职 CEO。人才之间的竞争也在新媒体和传统媒体争取 IP 版权过程中随之形成。著名解说的人事变动势必会产生巨大影响，优质的解说员不仅仅拥有极高的粉丝流量，同时更是保证赛事资源优质传播的基础。

同时，移动平台之间的主播解说竞争也十分激烈。与传统媒体的体育直播赛事相比，移动平台的体育主播的专业性可能有所欠缺，但其自身的语言风格也会吸引喜欢此种传递方式的用户，解说员的跳槽往往带动着大量粉丝的转移，促使平台之间对于体育主播的争夺不断白热化。

（三）游戏直播：全民电竞

自 2012 年起，网络游戏（电子竞技）直播市场规模快速增长，专业游戏直播平台层出不穷，快手等短视频平台加大游戏直播投入，受众数量呈指数型增长，各方资本也快速涌入游戏直播领域。艾瑞咨询《2019 年中国游戏直播行业研究报告》显示[①]，2018 年，中国游戏直播市场规模增长超过 60%，达 131.9 亿元；第 45 次《中国互联网络发展状况统计报告》显示，游戏直播用户规模达到 2.60 亿，较 2018 年底增长 2204 万，占总体网民数量的 28.7%。游戏直播行业正处于深化商业化的进程中。具体来看，

---

① 艾瑞咨询 .2019 年中国游戏直播行业研究报告［EB/OL］.（2019-07-15）. https：//report.iresearch.cn/report_pdf.aspx?id=3414.

确立头部位置几大平台，不断开拓创新性付费服务（如弹幕抽奖、主播陪玩、赛事竞猜等），拉动用户打赏付费，推动行业规模持续提升。

1. 网络游戏直播分类

（1）大型电竞赛事。

电竞赛事直播通过电子竞技网络直播平台，对各级别的电竞比赛进行直播。其模式类似于体育赛事直播，在节目中邀请电竞明星对现场内容进行解说，是所有游戏直播中热度最高、对受众最具吸引力和凝聚力的类型。英雄联盟 S6 的总决赛系列赛实现合计 3.7 亿小时的观众总收看时长与 1470 万的最高同时观看人数。赛事直播通常以生动的方式向受众呈现该游戏的最高水平、最新趋势，是众多电竞爱好者学习技术、研究打法的重要阵地，并且兼具娱乐性质。在这种传播模式中，主要存在游戏赛事环境、解说嘉宾、受众三方。其信息流传播的正方向（从传播者流向受传者）的模式，把赛事环境、嘉宾解说（包括战术战况答疑解惑，观点讨论交流）等内容一并传递给受众。在赛事直播的过程中，基于网络直播平台弹幕、评论的实时性，信息的多向性明显加强。嘉宾在解说的同时，受众与受众之间也在实时交流。弹幕和评论实时滚动的特性，使得受众间的交流成为直播观看时的重要内容之一，且这种模式框架下的交流不会对比赛产生任何影响。

（2）游戏节目直播。

游戏节目直播是对专业制作的、与游戏相关的节目进行在线直播[①]。游戏节目直播相较于其他电竞网络直播类型最大的特点在于，游戏节目直播中有包含游戏元素但并不直接参与游戏的部分，换言之，游戏节目直播在视觉上会脱离游戏，但其整体语境、道具设置等都与游戏有很强关联。其节目形式通常为脱口秀或者现场互动游戏，在其中穿插“狼人杀”等游戏。这种类型直播吸引受众的核心在于直播明星的热度，或者涉及电竞圈近期的话题人物，以产生广大受众关心的热点，因此与娱乐圈、体育圈的

① 石振振．我国电子竞技网络直播的现状及其发展策略研究［D］．郑州：郑州大学，2017.

综艺节目有相似之处。例如 2020 年 4 月 15 日，虎牙直播独家直播 PCS 洲际慈善赛，备受关注的 4AM 战队，由于疫情影响主力阵容迟迟未能合练，在年初线上赛表现状态不断下滑。大众对战队的期待导致赛事热度不断攀升，最终 4AM 在 PCL 春季赛的最终决战获得了让众人惊喜的前五名的好成绩。虽然是游戏节目表演赛，但是电竞迷却可以从中观察战队状态，从而对后续正式赛产生期待。

（3）个人游戏直播。

个人游戏直播即以主播为主导的游戏直播类型，明星直播和“素人”直播是个人直播的两种主要模式。明星直播指在游戏正规联赛（例如 LPL、WCG）中代表俱乐部获得优异成绩的队员，在业余时间或退役后从事的网络直播行为。明星队员曾经取得的成绩、名气以及游戏技术是其吸引受众流量的核心，其直播模式通常为开通第一视角的游戏画面，参与游戏过程，教授观众游戏技巧。“素人”主播通常也以第一视角对游戏过程进行直播，通过在直播平台上日常规律活动，形成粉丝群，或者制造话题来获得名气，吸引受众，而不是通过联赛。

在个人直播中，游戏占据画面面积的 80% 以上，主播形象通常以小对话框的形式显示在屏幕上。主播在以第一视角进行游戏的同时，将个人的战术解读、技巧开发等内容通过口授的方式传递给受众，同时与受众进行互动，包括抽观众进行排赛、按照观众的评论进行游戏挑战等。这种模式的特殊之处在于，游戏环境可以直接影响受众，或者以主播语境为中介间接地传递给受众。同时，受众在与主播互动的过程中，对主播的表现产生一定程度干预影响，使得受众的参与感更强。

2. 网络游戏直播发展趋势

（1）收入模式创新。

游戏直播平台不断开辟新的变现模式，积极拓展游戏直播陪玩业务。游戏陪玩指用户通过付费下单与指定陪玩人员共同玩游戏。直播平台将这种模式升级，提供了游戏主播陪玩服务，即用户可以通过付费形式与主播一起玩游戏。直播陪玩业务不仅是一种收入模式创新，还是直播内容创新，丰富了直播陪玩时主播与观众的互动模式，有明显的戏剧效果。此外相较于普通平台，游戏直播用户的体验更加多元，主播游戏技术相对较高，用户游戏体验更好，与主播一同上镜，增加用户的参与感。

（2）拓展海外市场。

为开拓海外市场，头部游戏直播平台纷纷“出海”，布局东南亚及美洲地区。目前中国游戏直播行业在主播培养、平台运营、行业秩序规范方面已经很成熟，因此“出海”时能够运用国内经验与管理优势。东南亚文化环境与人口消费习惯与国内接近，因此成为众多直播平台“出海”首选。

“斗鱼”投资移动视频直播平台 Nonolive，该平台于 2016 年 6 月首先在印尼上线，主要为海外用户提供歌舞泛娱乐内容；“虎牙”旗下游戏直播平台 NIMOTV 在 2018 年 5 月进入印尼，6 月与头部互联网平台腾讯进行合作，主打腾讯海外游戏并引入海外热门游戏；“触手”于 2019 年 2 月在印尼上线了海外游戏直播平台 Game.ly，主打热门手游。

（3）虚拟主播兴起。

虚拟主播是使用虚拟形象与用户沟通交互、玩游戏的主播。这一现象源自近年来“初音未来”“洛天依”等虚拟偶像的兴起，由此虚拟主播应运而生，虚拟主播们的外观与个性具有极强的非现实感，多采用二次元美少女形象与配音，性格往往脱离现实且符号化，虚拟主播运营注重后续的内容制作与分发以提升主播的热度，目前部分日本虚拟主播已经在国内各大平台有一定热度，而大量国产虚拟主播的策划也在同步推进。

（4）游戏联运市场不断扩大。

新兴技术云游戏的出现将会为游戏直播业务形态的发展提供巨大的想象空间，通过“云游戏 + 直播”的深度融合，实现云游戏端直接向观众推送视频流，提升游戏内高清直播流畅体验，观众可以采用第一视角或者第三视角直接观看主播的游戏实况，并且还可以随时加入主播共同游戏进行互动，未来直播与游戏的操作界限将不断缩小，云游戏通过游戏直播平台直接推广无须额外下载程序或应用，提升宣传转化率。大量的创新直播玩法将摆脱观看设备的桎梏，云游戏解放游戏直播业务的想象力。

（四）教育直播：知识传播

教育直播作为“直播 + 教育”的交互教学形式，互动性强、灵活性高等是其相对于传统教育的特点，教育直播给教育行业发展带来了新的活力。据第 45 次《中国互联网络发展状况统计报告》表示[①]，截至 2020 年 3 月，我国在线教育用户规模达 4.23 亿，较 2018 年底增长 2.22 亿。金融资本的注入，助力各大教育机构纷纷开通直播平台，不断完善的平台功能、不断提升的用户体验、不断扩大的用户规模，使得教育直播成为在线教育的新型教学模式。然而相对于教育直播实践的火热，学界对于教育直播的理论研究却相对滞后。对于教育直播的内涵的界定并未明确。陈昭琛认为：“教育直播就是利用直播即时通信、双向互动的特性把传统实体课堂‘搬到’虚拟的直播间，打破时间空间的限制，让不同地区的学生通过互联网就可以上课。”[②] 与传统的学校学习和在线学习相比，“直播 + 教育”的学习形式更具开放性、灵活性、选择性和交互性，其突破了地域限制与时间限制，实现了在线教育的即时互动，降低了学习交流的成本，能有效实现网络时代学习中关联主义与新建构主义学习理念的相互融合。[③]

1. 教育直播特征

（1）富媒体性。

随着教育信息化的推进，传统班级授课制的教学工具如黑板、粉笔、挂图、投影仪等被取代，班级发展为多媒体教室。视频直播教学形式与传统班级授课制相比，教学手段更加先进，教学工具更加丰富，支持多媒体

① 中国互联网络信息中心．第 45 次《中国互联网络发展状况统计报告》（全文）［EB/OL］．（2020-04-28）．http：//www.cac.gov.cn/2020-04/27/c_1589535470378587.htm.

② 郭超．基于 SWOT 分析视角的教育直播实现路径研究［J］．数字技术与应用，2019（6）：111-112.

③ 王竹立．关联主义与新建构主义：从连通到创新［J］．远程教育杂志，2011（5）：34-40.

操作，学生可以通过多种方式登录学习。多种教学媒体不仅丰富了学生的学习方式，而且增加了学生学习的便利性和多样性。

（2）强互动性。

直播技术从电视直播、网络直播到移动互联网直播，有 80 多年的发展过程[①]。直播在教育领域中的应用，对教育者意味着一种新的教学工具或手段，对学习者而言意味着一种新的学习形式。基于录播的教学课堂存在互动性差、内容枯燥、自说自话等缺点，在线教育纷纷由录播课堂转向了直播课堂[②]。蒋志辉等研究发现，直播教学课堂与录播教学课堂相比，学习者有更好的学习体验，对教师支持的感受更强烈。且新冠疫情也为教育直播发展带来新机遇，网课的全国性普及体现了直播教学手段的互动性优势。

（3）新教学性。

视频直播教学更加凸显教学性，教师不用掌握复杂的技术，可将更多的精力集中于教学内容。教师根据学生反馈与大数据提供信息及时调整教学方案与教学内容。未来 VR/AR 技术普及，将会提供沉浸式场景，使教学场景与教学内容更加丰富。

2. 教育直播发展趋势

（1）“网红教师”不断出现。

“直播 + 教育”模式让学习者与名师即时交流、互动成为可能，受众可以更广泛地和个人学习网络建立联系。“直播 + 教育”实现了广大受众与领域内名师“面对面”地连通与互动。相较于学习者在网络直播中的收获，教师也在“直播 + 教育”的兴起中受益：一方面，直播模式下，教师的教学更加方便灵活，不再受场地限制，还可以根据学习者需要调整课程内容与教学方式；另一方面，优秀的教师更容易在直播平台脱颖而出，受到学

① 刘佳．“直播 + 教育”：“互联网 +”学习的新形式与价值探究［J］. 远程教育杂志，2017，35（1）：52-59.

② 李秀晗，朱启华 . 直播技术在高校混合式教学中的新应用——基于香港大学同步混合教学模式的行动研究［J］. 现代教育技术，2019（2）：80-86.

习者的追捧，成为“网红教师”，从而获得更多的名望与经济回报。

在“直播+教育”模式下，教育市场自由性不断提高，“独立教师”群体不断扩大，“网红教师”成为潮流与热点。可以说，“直播+教育”作为“互联网+”学习的一种新形式，让学习方式更加自由自主，“网红教师”也层出不穷，使之成为“互联网+”时代的一个亮点。

（2）在线学习转型交互式学习。

2012年以慕课为代表的网络教育兴起，让课程学习突破了传统学习的时间与空间限制。慕课为代表的网络教育，以其开放性和大规模性迅速席卷全球，成为改革传统学习模式的新力量。然而，随着学习的深入，人们对网络教育的质疑也不断出现。由于网络视频教育主要由教学视频、阅读材料、作业、小测试、讨论等几个固定部分组成，难有足够的灵活性和生成性。此外，注册的学习者动辄成千上万，网络教学过程中教育者与学习者、学习者与学习者之间的互动反馈其实也十分有限。①

而“直播+教育”的出现，则弥补了以慕课为代表的在线学习平台的一些不足。在移动直播技术的支持下，“直播者”与“学习者”能够通过移动终端随时随地互动、展开教学，并根据需要灵活调整教学任务。学习过程的灵活性与互动性得到极大增强，成为名副其实的网络交互式学习。在2020年的新冠疫情中，教育直播成为学校的普遍上课模式，教育直播的平台也在群体性、大流量的实践考验中不断升级。“直播+教育”的模式正在不断改变着用户的学习习惯。

（五）新闻直播：资讯革新

随着网络直播日益融入人们的日常生活当中，当下关于“网络直播+新闻”的实践也越来越多。传媒业界前端的美联社在自2015年10月起的两个月内，直播视频数量较2014年同期增长了25%。全球范围内，使用美联社的直播视频作为报道内容的机构和媒体数量高达300家，伴随而生

① 王海波．国外当前慕课发展中存在的问题探析［J］．复旦教育论坛，2015（4）：26.

的广告业务收入也大幅度增长，直播服务覆盖范围包含世界近 300 个城市和 10 个区域。提到美联社的直播理念，其国际产品与平台主任 Sue Brooks 认为："网络直播就是要做和电视完全相反的东西，电视直播不可避免地带有某种形式的解释说明，可能是记者在电视画面上谈论报道对象或者是主持人向你解释视频中正在发生什么，但网络直播需要具备自我阐释能力。"美联社的网络直播致力于提供与电视截然相反的慢直播，提供多元化的直播内容，带领记者开启移动直播时代。

在中国，网络直播与新闻实践相结合的实例数量在直播潮流的推动下也越发增多。在新闻与传播领域，网络直播以其即时性强、真实性强以及与观众能够及时互动等优势和特征受到了传媒界人士的广泛关注，"网络直播 + 新闻"这种报道方式和直播类型慢慢进入人们的视野之中。

新闻直播具有如下特征：

（1）多元化的传播主体。

第一，由新闻机构做主体的 PGC 直播。新闻报道进入网络时代，但专业新闻机构的人才和技术都始终保留，PGC 的生产方式能为网络新闻直播提供一批具备专业素养的"主播记者"，与其他类型网络主播相比，现场直播对记者的要求更高，要具备对直播现场进行系统全面观察的能力，以此为受众提供更加真实全面的感官体验。同时，网络直播中的直播间场域氛围，能够大幅度地减少个别记者的上镜压力。除此之外，专业的新闻报道还需要有主持人和解读专家的参与，引导受众，带给受众更加便捷的观看体验。

第二，由直播软件使用个人为主体的 UGC 直播。UGC 直播模式是网络直播内容分类的重要部分，是指各个直播平台以个体为单位的用户直接在平台上展示其直播内容的一种模式。随着互联网技术的不断发展，5G 时代的到来，大部分受众具备了随时随地直播的条件，网络平台的多样开放更是降低了直播门槛。而这些条件的成熟为个人在直播平台上进行偶然或有策划的新闻事件直播提供了便利。

第三，由新闻事件当事人作为直播主体的新闻事件当事人直播。新闻事件的当事人网络直播不属于以上两个新闻类直播分类。新闻事件的当事人直播有可能是当事人个人在重大新闻事件发生现场进行的实况现场网络直播，或事件结束后进行的网络直播；亦有可能是新闻事件发生后，各方媒体对新闻事件的当事人进行的专业化的节目参访网络直播。[①]

（2）特色鲜明的传播渠道。

互联网技术发展不断成熟，传播方式不断更新丰富，在去中心化的新媒体趋势下，传统媒介以点对面的传播方式逐渐被打破，电视为主体的传播方式受到冲击，而网络直播作为新型传播方式正在以其独有的特色渗透到大众生活中。在新闻报道方面，网络直播的优势也逐渐鲜明。

第一，新闻直播时效性突出。互联网信号传输技术的进步和硬件设备的更新，促进移动终端作为直播设备普遍应用，以网络直播为传播渠道的新闻报道极大地提高了新闻报道的效率，真正实现了让用户随时随地观看到世界各地发生的新鲜事。

第二，新闻直播真实性更加突出。与传统的电视新闻直播相比，网络新闻直播的镜头画面相对粗糙，内容相对较为随意，但真实性更加明显，与传统新闻经过精心打磨、周密设计的特点相比，网络新闻直播的可信度、真实性受到关注。

第三，网络新闻直播打破时间限制。电视节目的播放往往会有严格的时间限制，对于电视新闻而言，控制新闻时间和直播进程至关重要，需要对播出时段进行规划，在有限的时间内做有安排的直播任务。随着网络直播时代的到来，新闻可以在网络平台上进行无间断、长耗时的直播，例如自 2017 年起，中央新闻网站人民网推出大型视频直播节目《两会进行时》，全时段无间断直击两会召开现场，栏目与大会同启同停，涵盖当届两会所有信息，为网友提供了多角度、全方位的两会视频盛宴，2020 年 5G 技术的运用也会助力两会呈现更好的节目效果。新闻类网络直播突破了电视新

① 师振翔．新闻类网络直播的传播特征和问题研究［D］．锦州：渤海大学，2018.

闻直播的时长限制，能够为受众提供新闻事件全面完整的信息。

（六）电商直播：新式带货

网络直播范围不断扩大，“直播 +”模式成为当前互联网发展趋势。网购在我国各大电商购物平台发展成熟，“直播 + 电商”的新模式成为电商主要卖货渠道之一，其流量变现能力强，准入门槛低，成为各大电商平台重点发展对象。淘宝直播是目前电商直播中最具规模和热度的平台，由阿里巴巴公司于 2016 年正式推出，该平台涵盖各类产品，通过商家的全面介绍，能够让受众获得全面透彻的商品信息，实时互动提问，实现边看边买。

电商直播具有如下特征：

（1）真实直接的内容传递。

罗伯特 · 考克尔指出，视觉影像使事物直接呈现在我们面前，这种对事物真实性的信服延展到了事物影像的信服，凭借经验，影像与语言相比能够直接而迅速地被人接受和理解：在那里、完整、真实[①]。传统的电商宣传、介绍方式以静态图文和视频介绍为主，消费者了解到的信息有限，对经过加工美化的商品信息普遍存疑，这会降低其购买欲。而直播作为新兴媒介渠道，将真实直播环境进行呈现，动态的视频内容增加了信息传递的丰富度，对商品进行了更加完整真实的展现，减少了消费者因信息不足产生的不确定性。

（2）主播与观众的双向实时互动。

电商直播过程中，信息的传递由以往的静态单向，转型为动态双向，主播与受众在直播间可以进行实时互动交流，形成双向的反馈过程，在直播购物场域中，主播能通过声音、图像、文字等方式传递信息，观众可以通过弹幕、表情、送礼物等方式进行互动，直播间打卡、优惠、抽奖、投票等环节提高信息传播过程中的互动效果，电商直播打造了主播与观众之

① 考克尔 . 电影的形式与文化［M］. 张青春，译 . 北京：北京大学出版社，2004：10.

间高效双向的实时互动信息传播模式，而这种模式也为淘宝电商的“主播造星”提供了契机，李佳琦、薇娅等明星主播的出现，更是为电商直播增添了热度，动辄百万人次的观看，更是双向实时互动的高效呈现。

（3）基于用户消费需求的精准传播。

精准传播就是要以最低的成本将内容精准地传递给其目标受众，从而达到最好的传播效果。不同类型的用户有着购物需求的差异性，电商直播为消费者搭建实时互动交流平台，主播可以根据消费者的评论、浏览数据进行调整，精准把握受众的消费需求，为目标群体传递优质内容与服务，直击消费者购买痛点，刺激消费，提高消费者购物满意度。例如，在欧莱雅、美宝莲的新品发布会上，通过线上直播互动，品牌方了解到了最受消费者欢迎的三款口红色号，对之后产品的生产和销售战略进行了及时的调整。

（七）文旅直播：内涵升级

随着“直播+”时代的到来，与直播结合已经成为各行各业需要探索的新型营销模式。“直播+文旅”也随着直播的火爆应运而生。文旅直播突破了传统图片文字的二维宣传模式，加强了视频宣传三维模式的实时性互动感。“文旅+直播”的重点在于打造价值直播的内容输出，即运用媒体内容为王的准则，通过活动直播刷新认识，再用节目固化印象。以媒体的思维、新闻的标准及媒体专业化的运作方式来构建直播内容，通过有价值的活动直播，刷新外界对直播的固有印象；在此基础上，再开设固定直播栏目，诸如风物志、非遗之路等栏目固化印象，进而扩大内容版图。①

网络直播作为一种新型传播方式为旅游产业带来了新的发展机遇，为文旅推广和营销提供了新的可能。互联网直播相较于传统电视媒体，去中心化权威化的特征让目的地的推广效果更加全面立体，直播的及时互动性让推广更真实，也能直接实现旅游产品的商业转化，进而实现内容价值和

① 千龙网．直播+文旅产业发展论坛——直播改变文旅营销模式[EB/OL].(2019-03-04). https://www.sohu.com/a/298984121_161623.

产业价值。

2020 年初的新冠疫情也为文旅直播带来了新的发展风口。2020 年 2 月 23 日，中国国家博物馆、敦煌研究院等国内 8 大知名博物馆一同在淘宝直播带来了一场“博物馆云春游”大串烧。细致的讲解和对文物的全面展示，让很多观看直播的网友都表示“像一个人逛博物馆的 VIP 体验”。这次创新性的直播探索，给文旅直播带来内容升级新思考，直播不仅是去中心化的娱乐性精神消费，丰富的文化价值内涵也可以助力文旅直播的升级转型。

第二节　网络直播组织结构

一、网络直播团队架构

（一）平台掌控全局

网络直播平台在直播流程中把握全局，掌控直播全流程的资源，对网络直播每个环节都起着至关重要的作用。平台方应有效利用资源，实时更新信息库，推动直播平台整体发展。

直播平台方掌控直播节奏，就要对平台进行全方位的把握，需要做到以下几点：建立资本支撑、完善直播系统、提高直播信誉、丰富直播内容。

1. 建立资本支撑

强大的资本支撑是直播发展的基础与关键。每个项目在发展初级阶段，人力、物力、财力是维持初期运转的保障。虎牙直播是欢聚时代旗下几大业务版块之一。作为欢聚时代的核心业务之一，虎牙直播的内容以游戏为主。2014 年第四季度，YY 语音剥离直播业务，推出虎牙直播独立品牌，投入 7 亿用于虎牙直播的技术硬件升级、市场投放和生态搭建等。2017 年

5月，欢聚时代旗下虎牙直播宣布获得7500万美元的A轮融资，此轮融资由中国平安保险海外（控股）有限公司领投，高榕资本、亦联资本、晨兴创投、欢聚时代董事会主席李学凌、虎牙直播CEO董荣杰参投。此轮融资后，欢聚时代仍将保持对虎牙直播的多数控股权。2018年3月，虎牙直播完成B轮融资，获得4.6亿美元（约合29亿元人民币）的腾讯独家战略投资。可见，资金是创意变现的重要推手之一，操盘手对于资金的把控和获得，直接关系项目最终的结果。

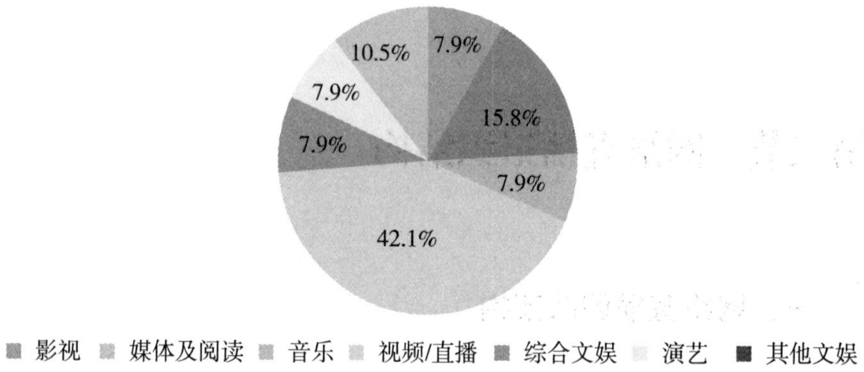

图5-1 2018年中国直播行业文娱传媒赛道细分领域投融资情况

根据前瞻产业研究院发布的《中国网络直播行业商业模式创新与投资机会深度研究报告》显示，2018年，在文娱传媒领域中，视频/直播发生的投融资事件数量最多，达16起，占比42.1%；媒体及阅读共发生6起，占比达15.8%；其他文娱服务共发生4起，占比10.5%；影视、音乐、综合文娱、演艺分别发生3起，占比均为7.9%。① 由此可以看出，直播领域融资难度相对较小，前景较为明朗，因此积极建立资本支撑，为直播项目提供资金保障，是平台构建要务之一。

① 前瞻产业研究院.2019年中国直播行业投融资现状分析［EB/OL］.（2019-11-01）. https: //www.sohu.com/a/351017321_473133.

2. 完善直播系统

网络视频直播系统的完善，需要直播技术的支撑，搭建稳定的直播系统，才能为用户提供优质的画面和优质的体验。如今，全民直播的时代已经到来，很多直播动辄上亿流量，疫情期间，观看网络直播更是成为大众的“宅家”新方式，这也给网络直播平台的系统稳定带来新的挑战。2020年4月6日，“央视段子手”朱广权携手李佳琦直播引1091万人围观，整场公益直播卖出了总价值4014万元的湖北商品。这样的巨型线上互动，意味着直播平台的承担能力需要不断加强，作为平台方，掌握视频直播的高端技术，为用户提供高清的画质、真实的参与感、实时互动等优质体验，需要网络直播系统的精心搭建。

网络直播系统大概分为5个部分[①]：

① 编码工具，用于创建、捕捉和编辑多媒体数据，形成流媒体格式，这可以由带视音频硬件接口的计算机和运行于其上的制作软件共同完成。

② 流媒体数据，系统所用的数据。

③ 服务器，存放和控制流媒体数据。

④ 网络，适合多媒体传输协议或实时传输协议。

⑤ 播放器，供客户端浏览流媒体文件。

直播系统的建设对相关技术要求高，需要与专业人才进行合作，或者寻找公司将项目外包，节约时间和人力成本，精心完善系统，获得更好的用户体验。

3. 健全管理制度

完善平台的管理制度，对网络直播平台方至关重要，平台方在企业内部建立完整合理的制度，对策划、生产、传播等各方面进行科学化管理，促进平台内部各部门之间合作，整体项目高效运转。平台、经纪公司与主播之间联系密切，需要正规的管理制度约束三者的行为，形成更稳固的合

① 韩布伟，张国军．网络直播掘金手册［M］．北京：人民邮电出版社，2017.

作关系。

2016年4月13日，百度、新浪、搜狐等20余家直播平台共同发布《北京网络直播行业自律公约》，承诺网络直播房间必须标识水印；内容存储时间不少于15天备查；所有主播必须实名认证；对于播出涉政、涉枪、涉毒、涉暴、涉黄内容的主播，情节严重的将列入黑名单；审核人员对平台上的直播内容进行24小时实时监管。

4. 提高信誉

建立良好的信誉，提高知名度，对平台引进人才和吸引受众有着巨大促进作用。平台要具备一定的品牌意识，树立良好企业形象，提升在业界的信誉度和口碑。腾讯投资了“斗鱼”和“战旗”，推出了自家的直播平台；“虎牙”属于欢聚时代；奇虎360体系的花椒直播再加上网易BoBo、陌陌直播等产品，多是由知名企业创立。相关数据显示，目前国内的移动直播平台已有200多家，各类型互联网企业争相进入直播领域，试图占据一席之地。但是，直播受众更加倾向于选择知名直播平台，良好的服务、信誉对于直播体验来说至关重要，可见拥有品牌知名度对于直播平台来说，拥有着很大的优势。

5. 丰富内容

精彩的直播内容是平台可持续发展的根本。平台的发展离不开传播的内容，内容积极健康，平台的发展才能积极健康。精彩的内容是吸引受众关注直播的关键，传神的游戏教程，供人一笑的幽默视频，能够使人们在工作、生活之余学到知识、放松心情，这样的内容才是受众喜闻乐见的，才会真正受观众喜欢。

（二）经纪公司沟通平台主播

在网络直播行业发展中，受众对主播和平台直接接触，通常对平台与主播的关系会有更明显的认知。但是在具体的运营过程中，主播与直播平台是间接联系，二者之间有共同媒介：经纪公司。经纪公司在网络直播行业中扮演着十分重要的角色，不仅作为纽带联系主播与平台，其运营质量高低更直接影响到直播效果，进而影响到整个行业的发展。

1. 主播管理

（1）主播招募。

泛直播时代来临，经纪公司对直播平台的主播招聘条件较低，对受众的吸引力是入选核心，拥有擅长领域也会成为加分项。而全民直播的时代，每个人都有权分享，因此除直接招募新人主播外，经纪公司还会寻找各平台热度高的个人主播，即“素人”直播。

与明星、网红、名人不同，“素人”是未经任何修饰的普通民众，直播内容也以日常生活为主。这样的直播方式虽然看似单调，但实际上为解决用户孤单问题提供了很好的媒介。直播门槛低，能引起很多普通人的情感共鸣，从而推动营销。“素人直播”形式的兴起主要得力于移动终端技术的发展，更重要的是这一直播形式在一定程度上促进了直播平台的发展壮大。在直播平台“素人直播”的发展理念中，其核心和运营中心还是“全民直播”的实现，即为所有的普通人提供一个可以进行直播的环境。

（2）主播培养。

主播由经纪公司培养，通常需要经纪公司这一中介与直播平台产生联系。经纪公司对主播的培养，也是网络直播组织结构发展至关重要的一环。主播在进入网络直播行业时，需要经过两方面的培训，直播内容培训和直播呈现方式培训。一方面，主播需要在某一领域有突出性表现，并在此领域深耕细作，培养细分领域能力，经纪公司可以从“才艺”角度出发，对主播进行培养。另一方面，经纪公司还要就主播对内容的呈现方式进行培训，帮助主播将直播主题进行更好的呈现，让观众对内容的接受度更高，以及解决直播中的突发状况和问题等。

2. 对接平台

经纪公司除了在自身独特性和优质主播等方面下功夫，还可借助外力来打响公司知名度，那就是直播平台。当公司有了高效的运营方式和大批优质主播时，就可以采取与知名直播平台合作的方式来提升名气。当然，在与知名直播平台合作时，也不是无所顾忌和随意选择的，还要考虑公司的业务特点和条件。也就是说，若经纪公司纯粹为了知名度而选择一个与自身业务不相符的平台，那无疑是会弄巧成拙的。如一家经纪公司专注的业务领域是教育，却基于受众的偏好和平台知名度考虑而选择在娱乐直播类平台或游戏直播类平台上直播。其实这是不可取的，对于与平台定位完全不相符的内容，受众的接受度一般会比较低，因而对打响公司知名度所产生的影响也会大打折扣。

3. 优化公司内部生态

经纪公司的首要任务即在主播和直播平台之间搭建合作的平台，实现主播和平台方都满意的目标。但在作为沟通渠道前，经纪公司需要优化自身内部生态，拥有成熟的运营方式，进行规范化的管理，才会吸引更多直播投资平台的注意力，进而实现业务的推广。

总之，经纪公司需要优化自身，做好业务推广，与直播平台、主播进行高效对接，实现平台、经纪公司、主播三者的共同盈利，才会让三者关系更加稳固。

（三）主播直面用户

网络主播作为直接面对用户的组成环节，他们的表现在很大程度上决定了直播能否吸引受众的注意，引导受众价值观，因此，主播不仅要求有“闪光点”，还需要不断对内容转型升级，发挥正确的价值导向作用。

1.“闪光点”吸引受众

据调查显示，观众普遍认为主播需具备出众的才艺、语言简洁且直播内容丰富，从需求来看，67.34% 的观众希望直播增加趣味；54.56% 的观众希望直播开阔眼界；32.66% 的观众希望收看直播来提升自身能力。创新直播内容，加强主播培养，主播培训的重点从观众需求和看法入手，加强对主播才艺、口才培训，拓宽主播知识面；同时加强主播使用弹幕及其他互动方式的培训。[①]因此，主播对自身专业能力和才艺水平进行培养至关重要，在竞争日益激烈的行业中生存，通过输出优质的专业内容，在垂直细分领域提升能力，展现人格魅力，在注意力经济时代，利用“闪光点”吸引用户。

“直播+”成为趋势，传统产业也不断借助直播进行产业转型，新冠疫情也为线上直播带来新的发展契机，其他领域专业人士“跨界直播”的趋势越发明显，网络主播应加强业务能力，挖掘用户痛点，形成直播人物IP，才能在直播市场获取效益。

2. 内容生产转型升级

网络直播系统应共同发力，加强直播内容生产方向和生产方式引导，对直播内容进行优化。从目前全网效果看，原生主播尚未形成生产优质内容的能力，仍存在较明显的低级趣味性，需要采取措施推动内容生产朝优质方向发展。

一方面，积极进行产业结合升级，网络直播是主播利用视频互动的方式向粉丝提供服务，因此，统战部门、共青团组织、文化部门等可以积极与直播平台和主播沟通合作，利用直播优势打造“直播+公益”“直播+扶贫”“直播+教育”“直播+文创”“直播+旅游”等公共价值属性突出的直播IP，用优质内容重塑直播环境。另一方面，转变直播内容的生产方式，强化直播平台的主体责任。结合目前直播内容的生产状况及直播平台对其内容审查情况，推进直播由以UGC为主导向以PGC或“UGC+审核”为主导的内容生产方式转变，从源头遏制不良内容和不良展演的产生。为此，可以在直播平台成立之初就组建优秀的内容生产团队，由平台负责直播内容的打造和把控，主播只负责内容输出，也可以组建UGC内容生产服务和审核团队，积极探索利用大数据和人工智能技术实现对主播自产内容的即时审核和屏蔽。

---

① 侍术凯，李彦岩．网络主播职业调查报告［J］．采写编，2017（4）：175-176.

二、网络直播内容策划

（一）直播内容定位

网络直播利用互联网和流媒体，将文字、声音、图像等元素融合在一起，利用真实互动性，制造现场感，吸引受众眼球，增强粉丝黏性。网络直播的优势，推动其迅猛发展。目前直播风口到来，各行资金涌入直播业，网络直播或成为各行之间经济纽带。直播内容定位是视频直播首要环节，无论是后续内容的产出，平台的前期准备，后期的营销运作，都需要内容的清晰定位，才能有序进行。

进行直播内容定位，首先要选择直播方向。对于运营者来说，选择正确的方向是整个直播产业链进展顺利的前提。对于正确定位，直播平台需要考虑三个方面：第一，资金因素。资金因素直接决定了平台的展开是否顺利，在做好直播内容定位后，结合自身融资情况，对平台进行有规划的稳步发展。第二，技术因素。技术决定了网络视频直播的质量与功能，随着科技的进步，直播向简洁化转型，但是却普遍存在画面质量问题，这无疑会对后续的直播效果产生影响，因此在确定直播内容时，根据自身技术力量选择方向，用技术对内容进行更好的表达和展现。第三，人力因素。人力是直播顺利运行不可或缺的因素。作为人力因素之一的直播主播，是整个直播平台直接对接用户的前线人员，主播的质量往往直接决定了用户量，无论专业直播团队还是个人直播者，都需要具备一定的直播技巧与知识，才能让直播画面观感舒适，吸引更多受众。[①]以 2020 年 2 月，八大博物馆联合直播为例，虽然直播内容新颖，文化内涵丰富，但是直播在信息传达方面却不能匹配。文物展示不全面，讲解声音不清晰，画面晃动噪点多等问题在各平台都有出现，观感体验并不好。因此在类似大型主题直播活动中，应聘用有经验的直播团队，为观众呈现内容形式皆上乘的视听盛宴。

---

① 勾俊伟，张向南，刘勇．直播营销［M］．北京：人民邮电出版社，2017.

（二）描绘用户群画像

描绘用户画像，依据用户群体需求进行内容策划。发觉用户群体特点，突破传统模式，向精细化转型，满足垂直领域内受众的要求，找准直播运营发力点，基于用户需求进行创作，吸引分析，提高变现率。对于直播行业，用户是实现经济变现的对象，是直播推广运营的起点。

网易科技的“易直播”，也在不断地寻求用户精准定位，根据大数据分析出的用户群特征，推出“密码房间”功能，切合了垂直领域受众的刚性需求，精确定位了直播的用户群，以用户需求点为基准发力，创造内容吸引粉丝，大大提升了变现率。

（三）挖掘用户潜在兴趣点

准确把握市场动向，挖掘用户的兴趣点和兴奋点是视频直播长足发展的关键所在，利用大数据分析用户喜好。网民数量庞大，都是视频直播的潜在用户，市场前景大，每个用户的个性、喜好、思想、受教育程度都存在差异。云计算、大数据的技术支持，帮助平台分析获得这些群体的喜好需求，以用户思维研究用户行为，调动用户兴奋情绪，促进流量变现。

1. 直播内容直击用户痛点

通过大数据分析可以得出结论，视频直播的用户多为80后、90后。也就是说，视频直播的用户群体较年轻。用户群体年轻化这一事实受到了各大平台的关注，包括电视和网络直播，并且视频直播的年轻化势头尤为强劲。所以，对于直播平台来说，抓住年轻人的思维和心理，研究年轻人的行为和需求，无疑是做好视频直播的关键点。“来疯”直播的用户定位在年轻人，在此定位下，生产的内容直击平台多数用户痛点，好歌劲舞、综艺直播、明星访谈等，正中年轻人需求。除此之外，“来疯”也对主播进行严格把关，保证主播队伍年轻化，以用户思维推敲用户行为，为用户提供喜闻乐见的内容，成为直播平台“新秀”。

2. 直播形式有序简单

网络时代到来，手机成为必需品，过快的生活节奏也导致压力需要宣泄的出口，网络直播的形式为压力的释放提供了渠道，针对年轻人的思维和心理，直播平台在直播内容和操作功能方面下功夫。以丰富有趣的内容和简单易操作的功能特点打动年轻人。站在用户的角度，以用户的思维研究用户的行为，根据用户的需求生产直播内容，改进直播功能。

3. 直播过程双向互动

网络视频直播与文字、图片以及视频相比，最大优势在于具有双向互动功能，体现为主播与用户之间的实时交流与反馈。在网络直播中，观众不再是单一的受体，而是实时参与到内容的生产与创造过程中。在这种消遣方式中，用户的社交感被弱化，交流感以及参与感得到加强。加之直播准入门槛低，使得一些在现实世界感到压抑的年轻人能够在直播中得到精神放松。游戏直播之所以能够如此火爆，就是因为在直播中，用户与玩家能够实时互动。很多玩过游戏的人都有这样的体验，当你在游戏中胜出的时候，会很想与人分享喜悦；当你在玩游戏的过程中遇到困难的时候，会希望有人指导或帮忙。而这一切在游戏直播中都得以实现。可以说游戏直播平台方就是站在用户的角度，以用户的思维研究用户的行为，从而提供用户所需求的内容。以用户的思维研究用户的行为，这是一种挖掘用户兴趣点和兴奋点的可行之法。而用户的兴趣点和兴奋点是整个直播平台进行内容策划与创作的立足点。

以电商直播为例，电商直播平台不断增多，竞争愈发激烈，价格战也愈演愈烈，电商节成为发展新机遇。自天猫创新性推出“双 11 大促”之后，京东推出“618 狂欢节”，但是近两年电商节红利式微，电商直播为平台提供了发展契机，直观全面的商品展示，知名主播的影响力扩大至全网，双向互动的直播体验，促进电商平台收入方式进一步升级。

（四）"直播+"扩展直播新领域

"直播+"已经成为各传统领域创新发展的新契机。本质上，直播是注意力经济的延伸，也是彻底让移动互联网基础设施化的一种高阶商业形态：即时性、体验化（参与+互动）、去中心化、私域化。主播、货物（或者游戏、娱乐等）、消费者，基于人设、讲解体验、互动，产生"货物找到人"的一种转化，并通过这种方式，延伸出了十多种带货形式，进而形成"边看边买（或下载、使用）"的生活方式。随着注意力经济时代到来，各大平台积极探索"直播+"模式，布局内容生态，带动自身业务发展。

当前，云计算、大数据、人工智能等新型信息技术和经济社会融合日益升华。直播也不断地与新兴社会问题、产业相结合，不管是"防疫情"还是"战贫困"，抑或是"稳就业""云春游"，网络直播都让人们感受到了"数字基建"的强劲力量。2020 年 3 月 4 日召开的中共中央政治局常务委员会会议明确强调，要"加快 5G 网络、数据中心等新型基础设施建设进度"。加快"新基建"步伐，核心就在数字化。网络直播的内涵根据环境革新，不断拓展新的领域，释放网络直播的"+力量"，呈现数字经济时代新思路。[①]

第三节　网络直播的实施与执行

常规的直播活动虽然随意性高，但是仍需要进行直播活动的脚本策划。传统"摄像头聊天"模式的直播（如户外真人秀、室内直播等）或进行计算机屏幕分享的直播（如游戏直播、赛事直播等），这类直播形式以主播的聊天内容和技巧掌控直播节奏，对直播开场、互动、结束等进行设计与

① 秦河．释放网络直播的"+力量"［EB/OL］．(2020-03-19) .http：//m.haiwainet.cn/middle/3544276/2020/0319/content_31746780_1.html.

策划，除此之外，对直播流程进行相关的设计与演练也十分必要，以此达到营销目的。

直播活动的执行层面，通常包括开场、过程、收尾三个环节。直播运营团队需要将“获取感知、提升兴趣、促成接受”三个步骤理念植入执行环节。直播开场的主要目的是获取感知，需要利用开场让观众第一时间大致了解这场直播的内容、形式等信息；直播过程中的目的是提升兴趣，一方面使观众对直播本身产生兴趣，另一方面使观众对直播所倡导的理念、所推荐的内容提升兴趣；直播收尾的目的是促成接受，好的收尾能够起到“画龙点睛”的作用，让观众接受直播内容，形成口碑，增加黏性，并在其他自媒体平台上形成“自来水”（自发、免费推广某内容的“水军”），对直播内容进行推广。

一、网络直播开场

（一）直播开场设计

抓人眼球的直播开场，可以让直播效果事半功倍，开场作为直播留给观众的第一印象至关重要，观众会在开场一分钟内判断直播内容、质量，并决定是否离开直播间。平淡的开场会导致观众“划”到下一场直播或关闭页面，因此直播开场设计需要从五个方面入手：

1. 引发观众兴趣

直播开场时的观众来源分为两部分。一是前期宣传，通过直播开始前微博、微信等自媒体平台宣传，粉丝点击链接来到直播间，作为第一批观众；二是平台流量，在该直播平台随意浏览的网友，看到有趣的直播会点击进入。主播需要利用语言、内容、道具、明星嘉宾等，充分调动观众的积极性。

2. 促进观众推荐

前期宣传及平台流量带来的观众是有限的，甚至一部分观众会因为临时有事、网络故障等情况而退出，因此在开场时，主播需要主动引导观众邀请自己的朋友加入直播间，促进直播间的持续火爆。

3. 带入直播场景

观看同一场直播的观众所处环境各不相同，这导致观众会处在或放松或紧绷的状态下进入直播，因此主播需要利用开场，第一时间将不同环境下的观众带入直播所需的场景。

4. 渗透营销目的

直播活动通常带有目的性，商业价值性也较强，某种程度上都需要达成相应的营销目的。在开场时，主播可以在三部分进行渗透。第一，将直播内容用间断、记忆性深刻的语言穿插植入直播过程中；第二，充分利用道具产品、增加表现力对直播内容主题进行全方位展现；第三，在声明利他的营销信息（游戏、教育课程、商品等）时进行直播软植入，促成销售。

5. 平台资源支持

各大直播平台通常会配备运营人员，对资源位置进行监控与设置。资源位置包括首页轮转图、看点推荐、新人主播等，除事先被购买的资源位置外，一部分资源位置会安排给当日直播表现好、口碑佳的直播间。因此利用开场迅速积累人气并引导互动，会带来可能的资源位置，从而更快聚集直播间粉丝。

（二）直播开场形式

1. 开门见山

在直播开场可以直接向观众介绍直播相关信息，包括主播介绍、直播内容话题介绍、直播时长、直播流程等，出彩环节（例如抽奖、彩蛋、红包等）在开场时介绍，增加直播吸引力，加强观众对直播的黏性。

2. 提出问题

开场提问可以在直播伊始形成观众参与感，一方面，开场提问引导观众思考与直播相关问题；另一方面，开场提问可以帮助主播更快了解本次直播的基本受众情况，例如观众所处地区、爱好、对于本次直播的期待。

3. 抛出数据

数据往往是最具说服力的元素。主播可以将本次直播要素中的关键数据提前提炼出来，在开场时直接向观众展示，用数据说话。特别是专业性较强的直播活动，可以充分利用数据开场，第一时间令观众信服。不过需要注意的是，直播开场的数据必须真实可靠，否则会引发观众对于直播真实性的质疑。目前各大直播平台均具有弹幕功能，且直播主持人无法选择或设置禁言，一旦主持人抛出的数据有误，会直接导致直播间观众利用弹幕质疑，反而会带来负面的影响。

4. 故事开场

相比于枯燥的介绍、数据、分析，故事开场更容易吸引不同年龄段、不同教育层次的受众。通过开场故事，观众更易进入直播所需场景，便于主播开展后续的环节。

5. 借力热点

参与直播的观众，普遍对互联网的热门事件、人物、词汇有所了解，直播开场时，主持人可以借助热点，拉近与观众的心理距离，或邀请热点人物进入直播间，增强直播热度。例如李佳琦直播间就经常邀请明星去直播间一起“带货”，每次都有相当好的节目效果。

二、网络直播互动

与传统的电视直播相比，网络直播参与感更强。观众可以发弹幕与主播互动，参与评论或质疑；同时，主播也可以根据弹幕内容对网友的评论进行实时反馈。主播与观众无互动的直播，会导致观众流失，效果受到影响。直播活动中的互动，由发起和奖励两个要素组成。其中，发起方决定了互动的参与形式与规则，奖励会直接影响互动的效果。在直播中通过弹幕参与讨论，通过共同制定剧情参与直播下一步发展，都代表观众对于主播或主办方的支持，良性的参与及互动对直播活动大有裨益。

常见的直播互动包括弹幕互动、剧情参与、直播红包、发起任务、礼物赠送。

1. 发布弹幕控屏

弹幕，即大量以字幕弹出形式显示的评论，这些评论在屏幕上飘过，参与直播的观众都可以看到。传统的弹幕主要出现在游戏直播、户外直播等纯互联网直播中，目前已经有直播平台试水电视直播，与体育比赛、文艺演出等合作，进行互联网直播及弹幕互动，并且取得了非常好的收视成效。

目前直播弹幕主要包括两类，第一类是网友相互之间的评论，对于网友之间的互动，主播无须对这些弹幕进行回应；第二类是网友与主播之间的互动，网友会向主播抛出问题，这类弹幕需要主播与其及时互动，并得体地回应网友提出的质疑，或详细地帮助网友解答相关问题。

2. 参与剧情策划

这类互动多见于户外直播。主播可以邀请网友一起参与策划直播下一步的进展方式，增强观众的参与感。2015 年 4 月，宝洁旗下男士香氛品牌 Old Spice，在游戏直播平台 Twitch 上发起了参与剧情式直播：安排一个人在野外丛林里生活三天，行为完全由用户控制。类似于打游戏，用户通过聊天输入上下左右按键来控制人物下一步动作，然后统计所有用户的选择，票数最高的动作就会成为这个人下一步的行动。邀请观众参与剧情发展，一方面可以使观众充分发挥创意，令直播更有趣；另一方面可以让被采纳建议者获得足够的尊荣感。2016 年夏季里约奥运会期间，咪咕直播同凤凰网联合推出了户外直播《走着！看里约》。咪咕奥运主播在巴西里约街头展开一系列互动直播街访，并应网友要求，采访了不同国家不同肤色的奥运观赛人群，带直播间观众近距离体验了奥运。

3. 发布直播红包

直播间观众可以为主播或主办方赠送虚拟礼物，表示对其认可与喜爱；但此类赠送只是单向互动，其余观众无法参与。为了聚集人气，主播可以利用第三方平台进行红包发放或等价礼品发放，与更多的观众进行互动。

4. 发起特殊任务

直播中发起任务，类似“快闪”活动，即在一个指定的版块，在相同的时间，同时做一系列指定行为，继而迅速离开。在现实生活中，个人力量有限，但在网络上一群人一起做同一件事，可以迅速成规模，在引起他人注意的同时满足自我的成就感。

5. 回馈礼物打赏

在直播过程中，出于对主播的喜爱，观众会进行礼物赠送或打赏，无论是斗鱼直播、熊猫直播还是花椒直播、映客直播等平台，“感谢打赏”已经成为默认的规则。在以营销为目的的直播中，主播形象与企业形象挂钩，较差的主播形象会直接影响到企业形象。因此，有观众送上“跑车”“游艇”“火箭”等礼物时，主播需要在第一时间读出对方昵称、予以感谢。

三、网络直播收尾

常规生活直播的营销目的弱，主要是展示主播才艺才华、游戏技术、日常生活、搞笑幽默等，对直播结尾的要求较低，但大型节目直播和变现目的强的直播，则需要以结果为导向，通过直播达成营销目的，实现品牌宣传或销售转化。直播现场的营销效果取决于开场的吸引程度及进行中的互动程度；直播结束后的营销效果则取决于收尾的引导程度。直播结束后，需要解决的最核心问题即流量问题，为了利用直播现场的流量，在直播结束时的核心思路就是将直播间的流量引向销售平台、自媒体平台和粉丝平台三个方向。

（一）销售转化

直播将流量引导至销售平台，从收尾表现上看即引导观众进入官方网址或网店，促进购买与转化。通常留在直播间直到结束的观众，对直播都比较感兴趣。对于这部分网友，主播可以充当售前顾问的角色，在结尾时引导观众购买产品。这种收尾方式通常见于电商直播，在某些生活直播、游戏直播中也会出现“带货”行为，但需要注意的是，除电商直播此类专业“带货”的直播形式，其他直播需要注意销售转化的利他性，即能帮助观众进行有意义消费，否则太生硬的广告植入会引起反感。

（二）引导关注

流量引导至自媒体平台，从收尾表现上看即引导关注自媒体账号。在直播结束时，主播可以向观众介绍自己或营销商的自媒体账号，以便观众在直播结束后与直播方互动，形成受众黏性。

（三）邀请入群

流量引导至粉丝平台，从收尾表现上看即告知粉丝平台加入方式，邀请报名。在同一场直播中积极互动的网友，通常比其他网友更“同频”，更容易与主播或主办单位“玩”起来，也更容易参加后续的直播。这类观众，可以在直播收尾时邀请入群，结束后通过运营该群，逐渐将直播观众转化成忠实粉丝。

四、网络直播视听传达

（一）网络直播画面处理

1. 网络直播拍摄工具选择

随着科技的不断提高，视频拍摄的清晰度成为视频拍摄首先要保证的，高清的画面在网络直播中同样重要，在网速得到保证的前提下，提高拍摄工具的分辨率，为观众提供尽量高清的画面，提高视觉体验。

固定支架式红外摄像头。作为免驱动式外设，固定支架式红外摄像头只需通过数据线与电脑连接即可以自动安装驱动，主播打开软件便可使用。摄像头的自动变焦功能可以跟随捕捉到的画面自动调节焦距，最大分辨率1280*720。固定支架式的红外摄像头独立于桌面能在一定范围内转动调节高度角度，且在较昏暗环境下能够清晰成像。

蛇形软杆式红外摄像头。此种摄像头灵活性更高，可以随意变换角度位置，适用于各种高度，很大程度上弥补了固定支架的不足。但是其劣势在于无缓冲支杆，容易因为微小的碰撞而产生极大的画面震颤。

手机作为直播工具。目前，手机是大众直播主要的工具之一，性能中高端、续航能力强、储存空间大的手机都可以承担直播任务。并且由于手机的便携性很多科技公司都研发了手机直播的辅助设备，如便携式的高容量移动电源、夹片式的高倍镜头、防抖支架和防风罩等，供专业直播人士选择。

2. 网络直播场景布置

无论是室内直播还是室外直播，主播对于直播场景的选择、布置、调度都十分重要。室外直播需要直播团队提前踩点，对直播流程提前熟悉，在特殊节点要打造有爆点的场景，以吸引观众。相对于户外直播，室内直播的场景相对单调，观众的视线往往聚焦在主播个人，但直播间的视觉感受也很大程度上影响了直播效果。因此室内直播的场景布置需要干净整洁，与直播主题风格相似，可以通过背景板、背景布、小配饰以及专业的布光增加直播间的视觉呈现效果。此外直播间的布置还可以增加网友对于主播性格、生活等信息的获取渠道，加快主播的粉丝积累。

3. 网络直播拍摄布光

一个专业的直播间，在画面营造上除摄像头、室内照明外，还需要很多灯光辅助器材[①]。

① 孙爱凤．直播技巧：实力圈粉就这么简单［M］．北京：机械工业出版社，2019.

表 5-2 网络直播所需灯光设备参考

设备名称	规格	作用
摄影灯、白光	光照角度 60 度；色温 5500K；功率 30W	打亮场景
摄影灯、黄光	3200—5000K（双色温板）	对称打亮场景并增加柔光效果
灯座和灯架	每个摄影灯都应当配一个灯座或灯架	为摄影灯提供支持
柔光灯（两盘）	尺寸 50×70；功率 150W；色温 5600K	打亮拍摄主体，并提供轻微柔光效果
3D 背景布	2.5×2 米	提供精美直播背景
摄影背景架	2.8×2 米	支撑背景布

选择适合的摄影灯后，光源的配置也十分重要。让直播主题以更佳的视觉效果呈现给观众，需要对光源进行抗折射和抗反射造成的阴影的布置。“三点布光”的基本法则在直播中同样适用。一般来讲，需要左右两盏侧光灯（配合反光伞）、一盏顶灯（正上方）、一个面部补光，将灯光调整以配合摄像头角度。侧面灯布置在直播主体两侧、30—50cm 处，通过侧面灯对墙面的照射和反光伞的反光形成小范围内光线充足，达到消灭光线死角的目的。

（二）网络直播声音处理

1. 设备选择

耳机麦克风。耳机麦克风是常见的收音选择之一，具有节约空间、接近声源、自带麦克风护罩等优点，相比于摄像头自带麦克风声音不稳定等缺点，具有很强的收音优势。但是耳麦会破坏主播的造型，尤其是以主播形象为主题的直播活动，会拉低视觉体验。

无限长距离动圈麦克风。动圈麦克风最大的特点即声音清晰度高、还原音域广，网头防滑环设计使得手持变得舒适。无线动圈麦克风支持苹果及安卓的无线连接，对室内外直播都是合适的选择。但由于设计原理问题，动圈麦克风对于声音灵敏度不高，音质虽然高清但是不够饱满。

电容麦克风。电容麦克风声音收集能力强，灵敏度极高，音效圆润饱满，续航能力也很强。但是电容麦克风受限于设计，导致工作距离较近，且其高度敏感易导致喷麦现象发生。

2. 防噪处理

网络直播由于环境自由多样，声源也十分繁杂，因此防止噪声是保证直播质量的重要因素之一。

防喷麦克风罩是防止喷麦现象的设备。喷麦指由于主播与麦克风的距离太近或情绪激动产生的气流冲击麦克风造成的杂音。但是此类防喷麦罩大多只适用于电容麦克风和带外圈的复古动圈麦克风，对于耳机麦克风并没有适配的产品出现。

隔音板与隔音门帘。对于室内直播来说，专业的直播间会有良好的隔音设备，教学直播间、新闻直播间等都经过专业化的装潢，环境噪声相对较低，但是游戏“素人”直播、秀场直播、电商直播等可能缺少搭建专业直播间的条件，因此隔音设施显得尤为重要。

高效声卡。高质量的声源需要高效声卡进行还原，除内置声卡外还有外置声卡可供选择，可与耳机、麦克风相连进行声音处理，更高效地还原声音。

第四节　网络直播营销推广

完整的直播活动，包括直播前期的策划筹备、直播活动的开展以及直播结束后的推广传播。因此，摄像头关闭，主播与观众道别后，直播相关工作并未结束。直播营销团队需要在直播平台外的其他相关新媒体平台（微博、微信、论坛等）进行后续宣传，将直播影响力持续发酵。直播结束后，可以对直播进行图片、文字、视频等多维度传播。

一、拟订网络直播宣传计划

（一）确认宣传目标

直播的后续传播也需要有明确的目标，作为达到最终预期效果的基础。直播传播的目标通常包括提升产品销量、加强主播知名度、优化内容产品口碑、促进品牌忠诚度等。直播的推广宣传目标并不是单一的，而是与整体市场营销目的匹配而成的复合目标。

（二）选择推广形式

确定目标后，需要对传播形式进行考虑。目前常见的传播形式包括视频、软文、表情包三种形式。这三种形式可以独立推广，也可以组合后，以“视频 + 表情包”“软文 + 表情包”等形式进行网络推广。

（三）合理组合媒体

敲定传播形式后，需要对媒体进行组合。不同的传播形式所需求的媒体平台各不相同，视频对应的媒体平台为微博、微信、优酷等组合而成的“自媒体 + 视频平台”组合；软文对应的媒体平台为知乎、虎嗅、36 氪等组合而成的“媒体 + 论坛”组合等。

完成以上“确定目标”“选择形式”“组合媒体”的思路整理后，企业新媒体团队需要将直播后期传播工作细化到人、精确到时间，并设计进程进行整体推进，思路整理与细节推进都策划完成后，直播营销的传播计划就可以开始执行了。

二、网络直播宣传与推广视频制作

网络在线直播的实时性，约束观众只能在规定时间内参与直播，未及时参加的网友无法在直播后了解直播的内容与理念，即使平台有回放，也会失去直播最具吸引力的互动性。因此，在直播结束后，网络直播活动新媒体运营团队需要将直播内容进行整理，并推送到其他平台。如今，网民的浏览需求已经由“无图无真相”转化为“无视频无真相”，以视频的形式对直播活动进行推广，是直播宣传与推广的有效方式之一。

视频推广流程包括确定思路、视频制作、视频上传、视频推广四个步骤。

（一）确定视频推广思路

直播活动后会产生直播的全程录播，媒体运营团队有全程录播、浓缩摘要、片段截取、分类剪辑四种思路，直播运营团队需要在视频剪辑、传播前敲定视频剪辑思路，以便进行后续的实施推广。

1. 直播全程回放

时间较短（30 分钟以内）且全程安排紧凑的直播，可以采用全程录播的视频制作思路，将直播的全程录像作为视频主体，除此之外利用片头与片尾对直播名称、参与人员等进行简要文字介绍即可。这种方式常见于人气高的直播活动或主播，观众对整场直播抱有期待和耐心，希望观看完整场直播。

2. 直播内容摘要

时间超过 30 分钟且存在大量等候内容（如体育比赛暂停时间、晚会候场等待时间等）的直播，可以采用浓缩摘要的思路，录制旁白作为直播摘要或解读，整体与电视新闻相似。这种方式常见于大型活动直播。

3. 精华爆点截取

整体特色不大、仅小部分内容有趣的直播，可以采用片段截取的视频制作思路，仅截取与拼接直播中好玩、温暖或有意义的片段，对其他片段进行删除。例如一些教育直播，会截取主播老师的幽默片段，投放到企业或老师的自媒体账号上，以教师的人格魅力吸引更多的同学。

4. 相似片段分类

对于视频直播中相似性高的片段进行分类剪辑，以此加强观众对某个类型片段的深刻记忆，便于观众挑选利己视频片段，节省观众获取信息的时间。例如李佳琦的电商直播，在小红书发布视频时会截取李佳琦对每个品牌的口红试色片段及评价，以便受众更快获取对于品牌口红的相关信息，即使没有全程观看直播，也可以获取购买建议。而《绝地求生》的电竞游戏直播，会将主播的“收人头”“扔雷”等系列“高光”操作制作合集投放至其他平台，以彰显主播电竞技术，吸引更多粉丝。

（二）宣传视频制作

对直播视频的剪辑和制作不能局限于简单的非线性拼接，在画面格式、特效、“花字”等方面也需要进行尽心的设计剪辑，尤其是竖屏时代，受众观看习惯发生变化，横屏直播需要进行格式调整，“花字”的设计对语句重点进行强调加强效果，特效的运用让以时间流为特征的直播更具可看性，因此，直播在宣传视频制作过程中也要用心，制作符合各平台受众观看习惯的视频，以吸引全网受众。

（三）确认视频上传

视频制作完成后，上传至视频网站，便于网友浏览。目前可供上传的视频网站很多，包括优酷网、爱奇艺、土豆网、搜狐视频、腾讯视频、新浪视频、哔哩哔哩等。视频上传前，网站对于视频大小、视频格式、视频清晰度、视频二维码等内容的限制通常很严格，运营者需认真阅读网站的上传注意事项，防止因违反网站规定而无法上传或审核不通过。

（四）视频后续推广

为了使网络直播活动效果持续，视频推广可以助力直播效果发酵，以便更多网友点击查看视频。网友浏览互联网视频，主要通过视频网站推荐、主动搜索、自媒体平台推送三种途径。针对视频的推广，同样围绕这三种途径去开展。

1. 视频网站推广

视频网站首页、内页通常有推荐栏目。为了提升视频浏览量，运营负责人需要与视频网站充分沟通，了解推荐规则，按照推荐规则优化视频并提交视频推荐申请。

2. 搜索流量提升

网友通常会在搜索引擎网站或视频网站搜索相关关键词，获取期待内容。新媒体团队需要对视频、文字进行优化，将相关关键词植入视频标题、视频描述等文字内容中，以便让网友搜索相关关键词时能够发现直播视频。

3. 自媒体平台宣传

直播活动需要将直播与自媒体平台相结合，一方面，利用直播宣传微博、微信公众号等平台；另一方面，在直播后利用自媒体平台推广直播视频，便于未参加直播的平台粉丝了解直播内容。

三、网络直播营销软文撰写

直播营销通常会在重要活动后进行媒体宣传，包括电视报道、报纸宣传、网络新闻等。在互动性更强的新媒体时代，网友可选择的余地变大，对于直播的黏性降低，因此，通过软文的形式，将活动细节以网友感兴趣的形式呈现在其面前，更有助于提升网络直播活动的曝光量。为了覆盖不同特点的人群，直播软文的常用撰写类型包括业内资讯、内容提炼、主播经历等。

（一）业内资讯类软文

业内资讯类软文，常见于严肃主题（新闻发布会、媒体推介会等）直播后的推广，主要面向关注行业动态的人群。通过行业资讯，将直播活动以“本行业最新事件”“业内大事”等形式发布于互联网媒体平台，吸引业内人士关注。

（二）核心内容提炼

内容提炼类软文，需要提炼直播核心内容并撰写成文。互联网资讯铺天盖地，而网民时间有限，更希望直接看到最核心的内容，因此内容观点交流类软文是较受网民欢迎的软文形式之一。软文中可以提炼的核心观点包括企业新科技、创始人新思想、团队新动作等。

（三）主播视角经历

主播视角经历类文章，通常以主播的第一人称角度，对直播进行回顾，类似主播的一篇日记。与一般性介绍的文章相比，主播撰写的文章更有温度，更容易拉近与读者之间的距离。因此，在主播的文章中植入直播品牌核心信息，可以更有效地使核心内容覆盖读者。

四、网络直播粉丝维护

直播过程中，运营者可以利用直播页面，引导观众加入粉丝群组，也可以由主播在开场及结束时说明加群方式。观看同一场直播，面对同一个主播，一起发出弹幕，有相同体验的观众更容易有共同话题，更容易与主办单位或主播进行长期互动。直播结束后，运营者定期维护粉丝群体，与积极互动的粉丝交流，并在群内发起活动，实现“观众→粉丝→客户→忠实客户”的转化。

在直播结束后，可以通过策划线上活动、分享最新信息、邀请参与直播、发起专属线下活动四种方式进行粉丝维护。这四种方式根据粉丝忠实程度逐层递进，首先，在粉丝社群成立之初，新媒体团队应专注于通过策划一系列线上活动制造“熟悉感”。其次，群内熟悉感不断增强后，新媒体团队可以定期在群内分享专属信息。再次，逐步邀请粉丝共同参与下一场直播，良好的参与感是粉丝对社群整体产生好感的前提条件。最后，定期发起线下活动，让线上聊天变成线下互动。

（一）策划线上活动

与线下活动不同，线上活动不受地点、天气等限制，发起便捷，因此运营者可以将线上活动作为常规活动，定期举办。

（二）分享最新信息

企业直播粉丝群需要营造的氛围以有趣为主，但与此同时运营者也需要将企业相关信息在群内进行软推广。对于不具有强利他性的广告、购买提示等，避免直接在粉丝社群中传播，否则粉丝群会逐渐转化为广告群，群成员参与度将逐渐降低。相反，群外网友无法第一时间获取的最新资讯，可以定期在群内分享，促进群成员好感。

（三）邀请参与直播

激发直播粉丝群参与感的最佳方式是邀请群友作为传播者，共同加入下一次直播中。一方面可以缓解直播运营压力，从粉丝群发现设计、文案、推广等人才；另一方面可以让粉丝感受充分的尊荣感，自然更愿意在下一场直播中自觉扮演运营角色，参与直播宣传、直播现场秩序维护，同时运营者可以邀请粉丝参与更多直播策划环节。

（四）专属线下活动

线下交流相对于线上互动容易产生多思维碰撞，适时发起面对面活动，更易促进粉丝互动。常在同群交流、熟悉度高的粉丝，可以进行线下聚会。聚会的同时，直播运营团队可以借机邀请粉丝反馈建议，回馈粉丝，增加粉丝归属感与参与感。

参考文献

［1］谭静．视频直播营销与运营实战 108 招：小技巧大效果［M］．北京：人民邮电出版社，2019.

［2］余莉．电影产业概论［M］．上海：上海交通大学出版社，2015.

［3］韩布伟，张国军．网络直播掘金手册［M］．北京：人民邮电出版社，2017.

［4］勾俊伟，张向南，刘勇．直播营销［M］．北京：人民邮电出版社，2017.

［5］柏承能．直播修炼手册：主播 IP 打造 + 营销运营 + 商业变现［M］．北京：清华大学出版社，2018.

［6］龚铂洋．直播营销的场景革命［M］．北京：清华大学出版社，2016.

［7］高福安，宋培义．影视制片管理基础［M］．北京：中国传媒大学出版社，2006.

第六章　新媒体视听作品投融资

第一节　投融资基本概念与模式

一、投融资的定义

（一）投资

投资是一个重要的经济范畴，广义上的投资是指国家、企业或拥有资金和承担风险能力的个人通过预先垫付一定量的货币或其他资源用于经营某项事业，并希望以此来获得货币增值或收益，是一种经济活动。狭义的投资是指为了获得收益而投入的货币资产。可以将投资认为是一种为了在未来获得持续的稳定的现金流收益而做出的现有财产的牺牲行为，是未来收益的累积。

（二）融资

《新帕尔格雷夫经济学大辞典》对于融资的理解是：融资是指为支付超过现金的购贷款而采取的货币交易手段，或为取得资产而集资所采取的货币手段。

简单来说，融资就是向第三方借钱，取得第三方的支持。狭义上的融资是指企业筹集资金的行为与过程，是一个企业通过对自身生产经营状况、资金状况以及未来经营发展的预判，以一定的方式从企业投资者和债权人处筹集资金，以此保证企业的正常生产和经营管理活动。广义上的融资也称为金融，即货币资金的融通，需要筹集资金的当事人通过一定的方式在金融市场筹措或贷放资金。

二、投融资的分类及其模式

（一）投资的分类

1. 根据投资运用方式的不同，分为直接投资和间接投资

直接投资是指投资者将货币资金直接投入投资项目，形成实物资产或者购买现有企业的投资。直接投资可以是对房屋、机械设备、土地等各种有形资产的投资，也可以是对专利、商标、咨询服务等无形资产的投资。投资者既是资金的所有者也是资金的使用者，同时拥有资产的所有权和经营权。

直接投资的主要形式有：

（1）投资者一人出资开办企业，经营权归投资者所有。

（2）与企业合作开办合资企业，取得直接经营企业的权利。

（3）投入资金，但并不参与经营。

（4）在股票市场上买入企业股票，通过股权获得全部或部分经营权。

间接投资指投资者用资金购买公司债券、金融债券或公司股票等各种有价证券，以预期获取一定收益的投资，其形式主要是购买各种有价证券，也称为证券投资。投资者通过间接投资可以享有定期获取收益的权利，但不能对投资对象的经营管理决策进行干预，资产所有权与经营权分离。与直接投资相比，间接投资的资金更为灵活，可以随时买入和卖出，其目的是资本保值或取得资本收益。

2. 根据投资资产形态的不同，分为实际投资和金融投资

实际投资指将资金投资于具有实物形态的资产，如房屋、土地、黄金、文物古玩等。这类资产有实物作保证，因此价值更稳定，投资风险小。

金融投资指对于金融领域里货币价值形态的资产的投资，如股票、债券、外汇等。这类资产没有具体形态，较为抽象，因此流动性较高，交易更快捷、简便。相较于实物资产来说，金融投资收益高但价值不稳定，风险更大。

3. 根据投资主体的不同，分为国家投资、企业投资和个人投资

国家投资是指中央或地方政府进行的投资活动。国家投资一般都由各级政府来进行，其投资的主要对象一般都是学校、地铁等基础设施、公共设施，进行投资活动的主要目的是维护社会稳定和促进经济发展。这类投资一般由政府直接拨款，或者是银行或投资公司受政府委托提供贷款服务。

企业投资即企业作为投资主体进行投资，其投资范围涉及社会生产和社会生活的各个方面。

个人投资即个人用自有的资产进行投资，以此获取更多收益，增加个人财富的积累。

（二）融资的分类

1. 根据资金来源方向的不同，分为内源融资和外源融资

内源融资是指将企业在经营过程中产生的剩余资本转化为投资的过程，即用企业的自由资本或权益进行内部融通。内源融资是企业首选的融资方式。比起外源融资，内源融资的成本更低，自主性更大，不受外界的制约和影响，并且内源融资不会稀释原有股东的股权，更利于企业的管理和发展。但内源融资具有一定的局限性，融资金额有限，往往会受到企业营利能力、净资产规模和未来收益预期等方面的影响和制约。

外源融资是指企业通过一定的方式和渠道向自身以外的经济主体筹措资金，并将资金转化为自己投资的过程。外源融资是企业获得融资的重要方式，当内源融资已经无法满足企业自身的资金需求时，企业就会选择外源融资。

2. 根据资金运动渠道的不同，分为直接融资和间接融资

直接融资是指企业自己直接与投资者协议，或在金融市场上向金融投

资者出售有价证券而获取资金的融资方式。直接融资的过程是没有金融中介机构进行介入的，包括商业信用、企业发行的股票或债券、企业与企业或个人的直接借贷等。

间接融资是指筹资者与投资者之间不发生直接联系，分别与金融机构进行交易。金融机构通过出售有价证券将社会上的闲置资金聚集起来，再通过贷款、贴现、购买企业发行的股票或债券形式，将资金提供给筹资者。

3. 根据形成资金产权关系的不同，分为股权融资和债权融资

股权融资即企业股东以股权为对价向投资方求得一定的资金。企业通过增资增加总股本，引入新的股东，原有股东让出一部分的企业所有权。新股东的资金进入企业，而新股东与老股东共享企业盈利。股权融资分为公开市场发售与私募发售两种，公开发售即在股票市场上公开发行企业股票，私募发售是指企业私下与投资人对接，以增资入股企业的方式吸引其投资。

债权融资指企业通过负债的方式融资。通过债权融资获得的资金称为负债资金，企业只拥有负债资金的使用权，同时需要承担一定的利息，债务到期后偿还本金。债权融资的主要形式有银行信用、民间信贷、债权融资、信托融资、项目融资等。与股权融资相比，企业只要能够如数偿还资金，就不会影响到企业控制权。

（三）新媒体视听业投融资模式

1. 银行贷款

银行贷款是指银行以一定的利率将资金贷放给资金需要者，并约定期限归还的一种经济行为。[①] 银行贷款作为最为传统的一种融资方式，也是我国企业进行融资的主要方式。通过银行贷款进行融资能较快地筹集到资金，同时借款弹性大，借款利率一般低于债券利率，成本较低。但银行在贷款方面限制性条款较多，审核相对较为严格。尤其是我国文化类、影视类投资存在未来资金可控性及市场的不确定因素多、固定资产不足等问题，

① 杨宜．中小企业投融资管理［M］．北京：北京大学出版社，2016.

商业银行对于此类公司或项目的投资十分谨慎。2004年，华谊兄弟向深圳发展银行进行贷款申请时，是在邀请中国进出口保险公司担保，加上个人无限连带责任担保，再对王中军个人所有资产进行抵押之后，才拿到了5000万元的贷款资金。

2. 版权质押

版权质押融资是一种新型的融资方式，区别于传统质押融资以固定资产作为抵押或第三方担保增信的方式，版权质押以专利权、商标权、著作权中的财产权作为抵押物抵押，向银行申请贷款。这种融资多发生于文化产业，有利于文化企业这种“轻资产”企业的融资，能在一定程度上解决文化企业融资困难的问题。我国第一例版权质押贷款发生在2007年，电视剧《宝莲灯前传》与交通银行北京分行签署了以版权为质押的贷款条约。同样在2007年，华谊兄弟的《狄仁杰之通天帝国》《风声》《追影》《唐山大地震》四部影片采用版权质押的方式向工商银行贷款。但在我国版权质押一般都要配合个人无限连带责任担保进行贷款，因此目前为止我国还没有出现真正意义上的版权质押贷款。

3. 上市融资

上市融资即企业经过审核批准后，在股票市场公开发行股票，向公众筹集资金。采用这种方式融资速度快、金额大，且没有还款日期，还能在一定程度上帮助企业提高知名度。在我国目前已经有多家影视公司成功上市，如民营影视公司华谊兄弟、光线传媒、唐德影视等，还有国有影视企业中国电影股份有限公司、上海电影股份有限公司等。

在公司上市时，我们会经常听到一个词“IPO”。IPO即首次公开发行，是指公司第一次向公众出售公司股权。目前我国A股市场的发展还不够成熟，IPO门槛也相对较高，要求公司年净利润累积超过3000万元。因此，我国大多数互联网企业会选择在海外上市，如2018年，在线视频平台爱奇艺、哔哩哔哩在美国完成IPO上市；2019年如涵控股赴美上市，成为我国“网红经济第一股”。

4. 私募基金

私募股权投资简称 PE，是指以非公开的形式面向自然人或机构投资者筹集资金，并对企业进行股权投资。PE 的投资对象一般是拟上市公司，在投资对象上市后套现退出。PE 一般都是以基金作为载体，由专业的基金管理公司运作。PE 在我国文化产业运用较晚，2009 年《文化产业振兴规划》出台后，我国才开始陆续有文化产业投资基金成立，华人文化产业投资基金是我国第一个通过发改委审批备案的文化产业私募股权基金。我国文化传媒领域较为知名的还有阿里资本、华映资本、腾讯投资等。此外，我国还有一些以政府为主导的产业扶植基金，这类基金主要目的是促进产业快速良性发展，不以营利为目的，如中国电影基金会。

5. 风险投资

风险投资又称创业投资，简称 VC。根据美国全美风险投资协会的定义，风险投资是由职业金融家投入新兴的、迅速发展的、具有巨大竞争潜力的企业中的一种权益资本。这是一种私人股权投资，一般是指具有资金实力的投资者对具有专门技术并具备良好发展前景的创业者进行投资，以资金换取企业股份。这种投资具有高风险、高潜在收益的特点。我们所熟知的“天使投资”也是风险投资的一种，只是天使投资一般是对于规模较小的项目或还未实现的项目构思进行投资。

风险投资追求高风险、高收益的特点，与我国影视项目的高风险、高回报相契合，而风险投资也能有效地聚集社会闲散资金，为影视创作提供支持，如 2014 年上映的电影《后会无期》就有经纬创投的参与，而此项目的最终投资回报率超过 1050%。在我国文娱领域比较活跃的风险投资机构还有 IDG、红杉资本等。

6. 互联网众筹

互联网众筹是在互联网高速发展的背景下，金融行业与互联网行业融合的产物，是互联网金融的重要组成部分。互联网众筹即筹资人通过互联网众筹平台以公开或非公开的方式向投资者募集资金，有权益众筹、互联网非公开股权融资、公益众筹等形式。

互联网众筹在我国影视行业较为普遍，主要有预售型众筹、私募型众筹、理财型众筹。预售型众筹即发起人以预售的形式向大众筹集资金，项目完成后以电影票或衍生品作为投资回报；私募型众筹是指私下面对投资者筹集资金，投资者多为熟人，需要发起人本身具有一定的行业影响力；理财型众筹是指众筹平台通过与保险、信托等公司合作，向大众出售理财产品来筹集资金。

7. 版权证券化

版权证券化来源于资产证券化，资产证券化是指以基础资产未来所产生的现金流为偿付支持，通过结构化设计进行信用增级，在此基础上发行资产支持证券的过程[①]。版权证券化简单来说就是，版权所有者将版权的未来收益权转移给一个特殊的载体 SPV（Special Purpose Vehicle，特殊目的机构），再由 SPV 发行证券产品，而这种证券产品是以版权未来收益产生的现金流作为支撑。这类证券产品可以用多个版权的未来收益作为支撑，不仅限于一部作品的版权，因此也更适合投资金额大、风险高的项目。电影《赤壁》曾尝试用版权信托的模式进行融资。

目前，版权证券化在美国、日本等国已经得到了广泛运用。而在我国，由于目前的影视产业发展不够完善、影视版权估值困难、相关制度不健全等，版权证券化实施起来仍然比较困难。

三、新媒体视听业的资本运营

随着互联网的飞速发展，我国新媒体行业规模不断扩大，在线视频、短视频、直播等新兴媒体平台加速前进。如今，新媒体已经成为我国人民文化生活中不可缺少的一部分。新媒体行业也涌现出许多优秀的媒体、企

① 许雏帆．资产证券化的现实思考及路径选择［J］．财会学习，2019（5）：230-231.

业，成为我国文化娱乐领域的引领者和开拓者。互联网及其相关技术的完善为新媒体行业的成长提供了土壤，而资本则是推动其成长的最好肥料。新媒体在资本的加持下完成了一次次的飞跃与突破，市场规模持续增长。当前我国的新媒体视听产业已经走过了野蛮生长的时期，在行业秩序不断完善的同时，新兴业态不断涌现。

（一）在线视频领域

经过十多年的发展，在线视频已经成为中国娱乐领域的主战场，引领着我国网络文娱的发展。随着互联网的普及，我国网民的规模不断扩大，网络视频的用户规模也在不断增长。根据 CNNIC（中国互联网络信息中心）发布的第 45 次《中国互联网络发展状况统计报告》显示，截至 2020 年 3 月，我国的网络视频（含短视频）用户规模达到了 8.50 亿，较 2018 年底增长 1.26 亿，占整体网民的 94.1%。庞大而稳固的用户基础是在线视频向前发展前提，多样化的用户需求推动了在线视频行业的不断创新。

当前我国在线视频行业基本形成了以爱奇艺、优酷、腾讯视频为第一梯队，芒果 TV、哔哩哔哩、搜狐视频等为第二梯队的市场格局。爱奇艺、优酷、腾讯视频三家视频平台分别背靠百度、阿里巴巴、腾讯三大互联网企业，三家平台依靠资本的支持，在内容制作方面投入大量资金，以优质内容吸引了大量用户。相比起“三巨头”的大而全，芒果 TV 和哔哩哔哩更注重在垂直领域的发展，芒果 TV 延续湖南卫视主打青春、年轻的主题，深耕年轻用户。同时，在湖南卫视广泛的观众基础、优秀的节目制作人才以及长期积累而来的制作经验的扶持下，芒果 TV 作为国有视频平台，在市场中脱颖而出。哔哩哔哩发家于二次元，2018 年在美国成功上市后，除了继续深耕二次元领域，B 站也开启了横向内容的拓展，关注更多的垂直领域，以此来突破其原有的用户圈层，扩大受众范围。

1. 在线视频产业链

伴随着产业规模的不断扩大，产业链不断发展完善，商业模式逐渐清晰。在线视频产业链主要有上游、中游、下游三个部分构成。上游内容，主要是传统的影视制作公司、互联网影业公司以及版权运营商；中游主要是在线视频平台、广告商以及技术支持平台；下游则是视频平台面向的终端用户。

（1）内容端：在内容为王的时代，优质的内容是平台吸引用户的关键。而优质的影视作品则来自互联网影业公司，以及一些传统的影视公司，如慈文传媒、华策影视等。另外，除了内容制作方外，版权分销商也是视频平台的内容来源之一。在版权市场上，各大视频平台主要是进行头部内容的版权购买，与内容出品方直接进行接触，而市场上更多的一些"长尾"内容的版权分销，则是由版权运营商来进行操作。

（2）平台端：视频平台是产业链的核心部分。国内视频平台主要有4类，以乐视为代表的原生网络影视平台；以优酷、爱奇艺、腾讯视频为代表的互联网企业旗下平台；以搜狐视频为代表的依托门户网站拓展的视频平台；以芒果TV、央视影音为代表的由传统广电媒体延伸而来的网络视频平台。

另外，当前的视频平台已经由传统的视频播放平台逐渐向集内容生产、营销、推广、播放于一体的综合性平台。视频网站开始参与到影视产业中的投融资、制作、发行、宣传营销、后续开发等多个环节。

（3）用户端：用户和广告商是视频网站主要的收入来源。用户会为更好的观看体验和更多的优质内容付费。广告商会根据自身需要以及视频平台的影响力、收费情况等来投放广告。

2. 商业模式

（1）广告收入。广告收入是视频网站营收的一大支柱。而视频网站也在不断寻找新的广告位以获得更高的广告收入。常见的有小剧场广告、弹幕点评式广告、压屏广告、暂停广告、进度条广告等。

（2）会员付费。单一的广告收入无法满足平台的长久运作，视频平台也在积极地探索新的商业变现模式，2015年爱奇艺在自制剧《盗墓笔记》

中尝试付费会员差异化排播模式，获得了市场的认可，这一模式也迅速在各大平台推行，会员付费现已成为视频网站的另一重要收入来源。

（3）会员超前点播。经过多年的培育和引导，用户的付费习惯逐渐养成，2019 年腾讯探索新的付费模式，在《陈情令》中首创“会员超前点播”模式，为会员提供大结局超前付费点播服务，最终获得了 1.56 亿元的收益。此后，爱奇艺、优酷也分别在《庆余年》《重生》等剧集中开展会员超前点播。

（4）分账模式。视频平台在付费会员的基础上引入了院线中的分账模式，让影视作品直接面向 C 端（用户端）的内容消费者收费，影视作品所得收益片方与平台方按一定比例分配，不同的平台分账规则不同。这种模式在 2015 年最先被运用于网络电影中，之后又被引入网络剧，均得到了令人惊喜的成果。2016 年第一部分账剧《妖出长安》，以 450 万元的成本获得了 2000 万元的收益，此后分账剧《花间提壶方大厨》两年分账收益高达 7200 万元。这种小成本、高收益的分账模式吸引了众多影视公司的参与，也成了视频平台的主推模式。

（二）短视频领域

短视频即短片视频，其时长一般在 5 分钟以内，是一种在互联网新媒体上进行传播的内容形式。短视频出现在 2013 年，美拍、微视、秒拍、小咖秀等是最早探索这一领域的 App。到 2016 年，4G 的大面积普及，为短视频的发展奠定了技术基础，用户可以在手机上流畅地观看视频内容。也是在这一年 papi 酱在网络爆红，抖音上线。随后，短视频 App 数量迅速增加，抖音、快手、西瓜视频、火山小视频、梨视频等相继出现。到 2018 年，短视频成为继即时通信、在线视频后的第三大移动互联网应用。根据中国互联网络信息中心的最新数据显示，截至 2020 年 3 月，我国短视频用户规模已经达到了 7.73 亿，占整体网民的 85.6%[①]。

---

① 中国互联网络信息中心 . 第 45 次《中国互联网络发展状况统计报告》（全文）［EB/OL］.（2020-04-28）.http：//www.cac.gov.cn/2020-04/27/c_1589535470378587.htm.

短视频行业的高速发展带动了其市场规模的扩大，行业流量激增，同时也吸引了众多资本的介入。百度、腾讯、阿里巴巴也纷纷开始投资建立自己的短视频平台，如百度上线的好看视频、伙拍小视频等；腾讯推出的微视视频、即刻视频；阿里巴巴旗下电商短视频平台“鹿刻”。当前的短视频市场，抖音、快手两大平台占据了大部分市场，与此同时，更多类型的短视频平台不断涌现。

1. 短视频产业链

短视频行业的产业链主要由内容生产者、短视频分发平台、内容消费者以及广告商构成。

（1）内容生产者，短视频平台上的各种视频作品的背后是众多的内容生产者。根据内容生产者的专业程度以及产出内容的质量，可以分为以下三种生产模式：

UGC（User Generated Content），用户生产内容。在这种模式下的用户既是生产者也是消费者。他们通常不具备专业的拍摄设备和视频制作技巧，其作品多为个人创作没有团队的帮助。制作成本低，作品质量不高，平台曝光概率低。

PGC（Professional Generated Content），专业生产内容。这类内容生产者一般都是在某一领域（美食、时尚、财经、新闻等）具有丰富的知识储备和较高的专业素养的专业人士，同时还拥有专业的团队和拍摄设备。生产出来的视频内容质量高、风格鲜明，且能够保证长期更新。这类作品往往更具有辨识度，也更容易得到粉丝的关注和平台的曝光。

PUGC（Professional User Generated Content），专业用户生产内容。这是PGC与UGC的结合。即用户生产出能达到PGC水准的内容。在这中间一般需要MCN机构的参与。MCN机构签约个人作者，通过给他们提供专业的指导培训和优质资源，帮助他们向职业化、专业化的方向发展。个人作者在MCN的帮助下产出高质量、高水准的内容作品。

（2）短视频平台，处于产业链的中游，也是内容消费的主要场所。

当前我国的短视频平台可以分为社区类、工具类和资讯类。

社区类：通过互动式的创作和分享，满足用户的社交需求。以抖音、快手、美拍、火山小视频为代表。

工具类：主要功能是进行短视频的制作与加工。以 VUE Vlog、剪映为代表。

资讯类：主要是进行资讯的传播，这类短视频 App 多依托各个社交平台、资讯平台中的短视频播放功能。以秒拍、西瓜视频、火锅视频为代表。

（3）内容消费者、广告商，位于短视频产业链的下游。

2. 商业模式

短视频主要的商业变现模式有三个：广告、电商、打赏。

（1）广告：广告是目前传媒行业主要的盈利模式，短视频行业营利也不例外。短视频平台的广告形式主要有开屏广告、贴片广告、信息流广告、植入广告等。

（2）电商：随着短视频的用户规模越来越大，用户的视频消费习惯逐渐养成。短视频成为电商发力的另一领域。目前短视频与电商结合的形式有两种，一是网红导流自营网店；二是 PGC 导流平台自营电商。

（3）打赏：打赏原是直播中出现的一种盈利形式，随着短视频平台的不断扩展，目前快手、抖音等短视频平台也都开启了直播版块，直播打赏也成为一种变现方式。

此外，一些短视频平台会展开 MCN 业务，签约内容生产者，从其收入中进行抽成，还有一些工具类视频平台会对平台特殊滤镜、动效等进行收费服务。

（三）网络直播

我国网络直播由秀场直播起步，之后由于我国电竞行业的发展，游戏直播出现并迅速成为主要的直播类型。2016 年我国网络直播迎来了爆发期，网络直播所涉及的范围进一步扩大，与体育、综艺、电商等多个领域结合，当下我国的网络直播主要可以分为秀场直播、游戏直播、泛娱乐直播以及垂直直播四种类型。从观看方式上来看，我国网络直播最早是以电脑及网页为观看载体，随着移动技术的发展，移动设备逐渐成为主要的观看载体。而4G的普及，智能手机、平板的出现及其功能的不断完善，使得直播的收看和播出更为便捷，也不再受到网络的限制。

我国直播行业的爆发之年是在2016年，国内直播平台迅速增长超过300家。之后由于政府监管力度的加强，严厉整治行业乱象，直播行业渐渐冷却了下来。直到2019年，李佳琦、薇娅等电商主播的破圈，将人们的视线再次引到网络直播上。据统计，截止到2020年3月，我国网络直播用户规模达到5.60亿，较2018年底增长1.63亿。其中电商直播规模达到2.65亿，占网民规模的29.3%。而在2019年，直播电商GMV（网站成交金额，即拍下金额，包括付款和未付款金额）达到3900亿元左右，直播电商展现出巨大的商业价值和发展潜力，也再次将网络直播推上了风口。

1. 产业链

网络直播的产业链由内容提供方、平台方、客户群体以及技术支持方组成。

（1）内容提供方。内容提供方包括主播、公会（或MCN机构）以及版权运营商。

网络主播、公会：直接面向消费者的群体，可分为职业主播、“素人”主播以及明星。职业主播是指以主播为职业，专注于某一领域内容的直播，往往对这一领域有一定了解及专业知识储备的人。“素人”主播多为普通用户，不具备粉丝基础。明星往往是以平台宣传者的身份在平台进行直播，凭借自身强大的粉丝基础，为直播平台带去用户，并不会在平台上进行长期的直播。

版权运营商：主要是为直播平台提供一些活动的网络直播版权，如线上演唱会、线上音乐会、电子竞赛等。

（2）直播平台。当前我国的网络直播平台中，除了专门提供直播服务的平台外，还有一些短视频平台、在线视频网站、电商平台、社交平台等都开通了直播业务，比如短视频平台快手、抖音，电商平台淘宝，在线视频网站哔哩哔哩，社交平台微博、小红书等。各类型平台都在寻求多元化的发展和更丰富的商业版块。

（3）客户群体。用户通过付费、购买虚拟道具等形式为平台方带去收益。除了用户之外，还有像游戏公司、电商平台等广告商在平台进行广告投放。

2. 商业模式

（1）品牌广告：网络直播平台广告主要有轮播图广告、首屏广告、固定位广告、主播直播“种草”等广告形式。

（2）付费直播：网络直播平台开启会员付费的模式，用户在支付一定的金额后能够获得特权，如尊贵勋章、个性点赞、特权礼物、入场特效、观看付费内容、与主播视频连线等。

（3）虚拟道具：虚拟道具打赏，用户通过付费购买虚拟礼物道具，赠送给主播，主播再按照一定的比例与直播平台分成。

（4）直播电商：直播与电商相结合，这种直播的主要目的就是引导用户消费。直播电商主要有两种形式，一种是电商平台建立自己的直播平台，如淘宝直播、蘑菇街等；另一种是电商卖家自己或邀请主播在各类直播平台进行营销直播。

（5）游戏联运：游戏联合运营。网络游戏研发厂商，以合作分成的方式将产品嫁接到其他合作平台之上运营，即研发厂商提供游戏客户端、游戏更新包、充值系统、客服系统等必要资源，合作平台提供平台租用权、广告位等资源进行合作运营。

（6）赛事竞猜：赛事竞猜通常会在游戏或者体育直播中出现。竞猜平台嵌入直播室，用户通过购买虚拟货币进行投注，最终收益由竞猜平台与直播平台分成。

（7）专用硬件：直播平台出售麦克风、直播摄像头、VR 设备等。

（四）互联网时代的特殊产物——网红经济

什么是网红经济？网络红人指因自身的某种特质在网络作用下被放大，有意或无意间受到网民追捧的人，简称“网红”。网红经济是互联网时代下的一种经济现象，当前对于网红经济的定义很多，在这里我们将其定义为借助互联网和社交平台的推广，通过聚集大量的社会关注度，从而形成庞大的粉丝和定向营销市场，并围绕网红 IP 衍生出各种消费市场，最终形成完整的网红产业链条的一种新经济模式。①

网红经济可以说是互联网环境所孕育出来的特殊产物。其产业链条，由视频或直播平台、网红、MCN 机构、用户、电商服务商、广告服务商等构成，其中 MCN 机构是产业链的核心所在。

MCN（Multi-Channel Network），是一种多频道网络的产品形态，最早出现在国外视频平台 YouTube 上，是依托平台机制而产生的一种新的商业模式。MCN 模式在进入中国之后迅速发展，经过本土化改造和发展，已经成长为中国网红经济产业链条的核心环节。MCN 的出现将网红经济的整个商业体系以一种更高效、有序的方式串联起来，优化产业链条，带动网红经济产业的整体发展。

目前，我国的 MCN 机构可大致分为电商型、泛内容型、营销运营型三个类型。

（1）电商型：孵化网红个人电商品牌，如张大奕；利用社交电商平台进行直播带货，如李佳琦；生产优质内容积累流量，再通过内容电商变现，如李子柒。

（2）泛内容型：以内容制作能力为核心竞争力，打造精品短视频 IP，如二更视频、新片场。

---

① MBA 智库 . 网红经济［EB/OL］.（2020-02-29）［2020-05-28］.https：//wiki.mbalib.com/wiki/%E7%BD%91%E7%BA%A2%E7%BB%8F%E6%B5%8E.

（3）营销运营型：与网红签约合作，孵化网红，积累流量，实现流量变现；同时为广告主提供整合营销方案，为广告主推荐 KOL 矩阵组合，如蜂群文化、papitube。

当前 MCN 产业主要有七大业态：内容生产业态、运营业态、营销业态、电商业态、经纪业态、IP 授权业态、社群/知识付费业态。其中内容生产和运营为 MCN 产业的两大基础业态。

（1）内容生产业态：工业化生产内容，打造内容 IP。这类 MCN 许多是由自媒体发展而来，如二更视频、新片场等。他们在经过长时间的内容生产后孵化出了较为成熟的 IP。

（2）运营业态：运营、管理红人或 IP，实现账号变现。主要涉及内容、平台、账号三个方面的运营。内容方面进行内容策划、选题把控和内容传播；平台方面负责对平台规则进行研究，内容分发；账号管理方面主要为确定账号定位、进行粉丝管理和规划红人矩阵。

（3）营销业态：MCN 签约或孵化出一批网红后，与广告商进行合作，为其提供整合营销方案、匹配红人矩阵，多渠道分发内容触达潜在消费群体，实现变现。

（4）电商业态：塑造红人、打造内容 IP，再与电商结合实现销售转化。分为红人电商和内容电商，其主要驱动力为“人”和“内容”。

（5）经纪业态：签约个人创作者，为其提供优质资源，对其进行相关的专业培训，孵化网红。

（6）IP 授权业态：通过长期的内容生产，打造品牌栏目、IP，再通过形象 IP 授权、周边电商、线下漫展等形式开展业务，进行版权变现。

（7）社群/知识付费业态：专注于垂直领域，先通过持续的内容生产积累粉丝，再通过付费课程、内容电商、影视节目开发等实现变现。

当前的网红经济产业链没有单一业态的 MCN 机构，也不存在涵盖所有业态的 MCN 机构，在竞争日趋激烈的情况下，各个机构都在寻求多方向发展，扩大业务范围。

第二节 新媒体视听业发展现状与趋势

一、新媒体视听业产业背景

（一）政策背景

1. 国家大力发展文化产业，促进金融支持文化产业

2002 年，党的十六大首次明确提出大力发展文化产业。2009 年，我国发布第一部文化产业专项规划《文化产业振兴规划》，文化产业上升为国家的战略性产业。党的十八大报告指出，要让文化产业成为国民经济支柱性产业。2019 年《文化产业促进法（草案）》面向社会公开征求意见。

另外，为促进文化产业发展我国制定了一系列促进文化产业发展的政策文件，包括文化产业投融资政策和财政政策，促进金融与文化产业的融合。《关于非公有资本进入文化产业的若干决定》允许非公有资本进入文化产业，引入市场资本促进文化产业的发展。

2010 年，九部委联合发布了第一个金融支持文化产业的金融政策指导文件——《关于金融支持文化产业振兴和发展繁荣的指导意见》。此后，国务院、文化和旅游部、财政部、人民银行等部委出台一系列文件，促进文化产业投融资。近年来，文化金融扶持政策的密集落地，也进一步促进了我国文化产业的发展。

2. 政府加强网络文化监管力度，引导行业良性发展

2018 年的“阴阳合同”“天价片酬”事件曝出以来，政府开始对影视行业进行严厉追查和整改，这其中也波及了网络视听领域，政策进一步收

紧。2018 年 10 月，国家广播电视总局出台《关于进一步加强广播电视和网络视听文艺节目管理的通知》等一系列政策法规，严控天价片酬、偷税漏税等行业乱象。与此同时，针对互联网出现的新兴业态相关部门也做出了管控和约束。在短视频行业，中国网络视听节目服务协会在 2019 年 1 月 9 日正式发布了《网络短视频内容审核标准细则》以及《网络短视频平台管理规范》，对行业乱象进行整改，加大了对于短视频行业的监管力度。在网络直播行业，我国也已经发布了《互联网直播服务管理规定》《网络表演经营活动管理办法》《关于加强网络表演管理工作的通知》《关于加强网络视听节目直播服务管理有关问题的通知》等多项政策法规，对网络直播行业进行严格监管。可以看到，我国对于网络视听行业的政策法规在不断地走向完善，行业秩序逐渐建立起来。

3. 知识产权制度完善，鼓励行业积极创新

近年来，我国对于知识产权越来越重视，政府也相继出台了多条政策法规，加强对知识产权的保护。2018 年，中共中央办公厅、国务院办公厅正式印发《关于加强知识产权审判领域改革创新若干问题的意见》，随后国家知识产权局又印发了《“互联网 +”知识产权保护工作方案》。2019 年 11 月，中共中央办公厅、国务院办公厅印发了《关于强化知识产权保护的意见》（以下简称《意见》），《意见》明确表示力争到 2022 年，侵权易发多发现象得到有效遏制；到 2025 年，知识产权保护能力有效提升，保护体系更加完善。2019 年 12 月 4 日，中共中央、国务院《关于营造更好发展环境支持民营企业改革发展的意见》明确提出，要健全知识产权侵权惩罚性赔偿制度。在新媒体视听中，优质的原创内容是产业良好发展的基础，国家对于知识产权的重视和保护，以及知识产权制度的完善，更有利于行业健康运行，提高行业创新的积极性。

（二）经济背景

党的十八大以来，我国经济发展进入新常态，经济由高速增长阶段转为高质量增长阶段，经济结构不断优化升级，经济呈现增速放缓趋势，但整体保持稳中向好、长期向好的发展态势。

良好的经济环境为新媒体视听业提供了快速发展的条件。在整体经济平稳运行的背景下，我国2019年第四季度的互联网文娱市场规模达到1026.3亿元，环比增长16.9%。其中在线视频市场规模达到285.1亿元；直播收入达224.2亿元；短视频收入达410.9亿元。

同时，随着互联网的普及，我国网民规模不断增加，在线视频、短视频、网络直播行业的用户规模也不断扩大。据统计，截至2020年3月，我国网民规模达到9.04亿，较2018年底增长7508万，互联网普及率达64.5%，较2018年底提升4.9个百分点。我国手机网民规模达8.97亿，较2018年底增长7992万，我国网民使用手机上网的比例达到99.3%，较2018年底提升0.7个百分点。其中，我国网络视频（含短视频）用户规模达到8.50亿，短视频用户规模为7.73亿，网络直播用户规模达5.60亿[①]。我国目前具有庞大的网民规模，这为新媒体视听业扩大用户规模提供了条件。我国网民规模持续增长，这也意味着新媒体视听也有着更大的发展和上升空间，也为之后用户付费模式实行打下良好的用户基础。

（三）社会文化背景

1. 文化需求不断增加，文化娱乐消费不断增长

当前我国人民对文化生活的重视程度不断提高，对于文化产品、文化服务的需求也进一步提高。据统计，2019年全国居民人均可支配收入突破30000元，在我国人民的消费支出中，人均教育文化娱乐消费支出达到2513元，增长12.9%，占人均消费支出的11.7%。我国人民在文化娱乐方面的消费支出不断增长，从其中可以看到，我国居民的消费结构和消费观念都发生了改变，居民愿意付费去购买更优质的文化产品或服务，人民的文化消费意识在不断地提高，文化对人们生活正产生着越来

① 中国互联网络信息中心．第45次《中国互联网络发展状况统计报告》（全文）[EB/OL].（2020-04-28）.http：//www.cac.gov.cn/2020-04/27/c_1589535470378587.htm.

越大的影响。

2. 社会文化呈现多元化发展趋势

随着经济全球化的进程进一步加快，世界各国间的文化交流也日益频繁，多样的世界文化也进入我国，与中华文化发生碰撞、交流。同时，随着互联网的快速发展和普及，社会中个人拥有更广阔的表达空间，一些小众文化开始慢慢进入人们的视线之中，网络也给这些文化提供了展示的平台。如B站成为我国二次元爱好者的聚集地，网络综艺《这！就是街舞》《中国新说唱》将街舞文化、嘻哈文化等青年亚文化带到主流圈层，在互联网的催化下更多小众文化正在打破圈层，获得更多的关注和喜爱。

（四）技术背景

近年来，我国超高清视频技术、5G、人工智能、大数据等技术不断突破和发展，而这些技术正慢慢渗入新媒体视听行业，对于我国新媒体视听行业的进步和发展有着重要意义。

1. 超高清视频技术

超高清视频技术是指具有4K（3840×2160像素）或8K（7680×4320像素）分辨率，符合高帧率、高位深、广色域、高动态范围等技术要求的新一代视频。[①] 目前我国正在大力推动超高清视频产业的发展。2019年工信部、国家广播电视总局、中央广电总台联合印发了《超高清视频产业发展行动计划（2019—2022年）》提出要大力推进超高清视频产业发展及相关领域的应用。随后，北京、广东、上海等地也制订了相应的推动计划。

目前，超高清视频技术已经在某些领域进行了尝试，2018年10月，央视推出了首个4K频道，在2019年的春晚尝试了“5G+4K”节目回传，中华人民共和国成立70周年国庆阅兵也是进行的4K直播，即将到来的2022年冬奥会也将采用4K/8K直播。除了分辨率的提高，超高清视频技术

① 工业和信息化部科技司．工信部、广电总局联合印发《超高清视频标准体系建设指南》［EB/OL］．（2020-05-21）［2020-05-28］．https：//tech.sina.com.cn/roll/2020-05-21/doc-iircuyvi4278426.shtml.

在帧率、色域、声音等方面都有较大的提升，观众观看视频时将更具有真实感和临场感，这项技术给观众带去全新的视觉体验。在未来，超高清视频产业的发展也将进一步带动大众消费升级，推动行业转型。

2. 移动 5G 技术

5G 是第五代移动通信系统简称，也是 4G 系统后的延伸。5G 被誉为“数字经济新引擎”，既是人工智能、物联网、云计算、区块链、视频社交等新技术新产业的基础，也将为“中国制造 2025”和“工业 4.0”提供关键支撑。[①]2019 年，我国 5G 标准技术取得突破，并开始逐步投入商用，达到世界领先水平。从移动通信技术的代际发展来看，我们可以发现，每一次移动通信技术的进步都给社会带来了巨大的改变。3G 到 4G 的改变，让我们从图片时代进入视频时代，随之而来的是视频行业、直播行业的兴起，以及移动智能设备的普及。而 4G 到 5G 的变革，传播的内容、途径、形式都将发生巨大改变，也将彻底改变我们的生活方式。

3. 人工智能技术

人工智能（Artificial Intelligence，AI），作为计算机学科的一个重要分支，是由 McCarthy 于 1956 年在 Dartmouth 学会上正式提出，在当前被人们称为世界三大尖端技术之一。美国斯坦福大学人工智能研究中心的尼尔逊（Nilson）教授这样定义人工智能：“人工智能是关于知识的学科——怎样表示知识以及怎样获得知识并使用知识的学科。”[②]党中央、国务院高度重视人工智能技术的发展与应用，习近平总书记在主持中共中央政治局第九次集体学习时强调，“人工智能是新一轮科技革命和产业变革的重要驱动力量，加快发展新一代人工智能是事关我国能否抓住新一轮科技革命和产业变革机遇的战略问题”。[③]随着人工智能技术的不断成熟，如今 AI 技

---

① 项立刚．5G 时代［M］．北京：中国人民大学出版社，2019.

② 邹蕾，张先锋．人工智能及其发展应用［J］．信息网络安全，2012（2）：11-13.

③ 央视网．习近平在中共中央政治局第九次集体学习时强调　加强领导做好规划明确任务夯实基础　推动我国新一代人工智能健康发展［EB/OL］．（2018-10-31）．http://news.youth.cn/sz/201810/t20181031_11770499.htm.

术已经广泛应用到了视听行业中，如在内容分发方面，人工智能技术基于数据分析实现内容的精准推荐，提升用户体验。在广告投放方面，AI 技术可以有效提升广告转化率，实现广告的精准投放。在内容制作方面，AI 技术简化了内容生产流程，提高内容生产效率，降低了制作成本等。而在将来，随着 AI 技术与新媒体视听行业的进一步融合，AI 将对行业生态带来更为深刻的影响。

4. 大数据

如今，我国大数据的政策环境不断完善，大数据技术已经发展成熟并广泛运用到了各个领域，包括新媒体视听行业。从立项方面，在项目前期，投资方利用大数据对市场、受众、内容、主创团队等进行分析，为投资决策提供参考，降低投资风险。从内容创作的层面，内容创作者利用大数据对受众进行分析，得出受众画像，以此来了解受众的个人观看习惯和喜好，给内容创作提供参考。在内容播映和分发方面，网络视频平台基于大数据分析运用人工智能实现内容的精准化推荐，提供个性化服务。在内容宣传营销方面，平台通过大数据对营销行为、营销效果进行评估、监测和分析，及时对营销方案进行调整，以达到更好的传播效果。

二、新媒体视听业投融资现状及存在的问题

（一）新媒体视听业投融资现状

1. 投融资手段不断创新，互联网金融助力产业发展

为了推动文化产业的快速发展，政府发布多项政策推动文化产业与金融行业的结合。文化产业是知识密集型产业，其资产类型多为无形资产，这种特殊性也在一定程度上对文化产业的投融资形成了阻碍。近年来，为了能让金融与文化产业更好地结合，金融行业也在不断地进行尝试，探索符合文化产业特性的投融资模式，以帮助文化企业的发展。如北京银行就针对不同规模的文化企业推出了“创业贷”“文创惠普贷”等信贷产品，还有版权质押形式的“软件贷”“智权贷”，对于一些成熟的企业推出并

购贷款、中小企业集合票据等。在与电影公司的合作中北京银行创新“打包贷款”的投资模式。此外，金融行业还出现了围绕文化 IP 打造的信贷产品，如北京银行的“文化 IP 通”，根据 IP 价值的成长阶段为文化企业提供 IP 孵化、IP 收购贷、IP 开发贷和 IP 产品衍生贷等。

互联网金融方面也出现了新的投融资模式。在“互联网+”的大背景下，金融与互联网的结合，催生了新的投融资模式，为文化产业的投融资提供了更多样的融资渠道。在文化产业领域，由于产业本身的轻资产性质，加上我国投融资机制不够完善，往往只有一些大型文化企业能够得到银行贷款支持，而一些中小企业融资十分困难。互联网众筹的出现一定程度上缓解了这种尴尬局面，给中小微企业提供了相对易实现的融资渠道。电影行业中，《大鱼海棠》《二十二》《大圣归来》《美人鱼》等影片均通过互联网众筹平台获得了资金。而我国也出现了许多众筹平台，如优酷众筹、娱乐宝、百发有戏等。

此外，还有文化企业通过 p2p（peer to peer，点对点）网贷平台融资，将文化产权产品作为一种资产在平台中进行融资。文化产权产品融资的 p2p 平台有手投网、艺投金融等。目前，这种模式在文化产业的使用率还不是很高，但对于文化金融来说是一个值得探索的方向。

2. 视频平台延长产业链，头部效应渐显

当前我国在线视频平台已经由最初的视频播放网站，成长为集制作、播映、营销、推广等于一体的综合性平台，这其中离不开资本的助推。

爱奇艺、优酷、腾讯视频在国内在线视频行业三足鼎立的背后是百度、阿里巴巴以及腾讯三大互联网企业的资本支持。三家互联网企业以在线视频网站为切口进入文娱行业，并将业务向产业上下游延伸。百度的布局已经覆盖 IP、制作、渠道、发行、艺人经纪等多个领域。腾讯围绕 IP 建立泛娱乐产业链，形成自身孵化 IP 的能力，涉及视频、影视、票务、版权授权、网剧、网络大电影等多个领域。阿里巴巴则推出大文娱战略，以大优酷事业群、大 UC 事业群和淘票票的垂直业务群三个大版块来建设娱乐内容生态。可以看到这三大平台的背后都有着一套资本搭建起来的娱乐生态，三大在线视频平台在此支持下实力不断提高，成为影响我国文娱行业的主力军。

随着市场格局的基本稳定，市场头部效应也逐渐显现，爱奇艺、优酷、腾讯凭借自身在行业的影响力不断吸引新用户，扩大用户规模。2019 年爱奇艺和腾讯的付费会员规模先后突破 1 亿人。同时，行业内的优质资源也在不断地向三大平台靠拢，包括专业的内容制作团队、制作公司、广告商、版权商纷纷与三大平台达成合作。

头部互联网公司凭借强大的资本实力进入文娱行业，对包括在线视频、短视频、直播、音乐、电影等行业的资源进行整合，重塑产业竞争格局。

3. 影视行业投资退潮，网络视频企业出现上市热

2019 年我国影视市场投资明显下滑。根据 IT 桔子的数据显示，从 2016 年到 2019 年，影视行业的投融资事件数分别是 181 起、113 起、80 起、23 起，投资总金额分别是 234.5 亿元、214.77 亿元、314.05 亿元、42.28 亿。[①] 融资事件和融资总金额急剧下降。而在股票市场上，影视企业的表现也不尽如人意。2019 年，开心麻花从新三板摘牌、印记传媒也宣布退市，可以看到资本对于影视行业的热情已经逐渐回归冷静，行业正在去泡沫化。

资本退潮有多方面的原因，一方面，受 2018 年“天价片酬”“阴阳合同”事件的影响，我国影视行业掀起查税风暴，影视行业政策收紧，监管措施频繁出台，监管力度趋严，让资本进入更加谨慎。另一方面，由于之前大量行业外资本涌入捞“快钱”，扰乱了行业秩序，导致影视行业出现疯抢 IP、演员天价片酬等一系列行业乱象，影视行业的投资风险也不断增高并且难以控制，大量资本折戟而归。这也让后来资本逐渐远离影视行业转向其他领域。

从短期来看，资本对于影视行业的热情减退使得影视行业整体呈现低迷状态。“融资难”直接导致了影视项目数量的减少，一批影视企业面

① 骨朵传媒 .2019 年度网络剧产业发展研究白皮书 [R]. 北京 : 骨朵传媒 ,2020.

临倒闭。但从长期来看，资本的冷静更有利于影视产业的良性发展。此前，涌入行业的大部分属于行业外资本，投资方并不熟悉影视行业，无法做出有利的判断和决策，也出现随意更改剧本、更换演员等现象。而一部分行业内人员，突然面对大量资本，无法正确看待资本与创作的关系，导致行业整体呈现浮躁状态。资本的冷静同样也能让行业回归冷静，认真思考未来的发展方向。投资方的谨慎态度会推动创作者、制作者们不断对内容进行打磨，用优质项目吸引投资。同时激烈的行业竞争，会淘汰一批运转不良的影视企业，留下有实力、高水准的企业，促进行业的高质量发展。

在网络视听领域，投融资的情况要好一些。据统计，2018 年，中国网络视听领域共发生投融资事件 412 起。其中视频、直播领域，投资事件为 70 起，占 17%。从公布具体金额的投融资事件来看，金额在 1 亿元以上的有 19 起，主要集中在短视频、直播、音频领域。其中融资金额最高的事件为今日头条的 F 轮（上市前投资），投资前估值 750 亿美元。

近年来，有多家在线视频平台、网络直播平台等新媒体视听企业完成了上市融资。在线视频领域，2018 年，湖南广电旗下快乐阳光（芒果 TV）、芒果互娱、天娱传媒、芒果影视和芒果娱乐五家公司整体打包注入快乐购。芒果 TV 成功借壳上市，登陆 A 股，成为国内 A 股首家国有控股视频平台。同年，爱奇艺、哔哩哔哩分别赴美国上市融资。爱奇艺以 18 美元的发行价在美国纳斯达克正式挂牌上市，IPO 融资金额 22.5 亿美元，随后，哔哩哔哩网站也成功赴美国上市，融资 4.83 亿美元。

在直播领域，直播平台在这两年也迎来上市热潮。2018 年 5 月“虎牙”在美国 IPO，募集资金 1.8 亿美元。两个月后，映客在港交所上市，募集资金 10.28 亿港元。2019 年 7 月斗鱼直播以 11.5 美元的发行价登陆纳斯达克，募集金额约 7.75 亿美元。

4. 网红经济得到资本青睐，直播电商成产业风口

网红产业经过多年的发展慢慢从社会边缘走入大众的视线，而产业

的变现能力和商业价值也得到了印证。尤其是在 MCN 模式引入中国后，MCN 迅速本土化并发展成为网红产业链的核心环节，进一步整合行业资源，优化产业链。

2016 年，网红 papi 酱获得融资，成为我国网红产业和资本界联手的开端。papi 酱及其合伙人杨铭从真格基金、罗辑思维、光源资本和星图资本拿到共计 1200 万元的融资，其估值 1.2 亿元左右，并成立 MCN 机构 papitube。

从 2017 年开始，MCN 机构数量开始呈现爆发式的增长。到 2018 年我国 MCN 机构数量超过 5000 家。行业的快速发展吸引了大量资本的进入。根据克劳锐《2019 中国 MCN 行业发展白皮书》显示，到 2019 年 1 月，我国 59.3% 的 MCN 机构已完成融资，其中半数以上融资轮次集中在 A 轮（28.6%）和天使轮（23.8%）。

2019 年，李佳琦、薇娅等超级网红的出现使得网红经济再次爆红，让以直播电商为代表的网红经济再次受到资本的青睐。另外，如涵控股的成功上市进一步刺激了资本的进入。2019 年 4 月，如涵控股以 12.5 美元的发行价，1.25 亿美元的总发行规模成功登陆纳斯达克，成为“中国网红电商第一股”。如涵控股的上市再一次向资本证明了网红经济的投资价值，成为我国的“网红经济”发展历程中的一座里程碑。根据 IT 桔子数据显示，截至 2020 年 4 月 23 日，直播电商领域共发生投资事件 36 起，相关投资事件最早可以追溯到 2015 年。其中 2020 年 1—4 月，国内直播电商领域发生融资事件 7 起，合计金额达 4.19 亿元[①]。

此外，上市公司以及传统广电媒体也纷纷将目光投向网红产业。原以女鞋生产和制造为主业的“星期六”，通过收购时尚锋迅和北京时欣两家 MCN 公司切入网红经济领域。而传统广电媒体如湖南娱乐频道、深圳卫视等也纷纷成立 MCN 机构，寻求突破与转型。

网红经济通过多年来的发展向资本证明了自身的商业变现能力，让

① 前瞻产业研究院 .2020 年中国直播电商研究报告［EB/OL］.（2020-05-12）.https：//bg.qianzhan.com/report/detail/2005121533237188.html.

投资者们看到了其背后的发展潜力，也正因如此资本纷纷进入推动产业发展。

（二）新媒体视听业投融资存在的问题

1. 中小企业融资困难

新媒体视听业属于文化产业，是知识密集型产业，具有轻资产性。中小文化企业本身的资产多为影视作品的版权、播放权等无形资产，企业自身也具有抗风险能力弱、财务能力弱等短板，用传统金融融资模式往往难以筹集到资金。此外，无形资产由于受到社会环境、文化背景、消费者偏好等因素的影响，其价值往往变动幅度大、不稳定，难以评估。而我国也没有建立起一个完善的无形资产评估体系，无形资产的交易机制并不成熟，价值不能受到保障。同时，文化产业在我国出现的时间并不长，产业链还没有发展完善，相关的法律法规也不健全。既没有法律的保护，其资产本身的价值也难以确定，这就导致了文化企业融资困难的问题。

2. 缺乏专业人才

缺乏既了解文化产业又具备金融知识的人才也是制约文化产业投融资的重要原因。文化企业在进行融资时普遍缺乏金融知识，不了解金融相关的政策、法规，对于融资的要求、流程等也不太了解。而金融机构也缺乏对于文化产业的了解，对于文化产业的市场现状、发展趋势等都缺乏全面的认识。这在一定程度上就导致了融资的失败。未来，在金融行业与文化产业的合作中，既懂金融知识又了解文化产业的专业型人才必然是不可缺少的，因此，我国应该完善人才培养机制。

三、新媒体视听业投融资未来发展趋势

（一）内容为王

1. 量减质升，网生内容精品化发展

根据骨朵统计数据显示，2019 年我国网络剧的数量是 246 部，相比

2018年减少了10.55%，但从网络剧的豆瓣评分来看，2019年网络剧的整体口碑要高于2018年。同样在网络电影领域，从2017年以来网络电影的数量每年都呈现锐减趋势，到2019年，上线网络电影数723部，同比减少41.7%。

曾经“三俗”“暴力”“粗制滥造”等是网络剧、网络电影等网生内容的代名词，在政策监管、行业自律的共同作用下，网生内容已经度过质量低劣、内容肤浅的混乱时期，整体呈现向上、向好发展的趋势。尤其是自2016年以来，网络“去低俗化”成果显著，网络作品不论是在内容创作还是营销宣传方面都有意避开低俗内容，追求作品质量和口碑。近几年来，不论是网络综艺、网剧、网络电影，还是网生纪录片等都不断地涌现出口碑流量双丰收的精品，如网剧中的《白夜追凶》《庆余年》《长安十二时辰》，网络电影《灵魂摆渡·黄泉》《水怪》《陈翔六点半》，网络综艺中《奇葩说》《乐队的夏天》《这！就是街舞》，还有网络纪录片《风味人间》《人生一串》等优质网生内容的出现改变了网生内容在观众心中“低俗”“粗劣”的刻板印象，网生内容正在一步步走向精品化。而在未来，精品自制内容也将成为各大视频平台的主要发力点，网络领域将涌现出越来越多的优质内容。

另外，从2018年“天价片酬”事件爆发以来，政府就发布了多条政策法规，对影视、演艺行业中的演员天价片酬现象进行严格的管控。在行业方面，2018年，优酷、腾讯视频、爱奇艺三家视频平台，联合正午阳光、华策影视、柠萌影业、慈文传媒、耀客传媒、新丽传媒六家影视制作公司，发布《关于抑制不合理片酬，抵制行业不正之风的联合声明》。2019年，三大视频平台再次联合六家制片公司，发布了《关于加强行业自律，促进影视行业健康发展的联合倡议》，提出要营造自律、诚信、廉洁、节约的行业环境，规范行业规则，抵制灰色交易。行业联合控制制片成本，尤其是对演员片酬做出了严格的约束。行业集体对内容成本进行约束，尤其是演员片酬的降低让内容的制作成本得到了有效的控制，也让制作方更多地关注作品本身的打磨，内容质量得到提升。

可以看出人们对于作品的关注重点已经转向内容本身的质量，在未来，呈现高质量的精品内容将成为平台方、制作方共同努力的方向，网络领域也将涌现出越来越多的优质内容。

2. 短视频内容由 UGC 转向 PGC/PUGC

随着短视频行业的不断发展，用户规模不断扩大，对于内容的需求也不断增加，平台需要更多的优质内容来提高平台的用户黏性，防止现有用户流失，吸引新用户。而短视频行业已经出现了内容高度同质化，模仿、跟风现象严重，大量形式相似、缺乏创新的短视频内容使得用户已经产生了审美疲劳。

在当前的短视频平台中，内容创作者仅仅依靠高颜值或者是模仿当下流行的短视频作品已经很难获得大批粉丝，想要获得粉丝的持续关注需要更有创意、更高质量的短视频作品。用户需求的改变推动了内容创作者、平台做出改变。就内容创作者来说，平台上越来越多的个人内容创作者选择与专业的 MCN 机构签约，在机构的帮助下产出更为优质、专业的作品，内容由 UGC 转向 PUGC。就平台方来说，也在不断地与更多的 MCN 机构寻求合作，保证平台持续提供优质内容，提高平台内容的整体质量。据统计，当前我国的主流社交平台上 MCN 内容占据了 60% 以上的流量[①]，在未来这个比例将会继续提升。值得注意的是，一些传统纸媒、广电媒体也开始进入短视频行业，纷纷在短视频平台开通账号。这些专业机构的进入，为短视频平台提供了大量的优质 PGC 内容。

此外，短视频中出现了大量的微剧、微综艺形式的精品短视频。根据艺恩视频智库的数据显示，2018 年全年超过 160 部微剧和微综艺上线，其中微综艺比例占近 9 成，增长率高达 441%，成为市场增量的主要带

① 克劳锐 .2019 中国 MCN 行业发展研究白皮书［EB/OL］.（2019-03）.http：//www.topklout.com/static/pdf/web/viewer.html?file=https%3A%2F%2Fimg.topklout.com%2Fwebsite%2Freport%2F5dc651b2e9712.pdf%3Fr%3DTue%20Sep%2008%202020%2009%3A16%3A45%20GMT%2B0800%20.

动者[①]。

短视频内容质量将持续提高，已经呈现出精细化发展趋势。未来，PGC、PUGC内容以及微剧、微综艺内容的数量和质量都将持续提升。

3. 内容多样化，垂直化

随着视频行业用户规模的不断扩大，用户结构也发生了改变。用户对于内容的需求更为多样。而根据调查显示，内容是促成用户付费的最主要因素。因此，在未来各平台需要提供更多样化、垂直化的内容，来满足不同年龄、圈层以及不同群体的需求。用更为优质的用户体验提升用户黏性，刺激用户付费。此外，当前我国的消费结构正在改变，文娱消费主体也正在变为90后、95后、00后等年轻群体，他们具有较高的版权意识，已经养成了内容付费的习惯，但其消费习惯也有所不同，呈现出个性化、圈层化的特点。因此未来不管是内容创作者还是平台方，要想抓住年轻群体的市场，就需要重视垂直领域，关注小众文化，打造专业、高质量的垂直内容。

（二）用户付费

1. 用户付费成为主要收入来源

2019年我国在线视频网站来到会员亿级时代，爱奇艺、腾讯视频的付费会员数量先后突破1亿。以爱奇艺为例，根据骨朵统计数据显示，从2015年到2019年，会员付费收入与在线广告收入之和在总营收中的占比已稳定在80%左右。在这五年间，在线广告收入在总营收中的占比持续走低，由2015年的63.9%，降至2016年的50.3%，再降至2019年的不足30%。会员收入的占比则越来越高，2015年时，付费会员收入还不及在线广告收入的30%，占当年总营收的18.2%，而到2018年，付费会员收入已

① 艺恩．见“微”知著——2019年中国短视频价值创新报告1［EB/OL］.（2019-09-02）. http：//v2001.enbase.entgroup.cn/Report/EnReport/Report/File/%E8%A7%81%E2%80%9C%E5%BE%AE%E2%80%9D%E7%9F%A5%E8%91%97%E2%80%94%E2%80%942019%E5%B9%B4%E4%B8%AD%E5%9B%BD%E7%9F%AD%E8%A7%86%E9%A2%91%E4%BB%B7%E5%80%BC%E5%88%9B%E6%96%B0%E6%8A%A5%E5%91%8A262.pdf.

经超过在线广告收入，2019 年，付费会员收入更是达到在线广告收入的 173.5%，增幅非常明显。[①] 可以看到，会员付费已经成为视频网站盈利的一大支柱。但即使在会员付费模式的实行方面，视频网站获得了可喜的成果，会员付费为视频网站带去了极大的盈利，这仍然不足以弥补平台在内容方面的资金投入。数据显示，截至 2019 年，视频平台中仅有芒果 TV 一家实现盈利，其他视频平台均处于亏损状态，并且亏损金额连年上涨。虽然当前行业已经开始控制内容成本，但是内容是吸引用户的根本，未来在内容上的投入不会减少。

如何获取更多的收益是平台现在面临的主要问题。2019 年优酷已经对新的商业模式进行探索，即“会员超前点播”。在这之后各平台也都开始尝试，取得了不错的成果，但这种模式引起了用户的不满，出现盗播现象。在 2020 年爱奇艺再次进行尝试，在黄金 VIP 之上，推出星钻 VIP 模式，这种模式目前效果如何还未可知，但可以看到未来用户付费将是各大平台提高盈利、获得收益的主要发力点，在进一步探索和挖掘内容更大的商业价值的同时不引发用户的逆反心理，是未来视频平台的发展方向。

另外，就短视频领域来说，用户付费还未得到广泛的运用，但随着短视频行业用户规模的稳定，以及有了在线视频行业用户付费模式成功实行的先例，未来短视频行业也许会在用户付费方面有所探索，寻找新的商业模式。

2. 人口红利减退，下沉市场潜力巨大

在用户规模已经破亿的同时，视频网站也面临着会员增速放缓的情况。互联网人口红利逐渐消失，会员拉新变得越来越困难。在 2018 年第 4 季度，腾讯视频会员就已经达到了 8900 万，而在 2019 年 1 季度其订阅账户数仍为 8900 万。[②] 在此情况下，内容成为视频平台拉新的重要手段，而未来不仅仅是在会员的数量上，在提升会员用户黏性方面平台

① 骨朵传媒 .2019 年度网络剧产业发展研究白皮书［R］. 北京：骨朵传媒，2020.

② 同上。

方也需做出努力。另外，根据企鹅智酷《2019 泛内容消费趋势报告》，在持有视频类 App 会员的手机视频用户中，只有一个会员的用户占比最高，达到 65.3%。同时持有三家或以上视频会员的用户，占比仅 10.1%。[①] 可以看到在付费会员用户中仍然存在着机会，提高现有会员用户的会员持有数，也是一个努力的方向，这就需要平台能够持续提供优质内容，依靠内容吸引用户。

会员增速放缓的一个重要原因是当前视频平台内容消费的主力是一、二线城市网民，而一、二线城市市场已经趋于饱和。但在一、二线城市以外，还有一个潜力巨大的下沉市场。根据 QuestMobile 报告显示，我国下沉市场用户规模超过 6 亿，下沉用户的占比也超过了 50%。不论是在用户增长速度还是移动互联网人均使用时长方面，下沉用户的增速均超过非下沉用户。同时相比于一、二线城市用户，下沉用户的闲暇时间更多，使用手机的频率和时间也更长。因此，一、二线城市之外的下沉市场将成为视频网站抢占用户资源的主战场，将来下沉用户的内容付费习惯一旦养成，将有效拉动视频付费的增长。

（三）跨界融合发展

1. 长视频、短视频加速融合

近两年来，短视频依靠其创作门槛低、碎片化娱乐和社交性强的特性受到了广大网民的喜爱，众多网民参与到短视频的观看、制作与分享之中，用户规模直线上升。根据中国网络视听节目服务协会数据，2018 年我国短视频行业市场规模达到 467.1 亿元，较 2017 年的 55.3 亿元增长 744.7%。到 2020 年，市场规模或将达到 600 亿元。[②] 短视频的用户增速明显超过在线视频。与此同时，在用户使用时长上，短视频行业与在线视频行业之间

① 企鹅智酷 . 企鹅智库存：2019 泛内容消费趋势报告［EB/OL］.（2019-04-24）http：//www.199it.com/archives/865704.html.

② 前瞻产业研究院 . 2019 年中国短视频行业研究报告［EB/OL］.（2019-09-09）.https：//bg.qianzhan.com/report/detail/1909091648561802.html#read.

也产生竞争。据统计，2018 年，短视频月总使用时长同比上涨 1.7 倍，全面超越在线视频，成为仅次于即时通信的第二大行业[①]。在此情况下，长视频开始向短视频领域延伸。在 2019 年 5 月爱奇艺就发布了爱奇艺极速版 App，主打长短视频结合。同时，优酷也与微博达成合作，实现长、短视频的无缝连接。另外，2019 年，爱奇艺、优酷、腾讯也相继颁布了短视频内容分账规则，打造竖屏剧、竖屏综艺，从内容上向短视频扩张。

短视频平台也在开始尝试进入在线视频市场。近年来，抖音对视频发布时长进行多次扩容，从 15 秒到 1 分钟，再到 15 分钟。在 2020 年春节期间，抖音买下《囧妈》电影版权并通过免费观影吸引用户，抖音正是想以《囧妈》为契机开拓长视频市场。而在爱奇艺极速版推出之前，今日头条就推出了极速版 App，用免费观影的策略与优酷、腾讯、爱奇艺等在线视频网站抢夺用户资源。

从以上的情况可以看出，当前长、短视频行业间界限正在不断地被打破，长、短视频的融合已经成为视频行业发展的主流。

2.“直播 +”

“直播 + 电商”所带来的经济效益，让人们看到了直播更多的可能性。同时，受 2020 年新冠肺炎疫情的影响，直播与其他产业融合，这种融合不论是给直播还是给其他产业都带来了更多的可能。

以往，大家对直播的印象还普遍停留在秀场直播、游戏直播、直播带货等，疫情的到来，直接推动了直播与其他产业的结合，直播生态出现更多的可能性。疫情期间，各行业在直播上进行了尝试，“直播 + 综艺”，笑果文化与快手合作，推出直播脱口秀节目《诞愿人长久》；“直播 + 音乐会”，萧敬腾在快手上开个人音乐会，快手直播与 UCCA 尤伦斯当代艺术中心联合举办线上音乐会，另外抖音也推出“DOU Live”；“直播 + 教育”，各高校通过直播给大众上公开课，此外还有“直播 + 展览”“直播 + 新闻”“直

① 前瞻产业研究院 . 2019 年中国短视频行业研究报告［EB/OL］.（2019-09-09）.https://bg.qianzhan.com/report/detail/1909091648561802.html#read.

播＋旅游”等。而“直播＋销售”也从传统零售拓展到众多行业。百货公司促销、房地产公司销售、时装秀场、汽车新品发布会等纷纷通过直播的形式开展。

直播未来发展的众多可能性已经展示在大众面前。随着5G、AR等技术的成熟和普及，更好的技术支撑将让直播以更多的形式呈现在大众的面前。未来，“直播＋”潜力无限，大有可为。

3. 线上线下渠道被打通，融媒体成发展主流

随着媒体融合的不断加深，线上线下之间的屏障正在消失。随着台网进一步融合，影视剧方面，出现了“先网后台”“台网联播”的现象。综艺方面，也出现了综艺节目同时在电视台和网络播放，另外网络推出衍生节目作为补充。而在电影方面，受到2020年新冠肺炎疫情的影响，电影领域的线上线下渠道间的屏障被打破，疫情期间原院线电影《囧妈》以6亿元的价格将版权卖给字节跳动，在抖音等平台上免费播，成为“院线转网”的先例。随后电影《肥龙过江》以“保底＋分账”的模式与爱奇艺达成合作，通过网络上映。两部院线电影的接连转网，打破了院线电影先进影院再上网络的规则，随后又有多部院线电影选择网络上映。虽然《囧妈》的做法引起了行业内极大的争议，但确实是第一次打破了电影线上与线下的隔阂。

2014年以来，媒体融合上升到了国家战略的高度。政府发布多项政策，推进融媒体的发展。融媒体是指互联网发展背景下实现资源互通、内容兼容、宣传互融、利益共融的新型媒体，当下融媒体成为互联网环境下众多传统媒体的突破口和发展目标。当前传统媒体正在积极进行转型，如人民日报在2016年就推出“融媒体工作室”计划，截至2020年3月13日，人民日报社融媒体工作室创作的融产品浏览量达5亿。此外，省级媒体也在积极进行融媒体探索。2018年，习近平总书记提出“要扎实抓好县级融媒体中心建设，更好引导群众、服务群众”的要求，2019年我国县级融媒体中心呈井喷式增长。县级融媒体中心的建立，完善了国家治理体系，提

升了国家治理能力，成为服务群众、沟通群众的重要平台，在未来将成为政府工作的重要帮手。

可以看到媒体融合的程度不断加深，融媒体逐渐成为群众生活娱乐、政府工作中不可缺少的部分，在未来随着政府的不断推进和行业的不断努力，融媒体将不断发展，承担更多的责任，在人民的生活中扮演更多的角色。

（四）新技术赋能产业发展

全球移动通信系统协会预测，到2025年全球5G连接数量将达14亿个，未来15年，5G将为全球经济增加2.2万亿美元产值。随着5G技术投入商用，未来5G将给新媒体视听业带来巨大的改变。5G技术高网速、低延时的特点让VR/AR、超高清视频、互动视频等技术的应用和普及成为可能。

1. 5G+VR

VR在2016年就曾引发关注，当时的VR技术并没有很好的用户体验。延时、卡顿、分辨率低都成为阻碍VR技术发展的原因，究其根本是因为当时的4G网速低、不稳定，达不到VR技术运行的要求。5G能为VR技术提供更高的带宽，未来不仅能实现4K/8K的VR体验，VR直播也可以成为现实。未来，VR应用程序将大量开发，而VR视频、VR游戏等也会成为人们文化娱乐生活中的重要部分。

2. 5G+互动视频

长久以来，在看电影、看电视等娱乐活动中，用户都是被动接受内容，互动视频的出现则改变了这种情况。近年来，互动视频成为各大视频平台重点关注的领域。而各大视频平台也纷纷对互动视频领域进行探索、做出尝试。2018年，全球最大的流媒体网站Netflix就推出了互动电影《黑镜：潘达斯奈基》。2019年，爱奇艺和腾讯先后发布了互动视频技术标准，腾讯视频还推出了一站式互动视频开放平台。哔哩哔哩则将互动视频的制作权交给了用户，目前哔哩哔哩网站上已经出现了大量的互动视频内容，大部分是用户原创制作。比起传统视频，互动视频让用户参与到剧情的发展之中，用户可以根据自己的意愿选择接下来的剧情发展，这对于用户而言更具有参与感和沉浸感。在5G时代，快而稳定的网速将推动互动视频的发展，让互动视频以更多的形式出现在用户面前。

3. 5G+大数据+人工智能

目前，大数据技术不断得到完善，人工智能产业链也基本形成。大数据与人工智能技术已经在各行各业广泛应用，尤其是在文化传媒领域。当前，人工智能与大数据已经渗透到文化传媒产业的各个环节中，包括制作、分发、宣传、营销等，同时还帮助各视频平台进行内容的审核和平台的运营管理。而在未来，5G时代的到来将真正实现万物互联，实现更丰富、全面的数据收集。通过大数据对海量数据的分析以及人工智能的应用，提高各平台的内容分发效率，更精准地分析用户需要，推送相应作品给用户，提升用户体验度，从而刺激用户消费潜能。

第三节　新媒体影视产品立项管理

一、新媒体影视产品开发前调研

（一）立项可行性调研概述

网络影视立项的可行性研究指在投资之前，投资方通过对市场表现、观众喜好、成本预算、主创等各要素进行调研和分析，确定有利和不利的因素、项目是否可行，估计成功率大小、经济效益和社会效果程度。投资方可自行进行可行性研究，也可委托调研机构进行研究。进行可行性调研有以下三点主要作用：第一，了解当下市场需求；第二，找出影片定位；第三，调研市场竞争情况。

市场营销调研是企业营销活动的出发点，网络影视产业也不例外。

美国影视产业营销的成功在于采用了新的营销理念通过整合营销做大了市场。网络影视整合营销的核心是以消费者为中心，以观众喜好为中心的市场调查主要包括以下三方面内容：

第一，调查当前观众的观影偏好，并根据大数据预测观众对未来网络影视产品的预期，在不同时期推出不同类型的影视作品；

第二，调查一定时期的大众社会思潮，从而确立影片拍摄的主题。如在《中国机长》《烈火英雄》等影片上映后，救援类题材网络大电影、网络电视剧接踵上线，满足观众的观影需求。

第三，调查观众品位。调查显示，网络影视作品的高点击元素主要为免费片段，网络大电影的“前六分钟原则”是获得观众付费的重要因素。因此调查观众品味，在免费片段吸引观众，提升观众付费兴趣，才能提高点击量。

作为一种文化商品，网络影视产品在制作之前，首先必须清晰定位。清晰而明确的定位能为影视产品赢得更多的关注，影视产品也会因此获得更多点击量。在网络影视行业发展的过程中，资金上的支持是促成网络影视产业繁荣的重要原因之一。因此，影片拍摄之前出品方要根据自身实力来确定影片投拍的成本规模，在此基础上进行影片预算。

美国市场营销协会（AMA）关于市场调研的定义为：“市场调研是把消费者、客户、大众和市场人员通过信息联结起来，而营销者借助这些信息可发现和确定营销机会和营销问题，开展、改善、评估和监控营销活动，并加深对市场营销过程的认识。”① 它将市场调研的实际作用概括为收集、分析并解释营销和各级管理层的其他决策所需的相关信息。市场调研作为营销决策的基础，其业务范围比较广泛。根据美国市场营销协会的统计，美国企业中最常见的一些调研项目有：①市场特点研究；②市场需求的衡量；③市场份额分析；④销售分析；⑤商业趋势研究；⑥竞争产品研究；⑦短期预测；⑧新产品的市场接受情况及需求量调查；⑨长期预测；⑩定

① 余莉．电影产业概论［M］．上海：上海交通大学出版社，2015.

价研究。而国内市场调研以消费者行为和广告效果为调研主要内容，包括消费者行为习惯、消费认知及态度研究、广告效果追踪、媒体行为、产品包装及价格研究等。

（二）立项可行性调研方法

在影视工业体系十分成熟的美国，影视公司会在影片的不同阶段进行市场调研，确保影片万无一失。影片在前期策划时会根据市场需求、目标受众圈定、目标受众偏好的类型影片、目标受众对剧情人物等的期望等方面进行调研，以此来确定影片的类型、题材、故事主线、主演等主要因素。调研要尽可能详细，才能使影片在筹划阶段有充分的数据说明和支撑。

可行性调研通常有以下几个方面：

第一，阐明项目的背景及必要性，包括政策、经济、技术发展环境以及市场发展阶段、趋势、特点等；

第二，根据产业发展的要求、市场发展的要求等调研项目的必要性以及项目的意义与影响；

第三，重点调研对象为公司的技术基础和优势以及目前的市场前景、市场容量和市场竞争格局，使用何种营销策略也需要重点调研；

第四，影视作品作为技术与艺术结合的产物，技术能否实现对其也有重要影响，因此在调研时需要着重调研影视项目技术工艺方案、影视项目技术工艺及来源以及设备的选型；

第五，调研还需要对营利能力进行分析，对项目收回成本能力进行评估，同时还需要进行风险评估，防止出现影响拍摄的风险。

二、网络影视产品立项风险管理

网络影视产品的立项生产主要存在着政策风险、题材风险、市场风险、安全风险、财务风险等不同的风险。在项目立项之初，出品方要提前预估各类风险，管理把控风险，为网络影视产品最终完片打下基础。

（一）政策风险

网络影视产品划分在意识形态领域，因此国家设有行业主管部门管理。政策的变化和调整对网络影视产品的投资和生产会产生巨大的影响。2015年国家广播电视总局出调控新规，所有卫视综合频道黄金时段每月以及年度播出古装剧总集数，不得超过当月和当年黄金时段所有播出剧目总集数的15%[①]，2019年3月22日，国家广播电视总局出台“限古令”：从即日起至6月，包括武侠、玄幻、历史、神话、穿越、传记、宫斗等在内的所有古装题材网剧、电视剧、网大都不允许播出。已播出的撤掉所有版面，未播出的全部择日再排。新规的出台让大批已完成拍摄的古装影视作品延期上映，无法如期播出，投资风向发生变化，古装影视作品的生产遇冷，导致后续产业如横店影视城遇“寒冬”，制作公司和上映平台遭遇不同程度损失。因此，政策风险是网络影视产品的主要风险之一。

（二）题材风险

题材是直接影响项目未来收益的重要因素之一，有时是决定项目成败的核心因素。网络视频平台的偏好决定了网络影视产品的市场价值，社会大众的偏好很大程度上也由平台导向，大众的偏好由于各种因素随时发生变化。而网络影视产品生产有一定的周期，存在一定的滞后性，因此，立项的题材选择具有很大的风险。目前，影视圈题材跟风现象造成平台和观众分流，预期回报率下降，投资方利益无法得到保证，同类型题材的剧目大量涌现，良莠不齐，也不利于影视业的健康发展，往往还会面临主管部门的宏观调控，产生新的政策限制风险。

（三）市场风险

诸多因素影响网络影视产品的投资和生产能否达到预期效益，不利的市场环境会使好的项目遭遇投资受损或失败，其中国际国内宏观经济形势、

---

① 夏亮亮．“限古令”助民国偶像剧重卷荧屏抢占份额［EB/OL］．（2015-02-26）．http：//ent.sina.com.cn/zz/2015-02-26/doc-icczmvun6293004.shtml.

国家行业发展状况、影视市场的竞争程度起着十分关键的作用。因此，投资方和制作方对时机的研判、对立项可行性的分析、对项目吸引市场能力的研究直接影响到项目的市场风险程度。

（四）生产安全风险

网络影视产品从项目立项到平台播出的周期较长，通常为三个月到半年，涉及诸多因素，风险无处不在。特别是作品生产过程中工作人员的人身安全尤为重要，安全事故和意外事件等造成的直接损失，会影响到剧组项目的进度，甚至导致影视产品无法上映，从而造成损失。

（五）财务风险

财务风险通常由投资方或合作方资金不到位、利率的变化、制作成本的增加等因素带来。制作周期延长，会导致影视制作成本大幅增加。长期以来，在行业内因为资金周转、人事异动、播出不佳等各种原因，造成拖欠发行款项的情况颇为常见，影视企业因回款不力导致资金链断裂、难以为继的案例也不在少数，影视企业生产出好的作品却因财务困境而无法壮大，甚至面临破产。因此，财务风险需要在立项之初进行预估，尽可能多地寻找资金来源，保障项目顺利进行。

三、风险管理策略与应对

（一）风险管理策略

1. 预先进行项目评估

在对一个项目进行投资前，或者说在开始筹划一个项目前要对市场、项目有一个充分的了解。先充分地利用各种渠道获取信息，以此来了解当前的市场现状、市场趋势、观众的喜好，获得的信息越多，判断也就越准确。在此基础上，再对项目进行分析和评估，找准项目的定位。同时，对项目的制作公司、主创团队、导演、演员以及将来的播放渠道、宣传营销等方面要做出考量。网络影视产品最终都要面向市场，接受观众的检验，因此了解观众的需求，确定目标观众群体，再针对目标群体对项目进行准确的定位，这样更有利于项目的顺利实行。

另外，预先进行项目评估也能帮助预测拍摄制作中可能出现的各种风险，提前做好预防和控制，避免影响项目的推进。

2. 强化项目管理

在项目实施的过程中对项目进行科学有效的管理，是保证项目顺利推进、完成的重要方面。网络影视产品的生产过程中，参与的工作人员多，制作环节也多，管理不当很容易造成混乱，耽误整个项目进度。因此，要事先制定一个完善的管理制度，明确各部门的职责，制定工作人员行为规范和奖惩机制。

另外，在拍摄过程中也要建立有效的监督机制，从剧组的器材、设备、收支情况到整个项目的完成进度、质量等都要进行监督，保证摄制工作按时按质完成。

3. 风险回应

当网络影视项目遇到风险时，应对风险的主要策略有：风险回避、风险抑制、风险自留、风险转移、风险分散与集中。风险回避是指在项目遇到某种风险时，主动选择放弃或改变，避免风险的发生，如改变投资方向、推迟或放弃拍摄等。风险抑制指在风险出现后尽量降低风险的影响，减少损失，如临时更换主演、导演等。像电影《捉妖记》原定男主角因违反法律曝出丑闻，对电影产生极大的影响，因此制作方临时换人，男主角由井柏然饰演。风险自留指影视企业与制片人自己承担风险。风险转移即将风险转移到其他公司或个人身上，可分为保险转移和非保险转移。风险分散与集中，风险分散即将可能面临的风险或损失进行拆分，普遍的做法有分散投资等，风险集中则是指增加承担风险的单位或个人，从而减小单个单位或个人所承担的风险，如采取联合摄制。

（二）风险应对

1. 政策风险应对

网络影视产品正在成为人民生活中主要的精神文化产品，对人们的思想观念产生着越来越大的影响。近年来，政府重点治理网络环境，尤其加大了对于网络影视作品的监管力度。网络影视作品在此时期要更加注意政策风险的防范与控制。在流程上，2018 年 12 月 27 日，国家广播电视总局发布《关于网络视听节目信息备案系统升级的通知》，要求重点网络影视剧（投资总额超过 500 万元的网络剧、网络动画片和超过 100 万元的网络电影）在 “重点网络影视剧信息备案系统”进行备案申请规划备案号。制作完成后需要经过审核获得上线备案号后才能上线播出。另外，根据 2020 年 2 月 14 日国家广播电视总局颁布新规，网络剧、网络电影必须在剧本完成后才能进行规划备案申报。在内容上，网络影视产品应该表现出健康、积极、进步的思想，符合社会主义核心价值观。作品中应该避免暴力、血腥、色情、反人类、反社会等内容的出现。此外，自 2018 年影视业曝出丑闻以来，政府的管控趋严，密集颁布的新规新政，也涉及了网络领域。对于网络影视作品来说政策属于不可抗力因素，需要谨慎对待，做好防范和规避。

2. 题材风险应对

当前网络中充斥着海量的网络影视产品，同质化现象严重。大量同类型的作品容易造成观众的审美疲劳，也会影响网络影视产品的热度，造成亏损。当前网络中出现得比较频繁的题材类型有都市爱情、青春校园、推理悬疑，2019 年都市爱情剧的数量高达 75 部之多，没有特点的剧集在众多同类型的剧中是很难脱颖而出的，最终只会被大量的同类型剧所掩盖。另外，相比于电视台来说，网络平台对于题材的包容度更大，网民对于新颖题材的接受能力也更强。如 2019 年的网络剧《长安十二时辰》《全职高手》《动物管理局》等都在题材类型上有所创新，也受到了网民的喜爱和认可。因此，在网络影视产品制作的过程中，可以尝试选择一些较为新颖、比较有创意的题材，尽量避免出现题材“撞车”、扎堆的现象。

3. 市场风险应对

网络影视剧在网络上的表现受到诸多因素的影响，包括市场供求关系、市场竞争关系、平台差异等。在市场供求方面，据统计，2019 年上线的网络剧数量为 246 部，相比 2018 年下降了 10.55%。而网络电影 2019 年的上线数量为 723 部，同比减幅达到 41.7%。可以看到不论是网络剧还是网络电影的数量都在减小，供过于求的情况有所缓解，在一定程度上缓解了网络影视产品的压力。在市场竞争方面，网络影视产品在上线时需要了解当前市场上在播的以及即将播出的网络影视产品的数量、类型、演员阵容、主创团队、热度、宣传力度等情况。要尽量避免与类似题材的作品同时上线，同时可以选择性地避开已经爆红的网络影视产品。另外，平台的选择也很重要，不同的平台有不同的优势，其主要用户群体也存在着一定的差异，如芒果 TV 在网络综艺方面比较有优势，其主要用户是年轻群体和女性群体。另外，各个视频平台的合作方式也不一样，因此，网络影视产品在选择平台时要先对各个平台进行了解，再做出最优的选择。

在网络影视产品进入市场前，对当前的市场进行调查了解，可以为网络影视产品选择一个较为有利的时机，从而为网络影视产品带来更多的关注。

4. 生产安全风险应对

在网络影视产品的制作过程中，安全问题是最为重要的，保障相关工作人员的安全应该是各剧组的重中之重。尤其是一些动作题材的作品，会经常需要吊威亚、追逐、爆破、打斗等，这就给相关人员造成了很大的安全隐患。我们经常可以听到演员在拍摄中出现安全事故的新闻，不只演员明星，其他工作人员也会面临危险。因此，第一，在作品开拍前，要为所有工作人员买好相关保险；第二，在进行危险戏份的拍摄之前，要在现场进行勘探，做好充足的准备和防范措施；第三，要管理好现场人员，以免疏忽造成意外。

5. 财务风险应对

在网络影视产品的拍摄制作过程中，很多因素会导致超支的情况，造成资金不足。如项目预算不合理、拍摄过程中遭遇突发事故、自然灾害、管理不善等。预算超支的解决办法就是再次进行融资，若再次投入资金则必然会增加营收压力，若不追加资金则可能导致作品最后无法完成，投入的资金无法收回。因此要加强对于财务的管理，节约成本，尽量避免出现超支情况。

首先，在项目开始前要做好项目预算。在制定项目预算的过程中，要充分考虑到拍摄制作过程中可能出现的各种情况，可能产生影响的各种不确定因素，进行合理的预算规划。另外，在制作项目预算时，合理制定并确定项目的制作周期，控制拍摄成本，同时还要考虑到前期筹备、后期制作以及宣传营销等成本。其次，在项目中，在支出方面要严格把好关，每一笔支出花费都要清楚明晰，有理有据。此外，还要把控好项目进度，督促项目按时按质完成，避免因为拖延而产生额外的成本支出。

在网络影视作品的制作中，提前做好充分的规划并严格管理剧组财务，能有效避免财务风险的出现，更顺利地完成作品的拍摄和制作工作。

四、网络影视产品立项流程

2020 年 2 月 14 日，国家广电总局对重点网络影视剧的规划备案和上线备案阶段，进行了工作流程的更新以及核审资料的增添。涉及对象包括网络电影、网络剧、网络动画等。

（一）对规划备案阶段的材料要求

1. 盖章的规划备案信息表

2. 公司落款盖章的《完成剧本承诺书》

3. 其他相关协审部门的协审意见

其中第一条和第三条在以往的备案流程已有涉及，新增流程和材料主要落在第二条。《完成剧本承诺书》全称《重点网络影视剧完成剧本创作承诺书》，承诺书模板并不复杂，主要作用是让项目提交方承诺其在提交备案时已经基本完成剧本。

自 2020 年 2 月 14 日起，新提交项目的规划备案必须提供此承诺书。审核方将随机抽审项目的剧本。而对于已提交已审核通过的项目，暂不需要进行补交；但已提交未通过（需复核修改）的项目，再次提交项目时，需要进行承诺书的提交。

（二）对上线备案阶段的材料要求

1. 每部影片采用单独一个文件夹、单独一个加密链接形式报送

2. 文件夹统一名称格式

名称格式为“上线备案网络电影 / 网剧 + 片名 + 初审 / 复审 + 出品公司”。

3. 文件夹内材料与信息要求

1 份 Word 版故事简介（名称为电影《××××》剧情）；1 份初审视频介质（名称为《××××》—初审）；1 份 Word 版影片信息（名称为《××××》影片信息），内写明片名、故事简介（500 字）、题材、年代、时长等信息，需与备案系统所提交的信息保持一致。

4. 视频介质要求

分辨率不低于 1280×720 像素，且必须从高清母带采集，码率不低于 5500mbps，视频帧率大于 25 帧 / 秒，音频格式 AAC，音频码率不低于 128kbps，封装格式 MP4。为保护版权，需在全片中完整添加“编审专用”的文字标识和时钟码（小时、分钟、秒），其中“编审专用”位于画面右上角，时钟码位于画面左上角。

五、网络影视立项策略

网络影视产品的商业属性尤为突出，在影视作品成为观众消费的商品之前，它首先要被立项开发成一件商品，进而被延续开发为一个项目。通

常意义来说，网络影视项目包括两个部分：一是影视作品本身，通过观众点击进入网站链接观看实现其使用价值，这是最主要的影视项目形态；二是指影视产业链上的所有衍生产品，包括音像制品、玩具、书籍、服装、纪念品、主题公园等，消费者通过购买行为获得其使用价值。网络影视产品兼备艺术属性与商业属性，这一特性决定了网络影视作品的特征和生命周期，进而影响了网络影视作品在开发过程中的策略与注意要点。

对网络影视产品进行的立项开发，从宏观上需要建立在对于网络影视产品属性、特征和生命周期充分把握的基础上，而在落实到具体产品和项目的时候，必须在充分进行了市场调研与分析，准确地把握了所开发产品的定位之后，才能根据不同的情况采取相应的开发策略。

在市场经济学的定位理论中，立项定位方法的确立建立在消费者的思考模式之上。消费者一般有五大思考模式：消费者只能接收有限的信息，消费者喜欢简单、讨厌复杂，消费者缺乏安全感，消费者对品牌的印象不会轻易改变，消费者的想法容易失去焦点。基于这样的特性，相应的定位方法包括强化自己已有的定位、比附定位、单一位置策略、寻找空隙策略、类别品牌定位、再定位等。这些方法同样也可以适用于网络影视产品立项定位，以下六种策略是市场上较为主流的网络影视产品定位策略：

（1）提升已有定位。根据目前市面已有的网络影视产品特点、类型及不足，对已有的网络影视项目进行强化或者提高。

（2）比附定位。通过找出与同类型竞争影片的比较优势，进行强化和放大，确立自身的特点。

（3）单一位置定位。适用于已经打造了鲜明品牌或处于领先地位的作品，如知名原著 IP、知名导演、知名演员等，进一步强化其品牌或者独一无二的特性。

（4）寻找空隙策略。寻找网络影视市场尚存的空白，打造市场上还没有出现过的影片形式，通常以“最”或者“第一”作为标签。

（5）类别品牌定位。借助其他知名影片的声势来提升自己的定位，用品牌系列的策略来提升作品知名度，如季播剧、打造系列 IP 等。

（6）再定位策略。对原有的导演品牌或者演员品牌进行重新定位，打破其原来在消费者心目中一贯的形象和地位，创建一个全新的形象，多用“转型之作”这样的标签。

在确立使用何种定位策略之前，可以有不同的切入角度，大致包括基于主创阵容的定位、基于内容题材的定位、基于竞争对象的定位、基于制作方式的定位、基于目标观众的定位、基于上线日期的定位等。基于主创阵容的定位是指以名导演、明星演员作为影片卖点的定位角度。基于内容题材的定位是指从作品独特的内容或题材出发，确立其与其他影视作品的差异性的定位角度。基于竞争对象的定位是指凸显自己相对于竞争对象的比较优势，使作品突出于影视作品市场的定位角度。基于制作方式的定位是指从技术和特效等角度凸显影视作品特点的定位角度。网络影视产品的开发方基于市场分析和调研的结果，选取合适的定位角度，采用相应的定位策略，便可以完成网络影视产品开发的又一重要部分。

参考文献

［1］杨宜．中小企业投融资管理［M］．北京：北京大学出版社，2016.

［2］许雒帆．资产证券化的现实思考及路径选择［J］．财会学习，2019（5）：230-231.

［3］项立刚．5G 时代［M］．北京：中国人民大学出版社，2019.

［4］邹蕾，张先锋．人工智能及其发展应用［J］．信息网络安全，2012（2）：11-13.

［5］刘芹．我国文化产业投融资模式创新研究［D］．长春：吉林大学，2014.

［6］张凤华，傅才武．我国文化产业投融资及财政政策的成效与优化策略［J］．学习与实践，2013（8）：115-122.

［7］魏鹏举．我国文化产业的融资环境与模式分析［J］．同济大学学报（社会科学版），2010（5）：45-51.

［8］金元浦，欧阳神州．互联网金融模式下文化中小企业的融资［J］．学习与探索，2014（6）：86-90.

［9］李倩．结构，行为还是绩效：我国新媒体产业发展研究［D］．武汉：武汉大学，2015.

［10］陈凯．新媒体资本运作现状、问题与应对策略［J］．新闻研究导刊，2017（1）：54-55.

［11］刘超．我国网络视频产业链研究［D］．长沙：中南大学，2013.

［12］侯顺．中国网络影视产业研究［D］．武汉：华中师范大学，2019.

［13］谭畅，贾桦，杜港，等．浅析网络直播的定义、特点、发展历程及其商业模式［J］．现代商业，2018（19）：165-168.

［14］刘爽．泛娱乐网络直播商业模式研究［D］．上海：上海师范大学，2018.

［15］李文佳．中国短视频 MCN 发展模式研究［D］．西安：西北大学，2018.

［16］周颖．国内短视频平台商业模式创新研究［D］．杭州：浙江传媒学院，2019.

［17］梁凤波．我国影视项目投融资状况及风险控制对策研究［D］．杭州：浙江传媒学院，2019.

［18］张竞予．互联网环境下传媒资本运营的问题与发展研究［J］．西部广播电视，2019（4）：1-2.

［19］王诚诚 . 文化传媒产业资本运营浅析［D］. 上海：上海交通大学，2012.

［20］秦喜杰，欧人 . 影视投资分类、组合及风险控制研究［J］. 经济经纬，2006（5）：152-154.

第七章　新媒体视听作品的营销推广

第一节　新媒体视听作品的营销推广概述

一、定义及分类

（一）营销的概念

提到营销，大部分人可能想到的是将产品利用某些手段销售给用户的过程。但值得注意的是，现如今营销的内涵已不再是单纯地将商品推销给消费者，而是更多地呈现出以用户的需求为核心的特征。美国市场营销协会为营销下过这样一个定义："营销（marketing）是一场有组织的活动，包括创造、传播和交付顾客价值和管理顾客关系的一系列过程。"①美国营销大师菲利普·科特勒曾说："营销的本质，在于创造卓越的客户价值。"②这里的创造客户价值即利用市场思维，站在用户的角度，满足用户的需求。在销售之前预估市场需求量生产产品，在销售发生后维护产品口碑、保持客户忠诚度都是创造用户价值的表现。

营销的其他核心概念还包括：需要、欲望和需求；目标市场、市场定位和市场细分；产品和品牌；供应物和供应链；价值、成本和满意度；营

① 胡玲．营销管理与营销策划［M］．北京：对外经济贸易大学出版社，2017.

② 王赛．营销4.0:从传统到数字，营销的"变"与"不变"——"现代营销学之父"菲利普·科特勒专访［J］．清华管理评论，2017（3）：60-64.

销渠道；市场环境与竞争等。

（二）推广的概念

推广，顾名思义就是“推介并广而告之”，即把产品和品牌信息推送并告知经销商和消费者的行为。推广又分为品牌推广、产品推广、促销推广三种类型，品牌推广着重于品牌形象的塑造和传播；产品推广更着重于产品卖点的推广；促销推广则侧重商品的折扣、优惠。

（三）营销与推广的联系和区别

营销包含推广，推广属于营销的一部分。在交付客户价值的过程中，在对用户的需求、心智以及客户关系进行管理时，势必也会有将产品推广给客户的行为。营销是一个范围更大的概念，是一个系统的管理过程，包含销售之前对市场需求的管理，销售之后对口碑的维护和用户关系的管理。而推广则单纯强调将产品推介到用户面前的行动。另外，在关于营销的理论中，“七步营销论”中的第五步就是推广，[①]更加印证了营销包含推广的这一事实。

（四）新媒体视听作品的营销推广概念

对“新媒体视听作品的营销推广”可以有两个方向的解读。其一，新媒体视听作品被作为一个内容产品进行营销和推广，例如一部网络大电影或一部网剧，其制作方委托播放平台或专门的营销发行公司对该作品进行自身特点的挖掘以及受众市场的定位和细分，继而制定相应的营销推广策略，帮助作品被广大的观众认知和消费，并建立良好的用户认可度。其二，新媒体视听作品营销推广还可以被理解为利用新媒体视听作品进行营销推广，这里的新媒体视听作品不再是被营销推广的“产品”，而是渠道。例如 2019 年春节期间在网络上“病毒式”传播的短片《啥是佩奇》，其中温馨的爷孙情让在城市拼搏的人们纷纷带上全家老少，奔赴电影院观看院

---

① MBA 智库・七步营销论［EB/OL］. https：//wiki.mbalib.com/wiki/%E4%B8%83%E6%AD%A5%E8%90%A5%E9%94%80%E8%AE%BA.

线电影《小猪佩奇过大年》。这部在网络上传播的创意短片就是电影《小猪佩奇过大年》的先导短片。作为一个新媒体视听作品，它在依靠自身动人的故事进行传播的同时，也把这部短片真正要推广的电影产品《小猪佩奇过大年》带给了观众。

但是这一章节不对第二种情况做过多讨论，换言之，本章节所讨论的"新媒体视听作品营销推广"即是把新媒体视听作品作为营销推广的对象，研究这一过程特点、现状和策略等相关问题。

结合本书前文对新媒体视听作品以及营销、推广的定义，可以对"新媒体视听作品的营销推广"进行两个层面的界定。从狭义上来说，新媒体视听作品的营销推广更侧重于推广的含义，即通过各类手段、方式和策略，将新媒体视听作品推送并传播给用户的行为。从广义上来说，新媒体视听作品营销推广就是在充分了解市场需求后，将新媒体视听作品通过各类传播渠道、各种传播策略，推送、告知用户，且对作品的后续口碑进行维护，对用户忠实度进行培养的系统管理过程。简言之，在运营思维中，新媒体视听作品营销推广就是把新媒体平台中的视听作品当成一件产品，运用多种手段和媒介，扩大其关注度和影响力，使其不断被用户接受并产生消费行为。本章对新媒体视听作品的营销推广的讨论，是在广义概念的基础上进行的，旨在更充分、全面地阐述和议论这个问题。

（五）类型

根据新媒体视听作品的不同类型所体现出在营销推广方面的不同特征，归纳总结后可以将新媒体视听作品营销推广分为以下几类：

1. 网络剧、网络大电影、微电影的营销推广

网络剧、网络大电影及微电影都属于在新媒体平台上播出的影视作品，它们主题丰富、创作空间相对灵活，虽制作成本不高，近年来也涌现了一大批"小而美"的高品质作品。例如悬疑题材的网剧《白夜追凶》，玄幻题材的网络大电影《灵魂摆渡·黄泉》等。这些作品大都把高品质作为营

销推广的卖点，通过观众的社交平台及影视剧评分网站的扩散为作品口碑造势，从而引起关注。

2. 网络综艺的营销推广

网络综艺节目在近年来呈现出垂直分众、精准细分的态势。与电视综艺不同，网络综艺不仅节目类型十分多元，且内容大多与青年亚文化有关。例如近年来颇受欢迎的“中国有嘻哈”系列、“奇葩说”系列，一个是说唱类综艺，另一个是辩论类综艺，都是由小众文化走向大众视野的典型。所以在营销推广方面，由于受众大多是年轻网民，在策略上会尽量制造“话题度”来博取关注。“长尾理论”在网络综艺的营销推广中体现得淋漓尽致，虽不属于主流文化，但若将只占据“尾部”的亚文化市场进行开发和管理，产生的整体影响力甚至会超越“头部”。

3. 网络纪录片的营销推广

网络纪录片注重在保留纪录片真实内核的基础上，创新形态和表现形式，对传统纪录片的理论体系进行重构，推出先锋实验性的作品。而网络纪录片的营销推广效果最先在弹幕网站哔哩哔哩显现，传统纪录片“严肃宣教者”的形象在这里被消解。网络纪录片《人生一串》的第一集画面播放着罗布人在烤羊肉串，屏幕上出现了“肉块好大，好想吃”等弹幕评论，这样的观点和情绪，可以迅速感染到后来观看的观众，在人群中形成互动和推广。在新媒体环境中，网络纪录片还拥有多渠道传播的优势，无论是微博、抖音等平台利用截取短视频来传播，还是微信公众号的推文传播，都体现了这一特征。

4. 网络视频新闻的营销推广

目前，各传统新闻媒体、门户网站、视频网站几乎都建立了自己的网络视频新闻频道，除此之外还有微博等社交网站，抖音等短视频平台，以及今日头条、梨视频等专门的资讯类平台，都是网络视频新闻传播的主要阵地。虽然不同平台的传播有一定程度的差异，但网络视频新闻的营销推广在新媒体时代的共同特征是个性化强、社交性显著。网络视频新闻平台会根据用户的大数据信息为用户推送感兴趣的内容，也在新媒体时代成为一些人的社交场所。人们在互相分享和交流之中，将网络视频新闻推广传播出去。

5. 其他新媒体视听作品的营销推广

正如前文“新媒体视频营销推广的概念”第二个方向的解读一样，短视频、网络直播节目、网络视听广告与新媒体宣传片在新媒体营销中常被作为营销的“手段”。这也致使这三类新媒体视听作品在传播和推广中更为精准和个性化，会根据不同圈层受众的需求特征选择自己的投放标地，并且在营销推广过程中都运用了大数据监测分析技术。

简单来说，短视频作品的营销推广除了平台内的精准推送外，由于网络带宽的提高以及短视频的体量小，其在各平台之间的推广传播非常迅速。

而网络直播作品更注重与受众的即时互动。作品在用户的互动满足之中通过分享链接等方式推广出去。

网络视听广告和新媒体宣传片的营销推广渠道非常多样。微信、微博等社交平台，视频网站，App应用以及户外媒体等都是它们经常传播的载体。为了使用户更能接受并产生共鸣，需要分析不同平台用户的不同特点，对作品的画幅比例、内容形式等进行符合平台传播方式的改动，以保证更好的传播效果。例如对于视频网站的贴片式广告片或宣传片，可以采用基于细粒度视频标签的投放机制[①]，简言之就是分析用户在视频内容中最感兴趣的时间节点并在该节点内用户对视频关注度下降幅度最大的时间点进行广告投放，这样既可以保证用户的观看率，又可以不招用户厌烦。还可以在广告和宣传片设计中加入互动、奖励机制，引导用户进行分享，将作品二次传播出去。

---

① 陆枫，王子锐，廖小飞，等．基于细粒度标签的在线视频广告投放机制研究［J］．计算机研究与发展，2014(12)：2733-2745.

二、特征

（一）贯穿全流程

营销的本质是对用户需求的管理，在互联网时代，利用大数据及其他新媒体技术可以在产品投入市场之前对用户的偏好进行前期调研，且在产品推广到市场后不断进行产品口碑的维护并有机会形成固定粉丝群，为未来的产品推广奠定基础。这一特征体现在新媒体视听作品的营销推广中，在此过程中我们可以发现营销思维的前伸和后移。营销推广不仅仅存在于新媒体视听作品发布后，而且在其创作筹备期和之后的品牌构建中都有所涉及。

为了更好反映营销推广在某部作品制作、播出、开发全流程中的体现，这里以爱奇艺平台经典网络原创综艺《奇葩说》的营销推广为例进行阐释。

《奇葩说》作为一个成功制作六季并在年轻群体中持续产生高关注度的辩论话题类综艺节目，在制作初期就试图以 C2B[①] 的方式深入了解用户需求。节目组通过社交平台征集话题，最有人气的题目即可成为下一期节目的辩论题目。“婚姻中的门当户对重要吗？”“相亲就该 AA 制吗？”“结婚不如养条狗”等与当下年轻人生活息息相关的话题在突破了 3000 万的微博阅读量后，成功成为选手们唇枪舌剑、输出观点的阵地。这样，在节目未播出之前，观众就已经通过贡献话题被节目吸引，对节目产生期待。

节目上线后，利用多媒体的社群推广方式，在微博、微信、知乎、豆瓣等年轻网民常用网站进行营销。由于《奇葩说》节目是以辩论为主要形式展开的，每位选手会在几分钟的时间内阐述自己的意见，《奇葩说》在微博上最主要的推广方式就是将经典或富有争议的选手发言剪辑成短视

① C2B：Customer to Business，即消费者到企业，是一种消费者提供价值，企业和机构消费价值的互联网经济商务模式。

频，选择视频类博主进行发布，形成话题发酵。在微信上，节目推广则主要依靠公众号对热门发言进行分析、写成长文的方式，杂糅了公众号观点的选手原论点会激发观众更多种角度的思考。知乎和豆瓣则分别通过建立讨论话题及论坛发帖的形式对节目的内容、精彩花絮、幕后消息等节目信息进行二次传播，并通过观众的反馈不断进行节目的改进，这一步实现了对节目口碑的维护。

随后，为了增强观众的黏性，构建自身具有辨识度的品牌，拥有固定的粉丝群，节目制作方米未传媒还围绕《奇葩说》衍生出了《奇葩来了》《饭局的诱惑》《黑白星球》《拜拜啦肉肉》等网综节目，以及与喜马拉雅 FM 合作推出了付费音频节目《好好说话》，教用户应付包括沟通、辩论在内的生活场景需求的话术。在这个过程中，“奇葩说”的 IP 价值不断提升，品牌形象逐渐建立，一部分观众被发展成了忠实的粉丝。据喜马拉雅 FM 给出的官方数据显示，这款限时售价 198 元一年的课，上线仅一天，销售额就突破了 500 万元[①]。这种对观众和作品之间关系的开发、维护与管理，为作品形成品牌和风格后的发展之路积累了原始受众，为之后作品的营销推广加上了一把“保险锁”。

（二）多屏多端、线上线下立体化推广

多屏多端推广，意味着新媒体视听作品不只依赖本身的播放端进行推广，而会制订作品适应其他不同媒介传播特性的营销推广计划，使作品进行跨屏跨端的传播共享，让更多圈层的观众发现作品并产生兴趣。许多网络剧、网络大电影、网络综艺、网络纪录片的播放平台，除了传统的 PC 端之外，都已推出了自己的移动端 App 和互联网电视端，同样的作品会根据不同端口的用户特点进行有针对性的推荐。在宣传时，运营方也会截取作品内容中的精彩部分，制成短视频或制造出话题，在移动短视频平台及社交讨论平台进行发布，直接为作品导流。作品的知名度进一步提升。而

---

① 张菁丽. 论视频网站自制综艺节目的创新营销策略研究［D］. 上海：上海师范大学，2017.

对于一些主要在移动端传播的新媒体视听作品，例如短视频、直播等，也能通过分享链接、二维码的方式在移动端的不同平台间进行传播。新媒体视听作品在互联网环境中的传播真正做到了互通有无。

在信息时代的今天，虚拟技术、通信技术普及社会的每一个角落，新媒体视听作品在互联网环境中如鱼得水，却也离不开传统媒体和线下参与的助力，在营销推广上已经实现了从线上到线下的全面覆盖。营销主体在广播电视、报刊、户外媒体上发布资讯，并结合线上自媒体、社交网站、网页版面同步宣传，还充分挖掘各社交分享平台 KOL[①]的影响力，发动艺人粉丝群，联合出品单位、播出平台、网络运营商协同营销，制造话题效应。同时走近年轻用户，策划事件和活动，实施线下的体验接触式营销，培养用户的参与感和代入感。这些方法都体现了立体化推广的苦心经营。为了尽可能多地接触目标受众而大规模地拓展、整合营销推广渠道和路径，最终形成了一个多屏多端、线上下线结合的全方位传播矩阵。

（三）大数据的应用

大数据，又称海量数据，指的是以不同形式存在于数据库、网络等媒体，蕴含着丰富信息的、规模巨大的数据。当今互联网时代，人们的基础信息、行为、位置、网页浏览痕迹、账号登录状态等每一点变化都被转化成可记录和分析的数据，储存在“云”端。“云”是网络、互联网的一种比喻说法。而“云计算”则是一种包容性强、功能强大的数据运算方式，可以帮助企业进行产品定位、市场划分、消费者行为分析、市场趋势预测等工作。如今的企业为谋求长远发展，都建立了自己的消费者数据库。网站根据每天点击产生的流量，作为广告商的参考指标，曝光率、竞价排名、流量转化率、访问次数则以定量的方式反映了广告费用的使用情况，使雇主根据数据监控随时随地做出调整。同时根据受众的不同操作推送相关服务，分析重点

① KOL：Key Opinion Leader，即关键意见领袖，是营销学概念，指拥有更多、更准确的产品信息，且为相关群体所接受或信任，并对该群体的购买行为有较大影响力的人。

主营业务，规划下一轮的预算和运作。

将大数据应用在营销推广中就是利用数据统计和分析计算等科学的方式对用户需求进行管理，使营销更加精准。新媒体视听作品的营销推广中，也处处存在大数据的身影。

1. 利用大数据分析用户需求，精准策划内容

艾媒咨询发布的《2019—2020 年度中国在线直播行业研究报告》数据显示，2019 年中国在线直播行业发展显示出的主要特点是：全民参与泛娱乐直播，短视频玩家强势入局。该报告反映了在线直播的受众对音乐、舞蹈、游戏等娱乐内容的突出需求，同时指导着在线直播从业者的直播内容趋于泛娱乐化、生活化、多元化，以吸引更多观众。

骨朵传媒发布的《2019 年度网络剧产业研究白皮书》中，对 2016 年至 2019 年度的“甜宠网剧”数量与前台播放量做了统计与对比，发现此类型的网络剧频繁获取高关注度和高点击率，证明了市场对“甜宠”的认可。基于该类型网剧通常的低投资、高回报，相信在今后几年中，这类由 IP 改编而来、投资成本小、主要采用新人演员的网剧类型依旧是各大视频网站争抢的对象。

2. 利用大数据判断用户偏好，精准推送作品

这一点在短视频、网络视频新闻、广告与宣传片的推广中体现最为明显。依托大数据算法技术，通过对受众浏览内容的类型以及停留时长等阅读习惯进行数据分析和归纳，推断出受众的兴趣偏好，为用户推荐相关的内容，真正做到了投其所好。算法推送不仅能满足受众的使用需求、节约使用成本，同时提高了内容的实际到达率，保证了内容的精准分发。

但这种依托算法算出的受众“喜好”也受到了很多争议。很多时候在某一页面的长时间停留，可能是出于“好奇”而非兴趣。而长期只给受众推送相同类型的内容，会导致受众接受内容的同质化，他们的视野受到了局限。

3. 利用大数据检测营销效果，精准调整方案

2019年6月，阿里巴巴旗下的“灯塔”平台宣布入局网络大电影营销。作为一个专注于通过大数据实施精准营销的宣发平台，“灯塔”把在院线电影的成功经验搬到网络电影中。阿里大文娱电影业务负责人李捷在接受采访时说：“网络电影中数据更丰富，快进、快退、跳出，看完电影下一步干什么，或者为什么看这个电影，他在哪些地方感觉无聊，他为什么会退出，他在哪分钟退出的？这都是对未来做网络电影很有帮助的。”“灯塔”平台将通过统计分析观众观看某网络大电影时行为的相关数据，对该网络大电影作品接下来的营销计划和传播方向做调整。

通过以上案例可以看出，大数据云计算的使用在新媒体视听作品的营销推广中非常普遍，但也出现了过度看重数据和数据无法完全反映事实的情况。如何摆脱大数据带来的“唯数据论”枷锁，而做出真正打动人心的营销推广方案，是十分值得深思的问题。

（四）以受众为导向

以受众为导向是新媒体视听作品营销推广的核心特征，其他特征都是在它的指导和统领下展开的。贯穿全流程的营销推广在每一步都要对受众需求、关系进行管理；多屏多端、线上线下的立体化推广也是为了让作品尽可能多地接触目标受众；应用大数据和云计算是科学地衡量受众心理、营销效果的方法；在营销推广方面投入更高成本，更能说明运营新媒体视听作品时受众的重要地位。

除了上述的体现之外，新媒体视听作品的营销推广还十分注重与受众的交互性，即时与受众互动，重视并收集受众的反馈，是以受众为导向的另一个重要表现。尤其是网络直播，在即时交互方面有着超乎其他新媒体视听作品的优势。网络直播的时效性和同步性是观众对现场直播的第一感受，实时发布在空间上让发布主体同观众之间的距离缩减到最小，促使观众关注程度增加，对直播的各个环节都有新鲜感和身临其境感， 进而产生

强烈的参与意识。“老铁双击666”“谢谢某某大哥的火箭”这样的互动性语言在如今的泛娱乐直播间里屡见不鲜，甚至成为某些主播的口癖。在直播中，用户可以通过直播平台进行实时交流，对所接收或感兴趣的信息内容进行讨论、分享，将自己的见解发表出来，还可以转发评论，或送礼物给直播主播进行互动交流。网络直播互动是真实、立体的，这让受众的参与意识达到了极致。它突破了一些视听作品单向传播的局限，观众的力量甚至可以改变其内容和形式。

除此之外，为了增强与受众的互动性，继哔哩哔哩平台后，各大视频平台也都推出了弹幕功能，观众可以边观看边在屏幕即时即刻发布自己的评论，之后所有看到这一幕的其他观众都可以看到这条评论。发展到今天，弹幕有时已经成为某部剧在营销推广时的特色标签。2019年播出的网络剧《东宫》塑造了一位颇具争议的男主角，该剧集的观众经常发布一些诙谐幽默的弹幕来谴责男主角，这部剧本是一部悲剧爱情故事，却被弹幕营造出了轻松愉快的氛围，甚至形成了专属于该剧集的弹幕风格，独特的场景吸引着更多观众前去“围观”和参与。从这个案例也能看出，为观众提供可以交流互动的渠道，观众甚至可以自发替作品创造出优秀的营销话题，此案例从侧面印证了以受众为导向的重要性。

（五）营销投入增多

传统经济学中的重要定律“边际收益递减定律”，在新媒体产业中却呈现相反的趋势。其原意是指在其他条件不变的情况下，“增加每单位生产要素投入所带来的收益会随着这种要素投入量的增加而减少”①。在新媒体产业中，对每单位投入成本的增加可以创造更高的价值。通过延长产业链、扩大规模、增加投资，对新媒体产品投入得越多，反而获得的优势越大，这也使得越来越多的资金流入新媒体产业。但是近年来的新媒体产业在基础设施例如服务器、带宽和设备维护等方面的成本过半，多年来单

① 张晓婉.网络剧的整合营销传播研究［D］.南京：南京艺术学院，2016.

纯依靠广告的模式并没有带来多少利润，直到微电影、网络大电影、网络剧、网络综艺等作品产量大增并扩大盈利渠道后才逐渐实现增收节支。随着市场的成熟完善，这些产品的发展重点也从前期的生产制作转向生产与后期营销发行部分相平衡，这些新媒体产品具有高投资高回报、易于营销的特点。以网络大电影为例，近两年来，虽还未形成系统完善的营销体系，头部网络电影的营销投入却已有了大幅度的增长，2018 年，《大蛇》成为首部票房突破 5000 万元的网络电影，而这部电影的制作公司淘梦，为头部影片投入的营销推广费用已经占到了总投资的 30% 到 50%，规模向院线电影靠拢[①]。除此之外，各大视频平台也纷纷对网络电影进行营销功能升级和全链路支持。2017 年，优酷与书旗、阿里影业联合启动“HAO”计划，对网络电影宣发提供支持；2018 年，优酷又针对不同等级的网络电影，制定不同的站内营销资源匹配规则，通过站内算法，助力影片的宣传推广；2019 年，优酷发布“锦绣合制”计划，依托阿里的大数据体系，深度介入宣发端；同年，推出了名为“优酷怪兽宇宙”的整体营销计划。无独有偶，爱奇艺则推出具有特色的“主题季”营销，将同主题的网络电影进行打包整合营销；2019 年 7 月，又将营销模式升级为“营销分成 + 联合营销”。

可以看到，如今的新媒体视听作品除了在内容上细分深耕、开发创新外，为了更好地实现商业效益、流量变现，还必须满足市场的需求。营销推广就是作品能更精准、充分与市场接轨的渠道之一，增加对营销推广的成本投入是大势所趋，依据新媒体产业边际收益递增的规律，这种投入能为作品带来更多价值。在这个过程中，用户的视野和体验是重中之重，必须通过创造关注、增强互动、大数据监测等方式调动用户对作品的新鲜感和积极性，才能更好地铺设之后作品的发展之路。

① 骨朵传媒 .2019 年网络电影产业发展研究白皮书［R］. 北京：骨朵传媒，2020.

第二节　新媒体视听节目营销推广的现状分析

一、营销推广的宏观环境分析

（一）政策环境分析

近年来，各政府部门不断加强对新媒体视听领域的检查和监管。资质认定、内容审查、传播秩序的维护成为三条政策规范主线。

在资质认定方面，2018 年 3 月，国家新闻出版广电总局办公厅下发《关于进一步规范网络视听节目传播秩序的通知》，强调不得与未取得信息网络传播视听节目许可证的网络视听机构合作。2018 年 12 月，发布《关于网络视听节目信息备案系统升级有关事项的通知》，对“网络剧、微电影等网络视听节目信息备案系统”进行升级，要求重点网络影视剧项目在开始制作前和与观众见面前，需经过两次备案和两次公示，加强审核次数，推进网台同一标准。

在内容审查方面，2016 年国家网信办发布《互联网直播服务管理规定》，对网络直播“低俗化”进行整改，建立“黑名单”管理制度；2017 年中国网络视听节目服务协会发布了《网络视听节目内容审核通则》，对网络剧、微电影、网络电影、网生纪录片等规定其内容要突出正能量与传统文化，且每部作品应由不少于三人的审核员审核；2019 年又发布《网络短视频内容审核标准细则》，对短视频作品实行先审后播的形式，包括评论与弹幕。这些“收紧”举措都体现了相关部门对新媒体视听作品不良风气的严格整肃，不断细化的规范条目促使制作方和运营方坚守红线，兼顾好观众的需求和导向的要求。

在传播秩序的维护方面，版权是新媒体视听节目核心竞争力的重要保证，保护原创，严厉打击盗版等不正之风也是近几年有关部门工作的主线。2017年，国家版权局、互联网信息办公室、工业和信息化部、公安部联合下发《关于开展打击网络侵权盗版“剑网2017”专项行动的通知》，2019年4月，再次联合启动打击网络侵权盗版“剑网2019”专项行动，针对网盘分享盗版影视作品问题进行严厉打击，推动相关企业合理合法维权，构建健康有序的影视文化作品市场版权秩序。

这些政策举措，也使得部分新媒体视听作品的营销推广承担着一定程度的政策风险。步步紧收的审查政策下，一部网剧或网络大电影，从筹备期到最终上线，都面临着许多检查和考验。有些网络大电影定档数次，最终无疾而终；有的网剧播出至半，被迫下架整改，这些情况都可能对营销推广策略的实施造成影响，损害运营方的利益。

（二）媒介、技术环境分析

媒介和技术，是新媒体视听作品营销推广中不可或缺的助力。媒介负责提供渠道。在如今的融媒体时代，媒介的融合已不再是新鲜事物，它将传统的媒介生态颠覆，构建了一个庞大的、一体化的、多功能的媒介系统，信息资源可以在其间充分传递和交流互动，且具有多样化的表现形式。媒介的融合带来了传播渠道的全方位和立体化，它模糊了传统媒介之间的界限，跨媒介的多屏多端、线上线下的传播使得新媒体视听作品的整合营销成为可能。例如一部在视频平台上线的网生纪录片作品，除原平台弹幕互动式传播外，还可以被剪辑成短视频，在短视频平台进行“病毒式”传播，在微信、微博平台进行口碑推广和线上讨论，与电视媒体进行联合发行，与商家合作衍生线下周边产品等。

媒介的融合还带来了传播者和受众双方地位的变化。互联网技术的发展使得原始的“传→受”的单向传播模式转换为“传→受+受→传”的双向模式，这种传播模式除传播外增加了受众的传播效果反馈，可以让传播者在下次传播前清晰受众的需求，做进一步的改良。这一点刚好与营销“用户需求至上”的思维不谋而合，营销推广在媒介融合之后显得更加如鱼得水。这种双向的交流模式同时也提高了受众的地位，导致话语权的转向。媒介作为传统的信息资源把持者，在媒介融合的环境下，已经不能对信息进行垄断，自媒体的出现就是最好的证明。例如当今最受欢迎的短视频平台，几乎全部是 UGC 的模式，大量的网络红人、意见领袖纷纷跳脱出原来单一的受众身份，变成了自身拥有信息资源且通过各种方式传递信息的自媒体。他们还拥有庞大的粉丝群体，聚集了一批喜好相同的人群，可以说自动将受众划分了圈层，在粉丝的推动下，自媒体可以迅速将流量变现。这样强大的影响力度，运用到营销推广中，可以在短时间内实现产品的指数级传播。

而这一切，又是在技术发展的推动下成立的。不仅新媒体视听作品的制作离不开技术的进步，它的传播更是依赖着技术的帮助。视频清晰度的进化技术，提升了作品的观看体验；下载速度的提升，也提高了作品的传播效率；大数据云计算对数据的抓取和分析，便于了解用户需求且更精准地制订营销推广方案；弹幕等视频互动技术，有效提高了用户在产品使用中的交互体验；二维码技术的诞生，为分享渠道创造了更多可能。

（三）社会文化环境分析

新媒体视听作品是依托互联网生产制作和传播分享的产品，从文化背景的角度来看，其内容和形式以及营销推广的策略和方法都深受网络文化的影响。网络文化作为亚文化形态的一种，拥有着自由程度高、传播速度快等特点。自由程度高意味着网络空间是开放的，用户可以利用网络进行平等的互动交流，在营销推广方面则有利于以更低成本精准了解用户需要，定制营销计划。此外，这样的高自由度也催生了泛娱乐化、解构化的趋势，这一趋势主要体现在营销推广的手段方面，创造相关话题、利用演员人气、剪辑“同人”视频[①]等都是当下常用的营销策略。而传播速度快也改变了用户的阅读方式乃至生活习惯，更多碎片化的内容因为容易被用户接受而

① 同人视频：指对原作品进行二次加工剪辑出的视频，B 站是同人视频集聚的平台。

接连出现，新媒体视听作品的营销推广也呈现碎片化的特征，在开放的网络环境中，新媒体视听作品迅速地传播。

（四）市场环境分析

新媒体视听作品的市场潜能巨大，对市场环境的分析更有利于其在营销推广之中找准痛点、精准实施。首先，从整体的市场规模来看，2018 年，我国网络视听市场规模达到 1871.3 亿元。在这当中，短视频产业的增长十分迅速和突出，从 2017 年的 55.3 亿元一跃达到 2018 年的 467.1 亿元，同比增长 744.7%；综合类视频市场规模稳步提升；直播市场增速缓慢①。

从消费环境来看，根据 CNNIC（中国互联网络信息中心）的数据显示，截至 2020 年 3 月，我国网络视频用户规模达 8.5 亿。其中，短视频用户规模就达到了 7.73 亿②。庞大的用户群体也促使新媒体视听作品的营销推广对用户的消费行为以及消费心理进行仔细解读。用户在消费行为方面的显著特点之一就是付费用户数量的增加，用户愿意为想要观看的视听作品内容支付钱款。内容付费收入占比在各平台总收入中逐年提升，已超过广告成为营收主力。而由于用户多为年轻群体，在消费心理方面，也呈现出动机娱乐化和情绪化的特点。用户在繁忙的工作和生活中，更倾向于选择能够提供娱乐休闲价值的产品来放松压力，以沉浸在快乐和狂欢之中。互动特征显著的新媒体视听作品也让用户的情绪一触即发、相互传染。面对新媒体视听产品，用户的感性诉求能得到更多的满足。除此之外，用户的主体意识在媒介融合的背景下日渐增强，其自我解放、自我表达、张扬个性的需求也日趋旺盛。

接下来对各个新媒体视听作品类型的细分市场进行简要分析。

1. 网络剧市场

在税改政策的影响下近年来我国的网络剧在产品数量上有所下降，大

---

① 中国网络视听节目服务协会 .2019 年中国网络视听发展研究报告[EB/OL].(2019-05-27)[2020-05-13] . https：//new.qq.com/omn/20190719/20190719A034RT00.html.

② 中国互联网络信息中心 . 第 45 次《中国互联网络发展状况统计报告》（全文）[EB/OL] .（2020-04-28）[2020-05-04] . http：//www.cac.gov.cn/2020-04/27/c_1589535470378587.htm.

众“爆款”[①]数量减少，但题材创新方面有所突破。用户更倾向于选择集数较短、内容节奏较快的剧集，且对剧集口碑的要求提高。

2. 网络电影市场

网络电影市场包括网络大电影市场和微电影市场。网络大电影的“量减质升”成为近年来的发展趋势，现实主义题材的“网大”越来越多且引发用户的关注和广泛讨论。各平台积极支持网络电影的全链路升级，推动“网大”的精品化发展。

微电影市场在近年来“遇冷”。截止到2015年，微电影的总数量发展到近两万部，市值突破了100亿元[②]。作为一种投入产出较高的新媒体产品类型，微电影在刚刚出现的几年间受到了热烈追捧。但2014年后，随着政策监管的严格，微电影的产出出现大幅度下滑的势头。

3. 网络综艺市场

网络综艺市场处于平稳发展态势。2018年较2017年上线数量微增，2019年与2018年相比又有所下滑[③]。网络综艺的细分市场开发仍旧明显。偶像养成节目、演技真人秀、观察类综艺仍旧是市场主力，音乐类综艺则更加垂直细分。网络综艺市场进入冷静发展期。

4. 网络纪录片市场

近年来，网络纪录片产能大增，成为新媒体视听作品的一匹“黑马”，其生产投入和市场份额占比都逐年升高。潜力巨大的用户市场促使新媒体平台纷纷入局，为年轻观众制订内容。由知识需求作为驱动，网络纪录片十分受高质量的年轻用户欢迎。

5. 网络视频新闻市场

自2006年起，网络视频新闻在全媒体时代应运而生，从门户网站到

① 爆款：意为在某年度中话题度和关注度极高，引发全民观看的新媒体作品。
② 曹强．浅议国内网络微电影的创作与发展［J］．大众文艺，2017（24）：146.
③ 骨朵传媒．2019年网络综艺产业发展研究白皮书［R］．北京：骨朵传媒，2020.

商业网站，再到各大通讯社报业集团等纸质媒体，纷纷踏上建设网络视频新闻之路。到 2009 年，新华社依托新华网，正式开通了自己的视频新闻专线。2010 年初，我国几大视频网站纷纷鼓励受众参与上传新闻视频。2016 年，由澎湃新闻原主编等人创立的资讯类新闻短视频平台“梨视频”上线，乘着短视频的东风，网络视频新闻有了更细分、更下沉的专业传播平台。

6. 短视频市场

短视频，作为新媒体视听的新生主力军，其市场价值和影响力在 2018 年已经超过长视频，使其成为新媒体视听用户最青睐的产品。短视频的用户结构中，年轻用户占据主体地位，且高收入、高学历用户使用短视频的增长速率快，同时短视频在中老年群体中也在加速渗透。

7. 网络直播市场

网络直播市场用户规模近年来趋于稳定。其中，女性多于男性，年轻人占大多数。随着对直播的监管趋近完善，网络直播内容质量有所提升，用户的日均使用时间也随之提升，用户黏性增加。另外，“直播 + 电商”的商业模式成为市场聚焦点。

8. 网络视听广告与新媒体宣传片市场

国内的网络视听广告起步较早，是依托网络视频平台的发展逐渐成长起来的。[①]2005 年左右，一些早期的视频网站就开始“试水”网络视频广告的相关业务；自 2008 年起，越来越多的网络服务类广告主开始在网络视频当中投放广告。2009 年以后，网络视听广告市场监督体系更加完善，市场规模迅速扩大，2017 年网络视听广告收入达到了 463.2 亿元。[②]目前的视听广告类型主要有贴片式、前置式、浮层式及植入式等。

新媒体宣传片目前还未形成比较成熟的运作机制和一定的市场规模，

---

① 黄妍 . 网络视频广告类型及发展趋势［J］. 西部广播电视，2016（17）：27.

② 艾瑞咨询 .2018 年中国网络视频行业经营状况研究报告［EB/OL］.（2018-05-23）［2020-05-12］. http：//report.iresearch.cn/report/201805/3216.shtml.

处于初步探索阶段。

二、行业的营销推广现状分析

具体到整个新媒体视听作品行业中，有许多涉及营销推广环节的相关运营主体，下面对这些平台或机构以及它们进行的营销推广相关行为进行简要梳理和分析。

（一）制作播出平台及其营销推广战略

一些运作成熟的新媒体视听作品制作播出平台对在其平台上线的作品都有相应的营销推广战略和计划。

1. 视频网站的营销推广战略布局

如今的视频网站，依旧是以爱奇艺、腾讯视频、优酷为第一梯队，芒果 TV、哔哩哔哩为第二梯队的“五分天下”格局。其中第一梯队的用户渗透率达到了所有综合视频平台的 80.2%。[①] 拥有如此庞大的用户群体，近年来这些平台也精心规划了自己的营销推广战略。

爱奇艺是最早提出“网大 2.0 时代”的平台，早在 2016 年就将营销放在与制作同等重要的位置。2017 年和 2018 年，爱奇艺平台参与营销的“网大”数量不断提升。2019 年的爱奇艺优化了营销分成模式，将营销合作升级成“营销分成 + 联合营销”的模式。营销分成就是传统的营销分账，联合营销指爱奇艺会从 A 级项目中选取优质影片，向片方发出邀约，直接介入影片的营销过程中，为片方提供专业资金和团队资源，进行合作营销。这样的模式不仅简化了流程，还有的放矢地增加了投入。

优酷平台在2019年6月推出了“锦绣合制”计划，将为参与计划的淘梦、奇树有鱼等头部网络电影公司提供资金、数据和营销方面的支持。此外还推出名为“优酷怪兽宇宙”的整体营销方案，由《水怪》开头，对平台上

① 中国网络视听节目服务协会 .2019 年中国网络视听发展研究报告［EB/OL］.（2019-05-27）［2020-05-13］. https：//new.qq.com/omn/20190719/20190719A034RT00.html.

线的怪兽类作品进行整合营销，吸引观众对此类题材的更多关注。此外，优酷还针对不同等级的电影匹配不同的营销资源，通过站内算法，在作品上线后评估是否有继续营销的价值，调整了营销资源的合理分配。

腾讯视频坚持与合作方联合营销的策略，并在其中加大“腾讯系”资源的投入，以更好地形成品牌效应。在对网络剧推广方面利用了传统媒体的渠道，《狐狸的夏天》《逆袭之星途闪耀》等独播剧在网络上线后还被卖到了电视台播出，扩大了剧集的受众群和影响力。在网络电影方面，腾讯致力于推动优质自制电影院线发行，以实现“网院共生”为目标。

哔哩哔哩作为国内“二次元”文化的最大聚集地，拥有着许多80后、90后的年轻用户。2016年，纪录片《我在故宫修文物》意外在B站走红，哔哩哔哩特有的“弹幕”文化消解了传统纪录片的权威形象，拉近了观众和纪录片这一严肃表现形式的距离。并且哔哩哔哩还为许多小众文化圈层开辟了专属表达空间，这也使其用户对不同类型的深刻表达更为包容，不难理解纪录片缘何在B站走红。2017年B站针对纪录片推出了“寻找计划”，先后推出了《人生一串》《守护解放西》等多部优秀原创纪录片作品，并在这些作品的传播和运营上下功夫，采用了首页推荐、全媒体支持、用户推送等多种方式深度覆盖用户。

芒果TV背靠湖南广电，打造品牌化的“芒果”生态圈。在营销方面树立了网状整合营销的模式，深化“台网融合”，为用户打造多屏多端的互补观看体验。

除以上头部视频网站外，字节跳动旗下的西瓜视频作为上线不久的视频平台，依托今日头条孵化，成为视频网站中的新生力量。西瓜视频致力于深挖垂直领域的内容布局，尤其在“微综艺”这一新兴网络综艺类型上已摸索出了从制作到宣发的一整套方法论。以“流量驱动力、圈层渗透力、内容共生力”驱动视频产品的营销。①

① 骨朵传媒.2019网络电影产业发展研究白皮书［R］.北京：骨朵传媒，2020.

2. 其他制作播出平台的推广策略

短视频平台的作品推广策略主要是依靠大数据和用户的互动机制。这里以抖音为例浅谈其作品的推广和传播。抖音平台在2018年后迅速发展，常居App下载榜的前列，且成功走向国际。有网友调侃“抖音五分钟，人间两小时”，可见抖音短视频令人“上瘾”的程度。这种让人一刷就停不下来的特点主要是因为抖音的推送机制。抖音平台利用“人工+大数据”的精准算法推荐功能，以点赞数量、评论数量和分享数量为指标和依据进行视频推荐，这种推荐是“去中心化”的，也就是说，不管你是明星还是草根，只要作品数据流量大，就可以被精准推送给任何喜欢此类视频的用户。因此这一技术也鼓励了更多普通用户依靠创意和技术成为抖音“达人”，为平台培养出属于自己的“红人”。

具体来说，抖音的大数据推送主要根据的是用户的基本信息、兴趣需求以及作品流量池的叠加来进行。[①]用户基本信息的来源是用户在注册账号时所填写的一些信息，包括性别、年龄、手机号、常住地等。依据这些信息平台会向用户推荐“可能认识的人”（基本上是微信好友）以及本地用户的视频内容。抖音还会申请访问用户的通讯录，如果用户同意，就可以看到通讯录中好友的抖音账号。虽然这些举动有隐私权方面的争议，但也确实增强了用户黏性。生活中相熟的人或发布同城生活内容的陌生人都会使用户产生情感共鸣，从而接受并继续传播推送的内容作品。用户的兴趣需求主要是通过用户的关注、点赞甚至停留在某作品的时长为线索构建的，用户一打开App，就出现了推荐栏，页面中直接就有视频作品全屏播放，用户可以通过滑动来切换作品，遇到不感兴趣的视频可以长按页面选择“减少此类推荐”。“推荐”一栏基本上是用户平时经常浏览、互动的内容，平台的热门内容以及新发布的内容，后两者则是为了减弱“信息茧房”效应，让用户有机会开发新的兴趣，对平台产生持续的热情。作品的流量池叠加规则类似于“滚雪球”。第一轮是以作品的点赞数、评论数、转发数、

① 于兰忆．抖音短视频APP互动机制研究［D］．沈阳：辽宁大学，2019.

完播率等指标为参考，分配不同的权重综合评估。某作品达到一定标准后，平台将作品按照话题、地区、关注等标签进行推广。如果作品很受欢迎，那么会扩大推荐范围和深度进行下一轮推荐，可以说越是受欢迎的作品，被人看到的机会就越多。流量池叠加法也是抖音平台最重要的推广手段。

直播平台的作品传播推广在近年来呈现出娱乐化和迅猛化的趋势。娱乐化体现在一些充满趣味性的互动玩法。除了传统的评论互动和弹幕互动外，为主播打赏、刷礼物也成了许多直播用户青睐的方式。其中，40 岁以上用户倾向于免费的打赏，而 20 岁至 25 岁用户是付费打赏的主要人群。此外，许多平台还接入了 VR 体验式直播，以及互动游戏（例如红包雨）和短视频，丰富直播的内容互动形式，为平台加固引流。迅猛化体现在直播平台的快速传播能力，“在用户碎片化娱乐时间以直播形式，通过明星、网红、主播影响力达到快速传播效果，尤其是搭载明星、名人、事件，往往收获意想不到的营销效果；另外，通过直播平台短视频战略及内容分发合作，形成二次传播，进一步扩大营销效果”。①

网络视频新闻平台内新媒体视听作品的推广策略以梨视频平台为例进行阐述。梨视频作为较为成功的资讯类视频平台，其平台作品的推广也是基于互动的原则并利用大数据技术进行的。在平台内，内容的推荐主要包括三个方面。② 一是优先推荐热点资讯。梨视频 App 的首页“推荐”一栏，会推送时下最受关注的新闻视频。还会为最聚焦的新闻热点设置可供“收藏”的专题视频栏，企图通过这些推荐增加作品在社交平台的传播范围。二是编辑推荐的原创优质内容。梨视频为保证视频新闻的质量，将新闻三审制引进了平台的作品产出环节。优质内容的推荐有利于平台建立属于自己的品质口碑和品牌特色，增强平台的流量和用户黏性。三是用户的个性化定制推荐内容。点击梨视频 App 首页右上角的按键，可以对“频道”一栏新闻视频标签通过长按拖拽的方式进行分类。而频道最热区的视频，是

① 艾瑞咨询 .2018 年中国泛娱乐直播营销趋势解读[EB/OL].(2018-07-11)[2020-05-20]. http：//report.iresearch.cn/report/201807/3240.shtml.

② 郑燕 . 梨视频资讯传播策略研究［ D ］. 西安：西北大学，2018.

通过阿里云搭建的推荐系统完成的。梨视频在上线初期就与阿里云合作，根据平台用户一天内的兴趣分布状况实时反馈，构建用户的兴趣图谱，包括用户看过的和不喜欢的内容，推荐系统在下一次智能推荐时会避开用户不喜欢的内容。梨视频在平台外的作品分发范围十分广泛。总结起来也有三类。一是以微信、微博为主的社交平台；二是以今日头条为主的内容分发平台；三是以人民日报、环球时报、澎湃新闻为代表的媒体平台。

（二）专业运营平台及其营销推广战略

除制作播出平台外，行业中还有专注于营销推广等运营方面的专业机构。一类是针对视频网站播出的视听作品例如网络电影、网剧等进行运营的机构。成立于 2011 年的芭乐网，就是根植于网络领域的一个原创新媒体影视内容出品和发行的网站[①]，它坚持“数据创精品，技术立发行”的理念，为创作者和广告商搭建视频内容以及营销的桥梁。芭乐网旗下拥有网络营销系统、数据系统以及生产解决方案的综合营销平台，可以准确为作品的市场反馈做严密的监测。

2018 年，阿里影业发布了为电影片方和宣发公司服务的一站式电影宣发平台——“灯塔”。作为阿里影业打造的电影产业新基础设施，“灯塔”基于大数据管理，围绕投放渠道规模化、宣发效果可量化、营销数据可视化提升宣发效率，为电影片方赋能。2018 年，“灯塔”平台共服务了 162 个电影项目，其中不乏《我不是药神》《流浪地球》等票房极高的成功影片。2019 年，“灯塔”宣布入局网络电影营销，主要是与阿里文娱旗下的优酷进行合作，提升优酷网络大电影的宣发效率。基于数据平台，“灯塔”对“网络电影票房动力学”进行研究并归纳出研究模型。通过对数据的分析，“灯塔”平台解决了网络电影营销中的三个问题：定人，即通过用户数据为片方锁定核心人群圈层地图，预防营销受众错位；定档，在网络电影欠缺的定档环节，通过细分人群热度差异来调整不同类型影片的排期；定调，

① 张晓婉．网络剧的整合营销传播研究［D］．南京：南京艺术学院，2016.

通过专门的预告片评估指标挖掘出用户感兴趣的内容信息，不断调整营销方向。

另一类是MCN机构。MCN即Multi-Channel Network，意为多频道网络。MCN机构最早产生于美国网站YouTube[①]，是能将不同频道、类型、形式的内容联结起来，并帮助内容创作者提供商业化变现的组织。目前，国内比较知名的MCN机构有以头部KOL“papi酱”为核心的“papitube”；旗下拥有“日食记”等众多美食KOL的“罐头场”以及拥有“办公室小野”“代古拉K”的“洋葱视频”，且主要集中在微博、短视频平台和直播平台，内容以视频产品为主。MCN机构并不直接生产内容，只是将众多个体内容创作者聚合起来，在内容制作、交互推广、用户管理等方面对他们提供帮助，以便更稳定地输出内容，最终实现商业变现。MCN机构当中的运营业态是助力账号变现的重要一环，也是内容产品营销推广的相关环节。运营业态包括内容运营、平台运营和账号运营。其中，内容运营有内容策划、选题把控、内容传播；平台运营包括规划研究和内容分发；账号运营包括账号定位、粉丝管理、矩阵规划。在具体实施当中，可实行内容分级制度，根据内容创作者的数量、播放量、粉丝数和更新频率划分为不同等级，并根据不同流量和等级制定相应的管理与考核指标，为传播分发内容产品、管理粉丝、布局宣传矩阵提供依据。

（三）民营制作公司及其营销推广战略

行业内的一些民营制作公司除了生产产品内容外，也会对产品宣发和营销进行直接或间接的参与。以淘梦控股和新片场为例，前者从网络电影宣发起手，发展到后期已成为集策划、出品、制作、宣发、孵化、衍生开发为一体的泛娱乐综合性公司。由于从2013年就开始涉足网络电影宣发，淘梦公司在营销推广方面积累了许多经验。“发行免费，营销分成”的模式就是其在2016年提出的营销推广模式之一，即在50万—100万元的营

① YouTube：也称“油管”“优兔”，美国著名视频网站。

销宣传预算下，淘梦全额投入，实行发行免费，收取15%到20%营销分成的形式来服务制作。这样的模式很好地分割了营销与发行，目的在于让营销资源更好地服务于头部精品，与片方实现共赢。但也并不意味着发行就不重要，只不过不是第三方的服务重点，对专业营销平台来说，发行已是驾轻就熟的业务。淘梦的这一营销战略，不仅为行业中的新生制作团队解除了发行上的隐忧，还提供50万到100万元的营销预算，对制作团队专注于内容产品的精品化制作提供了便利的渠道。

表7-1　2019年淘梦控股网络电影作品（部分）

序号	片名	播放平台	上线时间	类型题材	参与程度
1	兴风作浪	优酷	2019-01-11	喜剧	独家宣发
2	齐天大圣之火焰山	优酷	2019-02-01	古装玄幻	主出品
3	龙棺古墓2亡灵之花	爱奇艺	2019-04-16	冒险	主出品/独家宣发
4	傀儡姬系列	优酷	2019年春夏	古装奇幻	主出品
5	如意天书	爱奇艺	2019-06-22	古装玄幻	主出品/独家宣发
6	四目先生	腾讯视频	2019-07-05	民国玄幻	主出品
7	水怪	优酷	2019-07-12	生物灾难	主出品/独家宣发
8	绝色营救	腾讯视频	2019-07-12	当代军旅	主出品/独家宣发
9	双世青蛇	爱奇艺	2019-08-04	古装玄幻	主出品/联合宣发
10	四目大师	腾讯视频	2019-10-18	民国玄幻	主出品/独家宣发
11	奉天往事	优酷	2019-11-08	喜剧	主出品/独家宣发
12	大蛇2	优酷	2019-12-06	生物灾难	主出品

新片场公司，发端于为某创作人社区提供新媒体影视作品发行业务。2015年才入局网络影视作品发行的新片场其实不算“先声夺人”，却依靠四年的新媒体影视从业经历和旗下的创作人社区后来居上，成为网络影视业的一匹“黑马”。凭借自身的媒体影响力和与视频网站的良好合作关系，

由新片场营销发行的影片往往可以在平台取得良好的推荐位。例如《错了性别不错爱》上线后就获得了包括爱奇艺、腾讯视频在内的四五家平台的推荐位，最终也取得了良好的成绩。近年来，由新片场出品的影片更是频频出现在爱奇艺、优酷的票房分账榜单中。

表 7-2　2019 年新片场网络电影作品（部分）

序号	片名	播放平台	上线时间	类型题材	参与程度
1	宝塔镇河妖 2 绝世妖龙	爱奇艺	2019-01-22	冒险	主出品
2	齐天大圣之大闹龙宫	爱奇艺	2019-02-01	古装玄幻	主出品
3	盗浪淘沙	优酷	2019-04-05	古装玄幻	联合出品
4	群狼行动	爱奇艺	2019-04-06	当代军旅	主出品
5	新封神之哪吒闹海	爱奇艺	2019-05-14	古装玄幻	主出品
6	鬼吹灯之巫峡棺山	爱奇艺	2019-06-01	冒险	主出品
7	伏妖白鱼镇 2	爱奇艺	2019-06-08	民国玄幻	主出品
8	马永贞决战上海滩	优酷	2019-06-28	动作	主出品 / 制作
9	捉妖大仙 2	爱奇艺	2019-07-04	古装玄幻	主出品 / 独家宣发
10	至尊先生	爱奇艺	2019-07-25	民国玄幻	主出品
11	一封小情书	爱奇艺	2019-08-22	青春校园	主出品
12	降龙祖师	爱奇艺	2019-08-27	古装玄幻	主出品
13	方世玉之千面修罗	优酷	2019-09-06	武侠	主出品

三、 现存问题

新媒体视听作品的营销推广虽在交互性极强的融媒体时代和生机蓬勃的新媒体作品市场下取得了良好的发展环境，但它的网络化特征，深受网络文化影响也导致其存在着一些问题，主要有以下几类。

（一）泛娱乐化现象严重

泛娱乐化指的是一种以消费主义为核心，以享乐为目的的文化价值取向。体现在新媒体视听作品上就是以新媒体作品作为载体，其内容浅薄甚至低俗，但能带给观众快感和精神放松的一种文化现象。这样的例子在网络综艺节目的营销传播中最为常见。例如某些偶像养成类节目的宗旨一直强调“实力为王”“实力至上”，标榜要选出最优秀的选手出道。但在节目宣传时，却屡次利用选手的人设、私生活、绯闻或者炒作 cp 的方式来吸引大众的关注。忽视了团体成员所应具备的唱跳实力，传递了与节目宗旨完全相反的价值观，引发争议。

除了话题炒作博取眼球外，低俗媚俗的传播倾向也是泛娱乐化的表现，在网络泛娱乐直播刚刚兴起时，常常有主播为了吸引更多观众，做出一些突破底线的举动。而一些平台和网站在推广这些作品时，也经常会截取令人浮想联翩的画面作为封面，并配上同样令人误解的暧昧宣传词。这样的传播方式不仅会引起市场环境的不正之风，还会反过来导致作品内容创作上的泛娱乐趋向。

（二）同质化现象严重

营销方式同质化，对目标用户缺乏挖掘。以网络剧为例，不少网络剧由于题材上的雷同，喜欢照搬其他同类型题材作品的用户定位及营销方式，比如笼统地将用户定位成年轻人群体，而没有针对自身的内容特点做更加精准的用户需求挖掘，制订出独特的营销方案；在推广渠道上，惯常使用“线上多媒介合力宣传 + 线下路演明星见面会”的形式，没有突出的创新和亮点。此外，连宣传话题的选择上都摆脱不了同质化的桎梏。2018 年暑期档由爱奇艺独播的网剧《延禧攻略》中的“皇帝”一角因后宫女人众多被观众称为“大猪蹄子[①]”，成为网友津津乐道的谈资。但此后就出现了多部

① 大猪蹄子：在互联网语境中有“渣男”的含义。

古装网剧的男主角被营销成为“大猪蹄子”“渣男”，甚至忽视剧集本身的内容，刻意放大男主角的“负心”行为，号召网友进行讨伐，而剧情质量、导演风格和演员表现等本该被关注的内容也因此被掩盖。时间久了，网友也会对类似的宣传话题感到疲倦，对剧集的印象依然流于表面。这样的营销方式，也许会使作品获得一时的关注，但对长久口碑的建立是没有益处的。

（三）过度营销

在营销宣传中“天花乱坠”，观众实际观看后发现索然无味的“货不对板”现象，也就是营销过度现象。例如某知名男演员转型导演的一部翻拍自经典日剧的网剧作品，在上线前一直对标日本原版进行宣传，并邀请了众多知名演员出演，前期势头十分强盛，让观众产生了“一定与原版一样精彩”的错觉。而在播出后，纵使有多位口碑不错的演员加持，最后在豆瓣的评分还未突破三分，甚至关于作品相对客观的正面评价也完全被负面评价淹没，成为很多参演者职业生涯中的“滑铁卢”。因此，过度营销在前期虽然能吊起观众的“胃口”，但如果作品质量跟不上，使观众的期待落空，造成极大的反差，之后的结果将不可逆转。

此外，新媒体视听作品的营销推广还有许多亟待完善之处，需要运营方在保有社会责任感的同时，注重深耕细作和创新发展。

第三节　新媒体视听节目营销推广的策略

纵览整个新媒体视听行业的发展，层出不穷的营销手段和花样百出的推广方式给作品扩充了更广阔的市场空间，为观众提供了更多认知作品和与作品互动的渠道。本节主要通过现实案例的分析来梳理一些运营方常用的营销推广策略，希望可以提供有价值的参考。

一、物料推广策略

“物料”在新媒体视听作品环境中意为与作品相关的文案、海报、预告片、广告片等图文视频信息。物料资讯的分发和推送是新媒体视听作品最基础的营销推广策略，也是让用户最直接对作品产生认知和形成印象的方式。精准的物料信息会将作品的风格元素、细节巧思展现无遗，甚至会与剧情和角色特点进行优秀的融合。此外，物料的分发渠道也十分重要。常见的渠道有作品的官方微博、App 软件的开屏广告位、播放平台的首页推荐等。

案例分析:《倩女幽魂: 人间情》的院线级物料制作和全方位物料分发。

网络大电影《倩女幽魂：人间情》改编自 1987 年张国荣、王祖贤版经典《倩女幽魂》，于 2020 年“五一”期间在腾讯视频独播上线，播放量迅速破亿，分账票房也轻松达到了 3500 万元，商业成绩十分瞩目。[①] 如此亮眼的成绩背后，是作品运营方大手笔的物料制作和密集周到的物料铺陈。

在物料制作方面，《倩女幽魂：人间情》以院线标准，花费不菲地制作了 28 版精美的影片海报。还重金邀请了阿云嘎、黄龄等著名音乐人为影片创作歌曲。在影片上线前一周，同名主题曲的 QQ 音乐评论数就破万，MV 点击量也破 450 万次。影片运营方负责人在直播时说道：“我们在营销的前十几天实现了海报日更或者每日两更，每次打出去的物料不一样，就会让人产生更多对这部影片的新鲜度和判断力——如果海报都能做到这样的程度，观众就大概率有理由相信影片投入以及品质应该也是相当高的。”可以说，作品的前期宣传物料就是作品带给观众的第一印象。在分发渠道方面，《倩女幽魂：人间情》的物料推广范围是全方位、深度覆盖的。依靠腾讯视频的全腾讯系广告投放引流，与知乎、虎牙、快手、豆瓣等多平台合作。除了新媒体端，还在线下的电视端、公共交通移动传媒端进行

---

① ——.《倩女幽魂：人间情》近 2000 万营销费花在哪？［EB/OL］.（2020-05-16）［2020-05-21］. https：//mp.weixin.qq.com/s/POaXnRm98KxH4IbLNNpZZw.

硬性广告的铺设，仅在出租车方面，就发动了 5000 多辆出租车后窗轮播相关资讯[①]，形成了强大的宣传矩阵，对用户进行多领域的触发。

在新媒体视听作品的营销推广中，物料的重要性不容忽视，它在很大程度上与作品的审美水平和制作体量挂钩，作为营销推广的“第一关”，优秀精美的物料可以勾起大批观众观看作品的欲望，体现着片方的端正态度和专业性，也利于打造品牌化的作品风格。

二、口碑营销策略

所谓的口碑营销，就是运营方将用户一些琐碎但零散的评价收集起来，作为营销方式的一种策略。美国的口碑市场营销协会（WOMMA）为口碑营销下过这样一个定义：“口碑营销就是企业给顾客一个声音，创造顾客的热情，提供工具让顾客更加愿意分享他们的观念，而不是直接推荐生产商的产品或服务。”[②] 简言之，口碑营销之所以比直接的推广和推销效果更好，原因是用户更愿意相信自己的身边人对某产品的评价，或是网络上其他的普通网友使用过产品的评价，这样的评价看起来似乎更加客观真实、可信度高。

案例分析：豆瓣网的评分机制及小组讨论对作品的影响。

豆瓣网是一个基于书、影、音作品的评价分享，兼有论坛、交友等功能的社区型网站。豆瓣网的用户大多熟知并热爱文艺作品，属于“文艺青年”群体，对文化产品的审美眼光和鉴赏要求比较高，久而久之形成了一套较为严苛且在国内具有一定权威的评分体系。坊间曾流传着一句话：豆瓣的高分电影不一定是好片，但是低分电影一定是烂片。虽然有时存在对国产作品的天然排斥和网络“水军[③]”的入驻，但豆瓣网也增添了技术方面的设置，可以说豆瓣评分已成为业内及观众评判一部影片口碑的重要

---

① 冷罐头 .［Mirror 头条］《倩女幽魂：人间情》：网络电影进阶与协同共赢［EB/OL］.（2020-05-19）［2020-05-24］. https：//mp.weixin.qq.com/s/8qH9iBsfSR5fZr-KelMkZQ.

② 谢丽聃 . 中国视频网站网络自制剧口碑营销研究［D］. 重庆：西南政法大学，2015.

③ 水军：网络水军为一群在网络中针对特定内容发布特定信息的、被雇佣的网络写手。

标准之一，也因此成为新媒体视听作品口碑营销的“兵家必争之地”。

2017年底，两部同样聚焦青春题材的网络剧《致我们单纯的小美好》和《你好，旧时光》几乎同时在腾讯视频和爱奇艺上线。前者主打甜蜜的校园恋爱，女“学渣”和男“学霸”的经典人物设定让剧集从一开始就俘获了不少观众的心。后者则致力于展现“全景式青春”，对爱情的着墨较少，且剧集节奏缓慢，前五集的内容基本在为后面的叙事做铺陈，所以开始并没能吸引到观众。而令人意想不到的是此剧却在豆瓣网爆发了不俗的讨论度。首先在评分方面取得了8.7分的高分，其次在豆瓣《你好，旧时光》的讨论区，聚集了许多喜爱此片的观众分享对作品的感触，讨论数量很快突破万条。这一现象也同时引起了制片方的注意，该剧导演沙漠及其他主创多次到讨论区参与观众讨论，了解舆情和观众反响，分享幕后制作的故事，甚至为豆瓣的观众补剪了一版结局，使该剧通过“用心制作”“致敬经典”“良心剧组”等标签终于在大众层面打出了一定的知名度，成为依靠好口碑厚积薄发的经典案例。

像《你好，旧时光》这样依托豆瓣网实现“翻身”的作品还有很多。豆瓣网的用户群体虽然小众，其流量也不比微博和微信等更大众化的平台，但在对文艺作品的评判上，实属大众化平台的“前哨地”和“风向标”。豆瓣小组类别中的“豆瓣鹅组”“自由吃瓜基地”等讨论组聚集着几十万名对娱乐演艺十分关注和感兴趣的用户，他们不断通过发帖输出观点，其中不乏对新媒体视听作品独到辛辣的评价和看法。虽然因平台的小众化，这样的声音经常被忽视，但也有部分“有心之人”，例如微博、微信平台的一些KOL，他们将这些观点进行包装后在大众化平台输出，经常形成不小反响。从中可以看出，豆瓣网拥有着丰富且值得深入挖掘的营销资源，需要引起相关从业者的注意和重视。

三、话题营销策略

话题营销，指的是通过可以引起网友讨论的话题来推广作品的方式。

案例分析：《乘风破浪的姐姐》营销话题的巧妙转向。

近年来，偶像养成类综艺的风头不减反盛。从《偶像练习生》男团选秀开始，到《创造 101》《青春有你 2》女团选秀的兴盛，从中可以窥探到的除了观众对养成类偶像选秀节目类型的兴趣和需求外，还有女性意识的崛起。作为观众主要为女性群体的偶养类节目[①]，女团选秀的节目却似乎比男团选秀更受到欢迎，“追星女孩”们纷纷为跟自己同样性别的选手摇旗呐喊就足以证明这一点。而就在 2020 年 4 月，与《青春有你 2》的播出同样受瞩目的还有一档正在筹备中的综艺节目，那就是由芒果 TV 策划打造的《乘风破浪的姐姐》。仅在筹备阶段，《乘风破浪的姐姐》就已收到无数关注，其豆瓣官方小组人数已突破 20 万人，讨论帖篇篇“飘红”。究其原因，其实是因为这档节目结合了“偶像选秀”与“女性主义”。节目将会邀请已在娱乐圈出道的 30—45 岁的女明星来集中训练、比赛最后组成女团。其中不乏宁静、张雨绮、伊能静等在娱乐圈已颇有声望且性格较为强势的女明星，还有在《中餐厅》节目中受到调侃的黄晓明作为主持人，给节目又增添了许多话题度。网友纷纷猜测节目的未来走向会像当年的《花儿与少年》一样，最终演变成大牌艺人之间的“暗潮涌动”，而抱着这种“看热闹”的心态，许多网友才在节目筹备阶段对其给予如此高的期待值和热度。

虽然节目的话题度已甚嚣尘上，还未开播就登上了微博综艺榜第一，百度指数突破 60000，节目相关热搜已经超过了 20 个。但在如此高涨的舆情之下，节目也面临着许多挑战。正如上一节“新媒体视听作品营销推广现存问题”中所说的那样，过高的话题度如果尺度把控不当，也会沾上“炒作”和“过度娱乐化”的嫌疑，这在当前的政策规定下是不被允许的，为节目带来了许多风险。所以，节目组也迅速调整了话题导向，发动参与选手在社交平台中发布诸如“训练很辛苦”的动态内容，使得节目的精神内核仍然与“努力”“勤奋”等正能量关键词所契合。虽然在表面上看起来，这是一个带着满满“求生欲”的做法，但其实，已成名明星的艺人放下原

① 偶养类节目：偶像养成类节目的简称。

有“光环”，选择在同一起跑线同台竞技本身就是一个值得宣扬的正向话题，这份不顾年龄、不忌性别的勇敢与洒脱，可以给观众带来更积极的引导。同时这个案例也提醒着相关从业者，在运用话题营销时，要遵循适度原则，正能量的话题同样可以引发观众的共鸣，在为节目争取热度的同时，也为节目的生命力保驾护航。

四、情感营销策略

“情绪感染”理论是由美国的一些心理学家在二十世纪创立的。其理论内容称：“情绪感染就是个人或群体的情绪影响到其他人，在此过程中可能通过有意识或无意识的情绪表达或行为态度来传递这种信息。”[①]这样的理论也可以被应用到新媒体视听作品的营销当中，聪明的营销策略会依托文化和情感。借助互联网，放大作品想要传递的情感、文化、价值观念等，与受众产生精神上的共鸣，从而达到推广作品的目的。

案例分析：《延禧攻略》的多圈层情感共鸣式营销。

《延禧攻略》可谓2019年暑期档的一匹网剧“黑马”。观众从不看好到对作品故事的津津乐道，这种转变与《延禧攻略》充分挖掘各个圈层受众的喜好进行作品推广有关。首先一开始，《延禧攻略》就打着“非传统宫斗”的标签进行营销，女主角魏璎珞“有仇必报”“以牙还牙”的行事作风颠覆了传统女主角善良无害、以德报怨的人设套路，让普通观众的看剧体验充满“爽”感，而崇尚女权主义的观众则因此对其十分推崇。在宣传方面更是提炼剧中多种文化元素，在不同圈层引起热议和讨论，直击不同群体的情感痛点。例如，魏璎珞在宫斗中独立自主、步步为营的处境与当今的职场环境十分相似，引发了在职场奋斗的人的感触；角色之间的钩心斗角、阵营变换则像极了如今的“饭圈[②]文化”，各路追星男孩、女孩对此间套路表示十分有同感；剧中精美的服饰和精致的妆容也成为美妆

① 张佳琪. 网络自制剧情绪营销模式研究［J］. 合作经济与科技，2019（11）：106-109.

② 饭圈：“饭”是“fan”的谐音。饭圈即粉丝形成的圈子，有其独特的圈层文化。

KOL 竞相模仿的对象。在历史文化方面，剧集在制作时就有意将一些非物质文化遗产元素融入其中，将绊丝、打铁花、刺绣等历史悠久的文化资源的瑰丽展现给观众；高贵妃的一曲《贵妃醉酒》，也让广大戏曲爱好者认识了“青阳腔”这一独特的地方戏唱腔；剧中对历史的严谨考究也受到了历史学家和历史爱好者的好评，《博物》杂志、“故宫淘宝”和《国家宝藏》也对其青睐有加。

这些小圈层看似规模不大，但其汇聚起来的影响力却不容小觑。《延禧攻略》的营销推广如何实现大众层面的“破圈”发展，其秘诀就在于此。互联网时代作品的受众趣味不仅广泛，而且垂直并精深。充分挖掘作品中每一个文化元素，通过矩阵传播的方式引起相应元素所在群体的情感共振和精神共鸣。最终，剧集通过小众圈子的重重传播，扩散成为大众层面的全民“爆款”。

五、KOL、KOC 的推荐营销策略

KOL 即关键意见领袖，是营销学当中的概念，指在特定群体中具有较大影响力和话语权的人，该群体范畴没有绝对限定，可以大到一个行业，一个亚文化圈，也可以小到一个兴趣小组。[①] 他们拥有相关领域的信息资源储备，且为该领域的用户所信任，可以影响这些用户的消费行为。KOC 即 Key Opinion Consumer，意为关键意见消费者，与 KOL 相对，KOC 比 KOL 的影响力稍小一些，但更加垂直，在营销推广中的价格也更便宜。KOL 与 KOC 对新媒体视听作品的推荐营销策略就是作品通过商业或非商业的方式与相关的意见领袖和消费者合作，促使他们运用各种形式在自己的群体中推荐作品。

案例分析一：《中国有嘻哈》的 KOL 推荐策略。

说唱综艺《中国有嘻哈》虽然取得不俗反响，不过在其筹备之初，小众

① 艾瑞咨询 .2019 年中国 KOL 营销策略白皮书［EB/OL］.（2019-03-18）［2020-05-21］. http：//report.iresearch.cn/report/201903/3346.shtml.

的嘻哈题材并不令人看好，随后偶像吴亦凡作为导师身份的加入还遭到了许多网友的质疑。但他在节目中的一句“你有 freestyle 吗”，经过各路意见领袖的调侃，成为节目逆转之路的第一个岔路口。随后，节目依据此舆情点，充分发动微博、微信、B 站等平台的 KOL 以此为话题进行软性宣传。视频博主方面，papi 酱、刘背实、酷酷的滕等都制作了与《中国有嘻哈》相关的视频。在微信搜索框搜索“中国有嘻哈”，依然能看到许多阅读量破 10 万的高热度文章。可以说，《中国有嘻哈》的成功是一次小众圈层大众化的成功尝试，但在这个过程中，各路 KOL 的助推也功不可没。

案例分析二：《东宫》的 KOC 推荐营销。

2019 年情人节优酷独播网剧《东宫》在还未定档时，就因其原著——“言情天后”匪我思存的经典“虐恋”小说《东宫》而备受瞩目。故事里中原王子和草原公主从相遇就注定了结局的命运悲剧受到了众多 B 站“剪刀手[①]”的青睐，剧版还在筹备期时就已拥有不少高点击率的经典剪辑，使“东宫”这一 IP 在 B 站广为人知。网络剧版上线后，其契合的选角和精良的制作，更是令“剪刀手”们沿袭了传统，B 站上关于剧版《东宫》的剪辑视频如雨后春笋，对提高作品的知名度起到了很大的作用。B 站官方榜单[②]显示，《东宫》在 2019 年取得了“2019 焦点剧集”“2019 年度华语古装剧集”的奖项，其角色“李承鄞”“小枫”分获年度角色的第四名和第五名。可见“剪刀手”群体对该剧的喜爱程度。《东宫》官方微博及主创演员也经常转发、点赞精彩的剪辑，进一步传播了作品。这些“剪刀手”就可以称为 KOC，他们并非坐拥百万粉丝的意见领袖，很多只是普通的观众和粉丝，却在作品推广中贡献了不可忽视的力量。与 KOL 相比，他们的推广动机更多是出于本身的喜好，其商业性更弱，垂直度更强，虽不一定专业，但饱含真情实意。

---

① 剪刀手：善于利用各种素材进行剪辑的人。

② 哔哩哔哩 .2019bilibili 年度影视榜单［EB/OL］.（2020-01-14）［2020-05-14］. https：//www.bilibili.com/blackboard/topic/activity-MartinScorsese.html.

利用 KOL 展开营销推广的策略其实早已不是行业机密，但从业者也需要注意到比 KOL 更加细分的 KOC 群体。将两者合理运用，才会达到最佳的推广效果。

六、大数据营销推广策略

大数据营销推广策略指的是利用大数据分析系统，了解用户的喜好和需求，从而精准地为其推荐作品的营销推广方式。除了前文提到的短视频、视频新闻、广告片和宣传片等常用这种形式推广外，在大数据时代，其他新媒体视听作品也不可回避地会运用到这个策略。

案例分析：Netflix（网飞）[①] 的大数据指导战略。

Netflix 是美国最负盛名的在线视频网站，其强大的原创能力使网飞出品的网络剧和网络电影十分受海内外观众的追捧。而支撑网飞内容原创力的就是它的大数据分析引擎。网飞从 2006 年开始就致力于用户大数据的分析，曾重金悬赏精密的大数据算法，并确立了以数据分析为指导的基本运营规则。其分析结果精确展现了用户的喜好和要求，协助网飞在项目内容的投资上做出更明智的选择。而除了在内容战略上进行指引外，大数据引擎还帮助网飞精准推广平台上的作品，网飞通过调查问卷收集观众的反馈，并设定一些指标衡量用户的参与程度，例如观众看剧的时间、设备、浏览记录以及暂停、离开、回放和快进的频率等，整合这些数据进行分析，最终得出：Netflix 的用户在浏览平台时，只有最初的 60 秒至 90 秒是兴趣最为集中的时候，这个时间段内，用户可以浏览 10—20 个视频。所以，网飞会在这段时间向用户推送基于他们喜好的作品，并保证用户接收到的内容有 80% 是自己感兴趣的。网飞甚至将这样的精准推送应用到了宣传片领域，2011 年网飞的成功剧集《纸牌屋》，在上线前就准备了十个不同版本的宣传预告，每一个都针对不同的角色主线，网飞会根据用户的不同兴趣点或喜爱的演员、剧情类型，推送给用户最能吸引他观看剧集的版本。

① Netflix：中文名“网飞”“奈飞”，是世界最大的在线视频付费网站。

网飞对大数据策略的应用之早、应用之灵活，非常值得国内的视频平台学习。大数据分析就像整个 Netflix 平台的智慧锦囊，帮助平台在作品项目的前期筹备环节、中期推广环节以及后期维护环节都准确扣紧用户的需求，最终增加订阅量，形成口碑和收益的闭环。大数据策略之于新媒体视听作品而言，是一个实用圆活且科学有效的营销推广策略。

七、体验接触式互动营销策略

体验接触式互动营销策略，指的是新媒体视听作品让用户沉浸于有关作品内容的体验活动并真实接触到作品相关元素，从而与用户产生双向互动的营销方法。体验接触式互动营销的核心在于“互动”，渠道多为线下，当然也有线上和线下的结合，这种营销策略可以更直观地面对受众观看作品后的反馈。

案例分析一：《人生一串》的官方授权线下体验店。

2018 年夏季，由哔哩哔哩和旗帜传媒联合出品的网络纪录片《人生一串》，一经上线就受到了网友的广泛好评。该作品以全国各地各具特色的“烧烤文化”作为主题，展现了浓浓的烟火风情和生活气息。在观看《人生一串》时，不少观众调侃是“边端着饭碗边看”，诱人的食物色泽和浓烈的香气通过摄影师的镜头传递到屏幕当中，观众却无法真正闻到和品尝到作品中的食物的味道。为了弥补这样的遗憾，B 站于 2019 年夏天官方授权了一家“人生一串”线下烧烤店，观众可以去线下亲自体验到片中的美食，B 站的会员用户还可在此店享受价格的优惠。在完善了观看体验的同时，这样的方式也传播了《人生一串》的知名度，更为“人生一串”IP 的品牌化发展开了一个好头。类似的还有同为美食类网络纪录片的《风味人间》，该作品曾联合赞助商在全国 280 余座万达广场举办“邀吃日”体验活动，一样在线下与观众互动，扩大了作品的传播范围。

案例分析二：“千万别去淘宝搜索‘白夜追凶’”——《白夜追凶》的线上沉浸式互动。

《白夜追凶》即将收官之时，其播出平台优酷联合出品方五元文化在淘宝网策划了一场有趣的互动活动。用户出于对“千万别去搜”的猎奇心理打开淘宝的客户端，在搜索框输入“白夜追凶”并单击搜索后，屏幕上就会弹出一个“潘粤明邀请您进行视频聊天”的微信视频界面，伴随微信熟悉的来电铃声，并附带着《白夜追凶》的海报背景图。而当用户们点击“接听”键后，真的可以看到主演潘粤明的影像，不过是潘粤明提前录制好的一段宣传视频。这样一个模拟与演员或角色通话的小巧思，却可以大大提高观众对作品的参与感，形成良性的互动。无独有偶，在优酷平台播出的《东宫》也有同样的设计。

类似的宣传推广活动还可以开发出许多种类，其实它们并不需要多么深度的策划和高尖的技术。只要有与用户真诚互动的愿望，并大胆创意，一样可以实现真正触及用户的宣传效果。

八、短视频、直播营销策略

短视频营销是自 2018 年短视频平台抖音兴起之后出现的一种营销方式。新媒体视听作品的短视频营销主要集中在网络电影和网络剧方面，是指将长篇幅的故事剪辑成不同主题或话题并适应短视频传播环境的小篇幅视频，最后借助短视频平台进行传播，从而实现作品宣传目的的一种营销推广手段。其实质是一种内容碎片化营销[①]，由于更符合新媒体用户的使用习惯，所以能达到更好的传播效果。

案例分析：淘梦银河“怪兽”系列“网大”的短视频营销。

淘梦银河作为头部网络影视公司淘梦旗下的营销平台，在主导“网大”《大蛇 1》的营销期间，就开始对短视频营销进行尝试。直到电影《水怪》在短视频营销方面大获成功，才使淘梦银河摸索出了一套网络电影短视频营销的“组合拳”。“淘梦银河团队结合不同内容元素创作了大量短视频物料，其中燃性向的短视频突出视觉元素；情感向的短视频着重讲男主角

① 苏苏 . 网络电影抖音营销：20% 导流率，靠谱吗？［EB/OL］.（2020-03-16）［2020-05-21］. https：//mp.weixin.qq.com/s/sdQa-iRRdmKozeJpwa5bPw.

个人成长故事；泛娱乐化向的善用花絮素材，比如特效前和特效后的对比等，在短期内形成一波能击中用户不同内容消费需求的短视频矩阵。”[①] 最终，《水怪》的相关短视频累计播放量高达 7.6 亿，单个视频播放量最高达 6000 万，点赞数最高达到了 200 万，成功为电影导流。《大蛇 2》也针对不同侧重点在抖音投放了上百支视频，最终《大蛇 2》的抖音话题总播放量达到了 9.6 亿次。此外，淘梦银河还据此描绘出了影片的用户画像：主要年龄层在 20—29 岁，以男性为主，也不乏许多女性。为作品以后的营销明确了方向，可见短视频在营销方面的多种用途。

除短视频营销外，随着“直播 + 电商”模式的火热，依靠直播进行作品宣传推广也是近年来常用的营销途径。上面所说的网络大电影《大蛇 2》就首创了快手直播路演的营销方式。影片导演和主演做客了快手主播“石头花和健哥”的直播间，并联合了 22 个 KOC 主播进行同步直播，最终实现了峰值 50 万人次的观看记录，并登上快手热搜榜的第一位。优酷独播的原创网络综艺《这！就是灌篮》也在开播前一天邀请“淘宝第一主播”薇娅进行主题为“这就是灌篮送上新福利”的淘宝直播，售卖两款节目导师的同款球鞋，直播界面的右上角有醒目的《这！就是灌篮》节目标志，在带货的同时实现了节目的预热宣传。

截至 2020 年 3 月，我国短视频平台用户已超过 7 亿，直播方面仅电商直播的用户规模就达到了 2.65 亿[②]。短视频和直播正处于新媒体行业的“风口”，其庞大且下沉的用户群体，是新媒体视听作品营销推广中不可忽视的中坚力量。

九、明星效应与粉丝经济营销策略

明星效应与粉丝经济营销策略指的是在作品的营销推广中，将着力点

① 娱乐资本论 .30 亿次抖音播放量的背后，“爆款制造机”淘梦银河到底做对了什么？[EB/OL].(2020-03-13)[2020-05-11].https://3g.163.com/dy/article_cambrian/F7JL553O051284V8.html.

② 中国互联网络信息中心 . 第 45 次《中国互联网络发展状况统计报告》(全文)[EB/OL].(2020-04-28).http://www.cac.gov.cn/2020-04/27/c_1589535470378587.htm.

放在剧集的粉丝群体上，依靠粉丝力量扩散作品知名度，收割人气和商业变现的营销方式。在这里需要强调的是粉丝与普通观众的区别。不同于只是观看作品的观众，粉丝与作品建立的关系更加深刻，对作品的喜爱程度更加强烈，可以说粉丝是黏着度更高的用户。随着粉丝经济愈演愈烈，在运营中深耕粉丝用户已成为部分新媒体视听作品的“制胜法宝”。

案例分析：《陈情令》的粉丝营销助力剧集“低开高走”。

2019 年夏天，由知名耽美玄幻 IP《魔道祖师》改编的网剧《陈情令》在腾讯视频开播。在开播前，关于剧集的争议已经纷纷扰扰，给作品带来不少关注。但这些评价大部分是负面的。几乎全员是新人的阵容，无法得到原著粉丝的信任；传闻的女配角“加戏”行为，更是遭到了原著粉丝的质疑。在播出后，一些剧情顺序上的改动和变化，使得观众愈发不满，作品在豆瓣的开分只有 4.8 分。

但在随后的一个月，剧集的得分从 4.8 分上涨到了 7.1 分，经过起起伏伏，目前已稳定在了 7.7 分左右。如此“低开高走”的情况，《陈情令》从一个不及格的作品变成一部口碑佳作到底经历了什么？其实这样的逆转得益于《陈情令》片方对剧集“粉丝用户”的挖掘培养和精耕细作。首先，随着剧情的展开，原著粉丝发现一些原著中的重要剧情并没有被剧方舍弃，还制作得很精致，这令他们的情绪逐渐平稳，剧集的第一批用户逐渐建立起来，他们开始在社交媒体中对作品进行宣传。之后，片方开始放出越来越多与演员相关的制作花絮，其中著名的“九分钟”花絮使两位主演的个人性格逐渐丰满立体，观众也不由自主地将演员与角色进行连接，主动了解演员的过往作品，粉丝用户已初步成型。此时的片方更是抓住机会，发布了一系列针对粉丝用户的“定制”营销计划。“陈情令 101”活动就是让片中的角色模拟腾讯视频的女团选秀节目《创造 101》的赛制形式进行人气比拼，进一步巩固了用户的粉丝意识。另外，腾讯视频也进一步针对剧集用户，定制一系列福利产品，并结合创新的互动营销玩法，进一步满足了剧集用户的观剧诉求。2019 年 7 月 8 日主题曲《无羁》上线后，用户通过转发活动页面或会员充值获取能量值，能量值达到一定量可解锁独家官方 MV，解锁成功后参与解锁用户免费观看 MV，未参与解锁的用户付费观看 MV——这也助力“# 无羁 mv#”登上微博上升热搜榜单。[①] 以上种种营销手段，都促进《陈情令》从不被看好的小众题材网剧转变为拥有庞大忠实粉丝群体的热播剧，吸引越来越多普通观众想要“一探究竟”，两位主演也顺势成为当红的偶像明星，收集更多的人气，反哺到了剧集中。

《陈情令》的成功，也反映了当下新媒体作品用户运营的新生态。随着用户的细分化和圈层化，想要制作出一部受全体观众喜爱的剧作越来越难。深耕作品的垂直用户群，成为产生“爆款”的一种捷径。明星效应和粉丝经济营销策略就属于这样的方法。

十、整合营销策略

整合营销的概念，最早出现在美国广告界。整合营销传播理论之父唐·舒尔茨给整合营销下了定义：“整合营销传播就是把各种传播方式（例如广告、与客户的直接沟通、促销、公关等）作为企业信息传达渠道，以直接影响消费者的购买行为为目标，是从消费者出发，运用多种手段进行传播的过程。”[②] 在新媒体时代，整合营销有了新的内涵，那就是利用新媒体的特性与用户产生互动，增加用户在信息传播中的参与度和活跃度。简言之，新媒体视听作品的整合营销是一种综合多种营销手段、传播渠道，从深度和广度上与用户建立双向关系的营销策略。所以在整合营销中，可以找到前文所述的其他营销策略的痕迹。

案例分析：复盘《明星大侦探》的整合营销策略。

《明星大侦探》是由芒果 TV 于 2016 年推出的一档明星推理真人秀，目前已播出了五季，成功成为领跑芒果 TV 的“王牌”综艺。节目购买了

① 符琼尹，龙承菲 . 从豆瓣 4.8 到 7.1，《陈情令》的“真香”攻略［EB/OL］.（2019-07-25）［2020-04-31］. https：//mp.weixin.qq.com/s/_2YO7FPKld6691CdSpHufw.

② 张娜娜 .《明星大侦探》的整合营销传播研究［D］. 南昌：江西财经大学，2019.

韩国 JTBC 电视台综艺《犯罪现场》的 Bible[①]，并对其进行本土化的改编，弱化原版严肃压抑的风格，增加娱乐色彩，提升了节目的亲切感，拉近了与观众的距离。节目在制作中充分考虑到用户的需求，在案件的选题方面关注当下社会的热点话题，例如第三季的《又是漂亮惹的祸》理性讨论了“整容”话题，第四季的《巨想谈恋爱》聚焦了在青年人中热议的“PUA”[②]群体，这些都与节目的主要受众——年轻网民产生了情感上的共鸣；在嘉宾的选择上，也照顾到了各个年龄段的用户：有“国民度”非常高的何炅和撒贝宁，有年轻人钟爱的吴映洁、魏大勋，也有女性观众喜欢的白敬亭和男性观众喜欢的王鸥，具有高人气的嘉宾互相碰撞，为节目带来许多话题度。节目的传播策略上，芒果 TV 在平台中为节目留出重要位置设置专题版块进行宣传，并将节目的正片、花絮、预告等内容剪辑成短视频物料进行开屏、弹窗等形式的推送。在平台之外，节目也充分利用多渠道的宣传矩阵为节目扩散知名度。在微博上开设官方微博账号，与受众进行互动交流；在豆瓣网的讨论小组中维护节目的口碑形象（《明星大侦探》在豆瓣也取得均分 9 分的好成绩）；发动各平台 KOL、KOC，微信公众号、百家号、头条号等对节目相关进行评论，拓宽传播范围；利用大数据技术不断调研用户兴趣点，以调整节目方向；为进一步扩大节目影响力，2018 年，《明星大侦探》还改名《我是大侦探》在湖南卫视播出……《明星大侦探》整合营销的特点就是培养出了属于节目的多样化粉丝群体，为提高粉丝的黏合度，《明星大侦探》还推出了衍生节目《名侦探俱乐部》，并向用户提供不同角色的第一视角版节目，用户可以根据自己的喜好进行自由选择。粉丝群体有利于形成用户对节目的忠诚度，对节目的未来发展提供了一个有力保障。

综上所述，整合营销其实就是综合运用各类营销推广手段，使作品的传播更加全面地触达用户，在实际应用中可根据用户反馈适当调整使用比

① Bible：圣经，这里指综艺节目的模式。

② PUA：Pick-up Artist，搭讪艺术家。

重，实现最佳的传播效果。相较单一的策略，整合营销策略对从业者来说更有借鉴的价值。

参考文献

［1］科特勒，凯勒．营销管理［M］15 版．何佳讯，于洪彦，牛永革，等译．上海：格致出版社，2016.

［2］胡玲．营销管理与营销策划［M］．北京：对外经济贸易大学出版社，2017.

［3］黄妍．网络视频广告类型及发展趋势［J］．西部广播电视，2016（17）：27.

［4］陆枫，王子锐，廖小飞，等．基于细粒度标签的在线视频广告投放机制研究［J］．计算机研究与发展，2014（12）：2733-2745.

［5］王赛．营销 4.0：从传统到数字，营销的“变”与“不变”——“现代营销学之父”菲利普・科特勒专访［J］．清华管理评论，2017（3）：60-64.

［6］谢丽聃．中国视频网站网络自制剧口碑营销研究［D］．重庆：西南政法大学，2015.

［7］于兰忆．抖音短视频 APP 互动机制研究［D］．沈阳：辽宁大学，2019.

［8］张菁丽．论视频网站自制综艺节目的创新营销策略研究［D］．上海：上海师范大学，2017.

［9］张佳琪．网络自制剧情绪营销模式研究［J］．合作经济与科技，2019（11）：106-109.

［10］张娜娜．《明星大侦探》的整合营销传播研究［D］．南昌：江

西财经大学，2019.

［11］张晓婉 . 网络剧的整合营销传播研究［D］. 南京：南京艺术学院，2016.

［12］郑燕 . 梨视频资讯传播策略研究［D］. 西安：西北大学，2018.

第八章　新媒体视听作品的后产品

本章所介绍的新媒体视听作品的后产品主要研究的是新媒体影视类作品（网络剧、综艺、电影）和微、短视频类作品。它们与传统影视后产品类似，即从剧集、综艺、影片或是微、短视频中衍生出来的各种娱乐产品，包括各类授权的小说、书籍、漫画、海报、图片、玩具、文具、纪念品、电子游戏、软件等或者依靠其内容制作的各类影碟、录像带、原声大碟、唱片以及记录拍摄过程的宣传片；此外，还有贴片广告、植入式广告和主题公园、摄制基地等。本章内容将新媒体视听作品的后产品分为“周边衍生品”、“与衍生品相关的辅助产品”以及“影视基地与影视节”三节进行详细介绍。

第一节　周边衍生品

衍生品是影视后产品开发中的重要部分，它主要是指依据影片、剧集中所出现的如主角人物形象、道具、背景、标志、话语等元素所开发的产品，类型包括服装饰品、玩具手办、音像图书以及日常用品等。随着互联网的发展和视频网站的兴起，新媒体影视产业不断走向成熟。以网络电影、网络剧、网络综艺为代表的新媒体影视以及以快手、抖音等为代表的微、短视频平台成为大众在日常生活中陶冶情操、休闲娱乐的首选，在借鉴学习传统影视衍生品的基础上，属于新媒体视听作品的衍生品市场也逐渐形成。

一、新媒体影视类

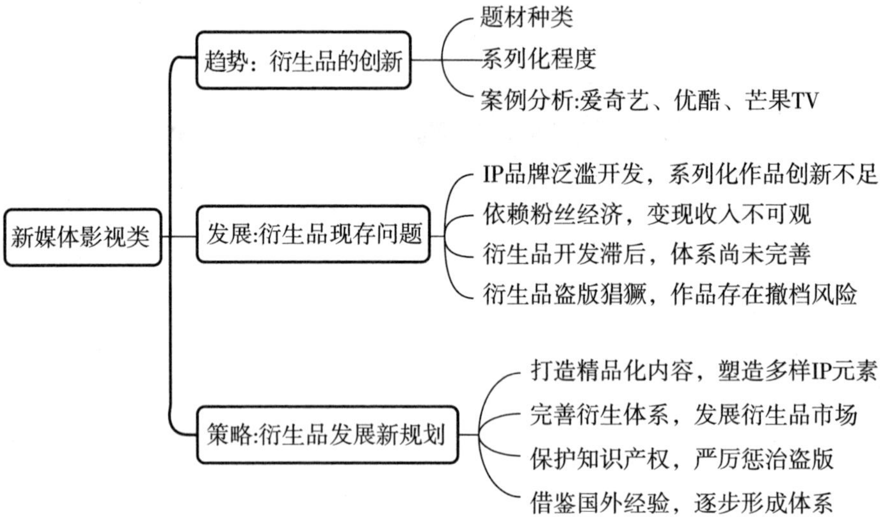

图 8-1　新媒体影视类衍生品思维概览

（一）趋势：衍生品的创新

新媒体影视作品的衍生品与传统影视作品的衍生品相类似，但是新媒体影视作品在题材种类、系列化程度方面有着更大的发展空间，因而其衍生品也会随之有一定的创新。

1. 题材种类

根据《2019 中国网络视听发展研究报告》[①] 发布的相关数据，网络剧、网络综艺、网络电影都分别在题材种类的数量或精品化程度上有所发展。2018 年网络剧上新数量虽有所回落，但是剧集的精品化程度趋于上升，热门 IP 改编剧占据总数量的 38.2%，题材涉及古装、爱情、悬疑、探险、校园等多样各类题材；2018 年网络综艺上线 162 档，较之 2017 年增长 14.1%，不仅在语言类、偶像类、美食类、情感类、人文类等领域持续发力，

① 腾讯网 . 2019 年中国网络视听发展研究报告［EB/OL］.（2019-05-27）.https：//new.qq.com/omn/20190719/20190719A034RT00.html.

更将品类拓展到街舞、篮球、机甲、慢综艺等领域；2018 年网络电影减量提质，全年上线 1523 部，题材种类涉及爱情、悬疑、动作、喜剧、剧情、奇幻、科幻、犯罪、惊悚、武侠、战争、恐怖、冒险、动画十几个种类，相比传统院线电影范围更广，包容度更大。在开发衍生品种类时，新媒体影视类作品题材内容的丰富多元或会使衍生品可开发的范围更广，种类和选择性更多。尤其是网络电影，除了开发常见的纪念品、服装饰品、玩具手办等，还可以涉及游戏、动漫、VR、美妆、食品等多个领域。例如都市奇幻电影《我是猎妖师》，尝试将电影做成一个品牌，在常规的衍生产品之上，又打造了名为《猎妖师》的手游、打造 VR 概念短片、上线同名有声书等。古装爱情电影《三生三世十里桃花》不仅推出了“三生”定制版毛绒玩具和充电宝，而且将“三生三世”商品化授权（包括商品授权、营销授权、首映礼路演冠名植入）给覆盖服装、饰品、美妆、食品饮料、家居百货等 60 多家品牌。此外，在网络综艺方面，爱奇艺自制的爆款综艺《中国有嘻哈》筹备之初，也有意识地将“R!CH”这一符号打造为中国嘻哈文化符号，并希望对服饰、配饰、3C 数码等相关品种共计 200 类左右的产品进行覆盖，借此来刺激乃至撬动属于嘻哈音乐亚文化的产业链条。

2. 系列化程度

相对于传统影视，新媒体影视的制作周期更短，制作成本更低，演员薪酬较低，因而形成 IP 系列化作品较为容易。例如“鬼吹灯”IP 现有系列网络剧:《鬼吹灯之大漠迷墓》《鬼吹灯之精绝古城》《鬼吹灯之黄皮子坟》《鬼吹灯之牧野诡事》《鬼吹灯之龙岭迷窟》；以及其网络电影：《鬼吹灯之龙岭神宫》《鬼吹灯之巫峡棺山》《鬼吹灯之怒晴湘西》《鬼吹灯之云南虫谷》等。“鬼吹灯”IP 系列影视已经形成一定的规模，并且仍在不断地“扩张”，《鬼吹灯之黄金帝国》《鬼吹灯之天星术》《鬼吹灯之龙岭迷窟（电影版）》等作品也会在未来几年上映。此外，网络综艺的制作难度相对于网络剧和网络电影来说更低。并且网络综艺 IP 系列开发，更容易进行横向挖掘，开发节目的品牌效应，聚拢不同的收视群体，有效延伸观众的收视惯性，所以众多网络综艺已经形成系列化。例如爱奇艺的辩论类真人秀《奇葩说》系列已经推出了 6 季；芒果 TV 的明星推理类真人秀《明星大侦探》已经推出 5 季；腾讯视频的偶像养成类真人秀“创造营”系列也已经推出 3 季。新媒体影视作品打造 IP 系列化的策略，让受众在潜移默化中形成一种“品牌”认知，不断积累“品牌”粉丝，而适时的系列推出也使作品有持续的讨论热度从而产生消费动机，更好地刺激衍生品市场的发展。

3. 案例分析：头部视频平台综艺的衍生品开发

在新媒体影视作品中，网络综艺的衍生品开发趋势相对更强。下面将通过爱奇艺、优酷、芒果 TV 这三个头部视频平台，分析网络综艺周边衍生品开发趋势。

2017 年各大头部视频平台逐渐开始了网络综艺 IP 的开发，探寻各类节目中合适的元素作为标志性的符号进行衍生（见表 8-1）。

表 8-1　2019 年四大视频平台综艺节目衍生品开发情况一览

平台	节目	衍生方式	产品品类
爱奇艺	《青春有你》	应援物	手账本、钥匙扣、购物袋、应援棒
		同名款	多功能收纳包、定制套西
		联名款	渔夫帽、棒球帽、手机挂绳、胶带、Q 版形象礼包、ITO 定制小黄箱、豆仔小夜灯
	《我是唱作人》	官方定制	手表、蓝牙音响、耳机
		同款	帆布袋、抱枕、手机壳、鸭舌帽、T 恤
腾讯	《创造营 2019》	应援物	毛巾、束口袋、运动发带
		官方定制	食力热爱包、渔夫帽、卡套、鸭舌帽、手提袋、QQ 创造鹅
优酷	《以团之名》	应援物	Q 版亚克力牌、毛巾、帆布包、卫衣、相册、不倒杯
		合作品牌 & 同款	春雨面膜、斯凯奇、惠普、伊利植选款

续表

平台	节目	衍生方式	产品品类
优酷	《这！就是街舞 2》	联名款	特步T恤、膳魔师保温杯、永亮毛巾、品漫会发带、贴布绣、棒球帽、耳饰、头饰、行李箱贴
		合作品牌	雪花啤酒勇闯天涯 superX、韩后、兰卓丽内衣
芒果TV	《明星大侦探 4》	探字系列产品	名牌、马克杯、雨伞、渔夫帽、文件夹、移动电源
		明侦系列产品	Q 版抱枕
		侦门系列产品	笔记本、U 盘、手机壳、保温杯
	《妻子的浪漫旅行 2》	官方定制	DIY 卡片、限定款T恤、字母项链和耳钉、手机壳、丝绒手提袋、渔夫帽
		节目同款	章子怡同款蝴蝶结靠枕
		其他衍生合作联名款	草帽、牛皮纸挎包、抱枕、发带、帆布包、果冻包、迷你挎包

来源：微信公众号“娱乐资本论”

（1）爱奇艺。

鲸准研究院发布《2018 年中国网络综艺观察报告》，指出长线运营超级网络综艺已成为行业发展共识，而联动网络综艺产业链各方、最大限度开发超级网络综艺 IP 价值将成为未来发展的主要趋势。报告显示，爱奇艺以 16 档衍生节目、12 种创意广告、数百种衍生品开发以及演唱会、见面会、生活展等多样化的线下活动遥遥领先全网其他平台，充分展现爱奇艺自身强大的运营实力及内容开发能力。爱奇艺依托创新性的题材及节目模式不断为国内网络综艺发展及产业链开发提供新方向，为网络综艺行业商业化开拓了更大的想象空间。[①] 爱奇艺主打定制衍生品，通过爱奇艺泡泡

① 爱奇艺行业速递.《2018 年中国网络综艺观察报告》：16 档衍生节目、12 类创意广告，爱奇艺超级网综 IP 链条式开发成行业典范［EB/OL］.（2019-01-10）.https：//mp.weixin.qq.com/s/mEZaVdsvHq4TC4-6iI_DHg.

社区不断推广、宣传相关节目，2018年爱奇艺为《偶像练习生》《热血街舞团》《机器人争霸》《中国新说唱》4档节目展开了泛娱乐化的开发，包括同名手游、漫画、授权衍生品、同人小说等多种形式。这里拿《中国新说唱》的IP产业链布局举例，相较第一季的《中国有嘻哈》，《中国新说唱》对“R!CH”的潮牌IP发展做了更细致的规划，并且囊括了卡通形象的开发，同时与多个品牌达成IP合作，开发了300多个SKU（Stock Keeping Unit，库存保有单位，在这里指单品）的联合定制款产品；此外，爱奇艺又通过线下衍生音乐节的形式完善其衍生产业链——联合了“尖叫之夜”音乐会、“夏日青春漾”和“刺猬现场”三大线下娱乐载体，增加艺人的曝光度，推动嘻哈音乐的“落地”。其他节目也与《中国新说唱》打造衍生产业链的形式相类似，不断完善其自制网络综艺节目的衍生布局。

由此看来，爱奇艺一方面擅于提取综艺IP元素并打造成潮流文化的符号logo（标志），以此进行更多定制化的衍生开发，其旗下的原创品牌“i71”就制作了许多定制产品；另一方面爱奇艺也注重进行线下活动的衍生拓展，用与综艺IP绑定的消费场景给广告客户更多营销空间。[①]

（2）优酷。

从2018年开始，优酷主打“这！就是”系列网络综艺，通过对网络综艺题材的垂直细分，使节目与不同的圈层文化相融合，具有明确的受众群体和主打对象，并在前期策划中就制定了相对完整的IP授权衍生路径。优酷因现为阿里巴巴文化娱乐集团下的视频平台，对于综艺IP衍生授权和售卖方式也与爱奇艺基本不同。优酷的综艺IP与阿里鱼平台相连接，并由此嫁接到“阿里系”的电商系统，完成衍生授权、IP营销和产品的售卖，例如《这！就是街舞》系列摒弃了应援、同名等概念，直接在电商平台做成一个以“街舞”为核心的品牌集散地，以“SDC”（Street Dance of China，“这就是街舞”的英文缩写）为logo标识既可以与品牌合作定制产

① 宁飞虹．网综“混战”衍生品：芒果专注IP，优酷绑品牌，爱奇艺搞定制［EB/OL］．（2019-06-03）.https：//mp.weixin.qq.com/s/-B3HhVn2JbZFOoSZZYrrFw.

品作为官方售卖，也不影响品牌商单独开辟一个销售入口，线下则把“街舞”IP 授权给全国各大街舞培训机构，开设街舞大师课、网络授课、举办青少年选拔赛等。[①] 而另一档“这！就是”系列《这！就是灌篮》也得益于“阿里妈妈”为其带来的赞助权益，得到了海飞丝、361°、佳得乐等品牌的支持；同时天猫不仅参与节目出品，也借势《灌篮》带起的运动风潮，从鞋、服饰、运动冲饮等多个角度，把运动潮流文化推向前台。随着节目推进，天猫还推出“押宝龙骑士”或“J-team”的玩法，通过有奖竞猜来刺激男性用户。此外，通过阿里大文娱旗下 IP 授权平台阿里鱼，将《灌篮》的 IP 授权给淘宝、天猫商家做单周定制包场，推出节目衍生商品，[②] 例如水杯、毛巾、手机壳等授权售卖；而在线下通过篮球比赛为 IP 持续造势，与饿了么、花生好车联合主办了节目的“梦想篮球赛”、天猫和周杰伦的 JYB 联盟打造的“斗到底 3X3 城市争霸赛”、面向大学生的“生为强者 3X3 篮球联赛”等。可见，优酷布局的网络综艺衍生产业链基于阿里平台的支持，在线上更倾向于做电商的变现，而在线下也与多个品牌商合作，不断衍生与其节目内容领域相关的活动、课程与比赛，打造“线上线下衍生一体化”，在消费领域的趋势比其他平台或有更大的优势。

（3）芒果 TV。

近几年，芒果 TV 也对其自制的网络综艺 IP 进行了更完整、系统的商业化开发，主要是通过“自制 IP+ 合作衍生”的形式。芒果 TV 一般在节目录制前一个月筹备选品设计产出，并沟通节目组在节目中进行植入提高 IP 衍生品的曝光，整个制作周期会持续在四个月左右。芒果 TV 的合作商主要是衍生品制作方，比如和一些固定的衍生品公司联合开发相应的商品，然后将商品植入节目中，或进行绑定售卖。在这过程中，芒果 TV

① 宁飞虹 . 网综“混战”衍生品：芒果专注 IP，优酷绑品牌，爱奇艺搞定制［EB/OL］.（2019-06-03）.https：//mp.weixin.qq.com/s/-B3HhVn2JbZFOoSZZYrrFw.

② 叶晨玮 . 助推网综价值最大化，优酷的网综产业化“方法论”［EB/OL］.（2019-01-28）. https：//mp.weixin.qq.com/s/pq-pF4wWwcJfNK8HBxXEjQ.

负责 IP 资源、渠道等管理，而衍生品制作公司则负责供应链的管理。[①] 与爱奇艺、优酷相比，芒果 TV 的综艺 IP 衍生布局还尚未成熟，一是衍生品种类还较为基础、常见；与动漫、游戏等新兴产业领域接触较少，没有对其节目 IP 元素进行更多的衍生尝试；也相应地缺少与大品牌合作并推出联名系列的加持。二是在线下衍生模式方面还未开发，仅靠单一的线上衍生产业布局，或将会降低与其他平台在衍生产业链方面竞争的能力。

（二）发展：衍生品现存问题

随着中国文娱市场和影视行业的高速发展，互联网的高速性、时效性和广泛性促使新媒体影视作品发展除作品本身之外、更具增值性和持续性的产业链环节，那么衍生品的开发将成为最为关键的一部分。目前，虽然我国新媒体影视类作品开发衍生品有一定的成效，但是同传统影视类作品有着相似的问题：IP 滥用、单纯依靠粉丝经济、开发体系不完善、盗版侵权等。

1. IP 品牌泛滥开发，系列化作品创新不足

随着 IP 产业链的不断完善，漫画、大电影、玩具、网游成为泛娱乐化开发的重要环节，越来越多的网络综艺、网络剧、网络电影开始衍生 IP 产品，获取更多的利润。的确，我们欣喜地看到新媒体影视类作品的内容在一定程度上提质升级，向着精品化的方向发展，逐渐占据大众日常娱乐消遣的主流地位，但绝不代表我们可以无限度地滥用 IP。作家严歌苓说过："过量的开发 IP 会使严肃题材庸俗化，总要有人不那么取悦观众。" IP 全产业链的开发的确是当前我国影视作品发展的趋势，但其还并不成熟，如果说每一部作品都要进行 IP 全产业链的开发，导致 IP 衍生品市场的过度饱和，让原本优质的题材作品失去了其原本的价值与意义，很容易出现一种属于 IP 衍生品圈层的"劣币驱逐良币"的现象，最后不仅损失了经济利益，

① 宁飞虹．网综"混战"衍生品：芒果专注 IP，优酷绑品牌，爱奇艺搞定制［EB/OL］．（2019-06-03）.https：//mp.weixin.qq.com/s/-B3HhVn2JbZFOoSZZYrrFw.

更失去了大众对于新媒体影视类作品的印象与口碑，将其认为是专为“圈钱”的艺术。此外，过度开发 IP 品牌将带来不可控制的投资风险，也会造成尚未成熟的 IP 品牌价格虚高和资源匮乏。同时也存在购买 IP 之后，只借助相关形式或是名字，抛弃了内容的精髓，只是为抢购资源而忽略 IP 之间的匹配，IP 转化的失败率极度提高，也就没有达到之前开发 IP 产业链的目的，作品 IP 化是否只会是商业逐利的一时潮流也难断言。[1]

系列化 IP 的开发也是当前新媒体影视类作品发展的一个方向，尤为是网络综艺，“综 N 代”成为各大平台塑造 IP 品牌的一样利器，依靠优质内容、成熟的制作团队建立起的 IP 品牌，经过多季的热播，已经成功定位了节目受众，并且受众也对节目有相当的认知度，逐渐形成了“粉丝效应”，从而便拥有了一个发展衍生产品的潜在市场。

2. 依赖粉丝经济，变现收入不可观

由于国内衍生品的产业链还没真正的形成，能够真正对大众形成持久影响力的 IP 也甚少，大众对于衍生品的消费习惯也有待养成。加之当前大众每天接受海量化的信息，一部作品想要留住忠实受众，就要从粉丝经济的角度来入手。粉丝对消费潮流和创意风向起主导作用。当下粉丝消费模式是娱乐业、文化产业以及线上经济营利的主要方式，粉丝消费所带来的经济利润不断升高，而粉丝经济正是通过提升现有用户黏度，不断将普通消费者发展为粉丝，从而扩大口碑传播效果和提升企业经济效益，是一种经济效益、社会效益双受益的市场运作模式。[2] 所以当前国内不论是传统影视作品还是新媒体影视类作品，衍生品市场的消费还是基于粉丝，满足粉丝需求所达成。作为消费者的粉丝，会出现情感加入消费、消费介入情感、对周边产品的高消费以及渴望寻找志同道合的伙伴来获得情感上的

---

① 迪伦 . IP 衍生化、商业化运营或助推网综价值全面升级［EB/OL］.（2018-03-06）. https：//mp.weixin.qq.com/s/Dg-h9_8ZNvR_NDw5KSUMZQ.

② 李康化 . 粉丝消费与粉丝经济的建构［EB/OL］.（2018-01-07）.https：//mp.weixin.qq.com/s/1xhYpvYpZc3yVWCagZJ4dQ.

依靠和归属这四个特征。[①] 而这也让更多的影视剧作品制作方相信高流量的明星将会带来更多的噱头与话题，能刺激更多粉丝为其买单。例如现象级古装IP网络剧《陈情令》圈粉了众多“陈情令女孩”，所衍生的魏无羡、蓝忘机Q版亚克力挂件20天售出了3万件，魏无羡陈情笛挂饰、同款莲花坠也售出了2.6万件，与剧情元素融合打造的雨伞、Q版毛绒玩具也得到了不错的销量；即使在剧集结束播出后，有关肖战和王一博的同人文仍然受追捧，有关其代言的产品也销量可嘉。还有耽美IP网络剧《镇魂》所推出的限量剧照、手机壳、抱枕在上线五天内便售罄，白宇工作室推出的限量赵云澜同款棒棒糖更在上线后便“秒空”。但我们必须认识到并不是有粉丝就会有消费市场，粉丝消费需要有特定的环境，只有符合大众消费的产品才能拥有更大的市场。这种依靠粉丝经济的运行模式，并没有为大部分新媒体影视类作品变现带来非常可观的收入，想要真正完善衍生品产业链，还需要不断的探索与尝试。

3. 衍生品开发滞后，体系尚未完善

首先，国内影视衍生品市场秉承一种“先出圈，后生产”的准则。一方面，影视作品质量的高低很大程度上是不可预测也不稳定的，在作品开发阶段就开始制作衍生品所存在的商业风险较大，尤其是网络电影市场，真正盈利的影片不到总片数的5%，而只有影视作品得到了观众的认可，有了一定的热度，才有可能来拉动并刺激周边衍生品的发展。虽然说这样能够保证制作方和投资方在可控范围内将损失降到最低，但是因为网络电影正处于“井喷”式发展的阶段，很容易更新迭代，衍生品是很好地保持作品一定热度、制造作品长期话题性的方式，衍生品的滞后开发可能会让优秀的作品损失更多的潜在利润。如院线电影《捉妖记》《西游记之大圣归来》《哪吒之魔童降世》等，都因滞后开发而错失更多的潜在机会。同时，要开发优质的衍生品从策划、制作再到售卖需要至少半年的周期，影

---

① 李康化.粉丝消费与粉丝经济的建构［EB/OL］.（2018-01-07）.https：//mp.weixin.qq.com/s/1xhYpvYpZc3yVWCagZJ4dQ.

片的热度也逐渐消退，开发的意义也就微乎其微了。另一方面，周边衍生品除了作为电影宣传、营销的一种方式，也可以作为独立的产品去吸引更多潜在的消费群体。很多影视作品通过对目标群体的细分，让衍生品成为具有更多意义与价值的商品。例如，IP 电影《三生三世十里桃花》在内容上并非出类拔萃的作品，但是出品方阿里影业在影片上映前期便对潜在消费者进行调查，数据显示，影片的女性受众比例高达 75%，其中 30 岁以下的年轻用户更是占据了 55%；同时超过 118 万的粉丝平均逛淘宝平台的时间超过了 1 小时。针对相关数据，阿里主打“她经济”的衍生开发模式，设定了水墨风、卡通风、唯美风等多种风格，为商家开发衍生品提供参考，而商品授权覆盖天猫的十大行业，包括美妆、服饰、食品饮料、家居百货等 60 多家品牌加盟，所以在电影刚上线之际，影片预估带来的销售成交额已经超过了 3 亿元，可见其周边衍生品作为独立的商品存在巨大的价值。但其实，在开发周边衍生品时很多开发者并没对市场进行探查，尤其是没有对市场规模进行估算（目标人口数量 × 购买能力 × 购买意愿），从而也无法准确地在市场细分环节对作品所潜在的目标受众进行细分，不仅无法根据人群定位而制作更多元的产品来为作品造势，而且对于衍生品作为独立商品来说更失去了其潜在价值，又怎会持续性开发盈利呢。

其次，无法避免种类单一与同质化，刺激消费能力弱。虽然衍生品的开发具有市场空间，但是很多网络电影、网络剧开发的衍生品高度重合，没有新意。因为国内影视衍生品市场本身就处于发展阶段，院线电影衍生品市场的成功经验也较少，所以多数制作方并不对网络电影的衍生品开发抱有很大希望，更多是因为该作品上市之后受到欢迎，所以简单地开发衍生品来满足粉丝从而得到盈利，并没有将衍生品规划在长期盈利的范围之内。此外，我们上文也提到了，网络电影本身涉及的种类就包含了爱情、悬疑、动作、喜剧、奇幻等十几个类别，很多类别并不适合开发衍生品或是开发衍生品的难度较大；加之网络电影带有一定的“快产快销”性质，所以很多制作方并没有将其衍生品纳入规划之中。即使是尝试做衍生品的作品，也因网络电影更新迭代快，而在短时间内针对热度与受众的兴趣，局限在某一个单一领域，做一些粗制滥造的劣质产品，迎合当时的热度，契合“快产快销”。根据2017—2018年上映的较热门的网络电影排名，在淘宝网上进行搜索，真正有授权衍生品的几乎没有，电影的周边产品品种单一，IP未被很好地进行开发。服饰是网络电影、网络剧中最常出现的衍生品，例如古风服饰，“陈情令”古风系列，“灵魂摆渡”系列，“三生三世”系列，还有剧中同款头饰、配饰的开发。这些衍生品在作品热度范围内拥有良好的销量，而作品“下线”后，其衍生品市场也相应结束。

与产品单一化相似的是衍生品的同质化趋势。例如动画类题材作品都开发毛绒玩具，古装类题材作品都开发衣物服饰，这种“换汤不换药”的衍生品开发等于没有开发。结合上文论述，很多开发者认为网络电影衍生品并没有开发的必要或者说开发存在的风险可能比盈利更大，即使是少数作品因为衍生品开发而“逆风翻盘”，也不一定证明其有高可靠度。所以，同质化的玩偶、饰品、杯子、抱枕等变成为开发者的“衍生品舒适圈”。但是制片方或者版权所有者应该清楚地认识到影视衍生品是凝结了电影主题、电影内核或者电影人物形象等元素的文化产品，并不是可以简单复制、大量生产的商品，而这也正是衍生品在欧美国家能够成为影视作品营利的主要环节的原因之一。同时，电影作为文化产业的领域之一，其衍生品自然需要带有文化产业的核心特点——创意。因为真正的创意可以将抽象的灵感与思维转化为具有高度经济价值的产业财富，从英国、美国、日本等文化创意产业发展成熟的国家来看，他们在影视产业领域已经形成了工业化体系，作为下游环节的衍生品市场也已经遍布了全球。所以，国内影视衍生品市场真的要得到一定的发展，让新媒体影视产业追上传统影视产业的步伐，创意是至关重要的一步。与其自怨自艾衍生品市场发展缓慢，倒不如重新认真审视当前衍生品市场所存在的缺陷。

最后，营销造势不足，衍生品难以推广。在互联网时代，在信息爆炸、信息多元化的社会环境下，国内的市场已经不再是“酒香不怕巷子深”的阶段，而是“酒香也怕巷子深”。要想通过互联网的渠道，精确地把商品推送到消费者中，激发其购买行为，宣传的手段必不可少。有效的信息流能确保产品能在海量产品中脱颖而出，加大宣传力度能增加产品曝光率。[①] 但目前，大多数新媒体影视作品的衍生品“存活”时间不长，借着作品上映的热度，进行短暂的营利，没有对衍生品进行长远的规划。同时，一部作品的整体投资规模必须充分评估内容的优质程度，综合权衡品牌、资源、影片类型、市场规模和观众接受度等因素，才能最终确定。依据上文所提到的新媒体影视作品更新迭代快，带有一定的“快产快销”性质，对于多数作品来说，如果延长衍生品的开发，带来的将会是更多的负担，将其看作作品的附属产品比单独成为商品要获益更多。目前新媒体影视类作品还没有很好地将衍生品宣传、推广融入其中，衍生品市场仍有待发展。

4. 衍生品盗版猖獗，作品存在撤档风险

盗版产品的出现也是新媒体影视作品的衍生品开发所面临的最大问题。2019 年口碑与票房双丰收的《哪吒之魔童降世》因为衍生品的滞后开发让很多山寨商家“坐享渔翁之利”——从网络上随意盗取一张“哪吒”主题的图片，手机壳、抱枕、公仔、T 恤、挂件等产品便在各大电商平台开始肆意售卖。目前，国内衍生品市场的盗版产品占到了 80% 左右，而衍生品市场普遍又存在违法成本低、维权成本高的局势。一方面，衍生品的消费者出于对影视作品的喜爱，购买盗版衍生产品不做商业用途的情况下，其观赏与使用并不会构成违法行为。而也有可能该作品并未及时开发衍生产品，导致衍生品市场“供不应求”，消费者选择看似物美价廉的盗版衍生产品成为满足需求的一种方式。另一方面，我国对于知识产权的保护仍不完善。对于制作盗版衍生产品的生产厂家来说，其生产的物件技术要求低、传播与复制的成本比较低、销售渠道比较复杂难以取证；对于作品来

① 马诗婷．网络电影衍生品开发及前景分析——以院线电影衍生品开发为借鉴[D].北京：中国传媒大学，2019.

说，其道具、场景、情节等要素在商业化的环境下并找不到相对应的法律条文来保护，所以即使“山寨”商家违法被处罚，多数情况下是销毁“山寨”产品或者是罚款，起不到实质性的维权作用。综合两方面的因素，这就使“山寨”衍生产品有了可乘之机。目前，新媒体影视作品的“山寨”衍生品虽然较少，但是随着新媒体影视作品的日益发展，制作成本相对较低的盗版衍生产品也会逐渐渗入其中；同时新媒体影视作品更新迭代快，很多开发者并不想冒风险在前期就设计制作衍生产品，认为即使上档之后作品元素被仿制，也如“昙花一现”，在风口浪尖上让“山寨”商家短暂营利，比自身早早投入资金而失败要好得多。

此外，影视行业的一些非确定性因素也会导致衍生品开发存在一定的风险，会带来一些无法避免的损失。近些年，国家对于传统以及网络影视作品的监管力度愈发加强，对于题材内容、思想内涵、核心价值观等方面有了更高的标准，所以很多影视作品可能会面临撤档、积压的风险，其衍生品市场也会受到一定的影响。例如古装传奇类剧集《九州缥缈录》，其衍生品在上档之前就已经开发完成，但因为作品题材原因而临时被撤档，导致衍生品也无法正常销售。这或许也为其他作品的衍生品开发提供了一种更好的思路，因为目前很多作品的衍生品的开发是由制作方来负责，聘请专业设计公司、品牌策划公司的占少数，所以更可能将衍生品看作附属产品；如果制作方自身在开发、设计时将作品的非确定因素考虑在内，结合作品相关元素的同时，将实用价值和审美价值更好地融入，打造出既能作为作品的衍生周边又可以作为独立商品、形成一定品牌的产品，那么在遇到不可控的因素时，在衍生品环节也不会束手无策。

（三）策略：衍生品发展新规划

1. 打造精品化内容，塑造多样 IP 元素

内容是衍生品发展的核心前提，新媒体影视类作品的质量有所提升，各类媒体平台相互之间对于流量的抢夺也愈发激烈，各平台想要形成自己

独有的核心竞争力就需要对作品内容进行深耕，打造精品化的内容。

一方面，在内容创作初期，一定要认真打磨剧本，突出“一剧之本”的地位。剧本是一部作品艺术性与思想性的基础，影视作品的成与败，终归于剧本质量。而遗憾的是近年来从业者不断追求经济效益，忽视了影视艺术的本真与社会效益，作品内涵也空洞无味。但从“流量+IP”作品持续失效的趋势中，不难判定观众对于一部作品的认可程度从大制作、大明星转而向剧本内容靠近，粗制滥造的“快产品”早晚会被市场淘汰，“内容为王”的创作规律也逐渐回归正轨，而这也就需要编剧对剧本的故事内容进行反复的斟酌与打磨，设计能够直达电影题旨的精美细节，让整部作品具有真实价值与意义。此外，我们可以借鉴一下2019年院线电影票房前十位的影片，例如将中国价值、东方理念代入全人类共同拯救地球家园的《流浪地球》；通过几个故事搭建时代节点与人民记忆、展现中国人民艰苦奋斗与辉煌成就的《我和我的祖国》；或是聚焦校园霸凌的《少年的你》等作品，重心都放在了剧本内容的品质上，而演员扎实的表演、精良的制作更推动票房攀升，口碑暴涨。因此唯有内容的品质才是一个作品得以具有真正生命力与价值的核心，才能真的经得住时间的考验。影视作品的优劣向来不是单纯由视觉奇观、明星阵容、粉丝经济等表面因素决定的，其核心与根本终究在剧本的质量上。而在现阶段，编剧有更多的可能去潜心构思、打磨新生作品，创作出具有思想深度和情感浓度的高质量剧本。

另一方面，我们要对IP进行深入挖掘并创新。关于《西游记》的IP作品不胜枚举，例如周星驰无厘头、解构式却带有悲剧内核风格的“大话西游”系列，再到近年来《西游记之孙悟空三打白骨精》《西游记之大闹天宫》《西游记之女儿国》等这样将作品章节单独提炼与现代生活、价值观等结合的作品，《西游记》IP系列经久不衰，随着时代不断地更新，并持续“发力”；网络影视方面也推出了《天真派西游记》的剧集，以内容的精品化与改编的新颖性在豆瓣上得到了8.7分的高评分。因此，并不是说已经开发过的 IP 就失去了价值，在合理合法的前提下，对 IP 的创新式开发也会赢得好口碑。此外，网络文学作为影视改编 IP 的主力军，除一直大热的古装 IP 作品《陈情令》《庆余年》等，现实题材 IP 作品《都挺好》《小欢喜》也成为社会关注的热点话题，电竞 IP《亲爱的，热爱的》《全职高手》也位列榜单。这些题材的 IP 可以成为下一阶段从业者重点发掘的对象，并且有相当的时间选择 IP 源头作品，进行 IP 价值评估、IP 开发规划和 IP 打磨改编，打造优质的、具有竞争力的作品带动行业创作的良性发展。

2. 完善衍生体系，发展衍生品市场

目前国内对于衍生品开发的体系还不够完善，从前期规划与市场调查，到中期设计与形象授权，再到后期的营销推广都需要改进。

首先，要将衍生品的开发纳入前期策划阶段。在策划阶段，制作方可以聘请专业的衍生品开发团队来为影视作品的 IP 元素进行分析，进行相对应的市场调研，构建起衍生品的一个基本框架，从而制订衍生产品的设计与种类、生产与授权、销售与推广的可实施方案，提高后期衍生品打入市场的成功概率。特别在产品设计的初阶段，要善用大数据先进行受众细分，秉承市场优先的原则，确定衍生产品最适合的定位。因为影视作品的受众同时也是其周边衍生品的消费者，是基于对影视作品的喜爱度从而产生的购买欲望。所以在设计过程中，在确定目标人群的喜好后，需要以消费者的心理需求为出发点，将 IP 元素与产品相结合。如此，既承载 IP 核心与内涵，也兼具实用价值与审美价值的衍生品或将会更受到目标消费者的青睐，带动影视作品在衍生品环节的盈收比例。

其次，通过创意设计和延展产品范围形成独特优势。开发 IP 衍生品不是单纯对影视作品元素的复制与照搬，而是要找到产品与 IP 的最佳结合点，融入艺术特性与创意思维并将其作为与其他作品相博弈的一种策略与战术，才能让该作品的衍生品具备差异化竞争的核心优势。同时，随着衍生品产业的发展，衍生品的种类应愈发多元，不能单纯停留在玩具、配饰、挂件等基础性的产品上，可以尝试跨界合作打造全品类矩阵。例如，利用3D、VR、AR等高科技技术与衍生产品相结合，制作相关衍生游戏项目，与会展业相结合举办IP艺术展；也可以尝试与餐饮业合作打造IP主题餐厅，与旅游业合作打造相关IP景点。在这方面韩国的综艺节目《无限挑战》可以为国内衍生品市场提供一个范例，节目不仅开发了周边衍生品，而且举办了节目录制过程中所拍摄的照片的实体摄影巡回展和网络摄影展，形成了“无限挑战”的核心IP品牌。

最后，多渠道营销推广。因为多数作品的衍生品仍存在滞后开发的问题，所以可以借助电商平台运用众筹模式，利用最短的时间为衍生品造势，例如阿里鱼，通过其“造点新货”的模式，以C2M（用户直连制造商）的方式缩短衍生品的制作周期，将作品的热度迅速转化为衍生品的热度，并且阿里鱼商城、潮玩类目和“阿里系”生态资源等为衍生品开发者提供多种形式的营销推广支持。同时可以尝试打通线下体验式渠道，两者的合力营销推广将会为衍生品销售搭建更为完善的渠道。像网络剧《三生三世十里桃花》在嘉兴梅花洲景区打造了主题沉浸式的空间及主题酒店，《长安十二时辰》结合西安市曲江新区打造盛唐文化体验中心。随着线下体验消费需求的增长，衍生品的开发模式将会更加“泛娱乐商业化”，为其市场带来更广泛的前景。

3. 保护知识产权，严厉惩治盗版

可以肯定的是，随着我国文化市场的繁荣和大众消费观念的转变，影视作品的衍生品将成为文化消费的主流趋势之一，也会变相地给盗版生产者带来盈利的渠道，所以保护影视作品及其相关衍生产品的知识产权尤为重要。

一方面，保护合法的知识产权必须要有国家政策和法律的支持。2017年我国颁布了文化产业领域的第一部法律《中华人民共和国电影产业促进法》，明确规定了任何组织和个人不得侵犯与电影有关的知识产权并鼓励公民、法人和其他组织依法开发电影形象产品等衍生产品。但由于影视作

品中涵盖的元素相互差异较大，所产生的衍生品种类也很多元，有时候对于衍生品的侵权行为，可能界定模糊而困难；对于相关盗版者的惩罚力度也不够，对于治本的有效作用较低。所以在目前现有的知识产权法律制度下，应完善对于影视类衍生品的授权以及版权开发的相关政策文件或参考标准，或是出台相关法律条例，加大对知识产权的保护力度，对侵权者予以更严格、严厉的惩罚，真正取缔盗版产品，给予开发者更多的权益保障。此外，知识产权相关部门及执法机关应开展知识产权保护的意识引导与教育，让大多数公民能对知识产权保护有立体、全面、深入的理解，一定程度上有助于公民素质的提升，对盗版买卖行为有正确的认知。

另一方面，影视作品版权所有者除了可以申请著作权，还可以通过《商标法》、《专利法》和《反不正当竞争法》来为其所开发的 IP 进行维权。尤为是《商标法》它是版权所有者在维权方面在《知识产权法》保护基础上的又一“屏障”，将相关 IP 注册为商标可以用来保护与众不同的文字、字母、数字、符号和图形等，甚至可以保护在某些特定场合下的声音、气味、外观等元素。在这方面，可以借鉴美国迪士尼公司对其 IP 成果的保护方式，其在推动美国《版权法》延长“米奇”IP 版权保护期的同时，还通过《商标法》来保护“米奇”IP 得到长久的法律保护——迪士尼将代表“米奇”IP 的文字：“MICKEY”“MICKEYMOUSE”注册了上百个商标，又以卡通形象为原型注册了多个图形类商标；通过多元的注册形式，使得大众可以更直观地将其与迪士尼品牌相联系，而相关侵权者也会得到更重的惩罚，甚至会有刑事责任；同时又通过对“米奇”商标的续期，使其可以无限期地使用下去。迪士尼对于版权的保护可以对抑制国内当前 IP 盗版猖獗的局势提供一个典型的范例。

4. 借鉴国外经验，逐步形成体系

我国衍生品产业链尚未完善，在探寻适合国内发展的衍生品道路的同

时，可以借鉴国外的相关发展模式。这里为大家列举迪士尼和Netflix的开发模式。

第一，创作优质的故事以及塑造深入人心的人物形象。例如迪士尼的《疯狂动物城》以动物代表人，来映射现代社会环境、人性以及其他灰度地带；Netflix的《怪奇物语》以超能力设定、神秘事件来侧面展现美国20世纪80年代的流行文化。同时，双方通过实景娱乐、主题公园的形式来为人物形象造势。迪士尼为“兔朱迪”“狐尼克”打造了主题乐园的花车游行、游玩设施等，强化这些卡通人物在受众心中的形象；Netflix通过与环球影城进行“万圣节恐怖之夜”的合作，让游客可以以主角的身份体验《怪奇物语》中“平行宇宙”的主题鬼屋迷宫。

第二，具有创意性的衍生品设计。富有创意性能够让衍生品更具竞争优势，形成自身独特的个性。迪士尼在开发过程中会适当借助不同国家的本土化元素或是借助其他设施来吸引受众，例如我们可以在迪士尼主题乐园中看到穿着唐装的卡通人物；上海地铁11号线专门设计了迪士尼乐园的主题风格，在不经意之间就会赢得大众的关注与青睐。同时，迪士尼打造了衍生品类别矩阵：“迪士尼英语”系列，“美国队长”扫地机器人，米奇、唐老鸭形状的雪糕等。

许多被认为难以开发衍生品的电影，总能在开发过程中寻求新路径，因此衍生品市场的开发充满着无限可能。Netflix精确定位《怪奇物语》的复古元素，打造了系列的咖啡杯、人形玩具以及可口可乐复古限量款“Newcoke”等衍生产品，通过实物承载感受20世纪80年代的气氛。

第三，形象授权，合作开发。通过授权给合作方收取一定的授权费用并且还可以采用销售分成的方式，迪士尼旗下拥有6个主题公园、十几家影视制作公司、数百家媒体、近一千家迪士尼专卖店，每年会带来300亿美元的授权收入，成为迪士尼衍生品的又一个盈利渠道。Netflix也在《怪奇物语》中与70多个品牌达成合作，不乏知名品牌可口可乐、耐克、乐高等为其营销推广，并且在剧集上线的第一天Netflix便推出了其授权的手游，打造“影游联动”的授权模式。

第四，全球性的零售渠道。受众不仅可以在线下的主题乐园、零售商店买到迪士尼的衍生品，而且迪士尼也构建了零售网络体系，在亚马逊、eBay 等线上商城可以购买在本地区线下无法买到的衍生品，也极大地便利了以“宅”为主的群体。

迪士尼衍生品所建立起的成熟生态是国内影视衍生品发展应不断努力的方向，而 Netflix 同样作为美国的互联网巨头，其涉足衍生品市场的时间并不长，但对于衍生品的基础性开发模式足以值得国内互联网视频平台、新媒体影视制作公司、衍生品开发设计公司学习。

二、微视频、短视频

微、短视频类作品以 UGC 为主导，群体复杂而广泛，因而具有跨度大、传播快、内容广、生活化等特征，也让 IP 的形成变得更简单，衍生的产品也更多元，“内容 + 电商 + 衍生品”的模式逐渐形成。

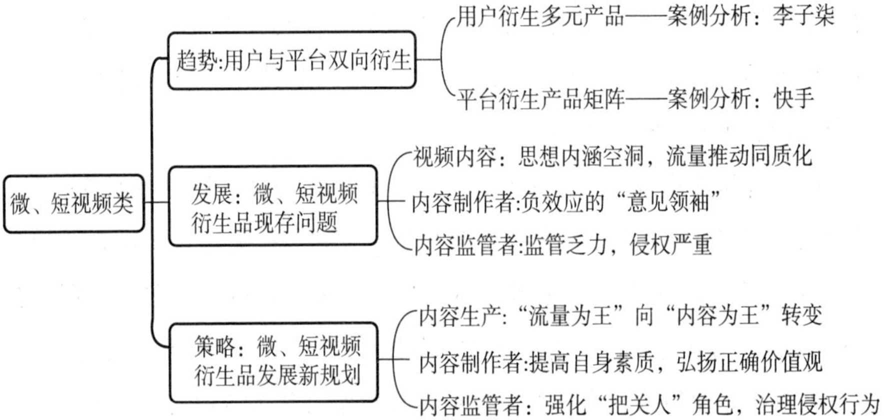

图 8-2　微、短视频类衍生品思维概览

（一）趋势：用户与平台双向衍生

1. 用户衍生多元产品

内容是微、短视频衍生产品的基础乃至核心。根据第 45 次《中国互联网络发展状况统计报告》[1]统计，截至2020年3月，我国网民规模为9.04亿，互联网普及率达64.5%，手机网民规模达到了8.97亿，网民中使用手机上网的比例为99.3%。面对庞大的用户群和受众群，内容成为这一“圈内”的核心竞争力，从海量的内容中脱颖而出，才可能拥有衍生产品的机会。同时因为视频涉及内容广泛，所产生的衍生品也包罗万象。下面为大家列举一些各领域优质内容用户所衍生的产品。

第一，美食类。美食类的微、短视频总量和流量总量已经形成一个比较成熟的内容生态，例如美食类的头部创作者：李子柒、办公室小野、大胃王密子君等，优质的内容为其奠定了粉丝基础，也形成了具有一定知名度的内容品牌，涉及的衍生品也主要集中在了“吃”——李子柒的淘宝店铺售卖李子柒同名的主食、调味品、甜品等几十种食品，其中“李子柒”螺蛳粉还与人民日报合作推出了联名款；办公室小野也在其淘宝店铺“小野一点”中售卖与其有关的各种零食、小吃；大胃王密子君则与食品厂商联名打造了属于自己的联名美食。

第二，服装类。微、短视频服装展示已经混合了一定的故事性和话题性或是场景带入和炫酷剪辑等，差异化的展现方式形成了不同的IP，也吸引了不同需求的受众。涉足这一领域的创作者有很多，例如网红雪梨、林珊珊、范智乔通过街拍或是话题性的主题创作内容吸引受众，又或是一些优质网店的创作者通过小剧场、卡点剪辑、实用技巧等创作引流。他们都通过不同的内容创造为其所属的服装类、配饰类衍生产品造势。

第三，美妆类。美妆护肤产品内容生产主要是国内、国际护肤品牌。根据《2019抖音美妆群体分析报告》[2]数据显示，网络零售总额占社消总额比例持续上升，2012—2018年网络销售额翻了5倍。像是近两年新晋的“国货之光”——完美日记、膜法世家、花西子、UKISS、VNK等品牌，一定

---

① 中国互联网络信息中心.第45次《中国互联网络发展状况统计报告》(全文)[EB/OL].(2020-04-28).http：//www.cac.gov.cn/2020-04/27/c_1589535470378587.htm.

② 广告导报.2019抖音美妆群体分析报告[EB/OL].(2019-06-16).https：//www.sohu.com/a/320913459_174744.

程度上都通过拍摄优质内容为其彩妆、护肤产品打响品牌，形成美妆IP，为衍生更多元的产品打下基础。

第四，其他类。美食、服装、美妆作为日常生活最基础的需要，在衍生产品开发方面已经形成一定的规模；而对于其他门类来说，或因为衍生产品难、消费市场小、选择其他变现模式等因素，在衍生产品这一方面并不突出。例如，游戏类视频、直播。微、短视频以及直播作为游戏内容最普适性的传播方式，吸引了无数“电竞迷”。但目前内容生产者主要通过直接体验、素材混剪、游戏解说、搞笑鬼畜等形式，创作游戏的相关内容，创作者大多也是各种游戏的“搬运工”。如果从游戏层面衍生产品那么也不属于内容创作者的IP，而“跨领域”衍生也并非容易实现的。此外，还有一些课程类的衍生产品，像是学习类、健身类等领域的内容生产者也会出售相应的学习课程、健身课程，只是目前受众规模较小，大众还是更青睐于其他形式的产品。

案例分析：优质IP成就美食衍生品——李子柒。

微、短视频行业中的MCN机构是重要的创意阶层。创意经济的核心是以IP为核心的内容产业。而IP的价值创造需要通过跨媒介转化来实现，实现“系统转化、场景转化、用户转化”这三种转化。作为创意阶层的重要代表，“李子柒”IP已经成为“法律版权和商业运营双重意义中人格化特征的形象标识”，通过特色微、短视频塑造了古风田园美食风格的IP，围绕特色形象进行跨媒介转化，打造了多维度品牌矩阵的商业版图。其投资方微念科技从2016年到2019年，注册了100多个关于“李子柒”的商标，商品类别涵盖食品、服装鞋帽、染料油脂、啤酒饮料、金融物管、餐饮住宿等。[①] 下文将围绕人格魅力、视频内容以及媒体矩阵渠道三方面分析“李子柒”IP的形成。

第一，人格魅力塑造IP。“李子柒”作为个人化IP，为观众塑造了一

① 桑子文，陶亚亚．李子柒IP运营的盈利模式研究——基于“配方式媒介”视角的分析［J］．山东大学学报（哲学社会科学版），2020（2）：40-48.

个美丽大方、果敢奋进并且热爱生活的东方典雅女孩的形象。在她的视频中，每一个制作食物的原料、食材都来自她所生活的田园之中，每一道美食都源于她精心的烹饪，采摘食材、劈柴添火、上山下田、造桥搭犀等，在这些场景背后透露出了生活的酸甜苦辣，但同时也将中国传统文化所蕴含的奋斗、自强、勇敢等精神完满地展现在了她个人身上。李子柒朴素无华的视频中更多展现出的是“十八般武艺样样精通”的才女，是当代女性自强、自立的缩影，而受众观看之后自然便会对其产生一种崇拜与欣赏，从而形成人格魅力的吸引。她不仅避免了自媒体市场上女性用颜值叙事的同质化的竞争，更摆脱了当下网红视频商品化状态，为受众带来了高质量的审美作品。

第二，优质视频内容打造 IP。李子柒视频表现出了内容与形式的统一：人与自然和谐相处的山水田园慢节奏生活的内容以及柔和唯美、“山水叮咚”的形式相统一，也即生活美学以及影像美学的统一。所谓生活美学，即主张美学向生活回归，着力发掘生活世界当中的“审美价值”，提升现实生活经验的“审美品格”，志在增进当代人的“人生幸福”。[①] 在李子柒的视频中，宁静、舒适、诗情画意的美好田园生活与风光让受众发掘了细水长流的慢节奏生活的审美价值；食物的纯粹、氛围的祥和以及山水间相互奏响的“乐曲”，这些意象让受众也逐渐找到了人类与自然之间的共鸣、审美应有的境界以及在生活中应有的审美态度；而人与人之间朴实热情的交往，让处于闹市中不愿处理人情世故的人们找到了理想化的模式，减轻了日常生活中的烦恼，从而发现了更多的人生幸福。同时，李子柒的视频中涵盖了中华民族优秀的非物质文化遗产，例如桑蚕文化、漂染文化、造纸工艺、制鞋工艺、竹器工艺、木工工艺、蜀绣、糕点工艺等，这些工艺或许不是她本身就擅长的事情，但是她为了将中华文化传播且呼吁、影响更多人传承，愿意努力花上数月、数年去学习某一个技艺，为受

① 刘悦笛. 当代中国“生活美学”的发展历程——论当代中国美学的“生活论转向”[J]. 辽宁大学学报，2018（5）：144-151.

众带来有诚意、有质量的作品。而这种蕴藏生活美学的内容与其凝练而饱满的镜头相融合，让受众的审美思性得到了极大的提升，成为当前鱼龙混杂的微、短视频市场上的“一股清流”。

第三，新媒体多渠道布阵传播 IP。传播的重要方式是打造高效媒体矩阵。李子柒针对用户注意力稀缺的特点，充分利用碎片化时间，打造全媒体传播矩阵，包括抖音、微博、快手、美拍、B 站等平台。其团队聚焦用户对传统文化的兴趣，充分利用关注“古风”“美食”的文化圈层，建立“柒家人”社群，用轻松、简短、优美的文字分享进行内容传播。社交平台传播与微、短视频平台传播结合，国内传播渠道与海外传播渠道结合，最大限度积聚粉丝和流量；利用微博平台转发抽奖，二次传播和口碑传播并用，MCN 的助推也是其火爆全网不可或缺的动力。① 在不同定位的新媒体视频平台上，李子柒的视频会根据平台特点进行内容剪辑，投放的长度也会有所不同。例如短视频平台快手、抖音时长在一分钟到五分钟之内，让受众可以利用碎片化的时间去享受与放松；新浪微博、B 站、腾讯视频这类微视频、长视频平台时长在十分钟之内，视频的内容更精细更能让受众对视频内容身临其境；在淘宝、天猫这类电商平台时长是半分钟到三分钟，更主要的是通过内容宣传其衍生的美食产品。这种分媒体矩阵投放的模式为李子柒优质的视频内容带来更多的点击量，使其在不同的视频平台上吸引用户，增强受众黏性。

2. 平台衍生产品矩阵

用户想要吸引粉丝，而平台想要吸引更多的用户。微、短视频，直播类平台之间竞争日渐激烈，而想要占据“头部”，反哺内容生产，就要形成差异化产品矩阵，增强用户黏性，吸纳新用户，持续为平台导流。也就需要在平台现有资源的基础上研发衍生更多的产品。例如，新浪微博推出微博国际版、微博极速版、微博 FM、绿洲、微博分期、微博动漫、微博

① 高琴. 李子柒野食系短视频的内容生产和传播策略探析［J］. 河北民族师范学院学报，2019（3）：109-114.

小游戏等衍生产品；快手推出快手极速版、快手大屏版、快手直播伴侣、电喵直播、快影、快手电丸、一甜相机等衍生产品；抖音也推出了抖音火山版、剪映等辅助性软件。各大平台都在不同程度上衍生自身的产品，提供更为多元优质的内容生产，更多地抢夺微、短视频用户的观看时长。

案例分析：品牌衍生产品矩阵——快手。

微、短视频行业正处于“野蛮生长”的阶段，新媒体各领域各行业都希望在此占领一席之地。所以快手作为微、短视频领域的头部平台，基于大量的活跃用户与UGC内容，在微、短视频业务的基础之上，又布局了多方位的衍生战略，打造“微、短视频+”的矩阵。

（1）游戏类。

据相关数据表明，快手拥有大量核心游戏目标群体，有坚实的用户基础——在快手平台上有游戏行为的用户中，73%的人每天都会玩游戏，90%的人在一年之内有游戏付费的行为，78%的人玩游戏在五年以上。可见快手在游戏领域有很大潜在优势，因而快手推出了“游戏+社交”的主打模式App——快手电丸。快手电丸的游戏种类多、涉及主题广，为用户提供了全方位的游戏体验，但是用户必须与其他玩家匹配进行游戏体验，所以快手电丸首先在游戏层面增强了游戏交友概率，其次在App的社交方面又设立了聊天室、找人玩、电电三个模块，让一款软件囊括了多款社交软件的模式，进一步巩固社交属性。同时，快手也推出了专题棋牌类游戏——快手爱游斗地主App，从3D体验效果、实物奖励促进用户裂变，以及从直播功能入手拉近社交。此外，快手所收购的AcFun设有游戏中心，而A站也将一定程度上为快手带来更优质的内容、年轻化的用户群。

另外，快手推出了多款游戏直播App，据伽马数据发布的《2019中国游戏产业年度报告》①，2019年中国移动游戏市场实际销售收入突破1513.7亿元，较去年同比增长13.0%，继续保持增长势头；中国游戏直播

① 新浪游戏.2019年中国游戏产业年度报告首发：国内+海外增速10.6［EB/OL］.（2019-12-20）.http：//games.sina.com.cn/y/n/2019-12-20/ihnzhfz7240811.shtml.

市场收入也顺利突破 100 亿元。中国的游戏市场规模愈发扩大，发展也趋于成熟。快手迎时而上，在平台自身的直播功能基础上，专门为电竞、游戏类直播推出了三款直播产品。

第一，主打游戏直播的内容社区——电喵直播。它涵盖了游戏直播、游戏视频、游戏社区、游戏介绍、游戏下载等多元游戏内容。不仅能为喜爱游戏的玩家提供针对化的服务：观看直播、试手新游戏、参与游戏讨论等；而且用户还可以同步在快手上关注的多元内容，也避免了单一化的游戏内容。目前快手平台已将电喵直播合并到快手平台自带的直播功能中，为平台带来直接有效的效益。

第二，PC 端直播平台——快手直播。与电喵直播不同，PC 端的快手直播更注重内容的“单向输出”，它主打游戏直播，从手游、网络游戏、单机游戏三个维度分类，囊括时下热门游戏、小众游戏，为不同需求的用户提供针对性的游戏直播内容。此外，它也为用户提供了快手 App 的游戏类小视频，培养用户兴趣。

第三，辅助直播工具——快手直播伴侣。它是快手专门为游戏主播量身定做的辅助工具，主播在拥有快手直播权限的前提下，可以通过它的渠道进入游戏并开启直播，为主播以及受众提供更好的游戏体验；此外还有红包互动功能、作品推广功能，为主播提升人气，为平台增强用户黏性。

快手在游戏直播领域的布局已经日见成效。快手在 2019 年 7 月举办的创作者大会上表示，快手游戏直播 DAU（Daily Actwe User 的缩写，日活跃用户数量）已达 3500 万，游戏微、短视频 DAU 有 5600 万，月开播人数达 200 万，每月总开播时长超 6.8 亿分钟。2019 年上半年，快手的游戏创作者们共交出了 5 亿条游戏相关内容，产生超 100 亿次的点赞，15 亿条评论及 1.2 亿次分享。[①] 此外，通过伽马数据研显示，2019 年上半年，快手平台游戏直播的开播量占比达到 18.5%。作为较晚入局游戏直播行业的

① 陀螺电竞 .2019 年中国电竞报告：国内游戏直播市场收入或破百亿［EB/OL］.（2019-08-27）. https：//www.sohu.com/a/336847925_100057771.

平台，快手借助微、短视频业务的良好发展，已经积累了相当规模的用户群体，完成了初期平台积累。现阶段，快手已成为国内较大的游戏直播内容平台之一。①

（2）教育类。

在线教育已经成为大众获取知识的主要途径，“微、短视频＋教育”的模式也在各大微、短视频平台展开。根据快手大数据研究院发布的《2019快手教育生态报告》②显示，快手平台上与教育相关的微、短视频创作者超过99万，教育类微、短视频累计生产量超过2亿，日均播放总量超过22亿，日均点赞总量超过6000万；教育类直播日均观看时长约等于734年，日均累计观看人数超过1亿，日均直播评论超过2000万，“快手＋教育”的模式正在逐步扩展。

一方面，快手在平台上创建了“快手课堂”的频道（见图8-3），为不同的年龄阶层提供不同的知识学习，并通过课程售卖的模式实现知识变现。依据《2019快手教育生态报告》显示，18岁以下用户主要学习学科知识以及个人爱好，例如计算机、动漫手绘、黏土等；18—30岁的用户与18岁以下用户有着相似的兴趣爱好；30—45岁的用户不仅学习书法、器乐而且也学习可实操性的农用机械；45—60岁及60岁以上的用户更喜欢学习器乐、曲艺、理财等多方面的综合科普性知识。此外，快手教育生态里有超过160万的付费学员，付费相关功能转化率高达95%，从2018年6月到2019年8月，平均每月付费学员环比增长高达95%。相对于传统教育，“快手＋教育”的生态圈拥有更广泛的传教者、受教者以及知识内容，大量的“长尾”需求被满足，让更多用户拥有获得可观收入的机会。快手课堂从教育的垂直领域为快手平台带来更可观的流量，也为其带来更优质化、专业化的微、短视频内容。

---

① 陀螺电竞.2019年中国电竞报告：国内游戏直播市场收入或破百亿［EB/OL］.（2019-08-27）. https：//www.sohu.com/a/336847925_100057771.

② 快手大数据研究院.2019快手教育生态报告重磅发布！［EB/OL］.（2019-10-17）. https：//mp.weixin.qq.com/s/fAjze3AwRdOMEC95NVtqmA.

另一方面，相关数据表明，快手目前拥有 7000 万的 K12（学前教育至高中教育）学生用户群体，且约有 74% 的学生用户群体来自三线至五线教育资源贫乏的地区。所以快手推出了“青少年版快手”——青春记 App，它是针对青少年推出的集专业知识、趣味科普、心理教育等丰富内容于一体并用轻松、易懂的微、短视频形式把枯燥的知识或者常识进行转化的教育型视频软件，通过优质内容筛选，让青少年能够获得更多样的教育内容。而青春记或可为快手打造差异化内容，吸引青少年用户群体，为快手打造更为精细化的流量池；并与快手课堂相结合，吸引更多教育企业的合作与入驻，构建更为体系化的教育生态圈。

图 8-3　快手课堂频道

（3）社交与资讯类。

一方面，快手从 2017 年便开始布局社交，以独立 App 的形式去探索和打造新型用户圈层，除主打游戏交友的快手电丸，又推出多种社交模式。其打造了美颜视频社交软件“一甜面聊”、同城交友社交软件“喜翻”以及好物种草社交“豆田”。作为快手平台衍生的新兴社交圈层产品，它们与目前市场上的其他同类社交软件差异并不是很大，而豆田 App 因产品数据不理想，已经退出竞争，其余软件为快手所带来的效益也仍需观察。

另一方面，快手也布局了资讯类的方向，即图文与视频资讯类 App“快看点”。这款应用针对下沉人群和市场，类似于趣头条 App，以“网赚”模式刺激用户增长和存留，但目前平台内容质量不高，且同类竞争资讯平台用户广、内容优，快看点 App 是否能成为快手矩阵中的新兴爆款尚未可知。

（二）发展：微、短视频衍生品现存问题

微、短视频类的盈利渠道广，“变现”形式多，目前其主要依靠植入广告、局部流量“变现”获得相应的收入，但的确没有一个明确的盈利模式可以带动“变现”持续性发力。因为 UGC 是微、短视频平台的主要运营模式，而大量 UGC 视频内容质量不高，只能靠短暂热度来吸引大量用户关注，更无法吸引更高素质的群体，自然无法培养用户的消费习惯，难以长时间地维持用户黏性。所以，微、短视频类作品想要通过开发衍生品的方式来持续“变现”，视频内容是核心与关键。

1. 视频内容：思想内涵空洞，流量推动同质化

福柯认为，权力是一种贯穿整个社会的“能量流”，而人只不过是使用权力的工具。具体到媒介研究领域，其中的文化权力关系素为学界瞩目。乐观者认为，在现代传播技术的推动下，受众积极参与文化生产过程，由此与“传者”展开博弈并实现自我赋权，最终分享了本由“传者”垄断的媒介文化生产权力。[①] 在微、短视频时代，大众既然成为文化生产

---

① 陈元贵．喜剧狂欢·身体美学·欲望消费：审美文化视角下自媒体短视频论析［J］．现代传播（中国传媒大学学报），2019（6）：99-104.

的主要角色，对于内容质量的把控也参差不齐，既有像李子柒视频那样的精品，也有很多粗制滥造的作品缺少思想内涵与精神陶冶，那么就不可避免地会带来对于快感的泛滥消费。特别是对喜剧性曲解式延伸，在微、短视频平台上，我们可以看到很多没有“营养”、没有意义的视频，例如用气球装水做成“水球”，然后再跳着把这些水球踩破；去超市粮食区体验抓大米、小米、绿豆；用胶带、香蕉皮等恶搞他人；生吞“仙人掌”“海洋球”，诸如此类的微、短视频，当创作者做出一些出人意料的行为时，这些看似低俗、无聊的内容却通过受众的围观，在嘲笑与蔑视之中转为感官的愉悦与刺激，生理上的兴奋与满足，从而逐渐被影响甚至同化，艺术娱乐化正在无形地吞噬真正的喜剧性，更不必提及视频内容的思想与内涵了。

同时，在微、短视频界有“流量为王”的宗旨，能占据一定的流量源，赢得更多的关注便是用户制作视频的宗旨，这也促成了微、短视频内容的极大同质化。一方面，形式的作用与价值大于内容本身质量，当一首背景音乐或是某一种滤镜、一种拍摄形式走红之后，有很多用户会相继效仿这些表现形式来制作视频，而视频内容却是千篇一律地跟着背景音乐卡点剪辑、根据热门的拍摄形式表演，导致大范围的题材“撞车”现象。另一方面，多数微、短视频平台对目标群体定位不明晰。国内微、短视频两大头部平台：快手、抖音，一个以“老铁文化”打造接地气、实用化视频内容，一个以音乐社交为主题，打造更具创意性、年轻化的视频内容。其他视频平台的内容虽然包罗万象，但是并没有一个主打的方向，都是同时在发展搞笑、美颜、短剧、音乐、美妆等门类，加之快手、抖音在相关业务方面已经涉及得较为完善，所以这些腰部或者底部的视频平台很难以其共性化的内容来吸引用户，抢夺流量。

2. 内容制作者：负效应的“意见领袖”

微、短视频平台为大众提供了展现自己的机会，可以使其在短时间内，几乎零门槛地成为他人追捧的网红明星。应该说，网红们迎合了一部分网民的自我认同需求，满足了他们的精神诉求与情感需要。[①]因为快节奏生活状态已经成为现阶段社会的基本趋势，社会文化随着社会趋势而发展，逐渐呈现出快速化与消费化的特点，更追求体验与刺激、舒适与愉悦的“享乐”需求。而网红也逐渐演变为微、短视频领域中的“意见领袖”，泛化的信息内容以及多元的价值观念，使得大众在不经意间通过多数“意见领袖”的表达与行为，产生一种同化心理，并向其不断靠拢。但是网红群体良莠不齐，有些主播的个人品质、行为举止会误导受众，特别是学生群体，会使其产生非理性消费、以颜值论成败、偏激的道德观念等问题。像因一句“打工是不可能的，这辈子不可能打工的”出名的偷窃犯周某，却收到了30多家网红公司的邀请，希望他可以在出狱之后签约成为网红。假使周某真的成为网红，受到大众关注并视其为偶像，那么有多少未成年人会因此受误导而效仿，去犯罪危害社会，来博大众的眼球；还有一些创作者打着小众文化的理念，在违法的界线上打“擦边球”，用身体展现独特魅力，满足“他视”的需求，博取更多流量蹿红，在一些微、短视频平台，已经出现有未成年人模仿这类网红来展现自己的身形姿态。未成年人的道德观、价值观、世界观还尚未形成，而网红却往往与财富、成功、光鲜等词挂钩，很有可能让未成年人摒弃传统意义上的“知识创造未来”的观念，对其是非观念和道德观念都会产生巨大的负面影响。

3. 内容监管者：监管乏力，侵权严重

一方面，内容监管者对于微、短视频平台所存在的不良内容监管不到位，让不良内容生产者有了可乘之机，并不断滋长这种现象，不仅挤压了其他优质内容的空间，而且也使受众沉溺在快感消费之中，成为娱乐至死的人群。根据马斯洛需求层次理论，作为第一层次的“性”并非必须要得到满足的因素，但是这种类型的内容生产对受众来说，就是这一层次的变相满足，并且从无意转向了必须，即如果欲望不能够被完全满足，其他需

① 贾梦宇．“网黑”不能变“网红”［N］. 河北日报，2020-04-21（7）.

求便无法成为新的激励因素。创作者这种对于身体的渴望展示与观赏者对于身体欲望的需求逐渐形成了一种“买卖”关系，既然有市场，那么这种消费何乐而不为呢？久而久之，便会影响整个行业的良性发展。

另一方面，关于微、短视频所引发的知识产权问题也争议不断。一些用户通过复制、截取他人原创视频来获得流量从而营利。监管者对侵权行为打击力度不够，平台对于算法推荐的运用，会主动向用户推荐与其喜好相关的内容，像在搜索过一部影视作品后，平台会为用户推荐相似的内容或者与内容相关联的其他内容，用户很可能通过微、短视频平台观看完了长视频平台的影视作品，从而对后者产生一定的替代性作用。所以对于侵权界定的边界也比较困难，例如今日头条中多个未实名注册的自媒体平台对网络剧《屌丝男士》中的内容片段进行截取并通过剪辑、拼贴将其作为自己生产的内容，剧集版权所有者搜狐视频起诉今日头条实际操控这些自媒体账号来侵权，但是因为没有相关法律条例、政策或是案例来证明这种行为侵权而败诉。此外，在UGC模式的大趋势下，即使侵权作品被迫下线，还会通过其他账号继续侵权，这种现象在短期内并不能得到根治，版权所有者面对重复的侵权，对人力、财力的消耗最终也会得不偿失。

（三）策略：微、短视频衍生品发展新规划

1. 内容生产：“流量为王”向“内容为王”转变

“内容为王”应该是微、短视频平台的创作者遵循的核心要求。微、短视频类作品与新媒体影视类作品内容质量的提升方式相似而又不相同。近些年，微、短视频得到持续的发展，但是粗制滥造、生搬硬套的内容带来的只能是短暂的热度与流量，唯有高质量的内容生产才可以获得持续的关注与青睐，生产者可以从影视类作品中汲取灵感，多积累提炼优质作品中的主题内涵和核心元素；也可以借鉴微、短视频领域优质内容作者的制作模式，将它们作为自己在创作时获得灵感的一种方式，能够更好地推动内容提质升级。同时微、短视频的行业走向决定了未来的发展趋势必将是内容的垂直化细分，创新创意是辅助其打造精品化内容不可或缺的一部分。

首先，有记忆点的用户 ID 可以与自己的名字、形象或者生产的内容相关联，会逐渐树立起一个 IP 形象与品牌。其次，在垂直细分的内容领域，我们不一定要局限于生产制作搞笑、美颜、情景短剧等内容，还可以考虑与自己兴趣爱好相关的科普知识型内容，如历史、萌宠、美术、星座、生活小妙招、娱乐趣事等；或者是可实操性比较强的教育、职场、情感等；还可以分享美妆、穿搭、美食等具有生活化和故事化的 Vlog，展现精品化的内容来吸引受众。最后，内容生产者也应主动提升相关专业水平，加强前期视频拍摄，后期剪辑、配乐、特效等方面的相关技术学习，通过提高制作水平为用户带来更专业化的 UGC 内容。

2. 内容制作者：提高自身素质，弘扬正确价值观

内容质量的好坏与内容制作者自身的文化素养、知识水平、价值观等脱不开关系，更关系到微、短视频行业是否能健康高效发展。一方面，内容制作者应该对其制作领域内的专业知识进行深入学习或进行相关培训，在微、短视频愈发垂直细分的趋势下，只有在所属领域不断“深耕”才能创作出更具个性与权威的内容；同时还要提高自身的媒介素养，自觉遵守微、短视频行业的规范，类似快手、抖音这样的头部平台对视频内容进行了更精品化的筛选，对于不遵守平台准则的生产者会采取限流、封号等措施；另一方面，要提高个人素质，弘扬正确的价值观念，不为争夺流量而生产色情、暴力、恶搞等低俗内容，提升作品美感的同时也尝试去带动受众进行理性层面的审美思考、真正从心灵上带给受众精神慰藉和价值。生活情感类视频是当下比较热门的一个内容领域，内容生产者通过分享别人的经历，运用动画、图片或是文字的形式使受众既能借鉴他人成功的经验或是避过他人失败的弯路，又会对人生和社会有更深层次的认识。此外，MCN 机构在签约“素人”或者有一定名气的网红时，也应提高选择标准，避免出现正能量价值观念较弱，频繁带给大众负面印象的网红。因为未来的网红不会是以比拼低俗、夸张、搞笑、土味等占据“头部”，而是通过自己的个性与内涵，道德观念与价值观念来真正感染受众，从而真正成为微、短视频领域合格的“意见领袖”。

3. 内容监管者：强化“把关人”角色，治理侵权行为

目前，微、短视频领域内的泛娱乐化现象已经对受众、媒介和社会都产生了一系列的负面影响。为了更快更好地遏制这种现象的发展与蔓延，相关内容监管者要强化自身“把关人”的角色，对违反相关行业规定和条例的内容生产者、视频平台要采取更有力的措施来监管惩治并强化平台监管机制，对其进行严格审查，构建更全面的监管体系，净化微、短视频空间内的视听环境，从国家层面推动微、短视频平台对色情、暴力、恶搞等内容的严厉处理，提高视频内容的发布门槛与准则。平台自身也要加强监管，尝试推行视频创作者实名登记制度，对违法违规内容追根溯源；尝试改善算法推送的模式，根据不同情况选择推送方法，并加入人工审核，促进用户生产优质内容，争取杜绝因导向不正、内容低俗而引起网民的反感，杜绝使新媒体视听作品领域沾染不良风气的行为。此外，在微、短视频领域也要注重保护版权，2020 年 4 月公开征求公众意见的《中华人民共和国著作权法修正案（草案）》中将“电影作品和以类似摄制电影的方法创作的作品”改为“视听作品”，为新兴的微、短视频领域带来相关维权条例，并扩大了著作权的保护范畴，未经他人授权使用的视频内容和图片、过度引用他人创意思路或是作品内容、直接“搬运”他人作品以自身的名义发布等类似行为都可能会构成侵权行为。如此，只有完善相关法律条例与政策，才能切实保护微、短视频领域乃至整个传媒行业原创者的切身利益，使其迸发更具创造力与创意性的优质内容，从而推动构建内容版权生态圈的循环发展。

目前，微、短视频领域的内容正在朝精品化、垂直化以及弘扬积极正确价值观的方向迈进，推动大多数优质的内容及内容制作者逐渐建立起微、短视频领域的 IP 品牌实现持续“变现”，让微、短视频作品与新媒体影视作品一同推动衍生品市场的发展。

第二节 与衍生品相关的辅助产品

据中投产业中心统计，2020年，中国电影衍生品市场规模将超100亿元。衍生品市场的生意一直为中国电影行业勾勒着美好的未来，相比美国、日本等成熟市场，中国影视衍生品市场容量只占影视产业市场的20%左右，相比于成熟市场中，衍生品市场占比超过70%的水平来说，还有很大的发展空间。[①]目前，我国影视衍生品的产业链正在逐步完善，一方面出现了一些辅助产品来催生更优质、更精品的内容，另一方面也出现了一些为新媒体类视听作品的衍生品提供综合性开发的辅助产品。

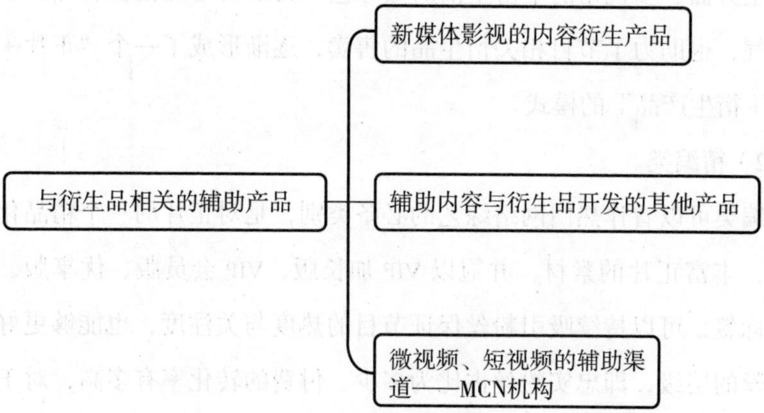

图8-4 与衍生品相关的辅助产品思维概览

一、新媒体影视的内容衍生产品

网络电影、网络剧、网络综艺在互联网生态圈中相互融合、创新，在

① 阿商君.《知否》热播朱一龙赵丽颖成“带货王”，阿里鱼独家打造衍生品变现爆款[EB/OL].(2018-12-29).http：//www.iwshang.com/Post/Default/Index/pid/258227.html.

各自独立衍生相关产品之外，又产生了“网络综艺 + 网络电影”“网络剧 + 网络综艺”“网络电影 + 网络剧”等新型的“内容衍生品”。

（一）独立领域内容衍生产品

1. 网络综艺

在网络综艺方面，早期电视综艺《奔跑吧》《中国好声音》《极限挑战》等真人秀节目就已经开始尝试将节目花絮作为其衍生节目发展，网络综艺也在此基础上创造了更多的可能，各大视频网站都逐渐开始自制衍生节目。

（1）花絮类。

以偶像养成类节目为例，腾讯的“创造营”系列、爱奇艺的“青春有你”系列，都在正片的基础上不同程度地衍生了几档展现选手在训练之外的全方面、多视角的丰富生活的微综艺，为节目增加更多看点，积累选手人气，也助力了节目相关衍生品的售卖，逐渐形成了一个“正片 + 衍生节目 + 衍生产品”的模式。

（2）精编类。

精编类可以看作热门网络综艺的必备类别，是对正片的一个精品化编辑处理，丰富正片的素材，并冠以 VIP 加长版、VIP 会员版、优享版、限定版等标签，可以持续吸引粉丝保证节目的热度与关注度，也能够更好地区分粉丝的层级，即忠实粉丝占比为多少、付费的转化率有多高，对于 IP 后续的衍生市场开发是非常重要的一个条件。例如优酷的系列 IP 节目《火星情报局》推出了春季限定版，对之前四季节目亮点进行了重温，并且也对下一季进行了预告，让 IP 未播先热，能够持续发力。

（3）定制类。

定制类相比花絮类与精编类更多是对节目的一定程度的补充，节目的内容更宽泛，更具有创新性和独特性。例如爱奇艺《青春有你 2》的定制类衍生节目《青春加点戏》，从国内热门的线下机构游戏机制切入，每一期都随机邀请10位训练生参与其中，通过沉浸式角色体验节目形式，体验不同的人生，并完成剧本的主题故事。这种类型的衍生节目可以让受众更多地看到舞台之外的训练生的生活、性格、兴趣爱好等，也逐渐成为主体节目的宣发营销渠道，更有利于发掘IP的市场潜力。

2. 网络剧

（1）衍生剧逐步发展。

网络剧的衍生剧随着网络剧市场的产业化发展逐渐成熟，网络剧衍生剧的新模式浮出水面，例如《白夜追凶》的衍生剧《白夜重生》，《一路繁花相送》的衍生剧《一路繁花相送番外》，《远大前程》的衍生剧《远大前程·双龙会》等。并且网络剧衍生品并非原生剧的简单番外或是剧情延伸，而更多是以原剧中的一些情节、人物或者其他线索等基础元素，创作一个全新的故事，能够更深入地挖掘IP，不断吸引受众的关注，从而也一定程度上提升了IP的价值，带动IP衍生持续“变现”。

（2）借鉴国外成熟模式。

目前，相比网络综艺，国内网络剧的衍生剧还没有形成较为固定的模式，但国内网络剧的衍生剧的发展趋势与美剧衍生剧有一定的相似性，而美剧衍生剧已经发展得非常成熟，所以对今后国内网络剧的衍生剧开发有一定的借鉴意义。[①]

① 剧集的情节拓展与延伸，展现剧情的“前传”或是“后传”。这一类型的衍生剧与原剧集的相关性较低，在展现整个剧集的核心主题、人物和情节的同时又相对独立，从叙事角度、时间、空间等方面入手，展现核心人物的支线故事、人物前史或人物的未来，使得这类型的IP衍生剧具有较高的独立价值，例如剧集《权力的游戏》的衍生剧。

② 专属角色定制衍生剧。它是目前美剧中最常见的衍生剧种类，受众对剧集中某一人物的持续关注度与讨论度使得该人物成为剧集的热门人

① 麻哥．衍生剧霸屏欧美市场，热衷翻拍的国内同行能否从中开个窍？［EB/OL］.（2018-06-20）. https：//mp.weixin.qq.com/s/JQkf_xlBNRdWj4R-p3yRYA.

物，制作方便会为该人物推出定制衍生剧，打造人物角色 IP 系列。例如剧集《生活大爆炸》的衍生剧《小谢尔顿》，主要讲述了童年时期的谢尔顿和家人一起生活时的故事。

③ 背景与环境的置换。在故事情节主线与任务都未变的条件下，通过对故事发展的背景与环境进行置换，打造别出心裁、风格迥异的衍生剧，对 IP 进行创新与创意化的延伸。例如剧集《犯罪现场调查：纽约》和《犯罪现场调查：迈阿密》，将两个城市融入同一个故事之中，展现不同的“犯罪”风格。

④ 巩固 IP 的衍生剧。采用这种形式的剧集不占多数，一般是在系列剧集遇到角色换人的问题时，其余的原班演员会拍摄一部衍生剧来补救 IP，确保 IP 还能够持续带来效应。

3. 网络电影

网络电影在内容衍生方面基本还未涉足，还处于待开发领域。

（二）融合领域内容衍生产品

网络综艺、网络剧和网络电影相互融合衍生，催生了“网络综艺 + 网络剧”“网络剧 + 网络电影”“网络电影 + 网络综艺”等模式。例如网络综艺《明星大侦探》衍生《明星大侦探之头号嫌疑人》的互动微剧，《拜托了冰箱》衍生了《拜托了厨灵》的网络电影；网络剧《鬓边不是海棠红》推出了衍生节目《瑜你台上见》，现象级网络剧《老九门》《独家记忆》《灵魂摆渡》等也以番外故事为主要内容衍生了多部网络电影。可以预见，一个 IP 打造的多渠道内容生产作品将逐渐完善、成熟。

（三）衍生内容：丰富作品主体，IP 价值叠加

首先，新媒体影视类作品的内容衍生作品对主体作品从不同层次与维度上进行了横向拓展，通过核心主题或思想的升华来重塑新的内容，高灵活度与强粉丝黏性的特征使其与主体作品形成了优势互补的局面，而拥有了优质的内容意味着将会带来更多开发制作周边衍生品的机会。

其次，衍生节目、衍生剧的体量较小，很容易通过碎片化的方式传播到更多的平台，突破主体节目在多屏传播方面的局限性，推动整个作品构建完整的宣传链条，能够在下游衍生品售卖环节得到更广泛的消费者的青睐。

最后，是 IP 价值的“变现”。一方面，内容衍生作品可以带来更多的广告冠名机会，成本相对主体作品较低，但仍能借助与主体作品的联动效应拓展广告品牌的知名度；同时衍生作品的垂直性与强粉丝效应可以实现广告投放的精准定位，因而会吸引更多的广告商与其合作联名开发更具市场细分化的衍生品从而营利。另一方面，衍生作品在未来很有可能会推动 IP 从单一的商业价值体系到多元的商业价值链的形成，通过创新与延伸变成具有一定的独立价值的成熟 IP，可以充分挖掘衍生品的市场潜力，全面赋能 IP 的全产业链开发，促进整个行业衍生产业链的提质升级。

二、辅助内容与衍生品开发的其他产品

（一）快手：辅助优质内容，促进衍生“变现”

微、短视频领域的竞争日益激烈，作为头部平台的快手不仅涉足游戏、教育、社交类的衍生产品，也尝试推出了辅助衍生产品的相关产品。主要为辅助内容的剪辑、音效软件以及商业的工具软件，促进内容的精品化与创新化程度，由此来推动衍生品持续“变现”的速度。

1. 内容辅助工具

首先是技术类工具 App 的衍生产品，它们是平台为生产内容者引流并提供成为“头部账号”机会的方式之一，也是为受众提供优质内容，保证平台日均活跃量，区别且胜于其他微、短视频平台的一种途径。所以，快手陆续推出了手机剪辑软件、音频编辑软件以及摄像软件。

第一，操作简便，功能全面的剪辑软件——快影。它具有强大的视频编辑功能，从视频拍摄、视频剪辑到视频制作，只需要简单操作，便可以

制作出独特、个性的视频。它冲破了一直以来视频剪辑所需的专业性，使普通人不仅能生产视频内容，更能制作优质的视频内容。

第二，轻松玩音乐的编辑软件——光音。它不仅是一款可以制作音乐的软件，而且主打“音乐社区”的属性，培养快手平台内的音乐人，推动快手平台微、短视频内容多样化、优质化的生产，促进了整个平台内生态的可持续发展。

第三，高品质高科技的拍摄软件——一甜相机。除了最基础的美颜、滤镜功能，一甜相机还为用户提供热门微、短视频的跟拍和视频制作的配套音乐；此外，其结合了AI智能分析匹配、AR相机姿态估计、3D人脸重建等“黑科技”，对快手的微、短视频内容进行了强化补充，刺激用户参与创作。

2. 商业类辅助工具

“开眼快创”和“快接单”两个App是快手打造了商业辅助性产品，“开眼快创”可以为广告主、创作者、代理商提供更高效的创作产出与流量变现需求的方案；“快接单”则是为快手作者用户提供推广任务，接受商家发布的相关推广内容，拍摄视频或直播从而获得推广收入的官方“变现”渠道。两者既可以看作快手商业化矩阵的衍生产品，更可以看作快手用户衍生产品营销推广的官方渠道。

3. 快手平台的“变现”趋势

目前，快手平台通过内容支持、流量扶持、商业化赋能等方式，提升用户对微、短视频的关注度，使得更多的创作者能够通过优质的内容吸引更广泛的受众并建立起新型社交互动关系，同时快手给予创作者在私域流量方面的主动权，精品内容将会得到更合理的价值“变现”，能够让创作者通过衍生品销售、直播、电商带货、广告、IP授权和知识付费等多种方式“变现”。

（二）阿里鱼：打造影视IP衍生品综合开发

阿里鱼是为影视IP打造的衍生品综合开发服务平台，它以阿里大数据为基础，为IP方与品牌方提供在线授权合作、整合营销、销售等全链路服务，基于“阿里系”的生态阵营，其合作授权可以涉及影视、综艺、动漫、音乐、文化、艺术、明星、体育等多个类型的IP。目前，国内的IP衍生品市场规模较小，仍处在不断地探索和发展之中，阿里鱼作为全国最大的IP衍生品授权平台，一方面，帮助IP作品的版权方精准定位开发全品类的优质衍生品；另一方面，也通过整合营销方案，逐渐培养起大众在影视IP衍生品方面的文化消费习惯。

首先，阿里影业整合了阿里鱼与旗下的授众宝，通过协同阿里巴巴生态圈的丰富资源，在产业链上游寻找优质的IP，这些IP拥有忠实的粉丝消费者，阿里通过特有的算法引擎将IP版权方与国内外的知名品牌、“中国制造”的优秀生产商精准连接，从而形成最优匹配，这些商家涉及了家居、数码3C、潮品、美妆、服饰等各领域超过600家品牌，阿里鱼通过电子商务结合传统娱乐产业探索影视IP衍生品的商业新模式。

其次，基于“阿里系”生态和应用场景，可以掌握消费、出行、资讯、娱乐、物流等方面的全域数据，从而定义一个人，他是什么样粉丝、什么样的消费者。比如，假设某人早上出门用高德地图，上班时用UC看资讯，中午用“口碑”点外卖，下午用天猫淘宝购物，用菜鸟物流收快递，晚上他用阿里星球听音乐，用淘票票买电影票。同样地，通过优酷土豆、UC等内容品牌，也能够看到一个IP，它的热度如何，讨论点在哪里，未来趋势如何。[①]由此，便可以有效评估IP的潜在消费客户，对衍生品开发的品种及价格进行更细致化的分析，从而提高衍生品“变现”的能力。例如剧集《知否知否应是绿肥红瘦》，根据上述的全域数据分析法，阿里鱼精准定位消费者，并将IP授权给了15个商家，打造了涉及护肤与彩妆、食品、文具、电动牙刷和定制系列服饰等领域的衍生品，剧集上线的前几日各品类的销售额便高达近百万元，截至2018年底，其衍生品累计销售额也突破了千万元。

---

① 王佳健.魔兽、芭比、诛仙都来了，阿里鱼要怎么帮商家玩转IP?［EB/OL］.(2016-10-19).https：//mp.weixin.qq.com/s/JU-UEYX9PGJQuAyhmycA7g.

最后，借助众筹 C2M 模式（Customer-to-Manufacturer，用户直连制造），让衍生品可以与影视宣发、上映同步，能够用最短的时间将内容的热度转化为衍生品的销售市场，促进内容“变现”；同时，众筹模式可以让开发者根据众筹者的购买行为获得其品类偏好，能够及时调整供应链端品类开发数量，不仅能减少其库存压力，而且能够帮助影视 IP 实现其价值最大化。例如影片《大圣归来》，天猫和淘宝平台帮助影片进行相关推广营销，使其取得了相当不错的票房收益，同时影片上映后通过众筹模式开发衍生品，最佳销量达到一天 2200 万元，实现了影片的最佳“变现”。

未来，阿里鱼借助阿里生态体系很可能在影视 IP 衍生业务方面有更大的突破，将为中国影视衍生品市场带来更多的发展与机遇。

三、微视频、短视频的辅助渠道——MCN 机构

MCN 是为专业生产内容制造者提供项目规划、资金支持、伙伴管理、营销途径、版权保障、电子商务以及粉丝观众等的一个综合型机构。通常，这种机构要与视频网站合作，用以经营其生产内容。这个模式源于国外成熟的网红经济运作，其本质是一个多渠道网络的产品形态，将 PGC（专业生产内容）内容联合起来，在资本的有力支持下，保障内容的持续输出，从而实现商业的稳定变现。[①] 目前，国内大多数的 MCN 公司是通过内容的制作和内容的分发与推广共同促进内容“变现”（见图 8-5）。

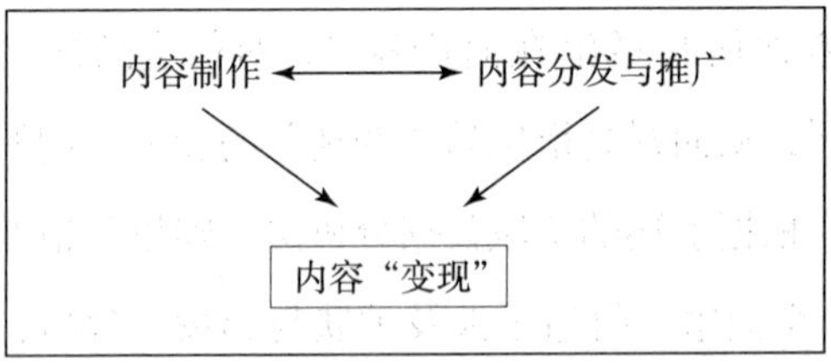

图 8-5　MCN 机构衍生品变现思路

① 董中发. 中国短视频 MCN 市场发展状况研究［J］. 内蒙古科技与经济，2019（5）：63-65.

（一）内容制作

1. 工业化

相较于 UGC 与 PGC，MCN 机构有着更为工业化的流程机制：它将各领域的优秀人才组织在一起打造成熟的团队，组建自身的研究机构，对视频内容与形式、行业发展趋势等进行评估分析，精准定位签约者的发展方向，从前期内容的筛选与创意策划到中期的拍摄、制片等的筹备与资源整合，再到后期内容制作过程中对内容的质量与视听效果进行严格的把关，使得微、短视频的内容生产更规范化，提升了用户的体验感更吸引了用户的关注，同时 MCN 也能够实现内容批量生产、保证内容定量产出，从而确保内容可以持续输出，使得微、短视频内容更规模化，一定程度上提高了内容创作效率。而规范化与规模化也让签约作者的“生命周期”得以延长，逐渐带动下一步的“变现”环节。

2. 垂直性

同时，随着泛娱乐化的内容市场趋于饱和，用户对于恶搞、娱乐、土味等题材的微、短视频的关注度正在逐渐降低，而垂直细分领域中的美食类、美妆类、测评类等微、短视频成为微、短视频用户新的需求点。而垂直细分可以让视频内容与受众的生活更加切合，能够更直接地影响到受众的消费行为，同时比同类在市场中更具有优势。因此，内容的垂直细分打造成为各个 MCN 机构抢占微、短视频市场的新渠道。例如，打造美妆类视频与母婴类视频的 MCN 机构——青藤文化，通过对这两类内容的针对性、深入性与专业性的制作，内容价值得以提高，从而收获了更具黏性且固定的用户群，“变现”的能力也就因此得到了提升。

（二）内容分发与推广

1. 平台内部资源整合

在 MCN 模式发展逐渐完善的情况下，机构对于传播主体的选择有了一定的资质要求及流量监控方式，大数据的应用也颠覆了行业固有的运作模式，对行业变革产生了深远的影响。基于大数据的计算，平台内部在获取用户许可的前提下，根据用户平时的行为习惯分析用户喜好及兴趣，然后根据微、短视频类型或面向人群进行定向的投放和传播。① 此外，各大 MCN 机构基于粉丝与签约作者之间的“亲密关系”，通过旗下各个作者的合作拍片或是转发、点赞、评论等常规模式，来为彼此增加曝光度，吸引更多用户，实现内部资源的相互引流，从而也扩大了内容的传播力与影响力。

2. 跨平台分发推广

MCN 机构能够基于对各大微、短视频平台的专业化分析，将不同内容、不同风格的视频投放到相应属性的平台上，例如快手的“接地气”、抖音的“年轻个性”、美拍的“高颜值”，使得内容与平台完美契合，不仅为这些平台带来了垂直领域的优质作者，而且自身也实现内容的多渠道分发，将内容分发给更多元的用户。同时，一些 MCN 公司也将地铁、楼宇广告等公共领域作为自己推广的渠道之一，推广的内容可能是温情治愈类或是张扬个性类，无处不在的宣传内容，总能引起受众的好奇心，吸引受众观看相关内容，从而留下深刻印象。由此，通过各平台各领域的分发推广，能让签约作者收获潜在用户，获得更大的发展空间，为平台“变现”带来了更广阔的市场。

（三）内容“变现”

MCN 各平台基于内容生产制作和运营推广为内核的生态圈，形成了主要面向 B 端（商家端）用户的商业合作、广告营销、流量分成等盈利模式，以及主要面向 C 端（用户端）用户的红人电商、直播打赏、知识付费、衍生品销售等盈利模式。同时 MCN 所形成的衍生品“变现”也是通过 IP 形象与 IP 授权来实现的。

首先是 IP 形象的塑造。爆款微、短视频的头部 IP 依靠个人效应很容易触及内容创作的“天花板”，为了维持更持久的生命力，很多高流量 IP

① 李晗阳. MCN 模式下中国短视频行业发展研究综述［D］. 哈尔滨：哈尔滨师范大学，2019.

通过 MCN 模式将其优质资源转变为战略优势。目前国内具有代表性的由头部 IP 驱动的 MCN 机构有：以“papi 酱”为头部 IP 的 papitube、以“办公室小野”为头部 IP 的洋葱视频和以“何仙姑夫”为头部 IP 的贝壳视频等。该模式以头部 IP 为核心向外扩展，签约更多有潜力的内容创作者，形成团队作战模式，持续输出高质量内容，并通过头部 IP 积累起来的流量为亟待孵化的签约达人背书引流。[①] 同时签约作者的个人化的 IP 形象也会促成“粉丝经济”消费，带动衍生品市场的发展。

其次是 IP 授权业务。很多 MCN 机构打造旗下高质量的卡通人物作为 IP，通过 IP 授权的方式实现衍生品渠道的“变现”。例如大禹网络公司推出的原创 3D 卡通形象——一禅小和尚，在抖音、快手两大头部平台的粉丝已经接近 6000 万，其推出的一禅和尚创意摇头公仔、手抄心经礼盒、小叶紫檀情侣手串、零食、文娱产品等都获得了非常可观的销量。

（四）MCN 机构“变现”趋势探讨

1. 精品化内容发力，成为“变现”主力

微、短视频 MCN 的出现为数量庞大的微、短视频内容创作者提供了专业的培训机会，能够让内容创作者拥有更广阔的想法，拥有更高水准的制作水平，同时相关内容生产的辅助人员也可以帮助内容创作者更系统化、专业化地生产内容，有利于整个微、短视频市场的内容精品化。同时随着 MCN 机构数量的逐渐增多，越来越多的人想要分得网红经济的“一杯羹”，但是短时间内想要通过零星的内容来吸引用户并不容易，只有具有创意性、创新性，能与生活和社会相结合，并能保证持续生产高质量内容的一方，才能更好地关联资源链条，拥有更多的“变现”机会。

2. 机构“马太效应”凸显，头部 IP 占据“变现”主流

2015 年国内 MCN 机构仅有 160 家左右，而截止到 2020 年 3 月，国内成型的 MCN 机构已经超过了 5 万家，从中也诞生了如青藤文化、

① 孙旭丹 .MCN 模式下短视频专业化发展路径［J］. 青年记者，2019（21）：59-60.

papitube、新片场、大禹网络、贝壳视频、无忧传媒等几十家头部MCN机构。而MCN机构之间的激烈竞争，也使得行业“马太效应”愈发严重。据统计，抖音头部MCN的视频几乎占据了近一半的总播放量，一些头部MCN所塑造的IP难以被复制与超越，通过强大的粉丝经济与相关业务资源占据“变现”市场的主流，收割了市场大部分流量，并且其树立起的IP品牌效应也难以被取代，而中尾部的IP很难有出头的机会，行业的快速洗牌使得大多数中尾部MCN机构在微、短视频生态圈中失去了立足之地。

3.“变现”依靠广告，营收模式单一

目前MCN机构正在形成内部的生态链条，“变现”模式逐渐多元，市场也逐渐产业化，但大多数MCN机构主要还是依靠广告营收作为主要盈利渠道（见图8-6）。签约作者依靠MCN机构的资源与平台优势能够吸引大量的优质广告资源，并且MCN机构自身在业内的品牌口碑与公信力能够使签约作者获得更多与广告投资商合作的机会，保证变现的稳定。但据业内相关咨询分析师认为，MCN机构的商业价值很大程度上来说是分割了品牌商在互联网的一部分投放资金，但品牌商广告投放主阵地是在电视媒体，加上近年来电梯广告的冲击，互联网投放广告的比例并不乐观。[①] 而处于“变现”末端的IP授权与衍生品销售占比较小，是当前大多数MCN机构还未深入发展的领域，仍有很大的发展空间，在未来的行业变革中很有可能成为下一个“变现”的主要渠道。

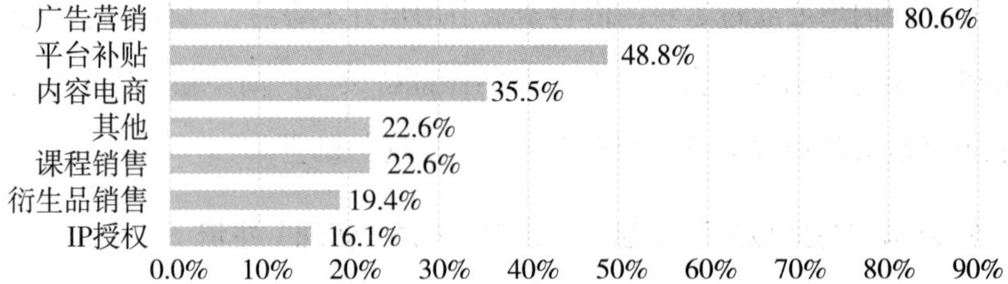

图8-6　2018年中国MCN机构主要变现方式

① 影越未来．2020-2021中国MCN产业运行及趋势［EB/OL］．（2020-03-21）.https://mp.weixin.qq.com/s/kdiN3_TIaLhLTm5CpqGnMQ.

4. 5G 时代来临，MCN 迎接新机遇

5G 技术在未来将会广泛运用于微、短视频领域，对微、短视频的内容与形式、分发与推广以及“变现”渠道等都可能带来巨大的影响。一方面，5G 的出现对内容会有更高质量的要求，在视频形式方面可能会与 VR、AR 等技术进一步结合，需要 MCN 机构在保证精品内容产出的同时，不断提升用户的视听感受；另一方面，5G 为微、短视频领域带来更先进更智能的算法推荐功能，MCN 机构很可能会面临新一轮的行业“洗牌”，倒逼 MCN 机构重新布局微、短视频领域的战略，内容的营销推广可能也会涉及更多的层面与渠道，而“变现”的模式也很可能与高科技挂钩，带来“质”的飞跃。

第三节　影视基地与影视节

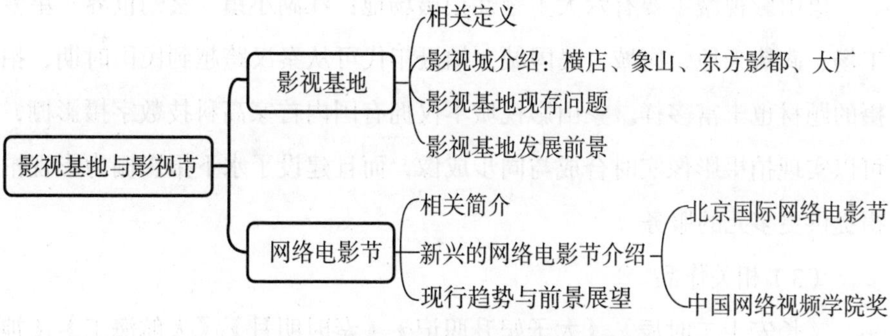

图 8-7　影视基地与影视节思维概览

一、影视基地

（一）定义

影视基地是专业为影视作品乃至综艺节目提供服务的拍摄与制作场

所。它的服务主要囊括了前期的影视作品拍摄的相关场地提供、场景搭建、道具制作、服装提供等，以及后期的影视作品的技术性制作服务、宣传与发行、相关衍生产业等。同时，它也是兼具影视旅游、文化娱乐、休闲度假等功能的综合性场所。

（二）基地介绍

目前，虽然一些头部互联网平台已经开始创建影视作品、综艺节目的相关拍摄基地，但是大多新媒体影视类作品仍需借助传统的影视基地进行拍摄与制作，这里列举了四个比较典型的影视基地进行分析。

1. 象山影视城：山水合一，影旅一体

（1）简介。

象山影视城坐落于浙江省宁波市象山县，是通过借助当地的自然景观：山、水、岩、林等，与灵岩山相结合而打造的集拍摄制作、服装道具、休闲娱乐于一体的大型影视基地与实景影视主题乐园。

（2）功能概览。

象山影视城主要有六大主题性拍摄场地：江湖小镇、玄幻世界、星梦工场、武侠天地、唐城、民国城，拍摄年代可从秦汉跨越到民国时期，拍摄的题材也丰富多样。象山影视城不仅拥有国内首家高科技数字摄影棚，可以实现拍摄影像实时合成与同步成像，而且建设了水下摄影棚为影视拍摄提供更多元的服务。

（3）相关作品。

《长安十二时辰》《太子妃升职记》《秦时明月》《大航海王》《神秘任务》等。

2. 横店影视城：一城纵览，千载文韵

（1）简介。

横店影视城位于浙江省金华市东阳横店镇，是集影视、观光、旅游、度假、休闲为一体的大型综合影视基地。

（2）功能概览。

横店影视城拥有具有深厚文化底蕴的华夏文化园、春秋·唐园、秦王宫、清明上河图、明清宫苑、圆明新园以及具有地域特色的广州街·香港街、梦幻谷、屏岩洞等十三个影视拍摄基地和两座超大型的现代化高科技摄影棚。

（3）相关作品。

《三生三世枕上书》《天书奇谭·平妖传》《九州·天空城2》《奇门斗法》《大冒险家》《蜀山2剑魔篇》等。

3. 青岛东方影都：国际影视新城，多元产业集聚

（1）简介。

东方影都位于山东省青岛市，是以影视文化产业为核心业务，集影视拍摄、影视产业园、休闲娱乐、观光游览、教育、康养为一体的新型综合影视基地。

（2）功能概览。

在影视拍摄与制作方面，青岛东方影都预计建成40个高科技摄影棚以及室内外合一的水下摄影棚，为国内乃至国际影视剧组提供最高标准的服务，同时兼具民国上海、欧美风情等多个场景的外景地，为满足影视剧组的大规模搭景与拍摄需求，东方影都也提供专业的定制布景业务。此外，东方影都还拥有数字影音中心可以为影视剧组提供杜比全景声音效的服务。

在影视产业集聚方面，东方影都作为影视文化金融、影视艺术交流、影视制作技术三大平台和影视文化培训、影视创业创新两大中心，具备先进的软硬件设施、充足的办公区域面积、丰富的上下游产业资源，以及灵活的弹性带宽网络等优越条件。不仅服务影视制作、后期类企业，也将吸引众多动漫、游戏等中小型企业入驻。影视产业园创客中心致力于培养构造更具多元性的泛娱乐影视文化生态圈，着力建成影视创新企业的加速器，为初创企业打造覆盖创业各个环节的孵化体系。[①]

（3）相关作品。

《创造营 2019》《冰糖炖雪梨》《走起！我的天才街坊》等。

4. 大厂影视城：新晋影视孵化地，创意产业集群圈

（1）简介。

大厂影视小镇位于河北廊坊，是集前期影视创意创作、内容孵化、筹备、拍摄以及后期制作、衍生产品制作为一体的影视产业链集群小镇。

（2）功能概览。

大厂影视小镇一期多服务于影视综艺摄制，拥有 6 个摄影棚、3 个 4K 演播厅以及 3 个置景车间，其以影视产业拍摄制作为核心，辅以影视科技、动漫游戏、数字音乐、特效制作、数字出版等功能，打造文化创意产业集群生态链。

（3）相关作品。

《青春有你》《偶像练习生》《这！就是灌篮》《明星的诞生》《乐队的夏天》等。

（三）影视基地现存问题

在中国影视产业飞速发展的几十年间，尤其是新媒体影视作品正突飞猛进的时代，影视基地所发挥的作用愈来愈不容小觑，但是关于影视基地功能定位模糊、文化内蕴缺失以及产业链不完整等问题也随之凸显。

1. 风格同质，盲目建设

目前，大多数影视基地没有明确的定位以及系统性的规划，往往是盲目跟风，重复性的建设。据不完全统计，全国范围内目前已经有上百家影视基地，但是大多数影视基地对于景区的建设、布局及其周边设施的规划并不周全，并且缺乏特色，很多影视基地基本上属于直接复制，大同小异，

① 青岛东方影都“屹立东方 走向世界”［N/OL］. 菏泽日报，2019-05-09. http：//epaper.hezeribao.com/shtm1/hzrb/20200506/6053.shtml.

自身的特色并没有得到良好表达。[①] 例如，随着近些年古装题材的新媒体影视作品热度攀升，全国有很多影视基地便仿造了有关清宫主题的建筑，但是这些仿造建筑大多雷同，而这种同质化的主题风格不仅是对相关资源的浪费，更会因为主题的单一落后使得一些基地从根本上缺乏竞争力，长此以往，影视基地的经营优势逐渐丧失，导致营利困难，难以继续生存。

2. 缺乏文化魅力

很多影视基地缺少文化内核。一个地区的影视基地不仅是为影视作品提供更优质更专业服务的场所，更是对于某一时代的历史文化与独特底蕴的实体展现之地，又或者是一个城市文脉的象征。但是很多影视基地却只注重了表面的建设，因为一些政策优惠而盲目建设基地或是将影视基地单纯作为营收的工具，而忽视了对于地域特色和文化底蕴的挖掘、对文化要素和文化符号的彰显。缺少文化内核支撑的影视基地，不仅难以将文化与影视产业融合打造优质的影视作品，更失去了文化与旅游相融合的精髓要义，自然也就无法形成自身的独特优势，在文化产业各环节各领域逐渐被淘汰。

3. 单一化的影视产业服务，产业集群有待完善

影视产业上中下游，各链条相互连接的形态即是产业链，也是当前我国影视产业努力发展的方向，影视基地作为产业链下游的一环，与其密不可分。目前，很多影视基地的盈利模式是依赖于影视产业链中的某一单一环节，可谓“牵一发而动全身”。例如涿州影视城，主要服务于汉唐与明清题材的影视拍摄，是很多口碑佳作的诞生之地，但是发展多年仍未向影视全产业链的方向发展（见图 8-8），还是依靠年代较为久远的仿造古建筑来吸引影视剧组的入驻，除了为剧组人员提供住宿服务之外，在影视专业化服务的剧本创作、影视制作领域，实景娱乐领域以及观光休闲等领域都没有进行整体性的规划开发，而其仿古外景拍摄地也因横店、象山等影

① 赵倩 . 新时期影视基地发展中如何增强自身核心竞争力［J］. 西部广播电视，2017（9）: 82-83.

视基地的发展而逐渐失去优势。

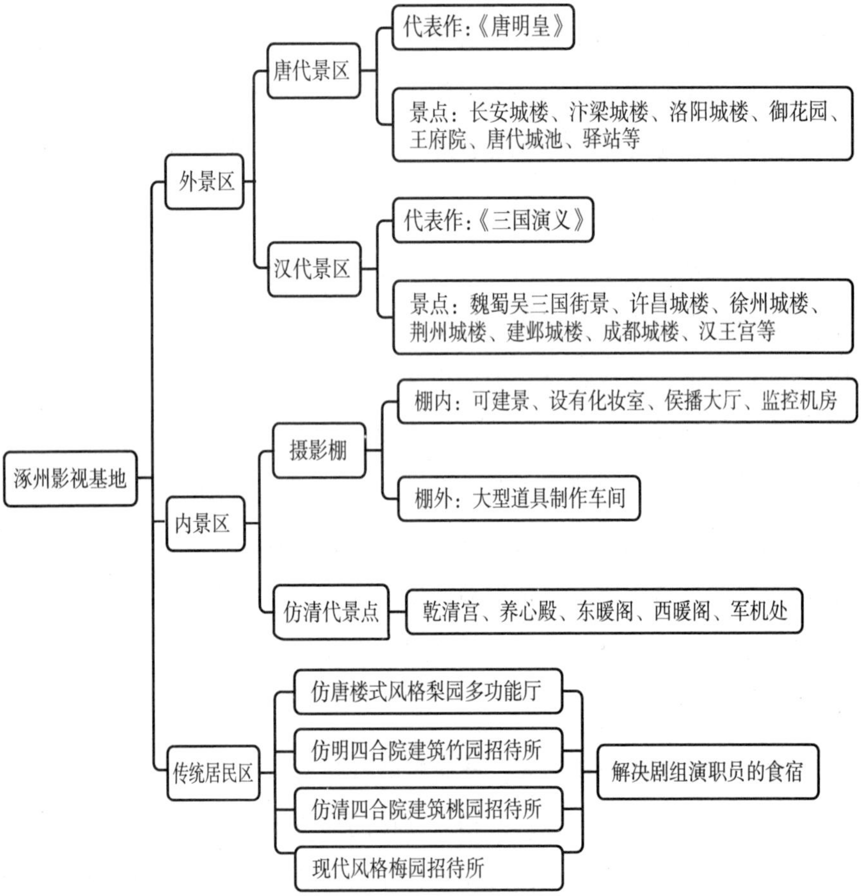

图 8-8　涿州影视城产业链概览

（四）影视基地发展前景

随着新媒体与影视产业的不断融合与发展，影视基地所承载的责任比以往更多、更重，如何让各个影视基地都能发挥所长，更好地服务于影视产业是必须要思考的问题。

1. 明确基地定位，打造独特优势

影视基地要想在行业中占据主流地位，必不可少的就是对自身进行清晰的定位。首先，影视基地的建设往往需要大量的资金与相当范围的空间，

为了能保证自身可以持续发展且营利，必须要进行整体的合理规划布局，保证资源最大化的利用与开发，避免“假大空”的发展模式。其次，需要对当前影视行业的发展趋势有一个明确的认识，从而灵活地确定基地定位。例如新媒体影视作品在一定程度上更依赖于后期的特效制作，那么在这方面拥有优势的影视基地可以尝试主推影视制作方面的业务。最后，要善于借助新媒体技术宣传推广。在“酒香也怕巷子深”的时代，一些具有独特优势的影视基地因为忽视了互联网平台方面宣传推广的作用，在无形之中失去了许多影视剧组入驻的机会，所以各个影视基地需要学会适当运用新媒体技术为自身“造势”，赢得更多影视剧组的青睐以及促进旅游观光、休闲娱乐等相关产业的发展。

2. 丰富内涵底蕴，打破表象建设

文化底蕴是影视基地与相关影视旅游产业的灵魂所在，是一个影视基地形成自身品牌的关键。因此，各个影视基地应该结合历史文化、时代文化以及区域文化深挖文化要素，借助影视作品对相关稀缺与独特文化的彰显，获得影视人的认可以及大众的青睐，从而逐渐打造独特的文化品牌。此外，品牌是文化的载体，文化是品牌的内涵。品牌具有高附加值，是摆脱低端竞争的关键，当今企业和产品的竞争，是品牌的竞争，文化产品更是如此，因此要提升影视基地的文化内涵，打造差异化、辨识度强的强势品牌。[①] 在影视基地发展中，要善于营造与自身底蕴文化相应的氛围，将“神”转化为“形”，让文化内核“落地”。例如演艺娱乐、文化主题活动以及文化特色衍生产品等，只有通过丰富多元的实体文化产品才能让自身的品牌更具辨识度，才能更好地带动影视基地全产业链的发展。

3. 突破单一环节，促进产业集群

想要实现影视基地的可持续发展，必须要克服依赖单一链条的问题，

---

① 周捷. 我国影视基地发展思考［D］. 上海：上海交通大学，2014.

打造影视全产业链发展态势，提高影视基地所具有的附加价值。一方面，影视基地应该在自身能力范围内尽可能涉及影视产业的上、中、下游的多种业态，打造从前期影视项目投资、影视剧本创作、影视道具与服装租赁、影视拍摄到后期影视制作、影视宣传与发行、影视旅游、影视衍生产品开发等多环节的全产业链。另一方面，影视基地的产业集群化发展要注意交互关联性要素，要促进影视基地中影视企业、相关组织、相关机构之间形成密切的网络联系，通过交互关联性联结成共生体，呈现出竞争优势。同时，影视基地企业之间应加强信息交流、技术支持、协同创新，实现互利共赢和共同发展，为影视基地集群发展注入优势。① 此外，因为影视基地领域内的“马太效应”逐渐显现，存在许多没有能力发展全产业链促进产业集群的影视基地，面临资源浪费、营收困难的窘境。所以这也需要相关政府部门、政策法规机构采取一些措施来带动其发展。例如，可以通过影视基地区域划分，实现基地相互间的联动发展，以“头部”带“尾部”，能够让“尾部”的影视基地逐渐展现自身的优势，获得更广泛的产业资源，而“头部”影视基地也能减轻负荷，更平稳、持续地运转，达到协同发展、互利互惠的目标，从而更好地促进整个影视行业的健康发展。

二、网络电影节

（一）简介

电影节是电影艺术的一种展现形式，也是电影艺术的推广平台，旨在鼓励并奖励有价值、有意义的优秀电影作品，它不仅能促进电影艺术的交流与互动，提高电影艺术的创新性与创造性，更能激励电影人的潜能与热情，推动电影艺术的发展。网络电影作为互联网时代的新兴电影表现方式，逐渐向传统意义上的电影艺术靠拢，从而也诞生了专为网络电影举办的电影节项目。

① 李斌．中国影视基地发展研究［D］．呼和浩特：内蒙古师范大学，2017.

（二）新兴的网络电影节

1. 北京国际网络电影节

北京国际网络电影节创办于 2011 年，前身是北京国际微电影节。它是由光年时代（北京）文化传媒有限公司组织运营的，是网络电影、微电影交流的平台，也是扶持新晋电影创作者、推动中国网络影视产业发展的一个重要渠道（见图 8-9）。

图 8-9　北京国际网络电影节

（1）主竞赛单元。

最佳影片、评委会大奖、最佳导演、最佳女主角、最佳男主角、最佳编剧、最佳人气、最佳原创音乐、最佳制作团队、最佳制片人、最佳网络精神、最佳美术、最佳摄影、十佳剧本。

（2）规模与数据。

2017 年北京国际微电影节升级为北京国际网络电影节。分为网络电影节、网络电影创投季、网络电影展，活动投资规模超一个亿，搭建影视投资、影视制作、版权交流交易、影视孵化创客、影视发行、影视培训产业闭环平台。

此外，电影节得到了中国电影家协会网络电影工作委员会、北京市文化创意产业促进中心、首都文化产业协会的指导支持，出席领导、明星 200 余位，签约精英青年导演 100 余位，累计参选作品 7000 余部，全网播放量达 15 亿人次。[①]

（3）发展历程。

2011 年，北京国际微电影节联合腾讯视频举办，有超 200 部微电影作品参赛，为微电影作品提供了一个展现与交流的权威平台，同时启动了“青年导演扶持计划”。

2012 年，北京国际微电影节与横店影视城合作，为青年编剧提供“金手指”剧本的特别单元，提供发展平台与剧本拍摄支持，参赛作品超过 500 部。

2013 年，北京国际微电影节向中国港、澳、台地区以及欧美市场拓展，海外参赛作品超过百部，总参赛作品达 1000 余部。

2015 年，北京国际微电影节联合上饶市人民政府、美国电影协会共同举办了“好莱坞青年导演训练营”，并成功举办首届网络影视创投大会，为网络 IP 电影作品提供了更广阔的资金来源。

2016 年，北京国际微电影节与德国柏林华语电影节、欧洲万象、美国纳什维尔等国际知名电影节进行合作，扶持中国青年导演，为其提供国际化发展渠道。

2018 年，北京国际网络电影节与仪征互联网电影节达成合作，使得电影艺术与全域旅游有机结合，推动中国网络电影发展的同时，也带动了影视相关产业的全面发展。

（4）举办意义。

北京国际网络电影节通过展映国内外优秀的互联网电影作品，极大地扶持与鼓励了艺术创作者，为青年导演提供了更多的平台与机遇，在一定程度上能够促进优质作品的诞生，从而促进中国电影行业的蓬勃发展。

---

① 北京国际网络电影展 . 光年杯［EB/OL］.http：//www.bjimff.com/index.php?s=/Home/Article/index/category/gnj.

2. 中国网络视频学院奖

中国网络视频学院奖又名金蜘蛛奖，创办于 2016 年，是我国网络视听领域唯一一个学院奖。它是由中国传媒大学主办，中国网络视频研究中心承办的，旨在鼓励与表彰在网络视听行业最具有前沿性与影响力，并有价值的视频内容、平台、人物与事件等（见图 8-10）。

图 8-10　金蜘蛛奖标志

（1）奖项领域。

中国网络视频学院奖共设立“年度节目”“年度平台”“年度人物”“年度大奖”四个领域奖项，具体有最佳网络电影、最佳网络纪录片、最佳网络剧、最佳网络综艺、最佳网络脱口秀、最受欢迎男（女）演员、最受欢迎男（女）主持、最受欢迎网络红人、最具价值专业直播平台、最具价值短视频产品、最佳网络自媒体、最具影响力视频传播奖、年度网络视频创新奖、年度新锐人物、年度杰出贡献奖等多达 20 余个相关奖项。

（2）相关规模。

中国网络视频学院奖在初选环节以中国传媒大学所提供的具有权威性的大数据计算服务为依据，并在此基础上邀请由中国传媒大学、北京大学、清华大学、北京师范大学等知名高校所组成的学术专家组、国内影视行业最具影响力的业界大咖、主流媒体与新媒体代表以及大学生共同评议进行复选，最终由高校专家与业界专家组成的终评委员会进行终选，评选获奖者。

（3）举办意义。

中国视听行业的互联网趋势发展迅速，中国网络视频学院奖从严谨的学术角度入手并结合网络视频行业的前沿与热点，为国内优质新媒体视听作品提供了一个更权威的奖励机构，能够更大程度地激励内容创作者，不断催生精品化与创新性内容，引领行业更健康的发展。

（三）现行趋势与前景展望

为网络电影创办相应的颁奖平台是未来电影艺术多元化发展的又一趋势，不仅会促进新媒体视听作品内容创作深耕，更会为新媒体视听作品带来更宽阔的宣传与推广渠道，为整个行业带来新的机遇与前景。

首先，在内容创作方面，“内容为王”日益成为新媒体视听作品的创作标杆。据骨朵数据统计，2014—2016 年，网络电影年度总数量增势曾非常明显，至 2016 年冲上高峰，多达 2271 部，之后，网络电影每年的总数量均呈锐减之势。2017 年减至 1763 部，较 2016 年同比减少率约为 22.4%，2018 年又减至 1241 部，同比减少率约为 29.6%，而到了 2019 年，上线数量更是减至 723 部，同比减少率高达 41.7%。[①] 可见，网络电影的发展模式已经由“粗糙量产”转向“精品生产”。目前，很多国际性的电影节设立了专门的网络电影单元，我国网络电影也在其中取得了不错的成绩，例如电影《大明锦衣卫 2》获得了第九届澳门国际电影节“最佳网络电影”奖，电影《我是好人》《哀乐女子天团》《再见再见》《无罪之城》《灵魂摆渡黄泉》等获得了 2018 年上海国际电影节“年度精品网络电影”奖项，电影《江湖有道》《伪装者之妖言旗袍》分别获得第八届迈阿密美洲电影

① 骨朵传媒 . 2019 网络电影产业发展研究白皮书［R］. 北京：骨朵传媒，2020.

节暨金灯塔电影节“网络电影最佳影片”的金奖与银奖，电影《青狗2：不一样的烟火》也获得了温哥华华语电影节“最佳网络电影”奖，电影《梅花谍影》获得2016美国好莱坞国际电影节“最佳外语片”提名奖。这些奖项的提名与获得都代表着内容品质与题材创新成为网络电影的新型发力点，也影响了整个电影行业发生变化。此外，相关电影节的网络电影专属单元以及网络电影节对优质内容的评选与奖励更是对内容的创作者、相关制作团队的激励，更能挖掘新媒体视听领域的新晋人才，不断为影视行业注入更新鲜的“血液”。

其次，在内容宣传与推广方面。第一，网络电影节可以打破时间与空间的界限，并且其承载的规模与人数是线下电影节所不可比拟的，如此可以让更多的观影者实时看到影片并进行传播，积累一定的人气与相关话题的讨论，提高电影的知名度，使得网络电影可以以更少的人力、物力资源换取更广泛的宣传，从而能够获得更多的社会关注，而优质的内容结合有力的宣传可以使得作品价值提升，能够有效地带动后续电影及衍生产品的盈利。第二，网络电影节可以为小众电影提供宣传的平台。即使各大国际电影节为网络电影设置了专属单元，但是网络电影的主题类型已经拓展多达33个，仍有很多兼具创新与创意的小众或另类的优质网络电影得不到相应的机会，而网络电影节可以为更多元的网络电影提供机会，让更多题材的电影得到认可，也有助于小众题材电影形成自身特色，从而成为一种优势资源。

最后，网络电影的未来机遇。一方面，传统电影节正在向线上线下融合发展的趋势迈进，在保证线下为基础和主流的前提下，线上的展映活动或许成为辅助电影节最优质的模式，而网络电影或可发挥其不受时间、空间限制的灵活优势，成为线上展映环节的重要一部分，乃至向国际化发展，逐步常态化且趋于完善。另一方面，互联网与电影产业的深度融合，或会让网络电影有更大的生存空间。近几年，头部视频平台为更多电影提供了宣发平台与盈利渠道，使得线上发行成为一个新的增量市场并趋于成熟，网络电影在整个电影行业的地位日益攀升，所以未来很有可能产生更多有关网络电影的评选机制，或是逐渐在传统电影节中得到更多的关注。

由此，不论是传统电影节设置的网络电影专属单元或是新兴的网络电影节，未来都将以其巨大的集聚效应让网络电影成为电影行业新思想、新趋势、新未来的代表，成为大众审美的新需求，成为促进中国电影产业发展和繁荣的新动力。

参考文献

［1］宁飞虹．网综“混战”衍生品：芒果专注 IP，优酷绑品牌，爱奇艺搞定制［EB/OL］．（2019-06-03）．https：//mp.weixin.qq.com/s/-B3HhVn2JbZFOoSZZYrrFw.

［2］桑子文，陶亚亚．李子柒 IP 运营的盈利模式研究——基于“配方式媒介”视角的分析［J］．山东大学学报（哲学社会科学版），2020（2）：40-48.

［3］李康化．粉丝消费与粉丝经济的建构［EB/OL］．（2018-01-07）．https：//mp.weixin.qq.com/s/1xhYpvYpZc3yVWCagZJ4dQ.

［4］陀螺电竞．2019 年中国电竞报告：国内游戏直播市场收入或破百亿［EB/OL］．（2019-08-27）．https：//www.sohu.com/a/336847925_100057771.

后　记

新媒体视听作品发展迅猛，已经成为网络传播的主要内容之一。

本书对新媒体节目内容创作环节（包括节目研发、节目策划、节目制作）以及新媒体节目运营环节（包括节目投融资、节目编排、节目宣传推广、节目发行、节目衍生价值开发等）进行系统的梳理和分析。深入讲解网络综艺、网络剧、网络大电影、短视频等新媒体视听节目的创作理念和创作手法，并研究围绕内容生产而进行的节目运营流程，对于新媒体视听产业链进行宏观审视和详细解析。

本书不仅可作为高等院校广播电视专业和影视创作专业的教材，也可为从事广播电视专业学术与技术研究的人员以及从事视听新媒体节目生产和经营的人员提供业务和理论的借鉴和参考。

本人近年来一直从事影视产业的教学和研究工作，年初，接到出版社的撰写任务，正值新冠疫情暴发，于是排除诸多杂务，带领自己的 8 名硕士研究生开始写作。在本人讲义、课件和有关研究成果的基础上，我们又搜集大量最新的案例和材料，纳入研究和写作的视野。由于疫情期间无法面对面开会交流，我们就通过视频会议，不断讨论沟通、反复斟酌，逐步修改完善。

写作过程中，本人负责确定全书的总体思路和写作框架，对每部分内容提出具体的指导和修改意见，并参与各部分的写作和稿件的修改。王孟璟协助本人进行全书的统筹和修改。各章节写作具体分工如下：

第一章：罗敏涛（中国传媒大学文化产业管理学院 2018 级硕士研

究生）；

第二章：王南（中国传媒大学文化产业管理学院2018级硕士研究生）；

第三章：潘禾阳（中国传媒大学文化产业管理学院2018级硕士研究生）；

第四章：张振华（中国传媒大学文化产业管理学院2018级硕士研究生）；

第五章：王孟璟（中国传媒大学文化产业管理学院2018级硕士研究生）；

第六章：许澜欣（中国传媒大学文化产业管理学院2019级硕士研究生）；

第七章：牛迪（中国传媒大学文化产业管理学院2019级硕士研究生）；

第八章：张彦杰（中国传媒大学文化产业管理学院2019级硕士研究生）。

本书写作过程中借鉴、吸收了许多专家、学者和一线工作者的相关优秀成果，也得到了众多师友和同仁的支持和帮助。中国国际广播出版社的编辑乌誉菡老师、尹春雪老师为本书付出了巨大的心血，在此，向为本书提供帮助和裨益的有关人士表示衷心感谢。

因时间仓促、水平浅陋，书中肯定存在不足甚至谬误之处，敬请专家和读者批评指正。

靳斌

2020年9月

图书在版编目（CIP）数据

新媒体视听作品制作与运营 / 靳斌著. —北京：中国国际广播出版社，2020.10
ISBN 978-7-5078-4747-5

Ⅰ. ① 新… Ⅱ. ① 靳… Ⅲ. ① 视听传播－传播媒介－节目制作 ② 视听传播－传播媒介－运营管理 Ⅳ. ①G206.2

中国版本图书馆CIP数据核字（2020）第187099号

新媒体视听作品制作与运营

著　者	靳　斌
责任编辑	乌誉菡　祝　晔
校　对	张　娜
设　计	国广设计室
出版发行	中国国际广播出版社［010-83139469　010-83139489（传真）］
社　址	北京市西城区天宁寺前街2号北院A座一层 邮编：100055
印　刷	天津市新科印刷有限公司
开　本	710×1000　1/16
字　数	300千字
印　张	27
版　次	2020 年 10 月 北京第一版
印　次	2020 年 10 月 第一次印刷
定　价	68.00 元